中央编译局文库编辑委员会

主　　任：贾高建
副 主 任：魏海生　柴方国　季正聚　崔友平
委　　员（按姓氏笔画排序）：
　　　　　冯　雷　牟建君　杨雪冬　沈红文　张凤宝
　　　　　陈家刚　胡长栓　郗卫东　葛海彦

马克思主义经典著作研究读本

主　编　杨金海　李惠斌

马克思《资本论》研究读本

聂锦芳　彭宏伟

《马克思主义经典著作研究读本》顾问委员会

贾高建　俞可平　顾锦屏　庄幸龄　陈先达　赵家祥　詹汝琮
李洙泗　张钟朴　冯文光　安启念　韩庆祥　李小兵　张曙光

《马克思主义经典著作研究读本》编委会

主　编　杨金海　李惠斌
副主编　薛晓源　林进平
编　委　（按姓氏拼音排序）
　　　　　曹典顺　韩立新　江　洋　李百玲　吕梁山
　　　　　苗永姝　聂锦芳　闫月梅　杨学功　姚　颖
　　　　　张　盾　张云飞　郑　锦

总　序

呈献给读者的这套"马克思主义经典著作研究读本"丛书，旨在立足于21世纪中国和世界发展的现实，对马克思、恩格斯、列宁重要著作以及有关专题思想重新进行较为深入的研究和解读，供广大读者特别是致力于深入研究马克思主义经典作家原著的读者阅读使用。计划出版40种，三年内陆续完成编写和出版工作。

马克思主义经典著作是学习和研究马克思主义理论的基础文本，历来为人们所重视。在我国学术史上，曾编写和出版过不少关于经典著作的读本，包括各种注释性读本和导读性读本，对学习和研究马克思主义理论发挥过重要作用。然而，随着时代的发展，这些读本也越来越显出历史局限性。比如，以往对经典著作的解读视角较旧，对马克思主义理解不够全面；解读的经典著作范围较小，视野有限；解读所依据的文献不足，深度不够等。进入新世纪以来，特别是自2004年中央实施马克思主义理论研究和建设工程以来，马克思主义经典著作的教学、研究以及普及工作不断加强，这就迫切要求对经典著作重新进行解读。

同时，这些年我国学界有关经典著作的翻译和研究成果不断推出，为更好地解读经典著作提供了可能。改革开放以来，特别是进入新世纪以来，随着我国社会主义现代化建设以及人类文明的深入推进，我们对马克思主义的理解以及对经典著作的研究不断深化，解读视角发生重大转变，对马克思主义的理解更加全面。例如，以往由于受革命实践的影响，我们较多地从社会主义"革命"视角去解读，而较少从社会主义"建设"视角去解读，因此，较多地注重研究其中的阶级斗争、无产阶级革命和无产阶级专政等理论，而较少研究社会和谐发展、人的全面发展等思想。革命胜利后，仍然沿袭了这种解读模式。这就造成了对马克思主义理解的片面性。实际上，马克思主义经典著作中有丰富的新社会建设思想，恰恰是这些长期被忽视的思想对我们今天的社会主义建设实践来说更有意义。近些年来，我国学者自觉地从"建设"视角研究经典著作基本观点，取得了一系列可喜成就。又如，过去对经典著作的解读主要限于对若干重要经典著作的解读，如对《共产党宣言》等五六部名著有较为详细的解读，对其他著作的解读不多。即使有收文较多的导读性读本，但常常由于篇幅所限，也只能对这些著作进行简要介绍，不可能对每一部著作展开研究。近些年来，这种情况在逐步发生变化。研究经典著作的专题成果越来越多。再如，近年来新的经典著作编译成果和相关研究成果不断推出，大大拓宽了人们对经典著作基本观点的理解。加之这些年我国学界一大批优秀的中青年学者成长起来，他们的外语水平较高，知识储备较多，研究方法较新等，对经典著作的研究和理解也更有新意。这些都为更好地解读经典著作提供了新的时代条件。

　　为了继承前人研究的成果，弥补以往研究的不足，总结这些年我国学界编译、研究经典著作的成果和经验，比较全面系统地解读和阐释经典著作的基本观点，中央编译局专门成立了"马克思主义经典著作及其重大理论问题研究"课题组，并对该项研究提供了基金资助。课题组不仅在局内组织力量进行研究，而且向社会公开招标，争取到社会力量的支持，一批有造诣的中青年专家参与到课题研究中来。经过课题组同仁两年多努力，已经形成一批研究成果，并将继续补充、完善并陆续推出。这套"马克思主义经典著作研究读本"丛书就是这些成果的集中体现。

　　本丛书力求体现如下特点，这也是丛书编著工作所力求遵循的原则：第一，体现全面性和系统性。本丛书不仅对经典作家的名著进行解读，也对其他重要著作进行解读，还要对经典作家的一些重要思想，如马克思的人类学思想、列宁的新经济政策理论等，进行专题梳理和解读。不仅从"革命"视角，而且从"建设"视角，全面、系统地梳理经典作家的思想观点。力求使这套丛书成为收文最全面、解读最系统、最能够反映经典作家著作全貌的学术成果。第二，突出文献性和考证性。每一研究读本的写作，力求充分反映国内外有关研究成果，特别是要充分反映我国新时期在经典著作翻译和研究方面所发现的新文献、取得的新成果。在此基础上，要对经典著作形成的历史背景、国内外传播、原著重要思想观点及其流变，以及后人对这些观点的理解等，进行考证研究。如果说过去的解读主要是"注"的话，那么，这套读本则要进一步体现"疏"的特点。通过这种"注疏"性考据研究，不仅使读者知其然，也知其所以然。这样，也能够为学界进一步研究提供尽可能丰富的文献资料。第三，力求权威性和准确性。一方面，研究读本所依据的经典著作文本力求具有权威性和准确性。主要依据中央编译局所编译的最新译本，如《马克思恩格斯全集》第二版、《马克思恩格斯文集》、《列宁全集》第二版、《列宁文集》等。对还没有新译文的文本，可以采用旧译文。同时，适当参照外文版本，进行比较研究。另一方面，所依据的其他文献资料，也力求具有权威性和准确性。要选择国内外在该研究领域最具权威性的专家学者的最具代表性的观点和最有影响力的文章。

基于上述考虑，本丛书采取大致统一的研究和写作框架。除导论外，各个读本均有五个部分组成。一是历史考证部分，其中包括写作背景、国内外主要版本和传播考证等；二是研究状况部分，包括对国内外已有的研究情况进行梳理；三是当代解读部分，包括对经典著作的内容简介，对已有研究观点的疏正，对重要理论观点及其当代意义的阐述；四是原著选编部分，根据经典著作的不同情况，或采取全选的形式，或采取节选的形式，均采用中央编译局的最新译本，个别读本同时选编原著的旧文本，以方便比较研读；五是附录部分，包括3到5篇关于本著作的国内外有一定权威性的研究文章，以及进一步研究需要参考和阅读的文献资料。

需要说明的是，对于经典著作的研究，往往会有仁者见仁、智者见智的情况。所以，尽管我们在组织编写工作中努力体现上述原则，但这些读本的观点不一定都具有代表性，更不可能与每一位读者的观点完全一致。加之作者研究角度不同，水平各异，每一读本的结构、篇章、内容、观点都不尽相同，其权威性程度也不尽一致。其中很可能有疏漏和错误之处，谨请读者批评指正。

  该丛书在编写和出版过程中，得到了各个方面的大力支持。中央编译局对此项工作高度重视，始终给予鼎力支持。国家出版基金将该丛书列入 2012 年资助项目。中央编译出版社为该丛书申报国家出版基金项目并最终立项，以及为丛书出版做了大量工作。本丛书中收入的译著和文章的译者、作者和出版者同意我们使用相关的著作版权。该项目顾问委员会的专家对丛书的编写工作给予热情指导，编委会成员和课题组同仁为丛书的编写付出了辛勤劳动。在此一并致以衷心的谢意！

《马克思主义经典著作研究读本》

编辑委员会

2013 年 6 月 16 日

目 录

导 论　今天我们该如何阅读《资本论》 …………………………………… 1

第一部分　历史考证 …………………………………………………………… 7

第一章　《资本论》写作背景和过程 ……………………………………… 9
　　一　《资本论》写作背景 ……………………………………………… 9
　　二　《资本论》写作过程 ……………………………………………… 13

第二章　《资本论》国外主要版本和传播情况 …………………………… 20
　　一　德文版版本及传播 ……………………………………………… 20
　　二　《资本论》俄文版版本及传播 ………………………………… 24
　　三　法文版版本及传播 ……………………………………………… 26
　　四　英文版版本及传播 ……………………………………………… 29
　　五　日文版版本及传播 ……………………………………………… 31

第三章　《资本论》的国内版本和传播情况 ……………………………… 35
　　一　《资本论》中文翻译的艰辛历程 ……………………………… 35
　　二　《资本论》在中国的传播 ……………………………………… 42

第二部分　研究状况 ………………………………………………………… 49

第四章　国外《资本论》研究状况概述 …………………………………… 51
　　一　第二国际理论家的阐述与"修正" ……………………………… 51
　　二　西方经济学学者的研究和评价 ………………………………… 56

1

三　当代马克思主义政治经济学家的"重构"和演绎 …………… 62
　　四　西方马克思主义的理解和"发展" ……………………………… 67
第五章　国内《资本论》研究状况概述 …………………………………… 74
　　一　新中国成立前的"两次论战" ………………………………… 74
　　二　创作史甄别 ……………………………………………………… 76
　　三　方法论研究 ……………………………………………………… 77
　　四　劳动价值论探究 ………………………………………………… 79
　　五　研究对象思考 …………………………………………………… 85

第三部分　当代解读 …………………………………………………… 91

第六章　《资本论》的理论结构和内容简介 ……………………………… 93
　　一　《资本论》的结构形成及其各卷的关系 …………………… 93
　　二　《资本论》各卷内容简介 …………………………………… 98
第七章　《资本论》重要理论观点阐述 ………………………………… 125
　　一　第一卷主要理论观点概述 …………………………………… 125
　　二　第二卷主要理论观点概述 …………………………………… 148
　　三　第三卷主要理论观点概述 …………………………………… 166
第八章　《资本论》研究的当代性问题 ………………………………… 195
　　一　权威、完整和准确的文献基础 ……………………………… 196
　　二　思想视野、历史意识和哲学蕴涵的挖掘 …………………… 199
　　三　思想史地位和当代意义的确立 ……………………………… 202

第四部分　经典著作选编 ……………………………………………… 205

马克思《资本论》摘选 …………………………………………………… 207
　　一　1867年第一版序言 …………………………………………… 207
　　二　商品的两个因素 ……………………………………………… 210
　　三　劳动的二重性 ………………………………………………… 215

四　拜物教性质及其秘密 …………………………………… 220
　　五　资本的总公式 …………………………………………… 229
　　六　简单再生产和扩大再生产 ……………………………… 236
　　七　信用和虚拟资本 ………………………………………… 258

第五部分　附　录 ………………………………………… 277

附录Ⅰ　研究文献精选 …………………………………………… 279
　　一　MEGA²：《〈资本论〉的产生与版本》 ……………… 279
　　二　〔苏〕弗·阿凡纳西耶夫：《科学分析资本主义的
　　　　枢纽》 …………………………………………………… 332
　　三　〔德〕罗尔夫·赫克尔：《关于价值形式的若干问题》… 354
　　四　〔德〕弗·彼特里：《马克思的价值理论的社会内容》… 367
　　五　〔法〕阿尔都塞：《〈资本论〉的对象》 …………… 391
附录Ⅱ　MEGA² 已出卷次所涉及的《资本论》文献 ………… 403
　　一　《资本论》初稿 ………………………………………… 403
　　二　《资本论》第一卷 ……………………………………… 404
　　三　《资本论》第二卷 ……………………………………… 404
　　四　《资本论》第三卷 ……………………………………… 405
　　五　《资本论》书信 ………………………………………… 405
　　六　《资本论》笔记 ………………………………………… 406
附录Ⅲ　《资本论》中文版三卷出处 …………………………… 407
附录Ⅳ　延伸阅读书目 …………………………………………… 408
　　一　《资本论》中文重要研究著作 ………………………… 408
　　二　《资本论》外文重要研究著作 ………………………… 414

导　论　今天我们该如何阅读《资本论》

　　数年之前，一则《金融危机促使〈资本论〉热销》的简短报道（见2008年10月16日《日内瓦论坛》[*Geneva forum*]）曾经被广泛转载。然而，随着时光流逝，仔细追踪就会发现，这仅仅是一则有关社会事件的新闻报道，此后带有专业性质的研究，特别是深刻阐明《资本论》与目前席卷世界范围的经济危机之间的复杂关联的讨论却并未深入展开，有严格学理支撑的研究论著仍然相当鲜见。这说明，目前的金融危机只是提供了重新研究《资本论》的社会诉求和外部氛围，它并不必然带来这种研究水准的自然提升。鉴于以往马克思主义研究中存在过的相当惨痛的经验教训，我们必须认真思考《资本论》研究的"当代性"问题。

　　在我看来，对于《资本论》研究而言，"当代"确实是一个特定的视角，以此为基点当然可以"激活"文本中一些过去关注不够乃至被忽略、被遮蔽的思想；然而如果不注意限度和界域，它又会造成一种新的"片面"，致使另外一些思想被忽略、被遮蔽；时易世变，到那时我们又必须回过头去反复"折腾"文本——这样，不同阶段的研究之间就只有否定、"断裂"而少有传承和积累。

　　比如说，过去冷战时期，在对《资本论》主旨思想的阐释和概括中，我们特别强调的是：它对"资本""从头到脚，每个毛孔都滴着血和肮脏的东西"之本性的揭露和资本主义残酷的剥削制度的批判；它作为"工人阶级的圣经"对国际共产主义运动和革命的指导作用；将辩证法、认识论、逻辑学融为一体而形成的"《资本论》的逻辑"；对生产力与生产关系、经济基础与上层建筑及其辩证关系的原理的论证；矛盾分析的方法、阶级分析方法和逻辑与历史相统一的辩证方法的运用；对人类社会发展"五形态"理论的阐发；等等。而现在身处全球化时代，很多论者又从中读出：资本本性的二重性、劳动与资本关系的调整和变化、"资本的逻辑"及其结构化特征；对国家与市场关系和"虚拟资本"的新思考；"存在论"哲学、"生存论"转向与"现代性"内涵；"社会有机体"结构学说和以"人的全面发展"为尺度的社会发展"三形态"理论；等等。这样，随着时代变迁和社会思潮的转换，《资本论》研究成为一种"忽左忽右"、"可左可右"的随意性言说和"时尚化"追求，而缺少了科学性、客观性和恒定性。

究其实，在上述两种不同时间段的讨论中，阐释的观点相异但研究方式却是一致的。即都不是从文本本身出发去勾勒问题、阐释思想，而是从时代"问题"出发去观照文本。而作为研究出发点的问题，并不自文本中来，而是在研究者介入文本之前就摆在那里了。它们一般主要来自三个方面：一是当代社会实践中的所谓重大问题；二是目前流行的社会思潮或哲学观念；三是研究者个人感兴趣的问题或者自己创设的观点。由于解读者研究《资本论》的目的，不是为了或者不仅仅是为了弄清马克思文本及其思想的原始状况，而首先在于寻找对现有问题的说明、解释和论证，动机如此的"功利"，自然会使得解读者在解读时省略文本研究的许多必要步骤。比如，他一般不会对《资本论》的全部著述做通盘考虑，特别是那些散乱的但篇幅巨大的手稿和笔记等会被弃之不顾，而往往只会选择那些成型、定稿的部分；同时对成型、定稿的作品他也不会全面研究，而是从中挑选那些表述明确、与自己所关注的问题相关的段落，即根据当代问题到文本中去寻章摘句。毫无疑问，按照这样一种解读思路，文本本身只被置于工具或者手段的地位，《资本论》思想的完整性必然被严重地肢解。

而按照我的理解，《资本论》的思想是一个"结构"，上述不同的观点、论断和思路确实以各种方式或隐或现、或系统或零散存在于马克思庞杂的手稿中，但它们在其心目中、在《资本论》思想"结构"中地位是不一样的。可以对其当代价值和意义进行重新评价，但不能不顾文本内、论证过程和逻辑而天马行空地阐释，不能借口体现当代性、实践性，为图解和论证现实中的重大问题而肢解文本、寻章摘句和断章取义，不能为与当代流行的哲学观念和社会思潮相挂钩、相匹配而把字面符码相同、但含义有很大变迁的思想抽象出来无原则地讨论，不能借文本研究之名肆无忌惮地阐发自己的思想，不能热衷于生造拗口、晦涩乃至别扭的名词、概念以掩盖对文本内容的肤浅掌握，却称之为"创新"和"发展"。

还有，精深的文本研究绝不能面对一部现成的、经过别人编辑而成的著述就进行解读，必须对文本写作的原初背景和写作过程进行考察，对该文本原始手稿的各种版本进行甄别，比如，迄今为止，对于《资本论》第1卷的研究，几乎所有的研究者依据的都是由恩格斯整理的德文第4版，但1867年出版的德文第1版只有6章，而1872—1875年间分册出版的法文版则扩展为8篇33章，1882年的德文第2版又修正为7篇25章，1887年的英文版则为8篇33章（与法文版也不完全一致），而1890年的德文第4版确定为7篇25章。这些不同版本之间不仅在字词、段落上有非常多的改动，而且在结构上、内容上也有比较大的差别，用马克思评论第1卷法文版的话说，都具有"独立的科学价值"。过去的《资本论》研究没有注意到这些问题，如今我们已经有了极为丰富的材料，而且根据不同版本的比较有可能把马克思不同阶段的思考、反省和重构的工作进行了解和探究，难道还要弃之不顾吗？

我国马克思主义哲学界一直在为马克思思想的当代性作辩护，而且大多数学者认为突出"问题意识"是解决这一问题的不二法门或唯一途径。然而这种思路只是一种循环论证：它从问题出发，到包括《资本论》在内的马克思文本中找到了关于这些问题的说明，以为这就进一步证实了该问题的重要性，最后又回到该问题。实际来说，这种循环对于该问题本身没有增添多少信息量，因为就它所关涉到的社会现象而言，《资本论》的时代肯定不如现在这般复杂和多样。当然，对于我们时代的问题，单纯从马克思文本中发掘，也并不能为这一问题的当代解决找到真正的出路。

而从《资本论》文本本身出发的思路，虽然最初提炼和抽象的是文本中的问题和思想，但上述各项细致的工作已经廓清了它们产生的文本背景、原初含义，以及不同思路和意义演变与当代体征，这样我们既看到历史的延续和累积，也能把握创新与重构的机缘，使马克思原始思想的当代价值真实地呈现出来。而这种方式超越其他群体的观照的意义在于，在思想史的进程中凸现了《资本论》及其思想的价值，这是为那种动机极为"功利"、旨在单纯图解社会现实问题和流行的思想观念而研读文本的方式所不可能达及的收获。

我们看到，这样的《资本论》研究并没有回避现实性问题，而是把历史原貌的追寻、思想史的考辨与对现实的观照、省思联系起来。回到本文开头提到的那则新闻，善良的读者希望在《资本论》中找到拯救目前金融危机的药方；但仔细的甄别就会发现，这种思路混淆了历史与现实、文本与实践之间的界域，试图使《资本论》卓越的思想所具有的方法论价值体现在对纷繁复杂的时代课题的直接解决上，这是可能的吗？这种对马克思的理解、对《资本论》的探究是更深邃了还是更肤浅了呢？这种"当代性"诉求是一种合理的期待还是过分的苛求呢？从资本所开辟的"世界历史"的运演看，今天与《资本论》的时代相比，虽然尚有诸多本质上的相似性、同构性，但在社会结构要素增多、社会现象空前复杂等方面，已经发生了很大的变化，这提醒我们，必须注意《资本论》当代解释力的界域，正视时代变迁所导致的差别，写出它新的篇章；而这关乎新理论的建构，就是另一个问题了。

总之，我认为，在当代新的境遇下重新研究《资本论》，不是从现实问题出发去文本中去寻求解决方案，或者单纯靠一个外在的理论框架或者当代流行的思潮和方法去"挖掘"和"阐释"其思想，而是在扎实的文本文献研究的基础上结合对 20 世纪资本批判史的梳理、结合目前资本全球化的发展态势来重新评价《资本论》中的资本理论及其对资本逻辑的批判，确立其思想史地位和当代意义。

正是根据上述思考和思路，近年来我展开了与《资本论》相关的文献搜集、资料分析和思想重新阐发工作，已经发表了一些论文并且承担了几个课题的研究。李惠斌老师对我的情况比较了解，因此在他酝酿筹划和具体主持"马克思主义经典著作研究读本"丛书时，就邀我参与这项工作。起初考虑到我的研究比较个性化，所以表示赞赏却并没有答应介入，但后来在中央编译局课题招标期限已过的情况下，李老师仍再三约请我承担其中《资本论》读本的写作，我就不好推辞了。这是一个集体项目，丛书编委会提出的原则是"突出文献性和知识性"、"把握权威性和精当性"、"处理好'编'与'著'的关系"，并且特别要求作者"一定要严格按照框架结构来进行写作，以保证每本书在格式上的统一"。既然答应参加这套丛书的写作，我也必须严格遵守这些规定，而不能使写出来的东西个性化色彩太强。为此，我特地请我的第一个博士毕业生彭宏伟与我共同撰写此书。宏伟研读《资本论》多年，并且以《资本的"总体性"》为题撰写过博士论文，提前一年获得学位。我首先设计了整体框架、章节目次，然后自己承担了"导论"、第三部分第八章、第四、第五部分的写作和选编工作，宏伟则撰写了第一、第二部分、第三部分第六、七章；最后由我通读全书并定稿。杨洪源同学帮我做了文字录入等技术性的工作。在此谨向上述人员表达谢意！

同时，本书也属于我所承担的教育部人文社会科学重点研究基地北京大学中国特色社会主义理论体系研究中心重大项目（2009JJD720001）、国家社科基金一般项目（12BZX002）和全国宣传文化系统"四个一批"人才资助项目（2012）的成果，也是颜鹏飞教授所主持的教育部哲学社会科学研究重大课题攻关项目（11JZD004）的阶段性成果。

可以预料，《资本论》研究还将继续下去。我希望，从文献（文本）、思想和当代性三个维度进行的融经济学、哲学与社会理论于一体的深入探讨，有助于将这一巨著的探究推向新的高度和层次。

聂锦芳
2013年1月17日
于北京大学马克思主义文献研究中心

第一部分　历史考证

　　任何理论都是时代的产物,《资本论》则是资本主义机器大工业的确立以及由此而带来的社会主要矛盾日益激化的产物,也是马克思批判地吸收包括资产阶级政治经济学在内的人类优秀文化遗产的最大成果。

第一章 《资本论》写作背景和过程

一 《资本论》写作背景

自由资本主义时代，资本以积极的姿态荡涤着腐朽没落的封建势力，推动"历史向世界历史"转变，但同时资本主义的消极作用也日益显现，工人阶级作为一支独立的力量登上了历史的舞台，工人阶级与资本家阶级之间的斗争成为时代的主题。马克思写作《资本论》就是要科学地揭示资本家阶级与工人阶级的真实关系，为无产阶级运动提供科学的理论指导。

1. 时代背景

具体而言，马克思写作《资本论》的时代背景主要有两个方面。一是18世纪中叶，英国开始产业革命，到19世纪30—40年代，机器大工业在英国的轻纺工业、重工业普遍地占据了主导地位，完成产业革命。随之，法国、德国也相继完成了产业革命，在西欧，资本主义生产方式完全确立了社会主导地位。由此而来的是工人阶级与资产阶级之间的对立、冲突日益凸显，成为社会的主要矛盾。在资本家阶级实现巨大的财富积累的同时，无产阶级的贫困积累、贫困化成为最严重的社会问题，并由此引发一系列的阶级对抗。工人阶级从用暴力砸毁机器以求改善劳动条件，到成立工会、组织罢工，进行经济斗争，再发展到向资产阶级政权进攻，标志着工人阶级已经发展成为自为阶级。因此，从经济上科学地揭示无产阶级日益贫困的根源是政治经济学面临的最大的问题，也是丢掉幻想、实现无产阶级自身解放的必然要求。

二是由于机器大工业的发展，资本主义已经成熟起来，随之而来的是资本主义固有的矛盾开始暴露出来。当时，突出表现为每隔10年左右的周期性的经济危机频频爆发（这种现象一直持续到19世纪末）。1825—1826年英国爆发了生产过剩的经济危机，说明资本主义的生产力与生产关系由基本适应转变为基本不适应，生产力受到生产关系的阻碍，而一旦要采取各种手段克服这种障碍，又会使整个社会陷入混乱，使资本家阶级的利益受到威胁。危机、萧条、复苏、高涨这个周期性的循环成为资本主义经济无法摆脱的宿命。

面对由于资本主义生产方式而产生的问题，资产阶级经济学家站在本阶级的立场上，无视社会现实，散布资本家与工人利益"和谐"的观点，鼓吹资本与劳动的一致，并宣称资本的自由竞争必将摆脱经济危机，带来社会的普遍繁荣和全民幸福，用谎言掩盖真相。马克思创作《资本论》就是要揭穿资产阶级经济学家的谎言，阐明无产阶级的历史使命，为无产阶级革命提供科学的理论指导，指明人类历史的前进方向。

2. 理论背景

在西欧，随着资本主义的产生与发展，先后产生了重商主义、古典政治经济学（包括法国的重农学派）、小资产阶级经济学和庸俗经济学等四类。这四类经济学代表了各类资产阶级、小资产阶级的利益，这些学说成为构建马克思主义政治经济学的思想材料，也是马克思主义进行分析批判的对象。

15—16世纪是资本主义发展的初期，重商主义代表的是处于原始积累时期的商业资本家的经济利益。此时，由于资本主义生产方式还没有在整个社会经济、政治体系中占据主导地位，对外贸易成为增殖资本的主要渠道。该学派把财富的增长归结为对外贸易中的"少买多卖"的顺差，因此，重商主义的基本主张就是国家干预，实行贸易保护主义，积极发展对外贸易。

古典政治经济学产生于17世纪中叶，19世纪初基本完成。这一时期是资本主义从工场手工业向机器大工业过渡时期。英国古典政治经济学的代表人物是亚当·斯密、大卫·李嘉图，他们代表着新兴资产阶级力量反对没落的封建贵族势力，论证新生资本主义制度的合理性以至于永恒性。他们把财富分配当做经济学研究的"本题"，同时也探讨财富的生产与创造问题，并对资本主义生产的客观规律有初步的认识，尤其是他们提出的劳动价值论，虽然由于无法克服其内在的矛盾而最终走向解体，但是，劳动价值论为马克思科学地分析资本主义生产关系提供了正确的方向。在经济政策方面，他们主张实行自由放任的经济政策，通过"看不见的手"的自我调节，摆脱危机，实现资本主义经济的发展。

法国古典政治经济学也被称为重农学派，主要代表人物是魁奈和杜尔阁。该学派把农业视为唯一的创造财富的生产部门，所谓"纯产品"就是农业产品中扣除生产耗费后的剩余产品，其进步性在于：他们认为只有提供剩余产品的劳动才是生产劳动，从而触及了资本主义经济关系的本质特征。其片面性在于仅仅把资本主义农业生产看做是生产劳动，而把工业等其他产业排除在剩余价值生产体系之外。马克思评价道："他们把资本同货币区别开来，在资本的一般形式上把资本看做是在生产中保存自己并通过生产增大自己的独立的交换价值。因此，他们也考察［雇佣劳动和资本之间的］关系本身；他们不是把这种关系看做简单流通的要素，相反地把它看做简单流通的前提，并且这种前提本身又不断地从简单流通中产生，重新成为流通的前提。所以他们是现代经济学的鼻祖。"①

小资产阶级经济学的主要代表人物是西斯蒙第。在资本主义机器大工业发展过程中，造成了大批的小农和小手工业者的破产并沦落为一无所有的雇佣工人，西斯蒙第的理论主要是表达了这个群体的要求。西斯蒙第接受了古典政治经济学的劳动价值论，认为资本家的利润属于非劳动收入，是工人的额外劳动创造的。西斯蒙第揭露了资本家为了资本积累而造成了巨大的社会灾难，小生产者纷纷破产，机器的发展造成相对的人口过剩，消费不足导致生产过剩的经济危机，等等。他提出解决问

---

① 《马克思恩格斯全集》第30卷，北京：人民出版社1995年版，第289页。

题的基本主张是社会经济恢复到小生产的生产方式，显然，这种主张违背了历史发展的基本规律，是开历史倒车的空想。

随着无产阶级与资产阶级之间的斗争成为资本主义社会运动的中心，由于古典政治经济学已经不适合维护资本家阶级的利益而被抛弃，代之以庸俗经济学。庸俗经济学彻底丧失了科学性，仅仅以维护资本家阶级的现实利益为目标，彻底放弃资产阶级生产关系的研究而局限于资本主义生产的表面联系，进而把这种观点加以系统化形成庸俗经济学。当时比较重要的庸俗经济学理论主要有：美国凯里的利益协调论、法国巴师夏的经济和谐论、萨伊的"三位一体论"及其"危机不可能论"、英国西尼耳的"节欲论"等。马克思在《资本论》及其手稿中对各种庸俗经济学理论进行了严厉的批判，彻底揭露了其理论本质。

面对庸俗经济学的挑战，以詹姆斯·穆勒、约翰·麦克库洛赫为代表的李嘉图学派竭力维护李嘉图的思想，力图解决劳动价值论的两大难题：资本和劳动的交换与价值规律之间的矛盾；等量资本获得等量利润与价值规律的矛盾。他们不但没有解决这两大难题，反而带来了新的理论混乱，结果是把李嘉图的学说庸俗化了。虽然他们不否认资本主义社会存在剥削的事实，不掩盖阶级冲突，从而把自己与庸俗经济学区别开来。但是，他们也放弃了劳动价值论中的科学因素，与庸俗经济学合流而变成资本主义制度的维护者。

马克思批判地继承了古典政治经济学的合理因素，借鉴了小资产阶级经济学关于资本主义内在矛盾的分析，尤其是古典政治经济学构成马克思主义政治经济学的最主要的理论来源之一。对此，马克思曾说："只要政治经济学是资产阶级的政治经济学，就是说，只要它把资本主义制度不是看做历史上过渡的发展阶段，而是看做社会生产的绝对的最后的形式，那就只有在阶级斗争处于潜伏状态或只是个别的现象上表现出来的时候，它还能够是科学。"[1] 马克思充分地吸取了资产阶级经济学的一切科学的成分，在与各种错误思想的交锋与斗争中创立了崭新的

---

[1]《马克思恩格斯文集》第5卷，北京：人民出版社2009年版，第16页。

马克思主义政治经济学。

二 《资本论》写作过程

《资本论》是马克思积40年时间完成的巨著,是马克思毕生研究的最高成果,也是马克思和恩格斯共同智慧和心血的结晶。这部著作从酝酿、创作到出版经历了一个相当长的过程。在写作《资本论》的过程中,同时产生了一个极为庞大的手稿群,这些手稿群同样是《资本论》不可分割的重要组成部分。关于写作的历史分期,我们以不同时期马克思创作的政治经济学的代表作为标志,大致梳理《资本论》的写作过程。

1.《1844年经济学哲学手稿》及其系列研究成果,标志着马克思登上政治经济学批判的历史舞台

博士毕业之前,经济学问题没有在马克思的视野范围之内。博士毕业后,即1842—1843年初,马克思在担任《莱茵报》主编期间,"第一次遇到要对所谓物质利益发表意见的难事",这是促使马克思"研究经济问题的最初动因"[①]。《莱茵报》被查封后,马克思由"社会退回到书房",于1843年夏天写出《黑格尔法哲学批判》。在这部著作中,马克思得出了"市民社会决定国家"的重要思想,并在导言中预示了要从针对"副本"的批判转向针对"原本"的批判,表达了要通过对政治经济学的批判,去解剖"市民社会"的愿望和决心。当年秋天,马克思迁居巴黎,为了批判现存制度和资产阶级经济学家,他开始系统研究政治经济学,广泛阅读亚当·斯密、李嘉图、萨伊、麦克库洛赫、布阿吉尔贝尔等资产阶级经济学家的著作,并做了大量的摘录和评注。研究成果集中体现在《巴黎笔记》和《1844年经济学哲学手稿》中。

《1844年经济学哲学手稿》是马克思第一部经济学著作。在这里,

---

① 《马克思恩格斯选集》第2卷,北京:人民出版社1995年版,第31页。

他初步研究了"工资"、"资本的利润"、"地租"、"劳动"、"货币"、"私有财产"、"自然价格"、"市场价格"等政治经济学的最基本的概念。从总体上看，马克思试图批判地吸收古典经济学的思想，尤其是对亚当·斯密的思想进行比较深入的研究，对于其某些具体的观点表达了支持或否定的态度，但是，他还不能把自己的思想与古典经济学的思想区别开来。在手稿中，马克思的独创性在于他把古典经济学与费尔巴哈、黑格尔的哲学思想结合起来进行的综合性的批判研究，提出了异化劳动学说，以异化劳动解释资本主义经济，理解资本主义社会现象，并以此为基础理解古典经济学中提出的"资本是对劳动的支配权"、私有财产等一系列经济范畴和观点。最重要的是，在《1844年经济学哲学手稿》中，马克思创立了导向唯物史观的劳动实践观，构建了通向唯物史观的思想起点。在《资本论》中，马克思恰恰在劳动价值论上与古典经济学分道扬镳，这决不是偶然的，而与科学的劳动观密切相关。

1844年初，恩格斯在《德法年鉴》上发表了他的第一篇经济学著作《政治经济学批判大纲》，对此，马克思在《1844年经济学哲学手稿》中予以充分肯定。同年，马克思、恩格斯共同创作《神圣家族》，提出了粗糙的物质生产是历史的发源地等重要思想。在评李斯特的著作《政治经济学的国民体系》中，他提出生产力是人类发展的承担者的重要思想。

可以看出，在社会实践中，马克思接触到的社会经济问题构成了马克思研究政治经济学的动因，通过对哲学和经济学的批判，马克思得出了与恩格斯相同的无产阶级革命和共产主义的结论。1844年8月28日，马克思与恩格斯在巴黎瓦诺街的一家咖啡屋中会面，开始了并肩作战的革命生涯。

2.《哲学的贫困》及系列研究成果，标志着马克思以唯物史观为指导，确立了马克思主义政治经济学的基本观点

1845年1月，马克思被迫移居布鲁塞尔，1845年9月底—1846年4月底，马克思、恩格斯合写《德意志意识形态》，标志着马克思主义哲学的诞生，为实现政治经济学的革命批判提供了科学的世界观和方法论。此外，在布鲁塞尔时期，马克思研究政治经济学文献资料并作了大量的摘录，即"布鲁塞尔笔记"和"曼彻斯特笔记"。

为了批判蒲鲁东的庸俗政治经济学，马克思于1847年创作出版了《哲学的贫困》，以论战的形式第一次科学地表述了马克思主义政治经济学的基本观点。马克思阐明生产力是人类全部历史的基础，人们的物质关系、社会关系根源于生产力，所谓的经济范畴则是生产方面社会关系的理论表现即其抽象，经济范畴的内涵、各种经济原理是由生产力、生产方式以及由此产生的人与人之间的社会关系决定的。马克思依据唯物史观，科学地分析了交换、分工、货币等经济范畴，正确地阐明了劳动价值论和剩余价值论的基本思想。虽然，马克思在概念上还没有区别劳动与劳动力的关系，但是，马克思已经从内在含义上正确地解决了劳动与劳动力之间的关系，提出了剩余价值理论的基本观点。正如恩格斯所说，那时马克思"不仅已经非常清楚地知道，'资本家的剩余价值'是从哪里'产生'的，而且已经非常清楚地知道它是**怎样'产生'**的"①。

1848年2月，马克思、恩格斯共同完成并公开发表《共产党宣言》。《共产党宣言》依据唯物史观的基本原理，从哲学的高度，进一步深化了资本认识论，明确指出："资本是集体的产物，它只有通过社会许多成员的共同活动，而且归根到底只有通过社会全体成员的共同活动，才能运动起来。因此，资本不是一种个人力量，而是一种社会力量。"② 马克思把资本视为一种社会有机力量，高屋建瓴地分析了资本在历史上曾经的革命作用，资本对整个社会各个阶级、阶层、家庭、法律、社会意识以及世界历史等方面的决定性影响。

1849年4月，马克思在《新莱茵报》上发表了《雇佣劳动和资本》。在这著作中，马克思以更加明晰的语言表述了生产力、生产关系、社会关系、社会等基本范畴及其相互关系，指明古代社会、封建社会、

---

① 《马克思恩格斯文集》第6卷，北京：人民出版社2009年版，第12页。
② 《马克思恩格斯选集》第1卷，北京：人民出版社1995年版，第287页。

资产阶级社会的根本区别在于生产关系的不同。在唯物史观指导下，马克思深入资本有机体的内部，深化研究政治经济学。

3. 《1857—1858年经济学手稿》构成《资本论》的第一稿，标志着马克思基本完成政治经济学批判

1850年，马克思全面深入研究政治经济学，致力于创作《资本论》。他废寝忘食地研究古典的、庸俗的、小资产阶级的等各个流派的全部政治经济学的所有著作和英国博物馆收藏的大量文献资料。1857年8月到1858年5月，他写成了篇幅巨大的手稿《1857—1858年经济学手稿》（即《政治经济学批判大纲》）和一篇《导言》，实际是《资本论》第一稿。对这部手稿，马克思在1858年11月12日致斐迪南·拉萨尔信中说，"1. 它是15年的、即我一生的黄金时代的研究成果。2. 这部著作第一次科学地表述了对社会关系具有重大意义的观点。"① 从马克思政治经济学批判的发展历程上说，这部手稿还有另一层特殊的含义，正如英国著名学者弗朗西斯·惠恩所说：《政治经济学批判大纲》"作为1844年巴黎手稿和1867年《资本论》第一卷之间缺失的一环，展示了马克思思想的连续性"，"对劳动力和剩余价值所做的分析读起来像是《资本论》中对这些理论所做的更为详细的阐释的一个手稿"。②

1857—1858年爆发的世界经济危机加速了马克思写作《资本论》的进程，在致恩格斯的信中说："我现在发狂似地通宵总结我的经济学研究，为的是在洪水之前至少把一些基本问题搞清楚。"③ 在这部手稿中，马克思几乎探讨了《资本论》中考察的所有的主要问题。《导言》是该手稿开头部分，它依据生产力与生产关系的辩证统一的观点，分析了生产、分配、交换和消费的辩证关系，专题阐述了政治经济学研究的方法论问题。正是在这部手稿中，马克思首次以清晰的语言区分了劳动

---

① 《马克思恩格斯全集》第29卷，北京：人民出版社1972年版，第546页。
② 〔英〕弗朗西斯·惠恩：《马克思〈资本论〉传》，陈越译，北京：中央编译出版社2009年版，第54页。
③ 《马克思恩格斯全集》第29卷，北京：人民出版社1972年版，第219页。

和劳动力概念，首次明确提出剩余价值等一系列科学的概念，创立了比较完整的概念体系、科学方法论，并几乎解决了经济学中所有重大的问题。因而，该手稿在马克思政治经济学批判过程中具有承上启下的关键性作用。该手稿还对对事关人类社会发展的一切重大问题都予以深刻的研究，在某种意义上可以说，该手稿是马克思的第一部"百科全书"。

4.《资本论》第一卷出版，标志着马克思主义政治经济学的成熟

1859年6月，马克思出版了《政治经济学批判》一书。这是马克思计划出版的政治经济学著作的第一分册（计划6个分册）。内容包括《序言》、《商品》、《货币》。在《序言》中，马克思精辟而周密地概括了历史唯物主义的基本原理，并明确指出这是他用于指导研究工作的原则。列宁把这部著作提高到与《资本论》第一卷同样的高度，认为这两部著作使政治经济学发生了真正的变革。在写第二分册时，马克思改变了原来的计划，决定以《资本论》为全书的正标题，而把《政治经济学批判》作为副标题。从1861年8月到1863年6月，马克思创作了篇幅更为庞大的《1861—1863年经济学手稿》，即《资本论》第二稿（共有笔记本23册）。这部手稿把商品作为研究的出发点，分析了资本流通和简单商品流通的区别，并阐明了剩余价值的生产过程。手稿的大部分是对剩余价值学说史的批判研究，构成后来的《资本论》第四卷。

1863—1865年，马克思在上述手稿的基础上又写出了《1863—1865年经济学手稿》，即《资本论》第三稿。内容分为三部分，基本上相当于后来《资本论》的第一、二、三卷。至此，经过十几年夜以继日的艰苦工作，马克思写出了篇幅浩繁的三部手稿，对政治经济学所有重要问题，几乎都已作了详细的研究并做出科学的解答。

马克思开始精心加工、准备出版《资本论》。1867年4月，马克思从伦敦出发，亲自携带书稿抵达汉堡会见出版商迈斯纳。经双方协商决定，全部《资本论》分三卷出版，将原计划中的第二、三分册合并为第二卷，第四册即理论史部分调整为第三卷。1867年9月14日，《资本论》第一卷在德国汉堡出版。这是科学社会主义发展史上具有划时代意义的伟大事件。正如恩格斯所说："自从世界上有资本家和工人以来，没有一本书像我们面前这本书那样,对于工人具有如此重要的意义。"①从此,工人阶级拥有了属于自己的"圣经"。从1868年起,马克思处于贫困和疾病之中,但是,他不仅对第一卷的其他语言的版本进行精心的修订,还孜孜不倦地对《资本论》第二、三卷的手稿进行加工整理,并继续进行深化研究,其中,马克思在70年代就写过7份第二卷手稿。遗憾的是,马克思生前未能看到二至四卷出版。

5. 《资本论》第二、三卷以及《剩余价值理论》的出版,标志着马克思主义政治经济学成为完整而开放的科学理论体系

列宁曾经指出:"奥地利社会民主党人阿德勒说得很对:恩格斯出版《资本论》第2卷和第3卷,就是替他的天才朋友建立了一座庄严宏伟的纪念碑,无意中也把自己的名字不可磨灭地铭刻在上面了。的确,这两卷《资本论》是马克思和恩格斯两人的著作。"② 事实上,在《资本论》的整个创作过程中,恩格斯不仅在经济上和政治上给予马克思以巨大的支持和帮助,而且还以极大的热情同马克思就各种理论问题交换意见,向马克思提供资本主义经济运动的各种资料。马克思本人的话最能说明恩格斯在写作《资本论》整个过程中的作用,而且足以给任何有意制造马克思恩格斯对立论调者以致命一击。1866年7月9日,在马克思致恩格斯的信中说:"你可以了解,如果你能在我的主要著作……中直接以合著者的身份出现,而不只是被引证者,这会使我多么高兴!"③ 马克思的这种愿望恰恰是以马克思恩格斯思想的高度一致为前提的。1867年8月16日,即《资本论》第一卷出版前夕,马克思写信给恩格斯说:"这样,**这一卷就完成了**。其所以能够如此,我只有感谢你!没有你为我作的牺牲,我是决不可能完成这三卷书的巨大工作的。"④ 可以说,《资本论》这座雄伟理论大厦的建立,是由马克思和恩格斯共同完成的。

---

① 《马克思恩格斯选集》第2卷,北京:人民出版社1995年版,第589页。
② 《列宁专题文集 论马克思主义》第1卷,北京:人民出版社2009年版,第58页。
③ 《马克思恩格斯全集》第31卷,北京:人民出版社1972年版,第236页。
④ 同上书,第328—329页。

1883年3月，马克思逝世后，恩格斯毅然放下自己正在进行中的研究，肩负起整理、编辑和出版《资本论》遗稿的艰巨任务。1885年7月，经过恩格斯精心编辑整理的《资本论》第二卷在德国汉堡出版。"第三册只有一个初稿，而且极不完全。"[①] 恩格斯整理出版第三卷的难度就更大了。为了使原稿更加完善，恩格斯作了艰巨而繁杂的修订、增补和注释工作。这一卷于1894年12月在德国汉堡出版了。应当指出的是，恩格斯在从事这些工作的过程中，还同形形色色的资产阶级学者的歪曲、伪造进行斗争，如，揭穿洛贝尔图斯首创剩余价值理论的谎言，驳斥洛里亚所谓价值学说与生产价值学说发生矛盾的责难等等，捍卫了《资本论》的立场和科学价值；同时还根据新的研究和新的情况，充实了马克思的手稿。如，恩格斯对资本主义以前的商业资本的精辟论述，对资本主义发展中出现的新因素的深刻考察等，都为《资本论》的理论体系增加了新的重要内容。

　　《资本论》第四卷即《剩余价值理论》，是《资本论》的历史批判部分。恩格斯考虑到自己年事已高，便把整理和出版这一卷的工作委托给考茨基，后者于1905年到1910年以《剩余价值学说史》为书名，分三册陆续出版。

　　《资本论》集中了马克思在哲学、政治经济学和科学社会主义方面最卓越的成就，完成了他的两大发现——剩余价值学说和唯物史观，从而也完成了对科学社会主义的论证，使它成为全面阐述马克思主义三个组成部分的百科全书。马克思主义哲学史表明，离开对政治经济学的批判研究，离开对资本主义生产方式的深入剖析，就不可能有马克思主义哲学的产生和发展；同样，没有马克思主义哲学的世界观、方法论的指导，就不可能实现在政治经济学领域中的革命。《资本论》作为系统揭示资本主义社会形态发展规律的辉煌巨著，也成为运用科学的世界观和方法论、丰富和发展马克思主义哲学的最伟大的著作。

[①] 《马克思恩格斯文集》第7卷，北京：人民出版社2009年版，第4页。

第二章 《资本论》国外主要版本和传播情况

据不完全统计,《资本论》问世百余年来,已经被翻译成(除母语德语外)包括英语、法语、俄语、日语、汉语等主要语言在内的 70 余种文字,全球累计销售达到 20 亿册,对人类历史的发展进程产生巨大而深远的影响。这里,简要介绍《资本论》几种主要语言的不同版本以及传播情况。

一 德文版版本及传播

在众多德文版中,"迈斯纳版"为最主要的版本①,其出版情况如下表所示:

	第一卷	第二卷	第三卷
第一版	1867 年 9 月 14 日	1885 年 7 月/恩格斯编辑	1894 年 12 月/恩格斯编辑
第二版	1872 年 7 月—1873 年 6 月(9 个分册)	1893 年	第二—六版(1903—1922 年)
第三版	1883 年(恩格斯修订)	第三—七版(1903—1922 年)	第二—六版(1903—1922 年)
第四版	1890 年(恩格斯修订)	第三—七版(1903—1922 年)	第二—六版(1903—1922 年)
1903 年起,三卷本同步发行	第五—十版(1903—1922 年)		

---

① 《资本论》考茨基版分别于 1914 年、1926 年、1929 年分别出版第一、二、三卷;苏联马克思恩格斯列宁研究院分别于 1932 年、1933 年出版第一、二卷,1933—1934 年分两册出版第三卷;柏林古斯塔夫齐喷豪(Gustav Kiepenheuer)版于 1932 年出版第一卷;二战后,东德柏林迪茨出版社、西德斯图加特出版社、法兰克福欧洲出版社等也出版《资本论》德文版。尤其是迪茨出版社,自 1947 年刊行第一版以来,已经出版过 20 余版。

第一部分　历史考证

马克思于1866年1月开始对第一卷作最后的润色和誊写，1867年3月27日誊写完成。4月29日开始排版，9月14日出版。当第一卷还在排印的时候，马克思已经开始考虑出版第二版的问题了，同年8月24日致恩格斯的信中说："请把你的要求、批评、问题等等都写到清样上。这对我很重要，因为我预期迟早会出第二版的。"① 1871年，巴黎公社失败后，根据出版商的要求，马克思决定出德文第二版。马克思对第一版的章节、文字、注释等方面做了适当的调整和修改，尤其是第一章的改动比较大，还增加了长篇的跋。考虑到社会的需求量和群众的经济承受能力等原因，在出版上，把第一卷分成9个分册出版，从1872年7月到1873年6月出齐，每个分册的印数增加到3000。从发行量大幅增加上就可以看出，《资本论》揭示的真理吸引了越来越多的群众，日益显示出工人阶级的"圣经"的伟大力量。这一版是马克思生前亲自修订的最后的德文版。

《资本论》第一卷第二版出版后，马克思刚好对法译本进行校订，他发现应当在德文第二版中充实新的历史材料和统计资料，对某些地方进行彻底的修改，把那些还有些模糊的论点表达得更加清楚，还要增添一些新的论点。但是，由于身体原因以及出版商急于出版，马克思只好放弃这个打算。1881年10月底，出版商又提议出版第三版。马克思虽然想对第三版只做少量的修改和补充，并一直在做修订工作，但由于身患重病，最终无法完成这项工作而与世长辞了。

恩格斯根据马克思遗留下来的德文本和法文本中的修订情况和要求，完成了第三版的修订工作，增加了"编者第三版序"，对修订情况予以说明，1883年出版，刊印3000册。

1889年，在恩格斯主持下修订《资本论》第一卷。他再次对照马克思的笔记，把法文版的一些内容补充到德文版中，马克思的女儿艾琳娜负责把英文引文转换为英文原文，增加说明性的注释，并写了序言，

---

① 《马克思恩格斯全集》第31卷，北京：人民出版社1972年版，第331页。

于 1890 年出版。这一版本被公认为在内容和形式上是最完善的版本，现在，世界上大多数译本都是依据这个版本。

马克思逝世后，恩格斯编辑出版《资本论》第二卷。1884 年 6 月，恩格斯着手编辑第二卷，先是抄写手稿，后来，由于身体原因，改为恩格斯照原稿口述，秘书笔录。特别困难的是，要从马克思的原稿（主要是马克思在 1861—1880 年左右写成的原稿）中选择最为成熟可靠的稿本内容，对全文编辑校对，前后用了一年多的时间，恩格斯写了序言，于 1885 年 7 月出版。1893 年刊行的第二版只是订正了一些印刷上的错误，删除了重复的内容等一些技术上的问题，没有修改或增加思想观点，也写了简短的序言。

第三卷的编辑工作更加困难。一是马克思的遗稿并不完善。有的地方并不连贯，而且还有手稿缺失的现象，为了保持连贯性，恩格斯增加了部分正文内容，并在正文中直接标示出来；重复的内容很多，出版的第三卷中依然存在重复现象；在恩格斯看来，有的观点还不够精确，并且由于时代的发展，一些重要的现实问题日益凸显，而马克思并没有加以论述，恩格斯根据自己的理解补充了部分重要内容，并在注释中加以说明和解释。恩格斯的编辑工作，既要保证阅读、研究的完整性、连续性，又要保证不把自己的观点强加给马克思，这种难度可想而知，恩格斯还是最出色地完成了这项艰巨的任务。可见，即使从文本创作的意义上说，这一卷确实是二人合作的成果。二是恩格斯年事已高，疾病缠身，而且他还要忙于指导国际工人运动。所以，原计划用不到一年的时间就可以出版，结果，一直到恩格斯逝世前一年才完成出版的准备工作，1894 年 12 月正式出版。

马克思逝世之前，指定他的女儿爱琳娜和恩格斯作为他的遗嘱执行人，恩格斯接受了马克思的委托，忠实而最出色完成了第一卷的修订、第二卷和第三卷的编辑出版任务。尤其是为了编辑出版《资本论》第二、三卷，恩格斯放下自己手中的研究工作，耗费了整整 12 年时间，"替他的天才的朋友建立了一座庄严宏伟的纪念碑"。这种伟大的友谊也令后人景仰。

《资本论》第四卷即《剩余价值学说史》,依照马克思原来的计划是《资本论》第三卷,恩格斯后来曾计划把它编成《资本论》第四卷;最后考茨基以《剩余价值学说史:〈资本论〉第四卷(套装全三册)》为书名编辑出版。这样,《剩余价值学说史》作为《资本论》的续篇,有利于更加深刻地理解《资本论》的深邃的思想。

马克思完成了《资本论》的创作,接下来面临首要的任务就是向工人阶级和全世界广泛传播《资本论》的科学思想。《资本论》刚刚发表,资产阶级经济学家起初采取"沉默阴谋"。为了打破"沉默阴谋",在马克思的指导下,恩格斯就连续发表书评,甚至"从资产阶级的观点对书进行抨击"[①],以引起学术界和整个社会的关注。资产阶级经济学家欧根·杜林终于按捺不住,第一个公开发表短评,否定劳动价值论,并且把李嘉图的局限性强加到马克思的身上。虽然杜林歪曲了《资本论》,但马克思还是说:"我应当感谢这个人,因为他毕竟是谈论我的书的第一个专家。"[②] 杜林打破了"沉默阴谋",《资本论》引起了整个学术界的关注,并在理论斗争和革命运动中并向全世界传播。

恩格斯积极与各类资产阶级学者展开论战,在解释、阐明和维护《资本论》的基本思想的过程中,向整个社会传播思想。恩格斯还亲自撰写《资本论》第一卷的通俗提纲,把《资本论》通俗化,以便向工人宣传。恩格斯对《资本论》传播作出了巨大的贡献。

《资本论》公开出版的第二年,即1868年9月,第一国际在布鲁塞尔召开代表大会,会上,代表们一致通过了德国代表团提出的关于《资本论》的决议案,建议所有国家的工人都来学习《资本论》,并呼吁把这部著作翻译成各种文字出版,这个决议大大加速了《资本论》在全世界范围的广泛传播。

---

① 《马克思恩格斯全集》第31卷,北京:人民出版社1972年版,第351页。
② 《马克思恩格斯全集》第32卷,北京:人民出版社1972年版,第526页。

二 《资本论》俄文版版本及传播

俄文版是《资本论》的第一个外文译本,这个外文译本在极大地鼓舞了马克思研究热情的同时,对于《资本论》在全世界范围内的传播也产生了不可估量的、重大的推动作用。

《资本论》第一卷出版后,在德国遭受了各种形式的抵制和封锁,反动学术界甚至采取了共同沉默这种无耻的方法,想把《资本论》扼杀于面世之际(4年多的时间才售完1000册,可见,从学术界和社会反应情况上看,当时《资本论》的情况并不乐观)。但是,《资本论》一经出版就在俄国先进知识分子中产生了巨大的反响。1868年9月,俄国经济学家尼·弗·丹尼尔逊就写信建议马克思出版《资本论》俄文版。马克思非常高兴,10月7日写了回信,并随信寄出出版需要的简历和照片。恩格斯得知后,兴奋地表示:"出俄译本是个非常可喜的现象;只要事情稍有进展,就应在报上加以报道。"[①] 最初,由巴枯宁负责翻译,但直到1869年年底,他仅仅翻译了第一章的前几页,就放弃了。1870年年初,俄国革命家格·亚·洛帕廷担任翻译工作,并到伦敦当面请教马克思。但是,为了营救车尔尼雪夫斯基,洛帕廷翻译了第二章至第五章就放下了翻译工作,余下各部分由丹尼尔逊完成。1872年4月8日,俄文版在彼得堡出版,印数为3000册。

《资本论》第一卷俄文译本得到了马克思的高度评价,称赞说翻译得很出色。在翻译第二、三卷时,恩格斯给予极大的关注和支持,与丹尼尔逊保持密切联系,及时地把校样随印随寄,这样,在《资本论》第二卷原版问世的当年(1885年),就翻译成俄文出版,第三卷俄文版(1896年)也仅仅比原版晚出版一年多一点的时间。可以说,俄文版与原版趋近于同步出版。

在出版《资本论》第一卷的时候,沙皇政府企图禁止《资本论》

[①] 《马克思恩格斯全集》第32卷,北京:人民出版社1974年版,第167页。

俄译本的发行，但是，当时书报检查机关认为很少有人能理解《资本论》，而且"作者的论证方法又处处具有严谨的数学科学形式，委员会认为不能对该著作提出司法上的追究"①。因而还是准予出版，可是，他们认为书上印有的马克思的相片会造成对作者的特别敬仰，因此把《资本论》上刊印的马克思的相片撕下来才准予发行。这样，《资本论》得以合法地在俄国公开出版。

十月革命前，《资本论》还有其他几种译本，比如，柳比莫夫教授主编的《资本论》第一卷和第二卷俄译本，于1898年由阿斯卡尔汉诺夫出版社出版；彼·别·司徒卢威主编、叶·阿·古尔维奇和札克翻译的第一卷，于1899年由波波娃出版社出版；伊·伊·斯切潘诺夫主编的全译本，由莫斯科出版社于1907年出版第二卷，1908年出版第三卷，1909年出版第一卷。列宁参加过这个全译本的准备工作，并承担了校订第二卷的部分工作，但是，由于受到当时革命环境的制约，列宁无法完成全部工作。

十月革命后，斯切潘诺夫主编的全译本成为比较通行的版本。1955年，苏联马克思列宁主义研究院开始编译出版第二版，该版《马克思恩格斯全集》中的《资本论》正是以这个版本为基础进行修订的，并于1960年出版第一卷（《马克思恩格斯全集》中的第23卷），1961年出版第二卷（《马克思恩格斯全集》中的第24卷），1961—1962年出版第三卷（《马克思恩格斯全集》中的第25卷上、下两册）。

梁赞诺夫在编辑出版《资本论》事业上作出了特殊的贡献。1921年，列宁希望梁赞诺夫能收集到马克思和恩格斯发表过的全部材料，实质是规定了苏联马克思恩格斯研究院建院的指导方针。梁赞诺夫在寻找、购买和复制马克思恩格斯手稿方面作出了巨大的贡献。到1930年，该院拥有马克思恩格斯文献4316份，还有437份原件和近5.5万页照片复制品，梁氏成为恩格斯去世后对马克思恩格斯遗著进行系统选择、

---

① 《马克思恩格斯全集》第33卷，北京：人民出版社1973年版，第493页。这是马克思在给佐尔格的信中引用的丹尼尔逊致马克思的信（1872年6月4日）的内容。

整理、编目和说明的第一人。更为重要的是，梁赞诺夫认为，应当修改出版计划和编辑方针，不仅要编辑出版《马克思恩格斯全集》俄文版，还要编辑出版《马克思恩格斯全集》历史考证版，即"MEGA"（"MEGA"是德文"Marx–Engels Gesamtausgabe"的简写形式，专指历史考证版），即完全按照马克思恩格斯的著作原著文字整理出版，开创了编辑《马克思恩格斯全集》的新路径，因而具有极其重大的学术意义和独特的价值，MEGA对于马克思主义研究产生了深远的影响。由于梁赞诺夫未能完成MEGA工作（共完成14卷，16分册），为了区别，梁氏编辑的第一版称之为MEGA^1，第二版称为MEGA^2（尚在进行中）。

沿着梁赞诺夫开辟的道路，1975年，苏联和东德又重新启动了新MEGA的编辑工程，即MEGA^2。由于20世纪80年代末90年代初苏东剧变，MEGA^{2}的编辑工作陷入困境，到1990年共出版37卷。东西德合并后，德国的各个大学的MEGA^{2}小组被撤销，苏联马列研究院被关闭，编辑MEGA^{2}的工作无法推进。1990年5月，荷兰皇家科学院阿姆斯特丹国际社会史研究所、苏共中央社会主义理论和历史研究院、特里尔马克思故居、柏林—勃兰登堡科学院四家联合成立"国际马克思恩格斯基金会"，继续推动MEGA^{2}的编辑出版工作，主要参加者有德国、俄罗斯、日本等多个国家的学者。日本MEGA编辑委员会成立于1998年，编委会大约有30人，代表学者是日本东北大学大村泉教授、大谷祯之介教授。其承担MEGA^2（《马克思恩格斯全集》历史考证版）第Ⅱ部分，即《资本论》及其手稿等方面的编辑出版任务。

三　法文版版本及传播

《资本论》法文版第一卷是马克思亲自修订、加工过的版本，而且不完全是德文版的翻版。后来，恩格斯出版第三、四版时都参照法文版进行修改，因而，法文版具有独特的历史价值和学术价值。

马克思高度重视法文版的翻译，并明确反对把法文版翻译成缩写版。法文翻译的背景是：当时巴黎公社失败，法国工人遭到疯狂镇压，革命处于低潮时期。巴黎公社失败的原因是多方面的，公社中的占据领导地位的是两派，即布朗基主义者抓军事，蒲鲁东主义者抓经济，无产阶级并没有用科学社会主义理论武装起来，这是失败的重要原因之一。马克思希望通过出版法文版能够"使法国人摆脱蒲鲁东用小资产阶级的理想化把他们引入的谬误观点"①，肃清蒲鲁东的小资产阶级思想的残余，用科学社会主义理论武装工人阶级，在马克思主义基础上建立革命的政党。

马克思曾考虑亲自去巴黎联系翻译出版法文版，他在1869年3月20日致恩格斯的信中表示："我打算加入英国国籍，为的是能够安全地去巴黎。如果不去一趟，我的书的法文版永远也出不成。我到那里去是完全必要的。"②虽然这个计划没有实现，但从这个想法中也可以直接感受到马克思对法文版的重视程度之高。直到1869年10月，沙·凯累尔才开始翻译工作，前后共译400页左右，并寄给马克思审阅，马克思也做了修改。但由于巴黎公社失败，凯累尔流亡瑞士并与巴枯宁集团关系密切，马克思与他断绝往来，这次法文翻译工作无疾而终。

最后，由约瑟夫·鲁瓦承担第一卷的法文翻译工作。他从1872年2月开始，到1874年年底完成，用了近三年的时间。马克思认为，鲁瓦很出色地完成了自己的任务，但是马克思对译文的质量还是不满意，一是他翻译的过死，是一种逐字逐句对照式的"硬译"，读者难以读懂。二是马克思亲自担任校正工作，认为原本（德文第一卷第二版）应当做一些修改、补充，还写了序和跋。对此，马克思说，如果早知道修改校订花费那么多时间，还不如自己把它翻译成法文。可见，马克思为这个法译本的校订工作付出了巨大的心血。

法文版的独特价值不仅在于翻译问题，更在于马克思对法文版的修改。首先是整体结构的调整。德文第二版、第四版，即通用版

---

① 《马克思恩格斯全集》第31卷，北京：人民出版社1972年版，第546页。
② 《马克思恩格斯全集》第32卷，北京：人民出版社1974年版，第264页。

本，其结构是 7 篇 25 章。法文版则把 7 篇改为 8 篇，把原来第七篇《资本的积累过程》分为两篇：第七篇《资本积累》，第八篇《原始积累》。德文版的第四章分为三节，第二十四章分七节，法文版则把这些节全部改为章，法文版就变成了 32 章。其次，对一些标题进行改变。改动和增加的标题的总数量为 53 处。比如，第一卷的总标题由"资本的生产过程"改变为"资本主义生产的发展"，等等。第三，马克思对个别重要观点进行调整，而不仅仅是文字语法修饰上的改变、语句段落的删除与增加。例如，马克思就直接谈到修改问题："法文版中最重要的修订，是……关于积累的几章。"① 总之，法文版的修改体现了独特的价值。

为了让《资本论》"更容易到达工人阶级手里"，出版合同规定把全书分成 44 个分册，每个分册一个印张，5 个分册为一辑，每个分册刊印 1 万册，并在第一分册出版前（1872 年 9 月发行第一分册）就预售了 8000 册，到 1875 年 11 月出齐。1885 年，在巴黎重印 1.5 万册。

《资本论》第二、三卷德文版出版后，恩格斯也十分关心法文翻译工作，并提出了对翻译者的要求。他说："第二卷和第三卷的法文版，很难找到合适的译者。从事这项工作，既要有愿望、有能力，又要能坚定不移地干到底，这样的人不多。"② 恩格斯生前未能看到法文版的第二、三卷。恩格斯逝世后，布鲁塞尔社会科学院的于连·保尔沙尔茨和席波利特·万德里茨共同完成这两卷的翻译工作，于 1900—1902 年由巴黎纪阿尔出版社出版，这就构成了完整的法文全译本。

1922—1930 年，巴黎科斯特出版社出版《资本论》法文全译本，共分 14 个分册，第一卷为 1—4 分册，第二卷为 5—8 分册，第三卷为 9—14 分册。1948—1960 年，巴黎社会出版社出版新译本，共计 8 个分册。1976 年的新版改为三卷本。

---

① 《马克思恩格斯全集》第 34 卷，北京：人民出版社 1972 年版，第 117 页。
② 《马克思恩格斯全集》第 39 卷，北京：人民出版社 1974 年版，第 92 页。

四 英文版版本及传播

英文版是《资本论》的第三个外译本。《资本论》是马克思在英国写成的，并且把英国作为"麻雀"来解剖的，因此，马克思也特别希望英文版能早日出版。在1867年，《资本论》还在排印的时候，恩格斯就向马克思推荐英国法学家赛米尔·穆尔担任英文翻译工作，恩格斯为了确保译文的质量，还表示要监督全部工作。但是由于各种原因，在马克思还在世的时候，包括穆尔在内的很多人都未能完成英译工作，英文版《资本论》一直未能问世。

马克思逝世后，英美等英语国家的书刊上经常会提到《资本论》，工人阶级运动也急需一本英文版的《资本论》为指导，正如恩格斯所说："只要英国目前的运动，不因本身的空虚而像戳破的皮球那样泄气，这部译著是绝对需要的。"[①] 在这种情况下，恩格斯开始组织英文翻译工作。他亲自指导、编辑，由穆尔和马克思的女婿爱·艾威林博士共同承担翻译工作，马克思的小女儿艾琳娜担任引文校正工作。1878年11月15日，马克思在致尼·弗·丹尼尔逊的信中指出："关于《资本论》第二版……我希望**分章**——以及**分节**——按法文版处理。"[②] 这是马克思关于修订《资本论》的极其重要的指示和特别要求，对于英文翻译也是适用的，这意味着所谓翻译不仅仅是翻译，还要遵循马克思的意见，进行一定程度的修改，超越了通常意义上的翻译。在这个过程中，恩格斯对译文进行校订，在很大程度上参考了法文版《资本论》和马克思遗留下来的关于《资本论》修改的一些具体意见，以及马克思曾经写过的"第三版付排本"[③] 的意见，并写了英译本序言。1887年1

[①] 《马克思恩格斯全集》第36卷，北京：人民出版社1975年版，第141页。
[②] 《马克思恩格斯全集》第34卷，北京：人民出版社1972年版，第332页。
[③] 《资本论》第一卷第三版付排本是马克思为准备在美国出版英译本所写的手稿，并寄给了左尔格，左尔格得知恩格斯在校订英译本时，就把手稿寄给了恩格斯，成为恩格斯编辑英译本的极其重要指导材料。

月,《资本论》第一卷英文版由伦敦桑南夏恩出版社出版,这是最权威的英文版本。第一次印刷时分上、下两册,上册包括1—14章,下册包括15—33章。《资本论》一经面世,仅仅两个月就销售一空,同年4月,就把两册合成一卷进行第二次印刷。恩格斯在世时,《资本论》第一卷英译本在伦敦和纽约先后出版过6个版本。

《资本论》英文版全三卷出齐是恩格斯逝世十余年以后的事了。三卷本英文版主要有以下几个版本,一是由欧内斯特·翁特曼翻译,美国芝加哥克尔出版社出版的"克尔版",1906年、1907年、1909年分别出版第一、二、三卷。二是莫斯科外文出版社于1954年、1957年、1959年分别出版第一、二、三卷,后来改由进步出版社出版。三是伦敦"劳伦斯—威沙特版",1954年出版第一卷,1974年就重印达8次之多;1956年出版第二卷,到1974年重印4次;1959年出版第三卷,到1974年也重印了4次。四是纽约"国际出版社版",1976年出版全部三卷。

英译本的出现有力地推动了《资本论》的传播,尤其是在当时最发达的资本主义国家——英国,工人阶级普遍承认《资本论》的那些结论是他们的状况和愿望的最恰当的表达,真实地代表着工人阶级的利益,就连那些有教养的英国资产者也开始研究《资本论》了。从1825年到1867年,几乎每间隔10年左右爆发的经济危机,失业工人年复一年地增加,人们相信,工人阶级总有一天会起来掌握自己的命运。马克思的研究表明:至少在欧洲,英国是唯一可以完全通过和平的和合法的手段来实现不可避免的社会革命的国家,当然,他并不指望英国的统治阶级会不进行维护奴隶制度的反动,就心甘情愿地屈服了。① 工人阶级革命运动没有固定的形式,而只是要向着既定的目标前进,正如马克思所说:"我们应当向各国政府声明:我们知道,你们是对付无产者的武装力量;在我们有可能用和平方式的地方,我们将用和平方式反对你

---

① 参阅《马克思恩格斯文集》第5卷,北京:人民出版社2009年版,第35页。

们,在必须用武器的时候,则用武器。"①

在美国,《资本论》也逐渐传播开来,并且不再局限于学术界而是向工人阶级扩展开来。美国工人在争取八小时工作日的革命运动中,《资本论》起到重大的指导作用,反过来,工人争取八小时工作日的运动也有力地推动了《资本论》的传播。1871年9月13日,第一国际纽约支部组织两万多工人举行示威游行,争取八小时工作日。运动中,他们把《工作日》(《资本论》第一卷第八章)中的精辟论述直接摘印成传单,广泛散发。比如:"我卖给你的商品和其他的普通商品不同,它的使用可以创造价值,而且创造的价值比它本身的价值大。""要求得到我的商品的价值。"②他们要求:八小时工作、八小时休息和学习、八小时睡眠。在工人运动中真正显示出《资本论》的巨大力量。

五 日文版版本及传播

19世纪末20世纪初,马克思的经济学说传入日本。1868年,日本推行明治维新,日本资本主义的迅速发展,日本无产阶级也登上政治舞台,马克思主义思想在日本的影响迅速扩大。当时,部分中国先进的知识分子也是在日本留学的过程中首次接触到马克思主义思想,我国现在所使用的马克思主义经济学专业术语也大多是从日文转译而来的,日本《资本论》研究对我们的影响之大,由此可见一斑。从《资本论》传入日本以至于当代日本,其研究一直都非常兴盛,尤其是日本新MEGA编辑委员会的成立,标志着日本成为国际上研究《资本论》的不可或缺的重镇。

《资本论》第一卷早在1887年就已传入日本,1907年山川均最早用日文对《资本论》作了介绍。1909—1910年,《社会新闻》第55—59、63号连载的安部矶雄的译文,是最早的日文译本,直到1919

---

① 《马克思恩格斯全集》第17卷,北京:人民出版社1963年版,第700页。
② 《马克思恩格斯文集》第5卷,北京:人民出版社2009年版,第270、271页。

年,《资本论》的日本译本都只是《资本论》第一卷的一部分,而不是全译本。

1920年6月—1924年7月,高畠素之翻译的10册的《资本论》,由东京大镫阁和而立社出版,成为《资本论》最早的日文全译本。1925—1926年,东京新潮社出修订版,分为三卷四册。

第二个日文全译本是长谷部文雄翻译的,三卷11个分册,1946年10月发行第一分册,到1950年8月出齐。这个版本是二战结束后的第一个全译本,发行量相当大,第一分册在10天内就售完3万册。1951年10月发行修订版,三卷14册,到1954年8月出齐。1964—1965年,译者再次修订,三卷4册,由河出书房出版,并编入《世界の大思想》第18—21卷。

第三个日本全译本是向坂逸郎翻译的,分为12个分册。1947年9月发行第一分册,1956年12月出齐。1967年修订为三卷四册本。

第四个日文全译本是日本《马克思恩格斯全集》刊行委员会的译本。1961年5月发行,1964年9月出齐11个分册。1965—1967年出版《马克思恩格斯全集》日文版第23、24、25卷时,改为三卷五册本。1967年,经译者修订,出版《资本论》一百周年纪念版。

第五个全译本是宫川实翻译的《学习版〈资本论〉》,1977—1982年出版,共9个分册。其特点是在译文的页边上有译者的眉批,标出要点,在每个章节后面附有学习资料,卷末附有注释,适合于学习研究。

《资本论》在日本得到了广泛的传播,对日本国内经济、政治和社会产生了重要影响。日本的《资本论》、《马克思恩格斯全集》、《马克思恩格斯选集》版本众多,而且都是由私人出版机构和从事马克思研究的学者组成的编辑委员会进行翻译、编辑、发行的,对马克思主义经济学的研究、普及起到了巨大的推动作用。

首先,日本马克思主义经济学界在资料收集、整理、学术成果上成就斐然。20世纪初,日本马克思主义经济学者们就开始在欧洲广泛收集马克思主义经济学的原著典籍。1919年,栉田民藏、久留间鲛造等人就从德国和英国收集了大量珍贵的图书资料,并整理成《日本社会主义文献》、《日译马克思恩格斯文献》等书籍。久留间鲛造更是前后花费两次 20 年的时间，编辑、出版《马克思经济学词典（全 16 卷）》。

20 世纪 90 年代后期，特别是 1997 年 11 月，在国际马克思恩格斯财团阿姆斯特丹理事会（IMES）的帮助下成立了日本新 MEGA 编辑委员会，大谷祯之介、大村泉等担任各研究组负责人，陆续出版新译本《资本论》，并补充了许多珍贵的原始资料，马克思手稿在日本又一次掀起出版热潮，引起国内外学术界的广泛关注。

日本共产党人中，涌现出很多优秀的马克思主义经济学理论研究的专家。例如，日本共产党前委员长不破哲三写作了多部研究《资本论》专著，如《马克思与〈资本论〉》（共 3 卷）、《恩格斯与〈资本论〉》（上、下）、《列宁与〈资本论〉》（共 7 卷）以及《通读〈资本论〉三卷》（共 7 册）等，对于马克思主义经济学的研究达到了很高的水准。

其次，日本马克思主义经济学家对"战后"经济的恢复、发展发挥了重要的作用。他们在深入、扎实地研究马克思主义经济理论的基础上，通过到政府部门任职、参与政府或财团的课题研究和决策咨询以及教育与管理人才的培养等多种渠道，推行其经济理论和政策主张，推动日本经济的恢复与发展。①把《资本论》的研究成果应用于实际经济工作而取得的巨大成就，有力地推进了《资本论》的深化研究。

第三，在高校，逐渐形成了比较完善的马克思主义政治经济学教育宣传体系，大学成为重要的研究阵地。在日本，很多知名大学本科、研究生课程都设有马克思主义经济理论的课程。如东京大学、法政大学、东北大学、一桥大学、中央大学、京都大学等名校不仅开设马克思主义经济学课程，而且也成为马克思主义经济学派的主阵地。

在马克思主义经济学研究方面，日本马克思主义经济学界人才辈出。用数学方法研究马克思主义政治经济学，产生了以置盐信雄和森岛通夫为代表的，具有重要的国际影响的日本马克思主义数理经济学。日

---

① 参阅程恩富、陈士辉：《日本马克思主义经济学与现实问题研究态势》，《海派经济学》第 6 辑，上海：上海财经大学出版社 2004 年版。

本马克思主义经济学界的重要人物——宇野弘藏具有重要的国际影响，其经济学说被称为宇野理论，即宇野学派。宇野弘藏的学生——伊藤诚，关注中国的改革，先后出版了《市场经济与社会主义》等多部著作，并成为日本马克思主义经济学界的领军人物，等等。

更难能可贵的是，一些知名教授，利用周六、周日等节假日时间，在社会各地面向普通市民开设《资本论》讲座，传播《资本论》的基本原理，并以此解释现实社会的问题。这种传播方式形成了一个优良的传统，对《资本论》的大众化起到积极的推动作用。在日本，《资本论》的研究、应用、传播的方式方法对我们具有重要的启示。

目前，几乎在所有的国家和地区都可以看到不同版本的《资本论》，到处可以感受到《资本论》的力量。《资本论》已经传遍世界，并以其真理的光辉吸引人们以各种不同的方式研究、解释和宣传。

第三章 《资本论》的国内版本和传播情况

郭沫若说："如果能为译《资本论》而死,要算是一种光荣的死。"① 冒死乃至于确实有人因为翻译《资本论》而付出了最宝贵的生命的代价,这种可歌可泣的翻译过程足以让我们首先要向那些翻译《资本论》的前人致以最崇高的敬意。

一 《资本论》中文翻译的艰辛历程

在我国,从事《资本论》这部巨著的翻译出版工作,从1930年陈启修最初译本,到郭大力、王亚南的全译本,再到2003年最新译本的出版,《资本论》的翻译史折射出我国马克思主义理论翻译工作者的崇高精神境界,在某种程度上也折射了中国革命与建设的历史。

1920年9月,李汉俊翻译出版了《马克思资本论入门》。他在序言中说:"要讲马格斯社会主义以及要晓得马格斯社会主义的,都非得把马格斯社会主义三经典:马格斯、因格尔斯合著《共产党宣言》、因格尔斯著《空想的科学的社会主义》及马格斯著《资本论》拿来详详细细读一读不可!"② 引起人们对《资本论》的重视。同年10月,上海《国民》月刊发表费觉天翻译的《资本论自叙》(德文版《资本论》第一卷第一版序言),这是最早的《资本论》片段翻译了。

---

① 转引自郭伟伟:《不应遗忘的〈资本论〉翻译者》,《北京日报》2012年5月14日。
② 转引自刘大明:《把火种"盗"到中国的人们》(上),载《新文化史料》1998年第1期。

郭沫若在日本留学期间就打算全文翻译《资本论》。1924 年回国后不久，他就在上海制定了一个翻译《资本论》的计划。他与商务印书馆商量过，可是，这个计划在商务印书馆的编审会上没有通过。因为，"译其他任何名著都可以，但出《资本论》"①，则有所不便，出版社不敢承担出版《资本论》的风险。郭沫若未能实现自己的抱负，这使他感到十分遗憾，但这并没有改变他翻译马克思主义著作的热情和决心。在险象环生、颠沛流离的生活中，郭沫若陆续翻译并出版了马克思主义经典文献的许多著名篇章，如《政治经济学批判》（1931 年出版）、《德意志意识形态》（1938 年出版）等，对传播马克思主义起到了重要作用。1938 年秋，他还撰写了《资本论中的王茂荫》等论文，以确凿的考证为理解和翻译《资本论》这部巨著的有关章节作出了不可忽视的贡献。

1. 陈启修翻译的《资本论》第一卷是中国最早的一个中文译本

在中国，第一个翻译出版《资本论》的人是北京大学陈启修教授。陈启修早年曾留学日本，在李大钊的影响下开始接触马克思主义书籍，并与李大钊建立了亲密的友谊。1918 年回国后，经吴玉章推荐，受蔡元培聘请，陈启修到北京大学法学院任教授。在北大，他与老友李大钊重逢，往来更加密切，1925 年春，由朱德介绍加入了中国共产党。

1927 年大革命失败后，陈启修在国内无法立足，被迫流亡日本，易名陈豹隐。他以掌握五种外语的优势，潜心研究马列主义经济学，开始根据德文版并参照日本学者河上肇的日文译本翻译《资本论》。1930 年 3 月，陈启修翻译的《资本论》第一卷第一分册由上海昆仑书店出版，这是我国出版的最早的一个《资本论》中文译本。陈启修原计划分十册出版，但在当时艰难的条件下只出版了第一分册。

潘冬舟接着陈启修的工作继续翻译《资本论》，后被蒋介石杀害。早年加入中国共产党并曾留学苏联的潘冬舟，见《资本论》出了第一

---

① 转引自刘大明：《把火种"盗"到中国的人们》（上），载《新文化史料》1998 年第 1 期。

卷第一分册没了下文，就决定接着陈启修的工作继续翻译。他精通六国语言，翻译速度很快，先后译出《资本论》第一卷的第二、三、四篇，分为两册，即第二分册和第三分册，于1932年8月和1933年1月由北平东亚书局出版。他翻译的《资本论》，文风朴实流畅。不幸的是，1934年底，由于叛徒的出卖，时任张学良秘书的潘冬舟被蒋介石点名抓捕，1935年牺牲于武昌。

对于潘冬舟，张学良曾不胜惋惜地说："前些天在武汉抓到一个共产党员叫潘冬舟，这个人通六国语言，很有才华。这样的人，中国还极少。如果用其所长，一定能为国家做出很大的贡献。可是，就因为他是共产党员，信仰马克思列宁主义，就非杀不可，甚至连我出面保了几次，都遭到（蒋介石）拒绝，最后还是被杀害了。"① 共产党人翻译《资本论》的努力再次中断。

陈启修与潘东舟翻译的《资本论》结合在一起，可以说是《资本论》第一卷的完整版。

2. 侯外庐、王思华：《资本论》第一卷以"世界名著译丛"名义出版

继潘冬舟之后，侯外庐和王思华依据恩格斯审定的《资本论》第四版，合作翻译《资本论》第一卷，《资本论》第一卷中文全译本诞生了。后来，侯外庐还独自进行了《资本论》第二、三卷的部分翻译工作。

早在1924年，年轻的侯外庐就结识了李大钊，经常得到他的关怀和教诲。李大钊多次同这个年轻人谈到《资本论》，为中国尚无一部较为完整的译本而感到遗憾。由于受到李大钊的鼓励和推动，侯外庐决心要翻译这部巨著。

1928年，侯外庐在法国开始翻译《资本论》。边学边译，翻译过程十分艰辛。到1930年回国前，终于译完《资本论》第一卷的二十章。回国后，侯外庐找到了一位志同道合的合作者王思华。王思华是李大钊

---

① 转引自郭伟伟：《不应遗忘的〈资本论〉翻译者》，《北京日报》2012年5月14日。

的同乡，当时执教于中法大学，和侯外庐一样，也有一段受李大钊启蒙的经历。由于有着共同的信仰和对《资本论》比较接近的研究基础和理解水平，侯外庐、王思华两人一见如故，很快就结成志同道合的朋友，并相约合作，从头翻译《资本论》。为了让《资本论》第一卷尽快与读者见面，他们将这本著作分为上、中、下三册进行翻译。他们的合作是紧张而又愉快的。当时，王思华还是单身汉，住在南河沿大街欧美同学会。1932年的整个暑假，侯外庐每天一早起来，就到王思华的宿舍去"上班"。王思华将欧美同学会的一间公共客厅开辟出来供侯外庐使用。这个暑假，他们的工作效率很高，翻译速度相当快。同年8月，上册已经具备出版条件。9月，生活书店以"北京国际学社"名义出版了他们翻译的《资本论》第一卷的上册。又经过3年多的努力，1936年6月，《资本论》第一卷上、中、下三册的合译本终于以"世界名著译丛"名义出版。这一次他们用了笔名，侯外庐署名"玉枢"，王思华署名"右铭"。

为了完成这个译本，侯外庐前后奋斗苦译了8年之久。他后来在回忆这段经历时动情地写道："翻译《资本论》，对我来说实在是艰难。我以德文1928年第四版为依据，找来英文、法文、日文译本为参考，一个词一个词地推敲着前进。若没有神圣的动力，一个从德文字母学起的人，简直是无法坚持下来的。"①

完成了《资本论》第一卷的翻译后，侯外庐同时准备第二、三卷的翻译工作。他原打算与王思华合译，但由于各种原因而未能实现。于是，侯外庐开始自己翻译。在友人的建议下，他先把《资本论》第三卷中的地租部分翻译出来，但在这期间，他也没有放下第二卷的翻译。直至抗日战争爆发前，侯外庐完成了《资本论》第二卷大部分和第三卷地租部分的翻译。他把第二、三卷的译稿以及他的很多相关的书籍都集中起来放在箱子里，托人将其带到延安。遗憾的是，这箱书稿都毁于战火。只有《资本论》第二卷的十五章译稿因没有放在箱子里，才得

---

① 转引自郭伟伟：《不应遗忘的〈资本论〉翻译者》，《北京日报》2012年5月14日。

以保留下来。

补充一点的是，商务印书馆于 1934 年出版了由吴半农译、千家驹校的《资本论》第一卷第一分册的另一个译本。但是，这个译本由于印数太少和当时的动荡环境，其影响不大。商务印书馆曾计划将《资本论》三卷全部翻译，但由于国民党当局的压制，这个翻译出版计划最终被扼杀了。

3. 郭大力、王亚南：合作翻译的《资本论》（三卷）是第一个中文全译本

1927 年，22 岁的郭大力从上海大夏大学毕业后，曾一度在上海中学教书，半年之后，因有向学生进行"赤化宣传"的嫌疑被解聘。1928 年 1 月，他离开上海来到杭州，选择了既僻静、房租又便宜的大佛寺住下来，开始翻译《资本论》。恰巧王亚南也来到这里，和郭大力一样，为生活所迫而寄居在大佛寺里，他想在这里写一部长篇小说。王亚南年长郭大力 4 岁。追求真理的共同愿望，使这两个素不相识的热血青年意气相投，一见如故，很快成为知己。在郭大力的鼓动下，王亚南决定潜心研究马克思主义政治经济学，与郭大力长期合作翻译《资本论》。

翻译《资本论》的过程充满艰辛和苦难，郭大力和王亚南几经辗转，分头按计划翻译《资本论》。他们面临过反动势力的压迫，忍受过贫困和疾病的折磨，遭到过整卷译稿在日寇炮火中被焚毁的灾祸，遇到过翻译工作中成千上万的难关。但是，他们经过十年的努力与磨难，终于在 1938 年完成了这部厚达 2000 多页、近 300 万字的《资本论》三卷翻译工作。起初，他们打算交由财力比较雄厚的商务印书馆或者中华书局出版发行，但是，还是由于政治上的原因被谢绝了，最后由一个处境艰险、资金拮据而富有活力的上海读书生活出版社出版。

1938 年，上海已经被日本侵略者占领。留在上海的进步出版界人士利用上海租界的特殊环境，在日本侵略势力的四面包围中仍坚持出版了大量进步书刊。当时，处于秘密状态下的读书生活出版社在上海法租界一共只有两个小房间。为了工作方便，郭大力住进了出版社负责人郑易里为他安排的一个小房间。就在这个简陋的斗室里，郭大力夜以继日地校订整理他和王亚南呕心沥血翻译出来的《资本论》译稿。在日本帝国主义包围下的租界里，译者和出版社一共只有十几个人，大家齐心协力，只用了半年时间就出齐了中国第一部完整的《资本论》三卷中译本。1938年8月至9月，《资本论》这部巨著第一次以完整面貌出现在中国读者面前。

在这个艰辛漫长的过程中，许多志士仁人冒着生命危险支持郭大力、王亚南翻译出版《资本论》，郭大力在《资本论》的译者跋中如实地写道："我们的工作，虽因'八一三'的炮火而延迟，但是读书生活出版社负责人郑易里、黄洛峰二先生促其早日付印的好意，终于把一切的困难克服了。""最后我们应当感谢的是郑易里先生，他不仅是这个译本的出版的促成者和实行者，且曾细密为这个译本担任校正的工作，黄洛峰、艾思奇、章汉夫诸先生，也都有很大的帮助。"①

《资本论》全译本出版，在社会上引起了巨大的反响，宋庆龄、冯玉祥、邵力子等人都预订了《资本论》，这套《资本论》也很快由人代办送到毛泽东的手中，至今还保存在中南海毛泽东故居中。这套《资本论》很快就销售一空，直到抗战结束后，即1947年，《资本论》中文全译本第二版才得以问世。《资本论》中文全译本为《资本论》在中国的研究、传播奠定了坚实的基础。

可见，在新民主主义革命时期，在严酷的斗争环境中，共产党人和进步人士怀着坚定的马克思主义理想和信念，冒着被关押、被杀头的危险，利用一切公开和秘密的手段，尽一切可能坚持编译、出版《资本论》。

《资本论》的续篇——《剩余价值学说史》，由郭大力同志在抗日战争艰苦的环境中，独立完成翻译工作（1940—1943），1949年6月，由三联书店出版。1975年，中央编译局根据俄文第二版《马克思恩格

---

① 转引自刘大明：《把火种"盗"到中国的人们》（中），载《新文化史料》1998年第2期。

斯全集》第 26 卷并参照德文版，翻译了题为《剩余价值理论》的《资本论》第四卷，由人民出版社出版。

新中国成立后，《资本论》的修订、翻译工作才真正进入正常的历史轨道，并在翻译、出版方面极具特色。首先，在翻译方面，不再以个人而以大规模集体合作的方式翻译马克思主义经典著作。1949 年，中共中央决定成立中央俄文编译局与斯大林全集翻译室，1953 年又将这两个机构合并正式成立中央编译局。从那时起，经典著作编译工作开始了大规模的集体攻关。从事编译研究工作的专家既分工负责，又通力合作，大家充分发扬学术民主，发挥集体智慧，借鉴前人成果和经验，打造出一卷又一卷经得起历史检验的学术精品。在出版方面，成立人民出版社，专门负责马克思主义经典著作的出版工作。翻译与出版发行机构相互配合，马克思主义经典著作的翻译研究成果和大众普及读物不断问世，马克思主义深入人心，极大地推进了马克思主义中国化的历史进程。马克思思想成就的最高代表——《资本论》在其中闪耀着灿烂夺目的光辉。

目前，《资本论》中文版的主要版本有以下几种：

《资本论》第一部全译本，郭大力、王亚南译，读书生活出版社，1938 年出版。

《资本论》第二版，经郭大力、王亚南修订，读书出版社（原读书生活出版社），1947 年出版。

新中国成立后的第一部《资本论》，经郭大力、王亚南改订，上海读书·生活·新知三联书店，1950 年出版。

人民出版社出版的第一部《资本论》，经郭大力、王亚南又一次修订，1953 年出版。

人民出版社第二版《资本论》，经郭大力、王亚南再一次修订，并加印了无标题出版说明："本书此次再版，曾由译者根据德文原本并参照《马克思恩格斯全集》俄文第二版及英文译本对译文作了一次校订，译文不妥之处，尚希读者指正。"于 1963 年、1964 年、1966 年分别出版第一、二、三卷。

《马克思恩格斯全集》收入的《资本论》第一、二、三卷,对应《马克思恩格斯全集》的第 23、24、25 卷,分别于 1972、1972、1974 年由人民出版社出版,中共中央马恩列斯著作编译局译,加印了无标题说明:"本书根据《马克思恩格斯全集》德文版并参照俄文版译出。在翻译过程中参考了《资本论》郭大力、王亚南中译本。"每卷卷尾附有注释、人名索引、插图等六个方面参考资料。

中共中央编译局编译的第一部《资本论》,采用《马克思恩格斯全集》第 23、24、25 卷的译文,除装帧形式不同外,页码数、版权页记录、出版说明、附录等内容均与之完全对应一致,由人民出版社于 1975 年出版。

《马克思恩格斯全集》中文第 2 版《资本论》的编译工作,部分以 $MEGA^2$ 为蓝本,同时参考德文版、英文版、俄文版等版本。第 44、45、46 卷对应《资本论》第一、二、三卷。人民出版社分别于 2001 年、2003 年、2003 年出版。各卷末均附有正文的注释、人名索引、文献索引等参考性资料,三卷共附插图 12 幅。这个版本是新老编译工作者集体智慧的结晶,是一部编辑质量高、内容全、资料齐备的稳定的最新版本,可供我国读者当前以及今后长期使用。

《马克思恩格斯文集》(10 卷)中的第 5、6、7 卷,对应于《资本论》的第一、二、三卷,与《马克思恩格斯全集》中文第 2 版的第 44、45、46 卷相同,由人民出版社于 2009 年出版。

二 《资本论》在中国的传播

五四运动标志着马克思主义在中国传播的两个不同阶段,也基本适用于《资本论》在中国传播的阶段划分。

1. 从自发介绍到自觉传播《资本论》

在中国历史上,第一个著文提及马克思的人是蔡智堪,3 年后,即 1902 年,梁启超也著文提及马克思的名字。以后有部分报刊提过马克思和《资本论》的名字,但是,第一位在我国介绍《资本论》的人是资产阶级革命家朱执信。朱执信在1906年发表《德意志革命家小传》，该《小传》不仅介绍了《共产党宣言》和《资本论》的内容，其中就包括劳动价值论、剩余价值论、无产阶级贫困化理论等《资本论》的重要内容，而且，还用大约3000字左右对《资本论》进行简要的评介，应该算作首次（虽然包含着很多错误的内容）向国人传播《资本论》的思想。总体上看，此时，《资本论》还没有中文译本，即便是在学术界，人们也知之甚少，在国内并没有产生什么显著的社会影响。

随着十月革命的胜利，马克思主义在中国得到了广泛的传播，《资本论》才日益引起人们的高度重视，介绍、翻译、研究和宣传《资本论》才成为社会热点，并一直持续下来。虽然中国历史的曲折进程以及社会主要矛盾的变化、时代背景的转换，这个过程也有起伏和波折，但《资本论》的影响越发深刻，尤其在马克思主义中国化的方向的指引下，《资本论》日益成为中国思想文化的不可分割的重要组成部分。

20世纪20年代，国内涌现出大批积极传播《资本论》的知识分子，李大钊、陈独秀、李达、陈启修、周佛海、李汉俊、戴传贤等人，这些人的政治倾向不同，但在客观上都在传播《资本论》方面发挥了突出的作用。其中，当时作用最大的首推李大钊。

1919年5月，李大钊主编《新青年》，刊出纪念马克思诞辰100周年的专号——"马克思号"，6人共发表7篇文章：李大钊的《我的马克思主义观》，刘秉麟的《马克思传略》，渊泉的《马克思的奋斗生涯》《马克思的唯物史观》，陈启修的《马克思的唯物史观与贞操问题》，顾兆熊的《马克思学说》、黄凌霜的《马克思学说批评》。前四者是马克思的褒扬者，后二者是批评者和褒贬参半者。李大钊采用这种正反两个方面的思想交锋的方式，宣传马克思主义和《资本论》的思想。黄凌霜以马克思的批评者的身份肯定了马克思的影响和巨大的贡献："马氏历史哲学的方法和原理的发明，算是他最大的创造，为学问界开一新纪元。"[①] 这个专号在社会上引起了强烈的反响。

---

① 转引自胡培兆、林圃：《〈资本论〉在我国的传播》，载《学习与探索》1983年第1期。

李大钊的《我的马克思主义观》及其后的《马克思的经济学说》（1922年），基本正确地阐述了《资本论》的主要内容，虽然，他的宣传也存在一些错误，但这无损于李大钊当时在传播马克思主义事业中所起到的最突出的作用。

陈独秀在五四运动时期是最有影响力的新派领袖，他没有发表专门研究宣传《资本论》的论文或专著，但也介绍过《资本论》的思想，并突出强调了剩余价值学说，而他在当时拥有的社会影响力提高了宣传《资本论》的社会效果。

1926年，李达在《现代社会》一书中，专题介绍了剩余价值学说。1929年在其《社会之基础知识》一书中，他用整整一篇的分量介绍《资本论》第一卷的主要内容，其特点是按照《资本论》的逻辑顺序逐一介绍。相比以往，运用的术语也更加规范、准确，可以称之为第一部《资本论》的"缩写本"。

北京《晨报》副刊开辟了"马克思研究"专栏，连续刊登考茨基的《马克思的经济学说》，《建设》杂志也连载该书（未完），后来，该书于1920年由上海商务印书馆出版。特别是，邵飘萍的《综合研究各国社会思潮》一书介绍剩余价值学说，风行一时。他主办的《京报》广泛宣传马克思主义思想。1926年，邵飘萍被奉系军阀杀害。

由于整个20年代都还没有一部完整的《资本论》译本，因此，口头宣传《资本论》也具有格外重要的作用。据史料记载，周恩来同志就是口头宣传《资本论》的杰出代表。1920年，周恩来因领导天津工商界和学生集会游行而被捕，在狱中，他不顾个人安危，给被捕青年和各界代表讲解马克思学说，其中就包括剩余价值理论的内容。

还有一个重要的方面就是，蔡元培先生有力地支持了《资本论》的传播。北京大学的广大师生能够在极其恶劣的社会环境中比较安全顺利地研究宣传《资本论》，与蔡元培同情和赞扬马克思主义的倾向，推行学术上"兼容并包"的精神密切相关，而且，蔡元培支持北大成立马克思学说研究会，并积极提供各种条件和方便。更为难能可贵的是，1933年，蔡元培不顾巨大的政治风险，在上海联络陶行知、李公朴、陈望道、黄炎培等文化名人,领衔发起纪念马克思逝世 50 周年会,等等。蔡元培没有直接宣传马克思主义,没有著文研究《资本论》,但他以独特的方式推动了《资本论》思想的研究与传播,应当被历史铭记。

2. 中文版翻译出版,推进《资本论》的传播进入一个新阶段

随着《资本论》的传播日趋广泛,传播的局限性显现出来了。没有原著的支持,而依靠第二手、第三手的研究成果,必然会出现各种错误的理解和认识,在某种程度上,制约了《资本论》的进一步传播。

20 世纪 30 年代,翻译《资本论》成为头等大事,并经过 10 余年的准备,翻译《资本论》就是水到渠成了。诸多先进知识分子不顾个人安危,着手翻译《资本论》。1930 年 3 月,上海昆仑书店出版了陈启修(陈豹隐)翻译的《资本论》第一卷第一分册(《资本论》第一卷第一篇),潘冬舟继续翻译的第二、三分册(《资本论》第一卷第二、三、四篇)由北平东亚书局出版。侯外庐、王思华合作翻译了《资本论》第一卷,分为上、中、下三册。1932 年 9 月出版上册,由国际学社出版(出版者虚构的出版社),实际是由北平新华印刷厂秘密排印的。1936 年,中、下两册和一卷合订,出版者改为"世界名著译社",译者为玉枢、右铭(侯外庐、王思华的笔名)。

1934 年,上海商务印书馆出版《资本论》第一卷第一分册(《资本论》第一卷第一、二篇),吴半农翻译,千家驹校对。由于商务印书馆是最大的出版社之一,即使这个版本没有继续出版,也还是产生了一定的社会影响。这些版本都不是《资本论》全译本,直到 1938 年 8、9 月间,由郭大力和王亚南合译的中文全译本《资本论》出齐。这是我国《资本论》翻译的大事,标志着《资本论》的研究、传播进入一个新的阶段,中国共产党成为推动《资本论》传播核心力量。

1937 年,毛泽东在《矛盾论》中,号召中国共产党人必须学会用《资本论》的方法研究中国革命的历史和现状,展望未来;1941 年,毛泽东在《关于农村调查》中,号召我们用《资本论》的方法研究社会规律;1942 年,在《反对党八股》中指出:"或者有人要说,《资本论》不是很长的么，那又怎么办？这是好办的，看下去就是了。"① 即使在艰苦的岁月，毛泽东也把读《资本论》原著放在极其重要的位置上。1963年1月，毛泽东要求领导干部要学习《资本论》，为了方便老同志阅读，也是自己要阅读，他甚至详细地提出具体的出版要求：封面不要硬纸，分册出版，减轻重量，要印大字体，等等。毛泽东的重视程度可见一斑。毛泽东——革命领袖对《资本论》的高度重视，有力地推动了《资本论》在党内的传播，从而推动了《资本论》在全社会的传播。

《资本论》在高校的传播。早在1921年，由北京大学19个学生发起了"马克思学说研究会"，筹集资金，购买了英、德、法文版的《资本论》。德文翻译组在李大钊的倡议下，决定先翻译《资本论》第一卷。可惜的是，这个译稿限于当时的条件没有出版，而是交给了陈启修教授。陈启修教授翻译的《资本论》就曾经参照过这个版本。这个研究会开创了我国高校学生有组织地研究和传播《资本论》的先河。新中国成立前，我们党成立的很多学校就开设马克思主义课程，特别是在延安时期，成立了马列学院、中央党校等，设置课程，编写教材，培养师资，形成了初步的马克思主义教学体系。

新民主主义革命时期，《资本论》在中国经历了从著作介绍到翻译片断，再翻译全文，从自发传播到自觉运用，从秘密出版到公开发行，从在少数知识分子中流传到在全国范围内广泛传播，从译为汉语到译为多种民族语言文字，经历了一个极其艰难的过程。无论是翻译还是传播《资本论》，都有先进的知识分子为此付出了生命的代价，可以说在中国，《资本论》是血染的，更值得后人敬仰。

新中国成立后，《资本论》的传播事业进入良性发展的阶段。在国家的推动下，《资本论》不仅进入党的各级领导干部的头脑中，也在社会主义革命和建设事业中发挥指导性的作用。虽然也有《资本论》过时论的论调甚嚣尘上，但并没有改变全社会日益接受《资本论》的大

---

① 《毛泽东选集》第3卷，北京：人民出版社1991年版，第834页。

趋势，尤其是，《资本论》已经融入到高校、科研院所等教育教学体系中，并逐步形成了比较健全而完善的马克思主义的教学体系以及相关的学科体系、教材体系，为《资本论》的传播提供了可靠的保障。

改革开放后，特别是 2004 年以来，中央实施了马克思主义理论研究和建设工程，大力推进马克思主义中国化、时代化、大众化，编写了一系列反映时代特点的新的马克思主义教材，形成了新的教学、科研体系和师资队伍，实现了马克思主义教学的与时俱进。《资本论》是马克思主义经典著作中最耀眼的奇葩，其思想薪火相传，永不磨灭。

第二部分　研究状况

　　毫无疑问，自《资本论》第一卷问世一个半世纪以来，《资本论》研究已经成为世界学术界的"显学"。在世界范围上看，人们研究《资本论》的热情与当时的社会状况保持高度的一致性。每当社会面临严重的经济危机、重大的社会危机的时候，《资本论》往往就成为研究的焦点，人们试图从《资本论》中寻求解决危机的"药方"，一旦危机过去了，研究《资本论》的热情就消退了。这种状况说明，并没有因为《资本论》经过了140多年的历史而被遗忘，恰恰说明了它的重大的当代价值。在这部分中，我们分两章对国内外研究状况作出梳理和总结。

第四章 国外《资本论》研究状况概述

自1867年《资本论》第一卷问世，到后来恩格斯完成编辑整理出版《资本论》第二、三卷，《资本论》把对资本的批判推到时代的顶峰。出于不同的立场和方法，国外《资本论》的研究分化四条主线，一是马克思、恩格斯、列宁正统派（这里不再研究），二是第二国际的重要理论家，结合时代特点，对《资本论》进行深入的研究，并都做出了不同程度、不同性质的"修正"。三是起始于奥地利学派，尤其以庞巴维克为代表，站在西方经济学的立场，从否定马克思的劳动价值论开始，进而否定《资本论》的基本思想。四是20世纪30年代以来，西方马克思主义登上历史舞台，从经济学、哲学、政治学、社会学、生态学、美学等各个角度研究《资本论》，推进了《资本论》研究的深度和广度。

一 第二国际理论家的阐述与"修正"

第二国际理论家对《资本论》研究普遍带有发展甚至"修正"的色彩。（限于篇幅，本文仅简要介绍伯恩施坦、卢森堡、希法亭三人基于《资本论》研究而得出的重要结论。）

1. 伯恩施坦的修正主义理论

爱德华·伯恩施坦结合当时资本主义处于和平发展时期的特点，打着坚持马克思主义的旗号，全面修正了马克思主义。在《社会主义的前提和社会民主党的任务》一书中，他比较集中地阐述了修正主义的基本观点。

首先,伯恩施坦以所谓的"经济发展中的新材料"为依据,论证资本主义能够"适应"新的形势,取消无产阶级了革命的理由。他的基本思路是混淆马克思的劳动价值论与资产阶级经济学价值论之间的界限,进而否定剩余价值论和无产阶级革命理论。

对于马克思的劳动价值论,伯恩施坦简单、轻狂地认为这是"纯粹的思维的构想"①,是思维的公式或科学的假说。剩余价值学说也无非是单纯的公式。他引进了需求、爱好、效用等庸俗经济学的基本概念来改造劳动价值论,用庞巴维克的边际效用论替代马克思的劳动价值论和剩余价值论。关于资本主义生产方式,他认为,信用制度、卡特尔、托拉斯和交通运输、通讯等方面的发展可以消除经济危机。卡特尔、托拉斯这样的企业主联合可以消除生产的无政府状态,以避免危机。信用使得资本的所有权更加分散,而资本集中并没有成为普遍现象,中小企业没有被消灭,而是形成与大资本竞争的格局,也防止了危机的发生。因此,信用赋予资本主义生产方式以某种弹性,可以减轻甚至排除危机。交通、通讯的发展使资本具有更强的适应能力。概括地说,伯恩施坦从产业资本、银行信用资本以及交通通讯的发展等方面论证了一个观点:资本主义具有"适应"能力而不会灭亡。

其次,否定了马克思的无产阶级贫困化理论。伯恩施坦坚持改良主义观点,认为:"只要结社权、有效的保护法和政治选举权使工人能够确保自己在财富增加上获得的份额增长,从那一时刻起工人同财富的增加也就有了利害关系。"② 从而把工人阶级福祉寄托于资本主义社会的政治权利和资本的发展上来。"现代的工资劳动者阶级并不是《宣言》中所预见的那种均一的、在财产、家庭等方面同样无束缚的群众。广大阶层从他们中间上升到小资产阶级的生活状况。"③ 他在歪曲马克思的

---

① 〔德〕伯恩施坦:《社会主义的前提和社会民主党的任务》,殷叙彝译,北京:三联书店1965年版,第89页。

② 《伯恩施坦言论》,中央编译局国际共运史研究室编译,北京:三联书店1966年版,第41页。

③ 同上书,第47页。

工资理论的基础上，臆想工人阶级都会随着资本主义的发展会摆脱贫困，上升到"小资产阶级的状况"，否定了工人阶级与资本家阶级在经济利益上的对抗性质。

第三，他提出"最终目的是微不足道的，运动就是一切"的公式。他认为，工人阶级只要进行合法的政治经济活动，进行议会斗争，而不进行社会主义革命，最终必然"和平长入社会主义"，彻底否定了无产阶级的根本利益和革命运动。

虽然，伯恩施坦的修正主义遭到了列宁、卢森堡、考茨基等人的强烈批评，但是，其影响依然存在。

2. 鲁道夫·希法亭的金融资本理论

早在1904年，希法亭就站在马克思主义经济学的立场上，公开发表《驳庞巴维克对马克思的批评》（1904年）一书（欧根-帕·姆巴维克即庞巴维克），维护马克思的劳动价值论，并站在马克思主义的立场上回答了价值"转形问题"。这是希法亭的一个重要贡献。在马克思时代，金融资本没有充分发展起来，因而不可能对此有充分的研究。希法亭则依据马克思的方法论来分析资本主义发展的最新现象，以发展马克思主义。1910年，他的《金融资本》一书问世，被当时的理论界看做"《资本论》第四卷"而广受欢迎。列宁对这本著作的评价是："虽然作者在货币论的问题上犯了错误，并且有某种把马克思主义同机会主义调和起来的倾向，但是这本书对'资本主义发展的最新阶段'（希法亭这本书的副标题）作了一个极有价值的理论分析。"列宁认为，到那时为止的关于帝国主义的一切谈论、包括1912年秋的德国社会民主党代表大会与第二国际巴塞尔特别大会的决议中所谈的，"都没有超出这两位作者（指希法亭、霍布森——引者注）所阐述的，确切些说，所总结的那些思想的范围……"①

希法亭把货币作为研究的起点范畴，把信用和股份公司看做促进金融资本产生的强有力的杠杆，揭示了银行资本与产业资本相融

---

① 《列宁选集》第2卷，北京：人民出版社1995年版，第583页。

合而形成金融资本的内在机制,进而分析垄断与自由竞争的问题,分析金融资本与危机的关系,最后,阐述金融资本的经济政策。《金融资本》对马克思主义政治经济学做出了巨大的贡献。比如,在金融资本产生的根源、金融资本的特点、金融资本的地位、发展规律等重要方面的研究,都是在一定程度上发展了马克思主义政治经济学,其基本结论是:资本主义发展的新阶段是金融资本占统治地位的时代。他的思想为列宁的帝国主义理论奠定了很好的理论基础。

当然,《金融资本》也有一些观点背离了《资本论》。比如,法希享把理论经济学的任务规定为研究交换的规律,并以此为基础说明各种经济现象,属于流通决定论。在货币问题上,他把纸币与货币完全割裂开来,为通货膨胀提供了理论基础。可见,《金融资本》在某种程度上也在"修正"了《资本论》的一些重要观点。

3. 罗莎·卢森堡的资本积累理论

卢森堡基于《资本论》的研究,于1913年发表《资本积累论》。卢森堡认为,马克思把资本积累的方式局限于资本主义生产方式内部的生产、消费两大部类生产和交换的比例关系上,无法说明剩余价值如何转化为货币,也就无法说明资本积累问题。因为,"作为一个历史过程,资本积累,不管它的理论如何,在一切方面是依存于非资本主义的社会阶层及社会结构形态的"①。也就是说,资本积累的实现在于资本主义生产方式比非资本主义生产方式更优越,并且以非资本主义生产方式的存在为前提条件。她批评马克思只是在分析原始积累时才谈到资本主义对非资本主义的掠夺、暴力与支配,把这个过程只是看做"附带发生的,只是说明资本的发生史即资本在世界上的最初出现情况"② 而排除于资本积累过程之外。她提出:只有把非资本主义生产方式纳入到资本积累过程之中,把资本

---

① 〔德〕罗莎·卢森堡:《资本积累论》,彭臣舜、吴纪先译,北京:三联书店1959年版,第289页。

② 同上书,第287页。

积累的过程看做由资本主义生产方式与非资本主义生产方式构成的一个整体，才能说明资本的积累的问题。

在这个统一的整体中，资本主义生产方式内部的生产和流通构成了资本积累的内部市场，非资本主义生产方式是资本积累的外部市场。前者是剩余价值的来源，后者是剩余价值资本化的历史条件。没有外部市场，剩余价值就无法转化为资本，资本积累只有同时具备这两个要素才能实现。可见，卢森堡把马克思原始积累视为资本积累的核心，并把非资本主义生产方式的存在作为实现资本积累的决定性要素。由此，她确立了新的考察资本积累的理论基点："资本主义是第一个具有传播力的经济形态，它具有囊括全球，驱逐其他一切经济形态，以及不容许敌对形态与自己并存的倾向。但是，同时它也是第一个自己不能单独存在的经济形态，它需要其他经济形态作为传导体和滋生的场所。虽然它力求变为世界普遍的形态，并正由于此，变为世界普遍形态也是它的趋向，然而它必然要崩溃，因为它由于内在原因不可能成为世界普遍的生产方式。在自己的生命史中，资本主义本身是一个矛盾，它的积累运动带来了冲突的解决，但同时，也加重了冲突。到了一定的发展阶段，除了实行社会主义外，没有其他的出路，而社会主义的目的不是积累，而是以发展全球生产力，来满足劳动人民的需要。因此，我们看到，社会主义由于它本身的特质，是一个和谐的、普遍的经济形态。"[①]也就是说，资本主义不断地排挤和消灭非资本主义，最后建立资本主义必然建立资本主义的绝对统治，一旦到达这一点，资本主义就灭亡了。她的观点引起了广泛的争议，有的人从她的理论中提炼出"资本主义自动崩溃论"，使她备受争议。她的观点究竟应当理解为资本主义必然灭亡还是自动崩溃，还有待于深化研究。

[①] 〔德〕罗莎·卢森堡：《资本积累论》，彭臣舜、吴纪先译，北京：三联书店1959年版，第376页。

二 西方经济学学者的研究和评价

西方经济学声称以"中立"的、"客观"的态度研究《资本论》，主要理论倾向是否定劳动价值论、剩余价值论等《资本论》的基本观点，基本方法是坚持抽象的方法，立论的前提是把资本看做脱离社会关系（生产关系）的纯粹的物。基本手法是从《资本论》中提出所谓的纯粹经济学问题，并作出纯粹经济学的回答，以此否定《资本论》的基本概念、基本原理。首先我们简要介绍一下西方学者对待《资本论》的态度。

1. 第一种态度：《资本论》过时论

凯恩斯在1925年的《对俄国的简略观察》一文中声称《资本论》是"一本陈旧的经济学教科书。在我看来，它不仅在科学上是错误的，而且在当代世界毫无益处或没有用处"①。在某种程度上，凯恩斯的《资本论》过时论、无用论代表西方经济学界的多数人的观点。

美国第一位诺贝尔经济学奖得主——保罗·萨缪尔森对《资本论》的矛盾态度也很有代表性，而且影响巨大。在他的最重要的著作——《经济学》一书中说："1867年《资本论》出版以后……即使是最热忱的马克思主义者也不能不面对西方世界实际工资在绝对地上升而不是下降这个事实。"发达资本主义国家目前的现实是"实际工资趋于上升"，"卡尔·马克思在他所预测的资本主义发展的运动规律上不仅是不幸运的（指马克思的预测没有幸而言中，或者以后事态的发展完全不是马克思所预测的那样——引者注），而且他所声称的规律——例如，利润率下降规律和无产者贫困化的规律——并不能令人信服地从马克思自己的概念体系中推导出来。"总之，马克思是"一个不太重要的后李嘉图主义者……一个里昂惕夫循环依赖投入产出分析的并非令人毫不感兴趣的前

---

① 转引自裴小革：《国外学者如何看待〈资本论〉》，载《求是学刊》2002年第6期。

辈"①。但又说，我们今天看到的政治经济学"只是卡尔·马克思著作的冰山一角。马克思大胆的和历史唯物主义的理论，他的阶级斗争的政治理论，他的黑格尔哲学演变理论，具有历史'观念'的重要意义，这些远远超过了他的正规经济学"②。可见，他一面否定《资本论》关于劳动价值论、工资、资本主义运动规律等原理，把马克思贬低为一个后李嘉图主义者、一个里昂惕夫的前辈，另一方面把他所接触到的马克思理论看做是冰山一角而带有某种崇敬的心理，表现出两面性特点。从总体上看，否定《资本论》是其学说的主导倾向。

英国社会学家安东尼·卡特勒、贝里·辛德斯、保罗·赫斯特和经济学家阿萨·胡森合写一本书——《马克思的〈资本论〉和今天的资本主义》（1977年）的观点是："这本书是我们指导的一个大学研究班的产物。这个研究班有两项任务：一是分析当代资本主义关系，二是批判和修改《资本论》。因为面对当代资本主义关系的新形式，《资本论》软弱无力。……而现代马克思主义经济理论之所以枯燥无味，是由于完全忠实于《资本论》的结果，《资本论》中的很多概念，对于那些愿意正视现代资本主义的现实而需要从事新的理论工作的社会主义者们来说，实际是一个障碍。""马克思在《政治经济学批判大纲》中已经看到科学技术的发展会消灭价值形成的条件，现在，直接劳动者已不是生产过程的主体了，劳动价值论的基础已不复存在了。"③ 彻底否定劳动价值论，《资本论》过时了。

持有过时论倾向的西方经济学家比较多，这里不再一一赘述。

2. 第二种态度：要把《资本论》与西方经济学结合起来，即趋同论

英国著名经济学家、新剑桥学派的主要代表琼·罗宾逊认为："马克思学派经济学家与学院派经济学家间的关系，近年来有了改变。在马歇尔当年，他们还是被一条不可逾越的鸿沟间隔着的。""近来的学院派经济学家，就其大部分来说，经历了一个显著变化""失业在两派

---

① 转引自魏埙：《〈资本论〉在当代西方经济学界》，载《天津社会科学》1983年专号。
② 转引自裴小革：《国外学者如何看待〈资本论〉》，载《求是学刊》2002年第6期。
③ 转引自魏埙：《〈资本论〉在当代西方经济学界》，载《天津社会科学》1983年专号。

（指马克思和凯恩斯——引者注）中都占着重要位置，两派都认为资本主义蕴含着它自身崩溃的种子。在消极方面……凯恩斯体系与马克思体系是一致的。"①罗宾逊的结论是："他们达到在若干方面比他们前辈的见地更接近于马克思见地的那种见地。"② 二者趋同了。

英国经济学家朗纳德·L. 米克意欲在马克思主义经济学家和非马克思主义经济学家之间建立某种桥梁："希望这本书可能有助于开辟一个两派共存的时代，在这个时代里，马克思主义者与非马克思主义者将由互相攻击对方的虚伪性和不学无术，而转变为互相了解和评价对方的观点。"③

经济计量学权威人物劳伦斯·克莱因认为，马克思和凯恩斯都把经济体系作为一个总体看待，没有纠缠在细微的静态的无法澄清的混淆之中，但是，下面这两个命题有很大的区别：不变资本加可变资本加剩余价值等于总产量的价值，消费（决定于收入）加投资（独立变数）等于国民收入值。并且说，如果凯恩斯经济学完全根据可观察的总数叙述，像第一个命题一样，那么两种方法论就会很相似。④ 他有意识地把马克思的政治经济学融合到西方经济学中。

美国经济学家瓦西里·列昂惕夫（又译为里昂惕夫）创立投入产出法，并认为自己的投入产出表同马克思的社会再生产图式有一定的联系。萨缪尔森则直接把马克思看做列昂惕夫的"前辈"。其实，列昂惕夫的投入产出法仅仅是一种经济分析法，没有形成一套理论，依据的理论原则也比较简单，与《资本论》的唯物辩证法相去甚远。

可是，列昂惕夫对《资本论》具有比较高的评价："在试图做出任

---

① 〔英〕琼·罗宾逊：《马克思、马歇尔和凯恩斯》，北京大学经济系资料室译，北京：商务印书馆1963年版，第1、5页。

② 〔英〕，琼·罗宾逊：《论马克思主义经济学》，纪明译，北京：商务印书馆1962年版，第7页。

③ 〔英〕朗纳德·L. 米克：《劳动价值学说的研究》，陈彪如译，北京：商务印书馆1963年版，第4—5页。

④ 参阅〔美〕劳伦斯·克莱因：《凯恩斯的革命》，薛藩康译，北京：商务印书馆1962年版。

何解释以前,如果一个人想要了解资本主义企业的利润和工资实际上是什么,那么,他从三卷《资本论》可以得到的信息,会比他在十期《美国统计普查》、一打有关当代经济制度的教科书,甚至我还敢说,再加上托斯丹·凡勃伦的所有论文集当中,可以找到的信息都更真实也更有用。"①

这些人的特点是从西方经济学的角度肯定《资本论》,并试图吸收、融合《资本论》的基本思想,但是,在理论实践中又把《资本论》淹没在纷繁复杂的西方经济学的流派之中。

3. 第三种态度：重新阐释《资本论》的基本概念,进而修改基本原理,即修正论

20世纪50年代,美国保罗·巴兰和保罗·斯威齐首先提出"经济剩余"的概念,即"一个社会所生产的产品与生产它的成本之间的差额",经济剩余的大小标志着一个国家生产能力的强弱和财富的多少,经济剩余的组成部分"表明一个社会……在扩大它的生产能量上投资多少,它以各种形式消费多少,它浪费多少,是怎样浪费的"。他们认为,对于大多数熟悉马克思主义经济理论的人们来说,马克思的剩余价值只是利润、利息和地租三者的总和。事实上,马克思的剩余价值也包含一些其他项目,如商品转化为货币的支出、国家和教会的收入、非生产性工人的工资等,但是,马克思在分析剩余价值时将这些内容作为次要因素"排除在他的基本理论图式之外"②,因此剩余价值范畴不能充分反映资本主义发展到垄断阶段的新特点。经济剩余由于包含"因生产资源的未充分利用或利用不当所损失的产值",却不包括"资本家的必要消费以及被认为是必要的政府行政开支等剩余价值部分"③,能够弥补马克思剩余价值概念的上述缺陷。于是巴兰和斯威齐提出用经济剩余取代

---

① 百度网：http://baike.baidu.com/view/697896.htm。
② 〔美〕保罗·巴兰、保罗·斯威齐：《垄断资本——论美国的经济和社会秩序》,南开大学政治经济学系译,北京：商务印书馆1977年版,第14—15页。
③ 〔美〕保罗·巴兰：《增长的政治经济学》,蔡中兴、杨宇光译,北京：商务印书馆2000年版,第108页。

剩余价值,并希望通过"术语的更换,将有助于实现理论见解的必要转变"①。

基于经济剩余概念,他们阐发经济剩余增长的规律。他们认为,垄断并没有终结竞争,竞争的形式反而更加多样化,更加激烈,努力降低成本,剩余必然不断增长。马克思的利润率下降趋势的规律只是自由竞争阶段的规律描述,不能反映垄断阶段的主要特征,经济剩余的绝对和相对的增长,才是资本主义的规律,因此,可用剩余增长规律取代利润率下降规律。

英国经济学家杰弗·霍奇森则改造剥削概念。他把资本主义剥削分为四类:第一类是契约前的剥削,指工人在与资本家讨价还价时经常处于从属和不利的地位,而"资本家在各种手段、政治程序等方面势力大得多,因此能控制谈判的进程";第二类是有形的剥削,包括工人的时间更多被劳动过程占用,他们在工作中还要冒着伤残、疾病或生命危险以及流动性低于资本家等;第三类是权力的剥削,如工人为了避免饥饿和贫困,只能选择受雇于他人,或者由于雇用契约规定得不全面,工人对自己将要从事的工作不知情或所知甚少等;第四类为阶级的剥削,是指"一个阶级取得集体劳动的产品,完全是根据他们对生产资料的所有权或者控制"②。在对剥削范畴作了上述分类后,霍奇森得出的基本结论是,无论是在奴隶社会、封建社会、资本主义社会还是苏维埃政权以及社会主义制度下,都存在剥削,只不过剥削的具体形式不同罢了。

美国经济学家约翰·E. 罗默也改造了"剥削"概念。"在既定的经济中,如果某些成员必须从事超过社会必要时间(即多于社会必要劳动时间)的劳动才能挣得他们所需的消费品集,而其他人以少于社会必要时间的劳动就能挣得他们的消费品集,那就可以说剥削将会存在。"罗默根据财产关系把剥削分为奴隶制剥削、封建剥削、资本主义剥削和

---

① 〔美〕保罗·巴兰、保罗·斯威齐:《垄断资本——论美国的经济和社会秩序》,南开大学政治经济学系译,北京:商务印书馆1977年版,第15页。
② 〔英〕杰弗·霍奇森:《资本主义,价值和剥削——一种激进理论》,于树生、陈东威译,北京:商务印书馆1990年版,第217、222页。

社会主义剥削等四种类型,他还提出了"社会必要剥削"的概念,认为如果资本主义诞生之初的经济结构最有利于发展生产力,那么这时候的资本主义剥削就是社会必要的,同样,"可归因为不同技能的不平等"的社会主义剥削也是社会必要剥削。罗默还探讨了剥削产生的根源。他明确反对马克思用剩余劳动定义剥削的做法,认为有形资本所有权的不平等导致剥削,"剥削存在的决定因素是财产的初始分配,从更一般的意义上讲,是生产资料私有权制度,这种制度允许财产分配被累积为代代相传的巨大的不平等"[①]。

罗默对马克思的再生产和剥削理论、利润率下降理论、劳动价值论以及经济危机理论等进行了数学模型化分析,最终还是以放弃劳动价值论为代价,完全背离了《资本论》。

加拿大经济学者迈克尔·A. 莱博维奇强调资本主义是一个整体,从整体性的角度研究资本主义,不仅要探讨资本内部的关系,而且还要探讨雇佣劳动内部的关系以及资本与雇佣劳动之间的相互关系。他认为,单纯从资本的视角写作完成的《资本论》,对于分析整体的资本主义而言是片面的。雇佣劳动的概念也具有片面性,应当加以改造,即脱离资本体系的各种非生产性的劳动者也应纳入"总体工人"范畴之内。只有把资本的政治经济学和工人阶级的政治经济学结合起来,让"资本与雇佣劳动构成一个整体",才能够克服各自的片面性缺陷,还能够通过双方的"互相敌对并展开双向的阶级斗争,从而推动资本主义沿着它的特殊轨道前进"。从整体性的角度批判资本主义,包含着以资本为媒介的生产性劳动和以国家为媒介的非生产性劳动,后者也构成马克思所说的"结合总体工人"的组成部分,而"对结合总体工人的各个分支之间的相互依赖性……的认识,在工人阶级的政治经济学中处于核心地位。"这样,他扩大了"总体工人"的内涵,把资本的政治经济学与工人阶级的政治经济学结合起来,通过后者对前者的批判,"对资本主义

---

① 〔美〕约翰·E. 罗默:《在自由中丧失——马克思主义经济哲学导论》,段忠桥、刘磊译,北京:经济科学出版社2003年版,第23页。

的政治经济学的批评只能通过工人阶级的政治经济学的实现——一个共产主义社会——来完成"。①

无论这些人的态度如何,他们从事经济学的研究,总是绕不过《资本论》这座"思想高峰"。从积极的意义上说,他们的批评、否定从外部推进了马克思主义政治经济学的发展。从西方经济学的角度研究《资本论》,影响最大的问题之一就是"价值转形问题",这个问题不仅仅是研究价值如何转形为价格的技术性问题,更关键的是内在包含了劳动价值论的问题。因此,这是一个关键问题。

三 当代马克思主义政治经济学家的"重构"和演绎

科学地解决价值转形问题的前提是坚持马克思的劳动价值论,因此,在某种意义上,解决转形问题的方法就成为检验马克思主义政治经济学与非马克思主义政治经济学的试金石。当代"分析马克思主义"的重要代表人物埃尔斯特认为马克思的劳动价值论和利润率下降论都是错误的,并简单地认为萨缪尔森、斯蒂德曼、罗默等人已经解决了问题,尤其是认为马克思的劳动价值论"在最好的情况下是无用的,在最坏的情况下则是有害的,而且往往是误导的"②。可见,埃尔斯特没有正确理解马克思的劳动价值论的精髓,其随后的论证方法和结论都完全背离了马克思而与西方经济学合流,埃尔斯特的观点代表了几乎所有西方经济学学者对待劳动价值论的基本看法,他们也正是在否定马克思的劳动价值论的前提下解决价值转形问题,最后的结果自然是可想而知的。

1. 庞巴维克的"终结论"

庞巴维克是奥地利边际学派的主要代表人物,在《资本与利息》、《卡尔·马克思及其体系的终结》等著作中,以边际效用论代替马克思

---

① 〔加〕迈克尔·A. 莱博维奇:《超越〈资本论〉——马克思的工人阶级政治经济学》,崔秀红译,北京:经济科学出版社2007年版,第192—193页。
② 参阅〔美〕乔恩·埃尔斯特:《理解马克思》,何怀远等译,北京:中国人民大学出版社2008年版,第117页。

的劳动价值论，以利息时差论代替剩余价值论，彻底否定了马克思主义政治经济学。首先，他认为，政治经济学研究对象是"人与物质财富的相互关系"，他以边际论的"苦乐心理"为依据，认为人类经济活动的动力来源于追求享乐、避免痛苦的心理，政治经济学就是要从人类的欲望中寻求经济规律，经济学就是一种实用心理学。这样，经济学中的范畴、价格、价值、利息、工资等也就变成了个人心理感受的概念，价值论就是研究物品与物品满足欲望之间的关系，一种心理反应的关系。所谓利息时差就是相对现在财物和未来财物的主观评价的差额。利润、利息、地租等各种剥削收入都归结为人在不同时期内对物品效用的主观评价不同的结果，彻底否定了资本主义剥削问题。其中，庞巴维克在《卡尔·马克思及其体系的终结》中认为，《资本论》第一卷中的价值规律与第三卷的生产价格理论中所包含的利润平均率的规律相互矛盾，后者否定了前者，导致马克思主义政治经济学体系的"终结"，因此，应当抛弃劳动价值理论。庞巴维克也成为"转形问题"的始作俑者。

转形问题的要害在于马克思的劳动价值论。在《资本论》第三卷中，马克思提出了平均利润和生产价格理论，资产阶级经济学家认为，马克思的生产价格公式里的成本（成本＋平均利润＝生产价格），应该按生产价格计算，这样，逻辑上就发生了矛盾，也就造成了所谓从价值到生产价格转变的矛盾，即价值转形问题。关于这个问题，马克思曾经说过："一个商品的生产价格，对它的买者来说，就是它的成本价格，因而可以作为成本价格加入另一个商品的价格形成。因为生产价格可以偏离商品的价值，所以，一个商品的包含另一个商品的这个生产价格在内的成本价格，也可以高于或低于它的总价值中由加到它里面的生产资料的价值构成的部分。必须记住成本价格这个修改了的意义。"[①] "全部困难是由这样一个事实产生的：商品不只是当做**商品**来交换，而是当做**资本的产品**来交换。这些资本要求从剩余价值的总量中，分到和它们各自

[①] 《马克思恩格斯文集》第7卷，北京：人民出版社2009年版，第184页。

的量成比例的一份，或者在它们的量相等时，要求分到相等的一份。"① 马克思是基于成本和平均利润两个要素来理解生产价格的。

柏林大学的鲍特凯维兹依据马克思的基本观点，直接明了地提出了价值转形问题，还建立了数学模型来解决转形问题。结果是引发了"转形问题"的百余年争议，至今依然是经济学界的一大热点。

2. 通过数学建模解决转形问题的新方向

1907年，德国柏林大学拉迪斯劳斯·冯·鲍特凯维兹教授，发表了《论〈资本论〉第三卷中马克思的基本理论结构的修正问题》等论文，试图按照马克思的思路，率先建立解决价值转形问题的数学模型，开创了以建立数学模型的方式解决转形问题的先河。首先，他把马克思的两个部类的划分改为三个部类，第一部类为生产资料生产，第二部类为工人消费资料生产，第三部类为资本家消费资料生产。其实，后两个部类就是马克思所划分的第二部类。他依照这种部类划分方法，提出了价值转形的数学模型。

后来的研究者基本是沿着这种部类划分方法，研究转形问题。1942年，保罗·斯威齐发表《资本主义发展论》②一书，局部修改了鲍特凯维兹的价值转形理论，该著作更重要的作用是广泛宣传了鲍特凯维兹的价值转形理论。英国经济学家 J. 温特尼茨、罗纳德·米克对鲍特凯维兹的数学模型做了修订，弗朗西斯·塞顿创立了线性方程组模型，试图建立转形问题的新的数学模型。显然，都没有获得成功。

1960年，英国剑桥大学的皮埃罗·斯拉法出版了《用商品生产商品》一书，该书虽然没有直接阐述转形问题，却提出了一套关于价值转化为价格、所谓"不变的价值尺度"的理论体系。斯拉法的"标准体系"、"标准商品"，对于转形问题的研究产生了广泛的影响。在《用商品生产商品》中，斯拉法研究的重点是：在由众多生产部门组成的经济体系内部，当生产方法不变的时候，工资、利润和价格如何相互作用、

---

① 《马克思恩格斯文集》第7卷，北京：人民出版社2009年版，第196页。
② 参阅〔美〕保罗·斯威齐：《资本主义发展论》，陈观烈、秦亚男译，北京：商务印书馆1997年版。

相互影响，推动商品生产循环进行。所谓"标准商品"，其价格不会随着分配的变化而变化。当工资和利润在纯产品中的比例发生变动时，标准商品的价格仅仅是相对于其他商品的价格会发生上升或下降的变动。这种变动只会产生于和它比较的其他商品，而不会产生于它自身。因此，标准商品可以作为不变的价值尺度来表现其他商品的相对价格。有的学者认为，依靠"标准体系"和"标准商品"确立了不变的价值尺度，进而说明了价值向生产价格的转化，彻底解决了转形问题的困扰，就可以按照斯拉法的思路研究马克思经济理论。

杨·斯蒂德曼在《按照斯拉法思想研究马克思》一书中，阐述了自己的主要观点：（1）不必从价值推导出价格，转形完全是一个虚有的问题。价值是一个不必要的环节，整个转形过程，也是一个子虚乌有的问题。（2）马克思用价值来计算平均利润是一个大错。（3）利润率的决定先于商品价值量的决定。①

这是西方经济学在《资本论》中提出并试图解决转形问题的第一个阶段，都以失败而告终。

3. 萨缪尔森的解决方案

当代西方经济学中关于转形问题的研究，当推萨缪尔森的影响为大。他于1970年发表《从马克思的"价值"到竞争"价格"的转化：一个抛弃和替换的过程》，1971年发表《马克思剥削概念的理解问题——马克思的价值和竞争价格的所谓"转形问题"的概括》。他利用列昂惕夫的投入产出模型研究转形问题，认为根本不需要价值概念、剩余价值概念就可以演绎出利润率和竞争价格，也可以计算出实际收入在劳动者和非劳动者之间的分配。由此，关于剥削问题，他认为马克思是从现实的价格"倒转形"为价值，用价值来说明剥削，再从价值"转形"为价格，这是一种"迂回方法"，毫无意义。因此，《资本论》第一卷只是令人感到困惑而应当放弃，或者说他把马克思的科学分析视为

---

① 参阅〔英〕杨·斯蒂德曼：《按照斯拉法思想研究马克思》，吴剑敏、史晋川译，北京：商务印书馆1991年版。

"一块橡皮的游戏",写上去,再擦掉,认为马克思的正确也仅仅是碰巧正确,并完全用实物关系的分析代替了劳动价值论。萨缪尔森的观点在全世界经济学界、哲学社会学界等领域引起激烈而广泛的争议。

英国经济学家梅格纳德·德赛明确反对萨缪尔森用转形问题否定劳动价值论。德赛认为,劳动价值论的重要性在于把隐藏在交换关系后面的生产关系变得清晰可见。德赛承认转形问题还存在着逻辑问题,但是,经验数据支持马克思的观点,因为价格——价值的联系保持密切而稳定的关系,"如果价值下降,价格也随之下降;而且幅度都惊人地一致(例如,都有一致的弹性)"①。德赛支持《资本论》的基本观点,提出了"倒置马克思",即把马克思关于剩余价值的见解颠倒过来。通过这种"颠倒",他在三卷《资本论》中发现了马克思关于"资本主义动力学的三条分析思路",并且是"同一模型的一以贯之的不同方面"。② 因此,资本主义动力学是更加重要的问题,所谓转形问题的数学解决方案,"是马克思主义者想从这种练习中得到更多的东西,而不仅仅是对一个技术问题的解决办法。他们想找到摧毁资本主义的钥匙"③。

孟德尔则认为,《资本论》从来没有想利用这个理论来说明市场上价格的短期波动,劳动价值论力图发现隐藏在价格波动后面的理解社会经济关系的钥匙,劳动价值论把整个经济分析推向了一个比西方主流经济学价格理论更高的抽象水平,它要说明的问题不是某人怎样跑(跑的时候腿和躯体做什么动作),而是什么促使他跑。他反对萨缪尔森的研究有别于价格的价值是多余的观点,认为那种否认经济学需要又力图发现经济表面现象之下的神秘力量的抽象理论的观点,是不科学的。他在《〈资本论〉新英译本导言》(中译本)中很生动地说,没有一个搞医学的人,会因为害怕成为笑柄而不敢提出这样的问题:"当我们能够凑足

---

① 〔英〕梅格纳德·德赛:《马克思的复仇》,汪澄清译,北京:中国人民大学出版社2006年版,第69页。
② 同上书,第71页。
③ 同上书,第89页。

症候做出诊断时，为什么要费神去寻找疾病的'更深刻的原因'呢?"①如果人们不努力去找藏在现象后面的东西，就不可能真正理解经济的发展。

4. 日本马克思主义学者对转形问题的研究

日本马克思主义经济学数理学派的著名代表人物——置盐信雄和森岛通夫都提出了各自的解决转形问题的理论。尤其是森岛通夫在与萨缪尔森的论战中赢得了广泛的国际声誉。遗憾的是，森岛通夫未能把《资本论》的思想坚持到底，其再生产理论与马克思的再生产理论无关了。

日本学者伊藤诚在1981年《价值和资本的理论》一书中，在坚持劳动价值论的基础上研究转形问题，2004年还写了《转形问题的"新解释"与货币的价值及交换价值》一文，阐发自己的思想。伊藤诚走出一条用哲学方法解决转形问题的独特的道路，即用内容和形式这对范畴解释转形过程。其基本思路是：价值形式不只是指交换价值，生产价格也应看成是价值的表现形式；在简单再生产过程中，资本家在上一生产过程结束时获得的包含剩余价值的商品资本—货币资本—商品资本的转化，应看成是商品价值（内容）—生产价格（形式）—商品价值（内容）的转换关系。他的解释，观点新颖，有一定的说服力，也给人启示：哲学意义上形式有时会歪曲地表现内容，经济学上生产价格向价值的偏离也没有什么奇怪的。他认为，马克思总价值和总价格相等、总剩余价值和总利润相等这两个命题的含义，非但没有被削弱，而且，因为价值实体和价值形式之间的区别而得到了证明。运用哲学思想解决转形问题，还是有一定的启发意义的。

四 西方马克思主义的理解和"发展"

自卢卡奇以来的西方马克思主义者在面对《资本论》时，其共同

---

① 转引自裴小革：《国外学者如何看待〈资本论〉》，载《求是学刊》2002年第6期。

特点是离开了经济学领域，批判的对象转向了社会文化、意识形态等领域，创立社会批判理论，并产生了广泛而深远的社会影响。这里仅仅列举几位基于《资本论》研究而创立新思想的、具有一定代表性的人物。

1. 卢卡奇的主体性理论

卢卡奇于 1932 年公开发表《历史与阶级意识》一书，基于《资本论》的思想，高扬人的主体性的旗帜，重新解释《资本论》中的拜物教理论，把物化问题置于资本批判的核心，开辟了研究马克思主义的新道路。

卢卡奇认为，马克思的《资本论》从分析商品着手决不是一种偶然。因为，在资本主义阶段，所有的社会问题都可以追溯到商品问题上来，所有问题的答案也都在商品结构中可以找到。当然，只有当商品问题不是个别的而是普遍性的问题，而且提问本身也已经达到了一定的高度而不是局限于表面的时候，即只有商品成为资本主义社会生活各个方面的核心问题时，"才能在商品关系的结构中发现资本主义社会的一切对象性形式和与此相适应的一切主体性形式的原形式"①。卢卡奇认为，《资本论》对资本主义批判的实质就是对商品社会物化结构的批判。卢卡奇把资本主义社会结构视为"物性"，要在这种结构中发展人自身，就必须打破这种结构。

卢卡奇努力沿着马克思的思路，力图"在商品关系的结构中发现资本主义社会一切对象化形式和与此相适应的一切主体性形式的原型"②。他从哲学的角度分析商品结构中的物化，并把这种物化视为资本主义社会拜物教的根源，从而建立了资本批判理论。

2. 柯尔施的总体性原则

柯尔施是西方马克思主义的创始人之一，他在对马克思主义政治经济学的研究的基础上，提出了总体原则。

柯尔施认为，马克思主义理论的实质是一种"总体性理论"，马克

---

① 参阅〔匈〕卢卡奇：《历史与阶级意识》，杜章智等译，北京：商务印书馆 1999 年版，第 146 页。

② 同上书，第 143 页。

思主义理论"是一种把社会发展作为活的整体来理解和把握的理论;或者更确切地说,它是一种把社会革命作为活的整体来理解和实践的理论"①。就是说,社会存在和社会发展是一个活的整体,理论和实践也是一个(辩证)统一的总体。因此,不能把经济从社会总体中单独切割出来加以静态的、实证主义式的考察,马克思主义的政治经济学不是用物理或数学等方法去研究经济关系,而是一种"社会学经济学"。

在马克思思想的发展过程中,对资本主义的哲学和政治批判也确实逐渐让位于经济学批判,这就使得好像马克思、恩格斯已经不再重视哲学和意识形态批判了。但实际上,"政治经济学批判——马克思主义社会理论的最重要的理论和实践的组成部分——不仅包括了对资本主义时代的物质关系的批判,而且还包括对它的社会意识的特殊形式的批判"②。根据上述"总体原则",柯尔施反对经济决定论式的革命观,强调必须对资本主义的政治、文化、心理结构、日常生活各方面,特别是对资产阶级意识形态展开批判,从而为无产阶级革命准备好主观条件。"正如革命阶级的经济上的行动没有使得政治行动变得不必要一样,政治或者经济行动没有使得精神上的行动变得不必要。相反地,它必须作为在工人阶级夺取国家政权之革命的科学的批判和鼓动工作,作为在夺取国家政权之后的科学组织和意识形态的专政,在理论上和实践上被贯彻到底。"③

3. 阿尔都塞的症候阅读法

路易斯·阿尔都塞是法国著名哲学家,"结构主义马克思主义"的奠基人。他认为,作为哲学的辩证唯物主义仍然以"实践状态"包含在《资本论》等著作中,应当坚持从《资本论》到马克思的哲学的研究路径,从理论上系统阐述辩证唯物主义。在《阅读〈资本论〉》一书中,他首创"症候阅读法",以推进《资本论》研究的深度。所谓症候

---

① 参阅〔德〕柯尔施:《马克思主义和哲学》,王南湜、荣新海译,重庆:重庆出版社1989年版,第22—23页。
② 同上书,第45页。
③ 同上书,第54页。

阅读，就是一种哲学阅读，与直接读法相对立。阿尔都塞认为，支配阅读的理论原则和文章中包含的理论之间的辩证关系，对科学的阅读起决定性的作用。因此，如果不能借助马克思主义哲学就不能真正读懂《资本论》，在阅读《资本论》的过程中也应读出马克思主义哲学。只有通过这种反复阅读、循环阅读才能把《资本论》没有写明的哲学、方法、理论读出来，这就是症候阅读法。他通过这种阅读，读出的马克思主义哲学的基本特征是：反经验主义、反还原主义、反历史主义、反人道主义。

确实，阿尔都塞运用"多元决定"、"结构因果性"等概念所体现的结构主义原则，对社会形态、生产力与生产关系、经济基础与上层建筑的关系作了新的解释。他认为，社会是由经济、政治和意识形态等因素按一定结构方式构成的复杂统一体，历史发展不是按"人的本质的异化"和"扬弃异化"的人道主义图式进行，而是由多种因素相互作用构成的"无主体过程"。

阿尔都塞的结构因果观，既描写了社会组织中占统治地位的全面性结构对局部性结构的决定作用，以及这些局部性结构对于它们各自的构成要素的决定作用，又坚持了局部性结构对于全面性结构、局部性结构的构成要素对于局部性结构的相对自主性。阿尔都塞的关于《资本论》与马克思主义哲学之间联系的开创性研究，是其重要的理论贡献。[①]

4. 文化工业与商品拜物教理论

法兰克福学派阿多诺创立的文化工业理论的基础是《资本论》第一卷第二章"交换过程"，马克思的商品拜物教理论是文化工业思想的主要依据，也是他对文化工业进行批评的逻辑起点。阿多诺的独特性在于，他看待文化工业生产出来的文化产品，并没有把他们当做艺术品，而是直接当成了商品。这样，文化工业产品成为商品世界中的一员，也就是说，商品拜物教中的"物"包括了文化工业产品。自然地，与其

[①] 参阅〔法〕路易·阿尔都塞、艾蒂安·巴里巴尔：《读〈资本论〉》，李其庆、冯文光译，北京：中央编译出版社2008年版。

他商品生产一样，文化工业也在建构商品拜物教，同时也成为统治阶级意识形态的理想载体。

文化工业通过自上而下的方式整合消费者，每个人的自我意识都受到强大的工业部门的影响，符合消费者需求的决定都遵循经济选择机制的要求，资本获得了绝对的胜利，个体完全被文化工业所控制。个人的、大众的意识变成了制造商的意识，人们在享受表面的自由的同时，丧失了真正的自由，人变成遵从者。最终，文化工业与统治阶级的意识形态合流了，显示出更加强大的力量。阿多诺结合纳粹体制下极权主义统治，揭露了文化工业与法西斯主义的一致性，煽动狂热的情绪，使大众盲目地服从纳粹的控制，造成了悲剧。

5. 日常生活批判理论[①]

法国哲学家、当代新马克思主义的重要代表列斐伏尔开创性地从日常生活的角度推进了马克思对现代社会拜物教的研究。通过分析《资本论》，他认为，现代社会的"社会关系与社会基础的一般特征，并不是整体的，正在变成碎片，马克思一百年前所界定的整个结构，因缺乏支持和巩固'人类总体性'的革命而瓦解。世界被碎片化了，成为个人的观念，我们拥有文化的碎片、专业化的科学和体系以及'亚体系'"[②]。碎片化最终落实到了日常生活层面。日常生活中的意识形态化集中表现为符号的消费或符号的编码化。现代日常生活被一种新的意识形态组织化了，实现这种组织化的方式就是人们的欲望和要求。人们的欲望并非自主的，而是被制造、被控制的。

进而，列斐伏尔揭示了现代日常生活的神秘性：它是将一个外部的图像幻觉误认为真实的现实社会。消费控制日常生活可以在以下三个层次上理解，一是对社会个体消费欲望的制造与控制，二是对欲望对象和

---

① 参阅张一兵主编：《资本主义理解史》第五卷，南京：江苏人民出版社2009年版。

② 转引自张一兵主编：《资本主义理解史》第五卷，南京：江苏人民出版社2009年版，第171页。Henri Lefebvre, *Everyday Life in Modern World*, London: The Athlone Press, 2000, p. 70.

欲望满足的方式的引导,最重要的是第三,从传统的以实物为中心的消费转向了脱离实物的符号消费。人们的消费对象日益变成了被宣传、广告等创造出来的意象,变成了对宣传、广告本身的消费。现代消费过程中的物变成了物——符号,消费的主体变成了伪主体,不再是直接面对使用价值的消费,而是对符号的消费,是由符号构成的"主体幻象"。他的结论是现代社会是一个消费被控制、欲望被制造和引导、满足与匮乏交替循环的符号化消费时代。列斐伏尔的学生鲍德里亚起初坚持了老师的基本观点,后来越走越远,已经没有马克思的影子了。

需要补充的一点是列斐伏尔的空间生产理论。他提出社会——生产性空间(与传统的几何——物质性空间相对立)的重要概念,并以独特的方式研究《资本论》中的再生产理论,提出人类必然会从资本主义空间走向社会主义空间。

6. 哈维的《资本论》解读①

当代英国新马克思主义代表人物大卫·哈维,充分利用现代信息技术,在网站上(www.davidharvey.org)组织《资本论》在线阅读小组,强调阅读《资本论》的重要性,并且要求不能局限于《资本论》第一卷,还需要阅读第二、三卷、《剩余价值学说史》、《政治经济学批判大纲》等著作。这个在线小组产生了广泛的国际影响。《资本的界限》一书是哈维以《资本论》为研究对象的重要成果。

与其他解读者一样,哈维从商品开始解读《资本论》,其创造性在于他运用总体性的方法,提出了把使用价值视为社会构造的重要观点。哈维认为,一般人认为马克思在对于商品的分析中把使用价值仅仅视为自然属性,排除了对使用价值的分析,其实,使用价值也是观察资本主义的窗口,哈维的结论是:"使用价值是由现代生产关系塑形的,并且反过来改变这些关系。"② 使用价值与生产关系紧密相连,也就是说,

---

① 参阅张一兵主编:《资本主义理解史》第五卷,南京:江苏人民出版社2009年版。
② 转引自张一兵主编:《资本主义理解史》第五卷,南京:江苏人民出版社2009年版,第400页。D. Harvey, *The Limits to Capital*, Oxford:Blackwell, 1982, p.7.

离开交换价值和价值，使用价值也不可能被正确地理解。这样，他打破了资本主义自然性的外观，并为后来的资本生产的空间分析奠定理论基础。

他认为，空间是全部使用价值的属性，在资本主义条件下，商品生产把使用价值转化成社会使用价值。使用价值的空间属性，实质就是如何通过商品生产转化成社会空间，哈维的研究就回归到人与人之间的关系上来了。他运用总体性的方法，经过货币这个媒介研究人与人之间的关系，并指出人们在日常生活中体验不到个别空间之间的联系，是因为商品拜物教的原因，只有穿越了这种障碍，才能看到资本主义的时空特性。他创新性地研究了固定资本、货币等问题，尤其是研究了资本主义生产的组织变迁、积累过程中的固定资本循环、资本主义危机等重大现实问题，他的总结论是：资本主义空间构型是通过资本积累、工人阶级与资本家阶级之间的斗争以及这二者之间的关系来生产的，体现在生产、交换、分配、消费的每一个环节中，并包含着自身无法克服的矛盾，规定了自己的界限。难能可贵的是，哈维基于自己的研究，探索政治解放的可能性。

总之，自卢卡奇、柯尔施开创西方马克思主义以来，西方马克思主义学者着眼于弊病丛生的资本主义社会现实问题，依据马克思主义理论，尤其是《资本论》，展开了强有力的资本批判，并产生了深远的社会影响。同时，许多学者直接以《资本论》为研究对象，极大地丰富了研究《资本论》的视角、内容和方法，为国内哲学社会学者进一步研究《资本论》提供了很好的借鉴。

第五章　国内《资本论》研究状况概述

《资本论》传入中国以来，尤其是郭大力、王亚南的中文译本出版以来，在坚持马克思主义中国化的前提下，《资本论》研究的总体状况是：应用研究与学术研究互相促进，通俗化研究的力度不断增强，研究视野从国内扩展到国际，研究的深度不断加深、广度不断扩展，社会影响力越来越显著。这里，我们以《资本论》研究的热点问题为中心，简要介绍我国《资本论》研究状况。

一　新中国成立前的"两次论战"

在中国，对于《资本论》研究起始于李大钊、陈独秀等人。李大钊的《我的马克思主义观》、陈独秀的《马克思学说》中对于剩余价值论、资本积累论等内容进行了初步的研究，但传播的意义更明显一些。郭大力和王亚南在翻译、传播《资本论》的过程中，也依据《资本论》的基本方法和观点，研究中国的实际问题。郭大力出版的《生产建设论》（1947年）也是结合中国经济的实际，试图论证：如果中国走资本主义道路将会导致什么样的结果。

王亚南出版的《中国经济原论》（1946年）探讨了旧中国商品经济形态的经济属性，并认为，中国的封建制度是地主经济型的，他们通过土地而榨取的资本，属于原始积累，但是，这些积累没有投入到生产中，依旧作为原始资本流转，并与官僚政权、帝国主义勾结，形成半封建、半殖民地的社会。许涤新也依据《资本论》的基本思想，对旧中国的经济性质进行了分析。他抓住了外国资本、官僚资本、民族资本这三条主线，认为外国资本实质是一种原始积累性质的掠夺，官僚资本实质就是这些不同政权下的国家资本主义，先进的民族资本一开始就受到外国资本的压迫和官僚资本的排挤，进而分析了新民主主义革命的原因。

20世纪20年代到30年代，一些马克思主义经济学家着力研究中国农村问题，即"中国农村派"。陈翰笙认为，农村经济问题是中国经济的主要问题，要解决中国问题，就必须废除封建土地制度，进行土地革命，这是唯一正确的道路。这个时期发生了关于旧中国农村社会性质的重要论战。一方是以钱俊瑞为代表人物，否认中国已经是资本主义社会。钱俊瑞认为，中国农村经济研究对象应当是中国农村的生产关系，半封建的势力与国内资本，这二者在外国资本的支配下以结合的方式存在，中国的殖民地、半殖民地仅仅是提供高额利润的场所，并不会因此而进入资本主义。另一方主要以王宜昌、王景波等人为代表，认为中国已经是资本主义社会。薛暮桥把生产力与生产关系结合起来，研究农村社会的性质。孙冶方、李平心等人也参加了这场论战。

接下来的30—40年代，发生了漆琪生与陶大镛关于"农业立国"还是"工业立国"的争论。漆琪生认为工业化是中国经济发展的必然趋势，但在当时条件下应当以农业经济建设为中心，不能走工业化的道路。重工主义、重农主义都是错误的，只有先解决了土地问题，才能推进工业化。陶大镛则提出了"农工皆不得偏废"的观点，并认为中国的工业是畸形发展，处于危机状态，要把农业国改造为工业国，必须有计划地恢复和发展重工业，创立国家工业化的基础，并对生产关系进行改革。

在旧中国，老一辈马克思主义经济学家坚持马克思主义的基本原则，在深化《资本论》学术研究的基础上，学以致用，力图解决中国实际问题。这个研究路数一直是我们研究《资本论》的重要特点，具有极其重大的意义。

新中国成立后，特别是改革开放后，《资本论》的研究更加广泛、深入，既包括以《资本论》为指导的现实问题研究，也包括学术研究，主线突出,热点纷呈。比如,关于《资本论》的创作史、方法论等方面的研究,参与《资本论》的国际学术研究,等等,极大地提高了《资本论》研究水平。

二 创作史甄别

关于《资本论》创作史问题,首要的是关于分期问题,争议较大。主要有以下几种主要观点:陈征、严正认为,1843—1847 年,是马克思创作《资本论》的第一个时期,第二个时期是 1850—1853 年,第三个时期是 1857—1859 年,第四个时期是 1861—1863 年,第五个时期是 1863 年 8 月—1865 年底。① 这是一种非连续性的五阶段划分法。杨国昌分期方式是:《资本论》萌芽、最初尝试、草稿完成、《资本论》的出版与完善、恩格斯整理编辑和出版《资本论》,把恩格斯纳入到《资本论》创作史的分期,更符合事实。陶大镛主张,从马克思学习政治经济学开始到《政治经济学批判》(1859 年)出版为第一阶段,到《资本论》第一卷出版为第二阶段,再到马克思逝世为第三阶段。丁之江认为,1843—1849 年为《资本论》创作前史,1850—1859 年为《资本论》创作完成的初阶段,1860—1883 年为《资本论》创作的彻底完成。萧灼基的观点是:1843—1849 年,是准备阶段,马克思的经济思想初步形成;1850—1865 年,写作《资本论》手稿,马克思经济思想基本建立;1866—1883 年,《资本论》第一卷出版,马克思的经济思想广泛传播。田光、陆立军认为,从 1842—1857 年上半年,是准备时期;1857 年下半年到 1867 年 3 月,是《资本论》思想体系的形成时期;1863 年 8 月—1883 年,是系统撰写《资本论》时期;1883—1895 年,是恩格斯编辑出版《资本论》时期。马健行、郭继严从劳动价值论和剩余价值论的形成过程来分期。一是创作《资本论》的起点——19 世

---

① 参阅陈征、严正:《〈资本论〉创作史研究》,福州:福建人民出版社 1983 年版,第 41—51 页。

纪 40 年代的经济学成就，二是创作《资本论》的直接准备——《伦敦笔记》，三是《资本论》的初稿——《1857—1858 年经济学手稿》，四是修订《资本论》的结构草案，五是《资本论》的第二部草稿，主要是《1861—1863 年经济学手稿》，六是《资本论》结构的确立，七是《资本论》的第三部草稿。

从总体上看，有的人坚持按照马克思的自然写作过程来分期，有的是按照马克思的经济理论形成过程分期，都有客观依据为支撑。但是，有的分期把恩格斯排除在外，有待于商榷。因为，恩格斯在《资本论》创作过程中，不仅为马克思提供资料、交流某些具体的观点，更重要的是恩格斯按照马克思的本意，最为出色地完成了马克思交代的理论遗嘱，并且，恩格斯还结合当时经济发展状况做出的深化研究，《资本论》才成为完整而开放的科学理论体系。恩格斯应该列为当之无愧的《资本论》的第二作者。因此，《资本论》的创作史分期，应当把马克思去世后，恩格斯时期列为一个重要的创作阶段。

另外，在分期问题上，应当既要坚持自然写作过程划分原则，同时应当把每个时期的代表著作、主要文本提出来，作为分期的根本标志。还应当坚持作者本人的观点，比如，马克思在完成《1857—1858 年经济学手稿》时，感慨地说，这是他人生黄金时期的 15 年研究的结果。按照作者本人的想法，就应当把 1843 年算作创作《资本论》的起点。具体地说，马克思实践中遇到的经济问题，为了解决使他苦恼的问题，引发了马克思向政治经济学的转向，这个转向就是创作《资本论》的起点。

三　方法论研究

张薰华认为，马克思不仅对各个范畴进行定性分析，而且还在定性分析的基础上进行定量分析，追求研究的精确性，张薰华对《资本论》数量分析方法进行了卓有成效的研究。他的观点是，《资本论》的数量分析，既包括资本主义生产关系方面的范畴，也包括一般商品生产关系的范畴，他比较详尽地分析了数量分析的方法，不仅对《资本论》的某些计算问题进行分析与校正，还对《资本论》中的平均数规律做了深入的研究。①

程恩富、胡乐明在 2002 年出版的《经济学方法论——马克思、西方主流与多学科视角》一书中，提出要站在超越马克思经济学和西方经济学的高度来研究经济学方法论。他们认为，马克思主义经济学方法论的核心是唯物史观与唯物辩证法，认为马克思经济学的方法是价值导向的规范经济分析，同时也是实证经济分析，应当把马克思经济学方法进一步扩展、深化。②

刘永佶在《政治经济学方法论纲要》一书中，对于政治经济学方法论研究问题，提出"主义主导方法，方法实行主义"的观点，产生了广泛的影响。他认为，主义是基本观点和主张的集合，制约方法，方法是主义的贯彻和实现。在该著作中，重点论证了辩证法的原则、辩证法的系统、辩证法与政治经济学方法论之间的关系，并提出了研究政治经济学方法论的核心问题是如何对待经济矛盾。

丁冰、杨承训、顾海良、蔡中兴、蒋自强、蒋学模、于光远、孙冶方、苏星、吴树青等人还从马克思主义经济思想史的角度，研究了《资本论》的一些重要问题，主要包括马克思主义经济思想史、马克思主义经济思想流派等方面的研究。依据《资本论》的思想，学者们对列宁、斯大林、毛泽东、邓小平等人的经济思想以及当前社会主义市场经济建设等问题进行深入的研究，并取得了丰硕的成果，这里不再一一介绍。

现在，我们对国内近年来《资本论》研究的具体的、又具有极其重大意义的热点问题进行介绍。这些问题不是一般的经济学问题，而是直接关系到《资本论》、关系到马克思主义政治经济学乃至于整个马克思主义的生死存亡的核心问题。第一大问题首推马克思的劳动价值论。

---

① 参阅张薰华：《〈资本论〉中数量分析》，济南：山东人民出版社 1993 年版。
② 参阅程恩富、胡乐明等：《经济学方法论——马克思、西方主流与多学科视角》，上海：上海财经大学出版社 2002 年版。

四 劳动价值论探究

劳动价值论是《资本论》大厦的基础，毁坏了基础，大厦就必然倒塌。可以说，劳动价值论是马克思主义生死攸关的大问题。目前，西方经济学几乎占据了高校经济学教学研究的绝大部分课堂，《资本论》已经被边缘化了，这种状况令人堪忧。西方经济学恰恰是以彻底否定劳动价值论为前提的，这就意味着《资本论》的主导地位岌岌可危了。事实上，在劳动价值问题上，在我国学术界已经出现分化。有的学者公开否定劳动价值论，这是少数，有的口头上坚持劳动价值论，一旦进入具体问题，劳动价值论就被完全抛弃了，有的通过解决别的问题的方式，放弃劳动价值论，这种情况也表现在"价值转形问题"研究中，也有的抱有怀疑的态度对待劳动价值论。当然，也有人真诚地坚持劳动价值论，可是在现实中，却不知道应该怎样坚持。总之，劳动价值论在当代中国确实面临着严峻的挑战。这里，我们简要介绍国内学界关于劳动价值论的基本观点，以及以劳动价值论为基础的另一个问题——"价值转形问题"的研究成果，来把握劳动价值论的研究状况。

从国内学界研究劳动价值论过程上看，新中国成立后一直到改革开放初期，国内学者以阐释、宣传劳动价值论为主，到20世纪90年代中期出现了关于劳动价值论的激烈争论，主题是围绕价值的"一元论"还是"多元论"展开。本世纪初以来，关于劳动价值论的讨论范围更加广泛。

关于劳动价值论"一元"还是"多元"的争论，主要争论议题是：物化劳动是否创造价值，资本、科技、知识是不是价值的源泉等问题。

谷书堂、柳欣在《新劳动价值一元论》一文中认为，传统的劳动价值论已经无法解释价值决定问题，应当扩大劳动的外延，加入资本、土地等非劳动生产要素，"只有从逻辑上否定旧的理论才能肯定和发展新的理论"①。钱伯海提出，生产诸要素共同创造价值，物化劳动和活劳动共同创造价值，科技创造价值和剩余价值，亚当·斯密关于价值全部分解为收入的论断是正确的，即"斯密教条"是正确的，按资分配，不存在剥削问题，等等。②这些"新见解"，本质上都属于劳动价值"多元论者"，这是在新的形势下回归到了斯密和庸俗经济学的基本观点。所谓"新见解"的"新"，就是在新形势下，人们面对资本、科技、知识经济等情况时，如何理解价值创造问题。钱伯海还在《人民日报》发表文章，提出："肯定一、二、三次产业都创造价值，这无疑是对传统生产理论的重大突破和巨大发展。"③其实，马克思从来没有否定第三产业的价值创造，只是《资本论》的研究领域主要在于资本主义生产方式下的第二产业，对于资本主义生产方式下的第三产业中的劳动价值问题没有深入研究，这恰恰是我们坚持和发展马克思主义时面临的新任务。

劳动价值论的多元论引起了巨大的争论，并遭到了国内学术界的普遍批评。吴易风在坚持马克思的劳动价值论的基础上，撰文回应"新见解"，并在坚持《资本论》基本原理的基础上回答了全部主要问题，④这些回答既坚持了马克思的劳动价值论，也正确地回答了时代的新问题。

近些年来，国内学者关于劳动价值论的争论是上个世纪90年代争论的继续，但是内容更加广泛，主要围绕以下几大问题⑤：

一是物化劳动是否创造价值的问题。有的学者认为物化劳动也创造价值，其理论依据在于科技就是生产力，因为科技只有体现在设备、材料和工艺等物化劳动上，才形成先进的生产力，从而创造更多的价值。有的人认为，这种观点混淆了马克思关于物化劳动和活劳动之间的区

---

① 参阅谷书堂、柳欣：《新劳动价值论一元论》，载《中国社会科学》1993年第6期。
② 参阅钱伯海：《社会劳动创造价值之我见》，载《经济学家》1994年第2期。
③ 钱伯海：《略论社会劳动创造价值》，载《人民日报》1995年4月5日。
④ 参阅吴易风：《价值理论"新见解"辨析》，载《当代经济研究》1995年第4期。
⑤ 参阅马理文：《关于深化对劳动和劳动价值论认识的几点思考》，载《马克思主义研究》2002年第2期。

别，物化劳动是物，只有活劳动——雇佣劳动才是剩余价值的源泉。

二是科技、劳动生产率与价值、价格的关系问题。有的人以科技对国民生产总值的贡献率来证明知识和技术创造价值。有的人认为，应当把科技在创造物质财富中的作用与它在创造价值中作用区别开来。科技的贡献主要在于物质财富量的增加。这里应该把科技与科技工作者区别开来，科技本身不创造价值，科技工作者作为活劳动才创造价值，所谓知识价值论的观点是错误的。同时，科技工作是复杂劳动，在同样的时间里创造了更多、更大的价值。

关于价格与价值的关系，马克思认为价格是价值的货币表现，并不一致。有的人从价值与价格的差异入手分析国民生产总值问题，基本结论是国民生产总值不能反映价值的绝对量和变量，只是反映了以价格表现出来的使用价值量及其增长量，这种增长量日益取决于科技和劳动生产率的提高。

三是关于生产劳动问题。马克思在两种意义上使用生产劳动这个概念，一是在纯粹的人与自然之间的关系的层面上使用。另一种是在社会的意义上使用，即以资本主义生产方式为前提的生产劳动，其根本标准在于这种活劳动是否创造了自己的对立面，即是不是为资本家创造价值。关于这个问题的争论又涉及几个非常重要的现实问题和理论问题。

第一，人们已经把科技工作和管理工作视为生产劳动，而不再局限于体力劳动创造价值的观点，推进了劳动价值论的研究深度。

第二，关于第三产业的劳动是不是生产劳动。有的人认为属于生产劳动，有的人不同意。显然，根据马克思的观点，判断一种劳动是否属于生产劳动并不在产业问题，关键在是否创造了劳动者的对立面问题。因此，不能一概而论。创造自己的对立面的，就是生产劳动，没有创造对立面的就不是。

第三，还有一种观点，就是把生产劳动与创造价值的劳动分开来，把前者仅仅同资本主义生产联系起来，后者则仅仅与商品生产相联系，这样就把生产劳动问题排除在价值创造问题之外了。

四是关于价值创造与价值分配问题。按劳分配与按生产要素分配相结合是不是否定了马克思的劳动价值论问题。有的人认为，按劳分配的基础不是劳动价值论，而是由于在社会主义条件下，劳动依然是谋生手段，因此，并没有否定劳动价值论。有的人认为，应当把价值创造与价值分配区别开来，应当避免"谁创造、谁分配"的误区，应当坚持价值是由劳动创造的，分配则由分配规律来决定。还有人认为，依据劳动价值论来实施分配制度改革，就会扩大价值源泉的内涵，变成了扩大化的劳动价值论，是行不通的。

其实，无论是关于生产劳动问题还是关于科技、知识与价值创造的关系问题等，需要先解决一个总问题，即当代中国的资本问题。现在我国的国有资本、民间资本、外来资本以及各种混合形式的资本是中国经济的主力，尤其是国有资本占据着主导地位，这是不容置疑的。那么，马克思关于劳动价值论的分析就应该在总体上是适用的，关键在于如何把握社会主义条件下的资本和资本主义条件下的资本的区别。

比如，关于按劳分配问题，马克思的观点非常明确，本质上依然属于资产阶级的法权关系，按劳分配解决的根本问题是任何个人不能利用生产资料无偿占有别人的劳动。从这个角度来看，纯粹的按劳分配几乎不存在了，最主要的劳动都存在于各类资本企业中，劳动作为一种生产要素而取得相应的收入。要推进分配制度改革，就需要考虑社会主义的政治要求，也要考虑推动资本发展的经济要求，这确实是我们面临的一个重大问题。

关于拓展对创造价值的劳动的认识问题，程恩富等人认为："主要是突破把创造价值的劳动只是局限于物质生产领域，非物质生产领域中的一些部门劳动者的劳动也应该纳入创造价值的范畴。"①

五是劳动价值论与产权的关系问题。国内大多数经济学家从西方主流经济学的观点解决产权问题，裴小革则把产权理论建立在劳动价值论的基础上，认为让人们根据劳动贡献获得产权，应该"明确非劳动生产要素只能转移旧价值，生产过程中产生的新价值的产权，应在其他机制

---

① 程恩富、顾钰民：《新的活劳动价值一元论》，载《当代经济研究》2001年第11期。

对市场交换基础机制的补充下,更多地调节到劳动贡献大的人手中"①,这是一个具有开创性、探索性的重要观点。

六是关于必要劳动和社会必要劳动时间的认识问题。萧灼基认为,马克思分析的必要劳动只是一部分,必要劳动还应该包括维持经理、科技人员等在内的总体工人的生产和再生产所需要的生活资料的价值,维护社会生产正常进行所需要的生产资料、生活资料的价值,维持自然环境、社会环境和可持续发展所需要的生产资料和生活资料的价值,维持社会生活正常运行所需要的生产资料和生活资料的价值,大大地扩展了必要劳动的内涵。关于社会必要劳动时间问题,萧灼基认为马克思分析了两个形态的社会必要劳动时间,还应该分析"按照国际市场技术水平、劳动效率、资源配置和供求关系所形成的社会必要劳动时间"②,即增加了第三个形态的社会必要劳动时间,这些观点是富有启发性的。

与劳动价值论密切相关的另一个问题是转形问题。在某种意义上说,转形问题是对劳动价值论的另外一种回答和解释。

前文简要介绍了西方学者关于转形问题的研究,大多数学者是在否定或背离马克思的劳动价值的基础上,煞费苦心地解决这个问题,最终结果还是前后矛盾、无法自圆其说。从庞巴维克提出转形问题到鲍特凯维兹解答之前为第一阶段,鲍特凯维兹的数学模型解答到斯拉法出版《用商品生产商品》为第二阶段,萨缪尔森于1970年发表《理解马克思的剥削概念:马克思的价值与竞争价格间所谓转形问题的概述》一文③,掀起了转形问题研究的第三次热潮。中国学者直接参与第三次争论,批判的对象几乎包括从庞巴维克以来的所有重要的西方经济学家,当然,批判对象主要是萨缪尔森。在这次争论中,中国的学者以独立的姿态参与国际学术交流,并取得了可喜的成果。

---

① 参阅裴小革:《论建立在劳动价值论基础上的产权理论》,载《求是学刊》2004年第3期。

② 参阅萧灼基:《谈谈深化对劳动和劳动价值论理论的认识》,载《前线》2001年第10期。

③ 〔美〕萨缪尔森:《理解马克思的剥削概念:马克思的价值与竞争价格间所谓转形问题的概述》,载《经济学文献杂志》1971年第6期。

关于转形问题，国内学术界在坚持马克思劳动价值论的基础上，从以下两条路径解决转形问题。一是建立新的数学模型解决转形问题。二是论证转形问题是一个假问题，以否定问题的存在的方式解决问题。

白暴力的"平分余量"说。他认为，要解决转形问题，必须先明确马克思的三个基本观点，一是剩余价值是利润的实体，价值是生产价格的实体。二是总平均利润只能是近似地等于总剩余价值，总生产价格只能近似地等于总价值了。总剩余价值与总平均利润之间的差额，总价值与总生产价格之间的差额，就是"平分余量"。① 三是实际经济生活中的各部门利润并不绝对等于平均利润，但各种因素相互作用，偏离的部分会抵消，结果，实际总利润等于总剩余价值，总生产价格等于总价值。由此他提出了合理的假设，并进行一系列的数理推导，最后的结论是："一方面，我们看到，以价值计量成本价格的平均利润——生产价格系统中的量，确实如马克思所指出的，存在着误差。另一方面，我们又看到，在《资本论》中，马克思以价值计量成本价格的平均利润——生产价格系统也确实揭示了平均利润——生产价格系统量的基本规律。因此，对于研究资本主义生产关系和基本规律的《资本论》来说，这个误差以及用生产价格计量成本价格的平均利润——生产价格系统，确实没有进一步考察的必要。"② 可见，白暴力利用平分余量说解决转形问题，结果明显有否定进一步研究转形问题的必要性。

张忠仁提出，由价值转化为价格是顺转形问题，由生产价格转化为价值是逆转形问题。他分析这两种转形后认为，现实中不存在逆转形问题，并进而肯定了斯拉法的标准体系在马克思的价值体系中是适用的，但是，他又认为马克思的劳动价值论是正确的。③

丁堡骏在批判萨缪尔森的过程中提出了解决转形问题的基本方案，

---

① 参阅白暴力：《劳动价值理论热点问题》，北京：经济科学出版社 2002 年版，第 13—16 页。
② 白暴力：《劳动价值理论热点问题》，北京：经济科学出版社 2002 年版，第 16—17 页。
③ 参阅张忠仁：《百年难题的破解》，北京：人民出版社 2004 年版。

他详细地研究了简单的价值转化模型和扩大的价值转化模型,其贡献是把扩大的价值模型动态化,作为整体,在动态中保持生产价格与价值总和相等①。国内还有其他学者也提出了各种不同的解决方案,但是,至今也没有达成共识,这个问题还会持续下去。

当许多学者专注于以数学模型解决转形问题的时候,出现了另一种观点,即通过否定转形问题的存在来解决问题本身。例如,林金忠认为,转形问题的意义并没有那么重要,在马克思的整体叙述逻辑中并不存在转形问题,因为,马克思所说的"两个总计相等"(即总剩余价值=总利润,总价值=总价格)仅仅是"例解",并不是命题,否定了转形问题的基本命题和参照系。他认为,造成这种情况的根源在于他们没有理解马克思的方法论——唯物辩证法,仅仅停留于现象描述。② 这个观点对研究转形问题的学者提出了一个严肃的问题。

应当引起注意的是,有的学者在试图创新劳动价值论,这是好想法,但是有的人在创新的时候反而偏离甚至背离和否定了劳动价值论。因此,如何创新、深化劳动价值论是一个长时期的历史任务,不能急于求成,更不能为了赢得"眼球"而哗众取宠。只有保持冷静严谨的科学态度,脚踏实地,不怕坐冷板凳,发扬敢于追求真理的精神,才可能真正发展马克思主义劳动价值论。

五 研究对象思考

关于《资本论》的研究对象问题,在西方学术界并无争议,然而,在中国则不同,这是一个焦点问题,至今也没有定论,个中原因很复杂。关于《资本论》的研究对象问题,大家都以马克思在《资本论》第一卷第一版序言中的一句话为依据,进行解释和阐发:"我要在本书研究的,是资本主义生产方式以及和它相适应的生产关系和交换关

---

① 参阅丁堡骏:《一个极端的斯拉法主义者》,载《江汉论坛》2006年第7期。
② 参阅林金忠:《所谓"转形问题"的方法论症结》,载《经济学家》2011年第6期。

系。"① 有的学者把研究对象直接确定为生产关系，有的人把生产力也包含在内，还有的人把生产方式作为研究对象，有的人还从语言——德语以及翻译的角度进行分析，也有的学者尝试对这个问题进行创新性的研究，提出了富有启发意义的重要观点，等等。现在我们来简单梳理一下关于对象问题的主要观点。

漆琪生认为，《资本论》的研究对象，"实质上就是以资本主义社会的生产关系作为它主要的研究对象"②。他的基本理由是，第一，马克思研究政治经济学的根本任务和原因就是要揭示资本主义社会经济形态的特征和运动规律，为无产阶级革命提供理论依据和思想武器，因此就要剖析资本主义社会的经济结构，而社会生产关系的总和，构成一定社会的经济结构，并成为经济基础。因此，研究对象只能是生产关系。第二，这种一定的社会经济结构，具体的表现为一定的社会经济形态，这种一定的经济形态则表现为一定的生产方式，因此，也可以说是生产方式。这种生产方式是广义的、表现为一定社会生产的人的生产因素和物的生产因素相结合的形式，生产力是它的物质内容，生产关系是它的社会形式。资本主义的生产方式，必须以构成这个生产方式的最重要的因素的生产关系作为着眼点和重心来研究。交换关系则是指与生产相对立的交换，这种交换关系必须与生产方式相适应。漆琪生还对德语和英语原文进行语言分析，证明自己的观点。概括地说，他的观点是，生产方式包括了生产力与生产关系，是二者的统一，但研究的重点在于生产关系，所以，生产关系是"主要的研究对象"。

陈征的观点更直接明了，他认为，《资本论》的研究对象就是资本主义的生产关系，是广义的生产关系，包括生产、交换、分配、消费四个方面。每一卷《资本论》都有自己特定的对象，只有对特定的对象进行研究，才能更好地把握总对象。③ 综合起来就可理解为：《资本论》

---

① 《马克思恩格斯全集》第1卷，北京：人民出版社2001年版，第8页。
② 漆琪生：《〈资本论〉大纲》，北京：人民出版社1985年版，第38页。
③ 参阅陈征：《〈资本论〉第三卷的研究对象、结构和方法》，载《福建师大学报》（哲学社会科学版）1982年第2期。

研究对象是资本主义广义生产关系以及和它相适应的狭义生产关系和交换关系。

卫兴华的观点前后还是有一点变化。起初，他认为，这里的生产方式与传统教科书中把生产方式视为生产力与生产关系的统一的观点并不一致，"资本主义生产方式"中的生产方式，可以是生产的技术方式（主要指生产力），也可以是生产的社会方式（主要指生产关系），这个概念在不同的地方也有不同的用法，他总结说："从整个《资本论》的研究对象来看，马克思在序言讲的'资本主义生产方式'是指与一定的所有制相联系的资本和雇佣劳动相结合的方式。"但是，他也同意：《资本论》的研究对象的侧重点确实是资本主义生产关系，揭示资本与雇佣劳动的关系，以及与生产力相联系的资本主义经济运动规律。① 后来，他以先前的研究为基础，对这个问题有了重要修正。他研究了法文版的表述，在法文版中，马克思把"资本主义生产方式"修改为"资本主义所有制"，既然"资本主义生产方式"就是资本主义所有制，那么，《资本论》的研究对象就是资本主义所有制和资本与雇佣劳动相结合的方式。②

胡钧依据法文版的研究，并不同意卫兴华把资本主义生产方式理解为资本主义所有制的观点。他认为，经济学与其他学科，比如哲学、心理学、历史语言等学科的区别在于经济学要研究物质生产。物质生产包括生产力和生产过程中人与人之间的关系，生产力包括社会生产力和技术生产力，二者的总和构成了生产方式或生产技术方式。也就是说，"资本主义生产方式"应理解为生产技术方式、劳动方式。他从生产力的角度理解生产方式，并认为，把生产方式理解为属于生产力范畴的劳动方式、生产方法等，符合马克思的本意。同时，他也肯定了以往研究中紧紧抓住生产关系这个范畴也是正确的，并不矛盾，但有时过于片面

---

① 参阅卫兴华：《〈资本论〉的研究对象、结构和学习的意义》，载《当代经济研究》2002年第11期。
② 参阅卫兴华：《马克思主义政治经济学对象问题再探讨》，载《马克思主义研究》2006年第1期。

了，忽略了生产力方面的研究。①

吴易风认为，把生产方式无论理解为生产力还是生产关系，或者是二者的统一，都无法摆脱逻辑矛盾，他提出了与众不同的新观点。他首先摆脱斯大林的关于生产方式、生产力、生产关系三个范畴之间关系的理解，即传统教科书中关于生产方式的规定。他把生产方式视为介于生产力与生产关系之间的独立的经济范畴，摆脱了传统的生产力—生产关系原理的束缚，提出了生产力—生产方式—生产关系原理。② 按照吴易风的思路，资本主义生产方式不包括生产力，也就是说，《资本论》并没有把资本主义生产力列为研究对象，也没有把生产力与生产关系的统一意义上的生产方式排除在外，并且还可以把资源配置问题引进政治经济学的研究范围而不仅仅局限于生产关系、交换关系的研究，避免了逻辑上的混乱。但是，他对生产力—生产关系原理的改变，确实值得商榷。

徐茂魁也试图打破传统束缚，对生产方式德文的原意进行了细致的分析。他认为，德文的"生产方式"是一个含义宽泛的范畴，可以从两个层次上来理解，一是指社会具体的生产方法，包括劳动方法、企业管理制度、资本的循环和周转、市场机制、社会分工和协作等，相当于现在所说的"经济运行"方式，二是指抽象的社会生产方式，也就是对上述生产方法或经济运行方式的高度概括，相当于现在所说的经济体制或经济制度的含义。当然，这两个层次的含义紧密联系在一起的。如果不能对社会具体的生产过程进行深入分析，就不可能对它做出正确的抽象与概括。只有正确的理性概括，才能使我们加深理解该社会的经济制度。他认为，作为《资本论》研究对象的生产方式，主要应从第一种含义来理解。只有在此基础上去考察"和它相适应的生产关系和交换关系"才顺理成章，并且也没有逻辑矛盾。这样，《资本论》的研究对象应该理解为两个方面：一是研究资本主义生产方式即资本主义现实

---

① 参阅胡钧：《对〈资本论〉研究对象的再认识》，载《经济学家》1997 年第 2 期。
② 参阅吴易风：《论政治经济学或经济学的研究对象》，载《中国社会科学》1997 年第 2 期。

的、具体的生产过程。二是研究与这种生产方式相适应的生产关系和交换关系，从而深刻揭示剩余价值的源泉和揭露资本对雇佣劳动的剥削关系。当然，这两个层次的内容又是互相依存、相辅相成的。①

这些学者都是的共性在于他们都来自于经济学领域，对于《资本论》的对象这个重大问题，都局限于经济学视角，而且经济学视角又或明或暗、或多或少地受到了西方经济学的影响，把《资本论》定义为纯粹的经济学著作。《资本论》是不是纯粹的经济学著作，显然值得商榷。更为关键的问题是，资本究竟是不是一个纯粹的经济范畴，显然也存在巨大的疑问。因为，马克思研究资本的时候，首先是把资本视为一种社会有机力量，决不是单纯的经济力量。如果转换思路和视角，《资本论》的研究对象就会明确起来。当然，这需要哲学、经济学等社会学科的学者共同努力，才能解决这个根本问题。

关于《资本论》中其他重要观点，比如关于资本积累问题、无资产阶级贫困化问题、银行信用、虚拟资本等问题的研究也取得了一定的成果。这里不再一一赘述。

当然，也有很多学者从政治学、社会学、美学、生态学等各个学科进行深化研究，挖掘其中的重要思想和论断，特别值得一提的是许涤新深度挖掘《资本论》中的生态思想，早在1985年出版了《生态经济学探索》一书，该著作对这门学科的研究对象、性质、任务、基本原理和实际应用等许多重要问题都作了深入的研究。1987年，许涤新编撰出版了《生态经济学》一书，在他的倡导下，我国的部分高等院校也开设了生态经济学课程。近些年来，从生态学的角度研究《资本论》已经是学术界的一大热点和重点问题。在党的十八大报告中，生态文明建设已经被列入中国特色社会主义事业的重要组成部分，《资本论》中的生态学思想必然为中国的生态文明建设提供根本性的指导作用，进一步彰显《资本论》的当代价值。

---

① 参阅徐茂魁:《正确理解和把握马克思主义政治经济学的研究对象》，载《马克思主义研究》1997年第2期。

最后一个方面的研究就是《资本论》的大众化问题。关于《资本论》的导读、解读、当代意义的阐释等这方面的著作非常之多,还从西方、日本、韩国等国家翻译引进了大量的《资本论》大众化读本,这对于《资本论》的普及化和马克思主义中国化起到了重大的推动作用。

第三部分　当代解读

解读《资本论》这样一部达到人类思想水平巅峰的著作并不是一件容易的事，解读者的立场、视角、思维能力、背景知识、学科性质以及时代特点、社会发展所处的阶段、社会状况等多种因素都会影响解读的结论。比如，关于《资本论》的研究对象这样的根本问题都还没有达成共识，《资本论》包含的每个具体的重要理论观点，几乎都存在不同程度的争议，等等。无论如何，解读《资本论》的前提是阅读、研究原著，所谓原著不仅包括《资本论》及其手稿，也包括马克思其他的经济学哲学著作、重要书信等，只有这样才能把握《资本论》的精神，推进解读的深度。依据《资本论》，结合中国特色社会主义事业的发展状况，正确地回答时代提出的重大问题，是更高一层的要求，而且也是解读《资本论》内在的要求，只有做到了这一条，才能真正实现《资本论》的当代解读。

第六章 《资本论》的理论结构和内容简介

一 《资本论》的结构形成及其各卷的关系

《资本论》的理论结构不是一蹴而就的,而是有一个漫长的形成过程。在这个过程中,马克思依据研究的实际进展状况而不断调整理论结构,并日趋完善,最终以完美的形式呈现在世人面前。

1. 《资本论》理论结构的形成过程

早在1844年,马克思就计划创作两本大书:一本批判资本主义经济制度,另一本批判资产阶级政治经济学,但没有实现。在1851年的时候,马克思计划写三本书,一是批判资产阶级政治经济学的理论,二是批判空想社会主义,三是论述政治经济学史,也没实现。在《1857—1858年经济学手稿》中,马克思拟定的政治经济学理论体系分篇如下:"(1)一般的抽象的规定,因此它们或多或少属于一切社会形式,不过在上面所阐述的意义上。(2)形成资产阶级社会内部结构并且成为基本阶级的依据的范畴。资本、雇佣劳动、土地所有制。它们的相互关系。城市和乡村。三大社会阶级。它们之间的交换。流通。信用事业(私人的)。(3)资产阶级社会在国家形式上的概括。就它本身来考察。'非生产'阶级。税。国债。公共信用。人口。殖民地。向国外移民。(4)生产的国际关系。国际分工。国际交换。输出和输入。汇率。(5)世界市场和危机。"① 实际上,这是马克思关于资本主义研究的5篇设

---

① 《马克思恩格斯全集》第30卷,北京:人民出版社1995年版,第50页。

想，此时，马克思已经完全清楚地把握了资本主义社会的本质，从理论上完成了政治经济学批判。

还不止于此，马克思还要把科学理论以合适的、让普通人都能理解的方式清晰地阐述出来，使之发挥革命理论的指导作用，为那些想干又干不好的人提供一个坚实的理论支点。很快地，马克思的想法又发生了重要改变，在1858年2月22日致斐迪南·拉萨尔信中，马克思打算对资产阶级经济学体系批判将要分成6本书："（1）资本（包括一些绪论性的章节）；（2）地产；（3）雇佣劳动；（4）国家；（5）国际贸易；（6）世界市场。"① 这是马克思在研究过程中，由5篇设想调整为六册结构。随后在1859年《政治经济学批判》序言中，马克思坚持了六册结构："我考察资产阶级经济制度是按照以下的顺序：**资本、土地所有制、雇佣劳动；国家、对外贸易、世界市场**。在前三项下，我研究现代资产阶级社会分成的三大阶级的经济生活条件；其他三项的相互联系是一目了然的。"②

在《1861—1863年经济学手稿》中，马克思再次将以前拟定的理论体系加以改变：（1）导言：商品，货币。（2）货币转化为资本。（3）绝对剩余价值：（a）劳动过程和价值增殖过程；（b）不变资本和可变资本；（c）绝对剩余价值；（d）争取正常工作日的斗争；（e）同一时间的工作日。剩余价值额和剩余价值率。（4）相对剩余价值：（a）简单协作；（b）分工；（c）机器等等。（5）绝对剩余价值和相对剩余价值的结合。雇佣劳动和剩余价值的比例。劳动对资本的形式上的隶属和实际上的隶属。资本的生产性。生产劳动和非生产劳动。（6）剩余价值再转化为资本。原始积累。威克菲尔德的殖民学说。（7）生产过程的结果。（8）剩余价值理论。（9）关于生产劳动和非生产劳动的理论。

全部《资本论》基本上就是按照《1861—1863年经济学手稿》中制定的架构展开。马克思将其手稿分为两大部分，一部分是"理论部

---

① 《马克思恩格斯全集》第29卷，北京：人民出版社1972年版，第531页。
② 《马克思恩格斯全集》第31卷，北京：人民出版社1998年版，第411页。

分"，另一部分是"理论史部分"或"历史批判部分"，计划分册出版。马克思在《资本论》第一卷第一版序言中说："这部著作的第二卷将探讨流通过程（第二册）和总过程的各种形式（第三册），第三卷即最后一卷（第四册）将探讨理论史。"① 恩格斯编辑就是按照这个体系，将原稿第二册整理改编为《资本论》第二卷，题名为《资本的流通过程》；将原稿第三册整理改编为《资本论》第三卷，题名为《资本主义生产的总过程》。即《资本论》的全部体系共分四大卷，前三卷是关于政治经济学的理论部分，后一卷是关于政治经济学说史部分。

马克思最初从1844年宏大的结构设想到两大部分（理论部分、理论史部分）三卷四册的结构，先后经过了5次重大结构调整。最后，在执行马克思的著作遗嘱的时候，恩格斯遵照马克思的设想，并结合马克思遗稿的实际情况，把《资本论》编辑为三卷三册，这三卷的体系是：第一卷研究资本的生产过程，探讨剩余价值的生产；第二卷分析资本的流通过程，研究剩余价值的实现问题；第三卷研究资本主义生产的总过程，科学地阐明在生产过程与流通过程统一的基础上，论述剩余价值如何被产业资本家、商业资本家、货币资本家和土地资本家所瓜分、分配，形成产业利润、商业利润、利息和地租等具体形态。这三卷实际是马克思写作的理论部分，已经构成了独立而完整的理论体系，即通常意义上的《资本论》。

另一种广义上的《资本论》不仅包括理论部分，而且还包括理论史部分，就是最后由考茨基编辑完成的《剩余价值学说史》。这一部分的研究主题是围绕剩余价值学说产生、发展的历史，对17世纪中叶以来全部资产阶级经济学派（主要对象是古典经济学）进行批判，说明剩余价值学说理论体系的创立和发展的历史过程。主要内容有三个部分，一是介绍和批判李嘉图以前的政治经济学说，二是分析和批判李嘉图的学说体系，三是说明李嘉图学派的瓦解过程，并着力批判庸俗经济学。

---

① 《马克思恩格斯文集》第5卷，北京：人民出版社2009年版，第13页。

这样，不论是狭义的三卷《资本论》还是广义的包括理论史的《资本论》，都以完美的理论结构呈现于世人面前。

2.《资本论》各卷册之间理论结构的基本关系

从总体结构上看，《资本论》分别研究了资本的生产、流通、资本作为整体考察时所产生的各种具体形式，就是说，《资本论》研究的主题就是资本的运动，《资本论》的思想主线——资本批判理论贯穿于理论结构之中。

马克思的政治经济学经济理论命名为《资本论》，主要因为，马克思认为资本这个经济范畴是资本主义生产方式占统治地位的范畴，是起决定作用的生产关系。资本是会自行增殖的价值，是资本家用来无偿占有剩余价值的手段，是资本家从事生产活动、发财致富的手段，是资产阶级对无产阶级进行剥削和统治的手段。资本家不外乎就是资本的人格化，资本则不外乎是资本家的物化。资本和劳动的关系是资本主义全部社会体系赖以运行的核心和基础，资本体现整个资本主义生产方式的实质，反映资产阶级和无产阶级的剥削与被剥削的关系。资本在整个生产过程、流通过程、分配过程中发挥决定性的作用，构成了资本主义社会条件下经济活动的基本内容和根本规律，因而，以资本这个范畴作为研究资本主义生产方式的主题，就能准确把握资本主义经济社会的主要矛盾及其矛盾的主要方面。

《资本论》理论部分的全部体系，就是按照资本这个范畴，在资本主义现实的经济关系中所反映的运动过程，作为理论结构而创作出来，资本范畴的运动则赋予这个理论结构以灵魂和生命。

《资本论》第一卷《资本的生产过程》研究资本的直接生产过程，包括它的劳动过程和价值增殖过程，研究剩余价值的生产和资本自身的生产。此时，暂时将流通过程存而不论，而把它作为既定的过程，从资本的运动过程抽出来，留待以后分析。

第二卷《资本的流通过程》，研究资本在直接生产过程以外，在生产开始之前关于生产资料和劳动力的购买过程，以及在生产结束之后关于所生产的商品的销售过程，就是研究剩余价值的实现与资本的流通。

在这里，形式上没有包括生产过程，但也把它作为既与的过程存而不论，而专门分析流通过程，借以作为生产过程的补充，同时研究社会总资本的再生产和流通。

第三卷是《资本主义生产的总过程》，研究在生产过程、流通过程和分配过程的统一上所表现的资本主义生产的总过程，以及在此基础上资本所具有的各种具体形式，例如产业资本、商业资本、借贷资本和土地资本等，实质就是研究剩余价值的分配及其具体分配形式，像产业利润、商业利润、利息、地租等，这是资本主义生产现实的总过程和总结果。根据资本的整个现实运动过程，就形成了研究资本主义生产方式的整个理论体系。

关于三册之间的逻辑关系，马克思明确指出："在第一册中，我们研究的是资本主**义生产过程**本身作为直接生产过程考察时呈现的各种现象，而撇开了这个过程以外的各种情况引起的一切次要影响。但是，这个直接的生产过程并没有结束资本的生活过程。在现实世界里，它还要由**流通过程**来补充，而流通过程则是第二册研究的对象。在第二册中，特别是在把流通过程作为社会再生产过程的中介来考察的第三篇中指出：资本主义生产过程，就整体来看，是生产过程和流通过程的统一。至于这个第三册的内容，它不能是对于这个统一的一般的考察。相反地，这一册要揭示和说明**资本运动过程作为整体考察**时所产生的各种具体形式。资本在其现实运动中就是以这些具体形式互相对立的……因此，我们在本册中将要阐明的资本的各种形态，同资本在社会表面上，在各种资本的互相作用中，在竞争中，以及在生产当事人自己的通常意识中所表现出来的形式，是一步一步地接近了。"① 实际上，马克思就是要通过资本批判，把握资本主义社会的整体。

在资本设定自身、以自身为前提的资本主义社会，资本的本质就是剩余价值的资本化，因此，资本运动过程的本质就是剩余价值的生产、流通、分配的过程。在这个意义上也可以说，剩余价值理论是贯穿《资

---

① 《马克思恩格斯文集》第 7 卷，北京：人民出版社 2009 年版，第 29—30 页。

本论》全部内容的主线。正是资本研究中,马克思发现了剩余价值的来源、资本的本质,向世人解开了罩在其头上的神秘的面纱,因此,恩格斯把剩余价值理论与唯物史观并称为马克思的两大发现。

二 《资本论》各卷内容简介

这里,我们按照《资本论》三卷的篇章框架的顺序,对每个篇章的内容进行简要介绍。

1. 《资本论》第一卷各篇章的框架和内容简介

《资本论》第一卷主要阐述了商品、价值、剩余价值的生产、资本积累等基本理论,深刻揭示了资本主义生产方式的发展规律以及资本主义生产关系的本质,充分地论证了资本主义生产方式的历史过渡性以及必然被社会主义所替代的发展趋势。

"第一篇 商品和货币",由"商品"、"交换过程"、"货币或商品流通"三章构成。该篇研究了商品和货币,揭示商品生产的本质和一般规律,核心内容是劳动价值论,为分析资本的生产过程奠定理论基础。

"第一章 商品"。马克思创造性地说明了商品的使用价值、交换价值、价值三者之间的辩证关系,并把商品二因素奠基于劳动二重性理论基础之上。劳动二重性是马克思的劳动价值论的基础,正是劳动二重性把马克思的劳动价值论与古典劳动价值论区别开来,成为马克思主义政治经济学的枢纽。马克思进而考察价值的质与量、价值形式及其发展等问题,并在阐明货币的起源和本质的基础上,揭示了商品拜物教的秘密。

"第二章 交换过程"。马克思科学地揭示了商品交换过程的矛盾及其历史发展,进一步说明货币产生的根源与过程,结果是从交换过程中产生的货币,反而具有支配人的能力,产生了货币拜物教。

"第三章 货币或商品流通"。本章主要说明货币的五大基本职能,即价值尺度、流通手段、贮藏手段、支付手段、世界货币,其中,前两大职能是最根本的职能,后三者是以前两者为基础发展出来的派生职能。

"第四章 货币转化为资本"单独成篇,即"第二篇货币转化为资本",也是唯一的篇与章合一的篇章。马克思阐明了商品流通与资本流通的区别与联系,正确地区分了作为货币的货币与作为资本的货币,说明资本是在运动中自行增殖的价值。在价值规律的基础上,马克思论证了货币转化为资本的特殊条件。剩余价值并非流通的产物,而是来源于生产。只有劳动力成为商品的时候,货币才转化为自行增殖的价值,即资本。最后,马克思分析了劳动力商品的价值及其量的构成。与一般商品价值决定不同,劳动力价值决定具有特殊性。进而分析了劳动力商品的使用价值的特殊性及其特点,劳动力商品的使用价值在于创造新的价值,为进一步揭露剩余价值的真正来源确立了科学的理论基础。

"第三篇 绝对剩余价值的生产",由第五—九章共5章构成。在第三篇中,马克思通过对作为资本主义生产起点和基础的绝对剩余价值的考察,说明了资本主义生产过程的一般特征,揭示资本与雇佣劳动的关系的本质。

"第五章 劳动过程和价值增殖过程"。马克思从撇开劳动的社会具体形式出发,分析劳动的一般过程。在资本主义生产关系中,劳动表现出与其他社会不同的特性。马克思重点考察了价值形成过程和资本主义价值增殖过程的特点,说明资本主义生产的实质就是剩余价值的生产。

"第六章 不变资本和可变资本"。马克思分析工人劳动在客观上的二重作用,在保存旧价值的过程中创造新价值,劳动力创造的新价值在补偿劳动力再生产的同时生产剩余价值。马克思改变了以往经济学把资本分为固定资本和流动资本的方法,把资本划分为不变资本和可变资本,更加明确地揭示了剩余价值的真正源泉是雇佣工人的无偿劳动。

"第七章 剩余价值率"。依据不变资本与可变资本的划分方式,马克思进一步考察资本与劳动关系的对立性的外在表现形式,即剩余价值率。剩余价值率是衡量资本家剥削工人程度的准确指标。依据剩余价值率的分析方法,马克思揭露了西尼耳所谓"最后一小时"的理论的实质,并分析了把剩余产品混同为剩余价值的思想,说明了资本主义剥削的特殊性。

"第八章 工作日"。这里考察资本主义工作日制度。工作日由必要劳动时间和剩余劳动时间构成。在绝对剩余价值生产过程中,劳动时间的长短是工人阶级与资本家阶级斗争的焦点和核心,工人争取正常工作日只能是工人与资本家斗争的结果。

"第九章 剩余价值率和剩余价值量"。马克思细致全面地分析决定剩余价值量的因素,考察剩余价值量的变化规律。马克思指出,决定剩余价值量的三个因素是劳动力价值、雇佣人数、剩余价值率,这三个因素相互影响,共同决定剩余价值量。依据剩余价值量规律,马克思分析了货币转化为资本的可变资本的最低额,也就是说,不是任何货币额都可以转化为资本。

"第四篇 相对剩余价值的生产",由第十一十三章共4章组成,研究的主要问题是在工作日长度不变的前提下,资本家利用提高劳动强度、利用技术进步、技术创新等方法,压缩必要劳动时间,增加剩余劳动时间,榨取工人的剩余价值。

"第十章 相对剩余价值的概念"。本章分析了相对剩余价值与绝对剩余价值的区别,指明相对剩余价值的生产不是依靠劳动时间的延长,主要是依靠缩短必要劳动时间。在缩短必要劳动时间的方法中,压低工资并不是资本家采用的主要方式,他们采用的主要手段是降低物质生活资料的价值,即通过提高劳动生产力的方法降低物质生活资料的价值,从而降低劳动力的价值,实现压缩必要劳动时间、增加剩余劳动时间的目的。更关键的是,个别资本家提高劳动生产率,不仅可以在竞争中可以获得比其他资本家更多的超额剩余价值,还可以在社会价值以下出售商品,赢得竞争优势。改良生产方式就从个别资本家转向普遍资本家,推进社会生产力的提高。

"第十一章 协作"。马克思认为,协作是一切社会生产方式都采用的生产组织形式,资本主义协作是资本主义生产方式的起点,工场手工业和机器大工业都是在协作的基础上发展起来的。马克思分析了协作给劳动过程带来的各种变化以及协作劳动与资本主义管理的二重性。资本主义协作劳动建立在雇佣劳动的基础上的,劳动从属于资本,劳动过程被资本赋予特殊的社会形式。

"第十二章 分工和工场手工业"。本章研究了资本主义工场手工业,并把工场手工业视为资本主义发展的一个重要阶段。局部工人和工具构成了工场手工业的简单要素,工场手工业的内部分工在客观上有利于提高剩余价值率,有利于资本,巩固了资本对劳动的统治。同时,工场手工业为机器的产生准备了必要的物质条件。

"第十三章 机器和大工业"。马克思认为,机器生产使社会生产的物质技术基础从依赖于人的经验、技能等个人方面的要素转向了依赖于科学技术。资本主义是剩余价值的生产,是否采用新技术不在于减少一般的人力劳动力的耗费,"对资本说来,只有在机器的价值和它所代替的劳动力的价值之间存在差额的情况下,机器才会被使用。"① 机器的资本主义使用对工人造成了严重的影响,资本占有妇女和儿童的劳动力,工作日延长,劳动强化等,引起了工人与机器之间的斗争。马克思批判了关于被机器排挤的工人会得到补偿的理论,分析了机器大工业发展对工人的影响,以及大工业所引起的工场手工业、手工业和家庭劳动的革命。与机器大工业相适应的工厂法是社会对资本主义生产过程的反作用,最后分析了资本主义机器大工业对农业的支配。

"第五篇 绝对剩余价值和相对剩余价值的生产",由第十四—十六章共3章构成。马克思把绝对剩余价值和相对剩余价值的生产方法综合起来研究,从整体上考察了两种剩余价值的生产,区分两种生产方法的异同和相互关系,并进行了总结与概括。

"第十四章 绝对剩余价值和相对剩余价值"。本章的主题是说明资本和剩余价值的生产是一种特殊的、历史的生产关系。马克思区分生产劳动与非生产劳动,强调只有创造剩余价值的劳动才是生产劳动,澄清了生产劳动的定义,并批判古典经济学关于生产劳动的观点,明确了

---

① 《马克思恩格斯文集》第5卷,北京:人民出版社2009年版,第451页。

剩余价值的源泉。绝对剩余价值和相对剩余价值都是剩余价值，资本主义生产过程是两种剩余价值生产方式的有机结合。自然条件和劳动生产率都是生产剩余价值的客观基础，但剩余价值的生产完全是由资本主义生产关系所决定，决不能把剩余价值归结为资本主义生产关系以外的因素。

"第十五章　劳动力价格和剩余价值的量的变化"。本章从工作日长度、劳动强度、劳动生产力三个主要因素，考察劳动力价格与剩余价值量的变化规律。为了便于分析，马克思把劳动力价值的价值规定为工人通常必需的生活资料的价值，并且假定商品都是按照其价值出售，劳动力的价格不低于它的价值。这样，劳动力价格与剩余价值量之间会发生若干种变化组合，工作日与劳动强度不变，劳动生产力变化；工作日和劳动生产力不变，劳动强度变化，劳动生产力和劳动强度不变，工作日可变，以及三个因素同时发生不同的变化。马克思对这些变化做了详尽的分析。

"第十六章　剩余价值率的各种公式"。本章分析了各种剩余价值率公式，并指出了古典经济学关于剩余价值率公式的错误。在这里，马克思对剩余价值进行数量分析，提出剩余价值率的科学公式，批判古典经济学利用利润率代替剩余价值率、掩盖剥削的事实，并且明确指出，资本不是对劳动的支配权，本质上，资本是对无酬劳动的支配权。

"第六篇　工资"，本篇由第十七—二十章共4章构成。在资本生产的范围内，把工资视为资本家在生产过程中资本家对工人进行统治和剥削的手段，进一步补充了剩余价值的生产理论。

"第十七章　劳动力的价值或价格转化为工资"。在资产阶级社会，工人的工资在表面上表现为劳动的价格。实际上，"劳动的价值"是一个"虚幻的用语"①，工资是劳动力的价值或价格的转化形式，工资关系正好颠倒地反映了工人与资本家之间的关系。但是，在资本主义条件下，劳动力的价值或价格必然表现为工资。

---

① 《马克思恩格斯文集》第5卷，北京：人民出版社2009年版，第616页。

"第十八章 计时工资"、"第十九章 计件工资"。在这里,马克思指出,计时工资和计件工资是工资的两种基本形式,都是资本家加强对工人进行统治和剥削的手段。同样的日工资、周工资可以代表不同的劳动价格,可以用各种方法降低劳动价格,增加剩余价值。在就业不足的时候,资本家不仅可以迫使工人过度劳动而不支付相应的补偿,还能够对超出正常工作日给予额外报酬的方法来降低劳动价格,等等。计件工资是计时工资的转化形式,更加巧妙地掩盖了资本主义生产方式剥削的实质,并可以诱导工人自主地提高劳动强度,强化资本主义剥削。

"第二十章 工资的国民差异"。本章阐明的是应该如何正确看待不同资本主义国家之间的工资差异问题。马克思认为,不同国家的国民工资存在差异是由于多种因素引起的,一是由于本国内的一些因素,二是在国家之间,由于价值规律在国际上的应用引起的国民工资的差异,三是同剩余价值和产品价值相比较的劳动价格,即相对劳动价格也是引起工资差异的重要因素。马克思依据相对劳动价格理论批判了凯里的工资理论及"和谐"理论。

"第七篇 资本的积累过程",由第二十一——二十五章共5章构成,阐明资本积累即剩余价值向资本的转化过程。主要包括以下内容:资本主义简单再生产、资本主义扩大再生产即资本积累的基本理论;资本主义积累的一般规律和历史趋势;相对过剩人口理论;资本主义生产关系与生产力的对抗性矛盾及其必然灭亡的历史命运。

"第二十一章 简单再生产"。本章揭示的是已经显现出来的资本主义生产方式的重要特征。简单再生产是生产过程在原有的规模上的重复,扩大再生产则是在生产过程扩大的规模上的重复。生产条件同时也是再生产的条件,生产具有资本主义的形式,再生产也就具有同样的形式。资本主义劳动过程本质是价值增殖过程,再生产也是预付资本自行增殖的过程。从联系的角度考察资本主义再生产,就会发现,商品生产不仅是剩余价值的再生产,而且也是资本关系的生产和再生产。

"第二十二章 剩余价值转化为资本"。本章研究的主题是扩大再生产,揭示资本积累的本质,并阐明商品生产所有权转化为资本主义占有的规律。马克思首先分析资本主义扩大再生产的过程，指出剩余价值转化为资本就是资本积累，并进一步考察剩余价值在货币形式上转化为资本以及剩余价值转化为资本的条件。资本不仅需要追加生产资料和生活资料，还要追加劳动，才能实现扩大再生产。商品所有权规律要求交换双方互相承认对方为私有者，坚持平等交换，而资本购买劳动力的本质是表面上的平等交换，其实是资本占有工人的无酬劳动，这是由于商品占有规律得到应用的结果，而且是一种必然的结果。马克思批判了古典经济学家把积累仅仅看成是剩余价值转变为劳动力的错误观点，实质上，剩余价值分为资本和收入。剩余价值分为资本和收入的比例对于资本积累具有决定性的作用，在比例不变的情况下，影响剩余价值总量的因素决定了资本积累量，而所谓的劳动基金，也仅仅是要证明工人提高工资的斗争是徒劳无益的，以维护资本家的利益。所谓"节欲论"，仅仅是资产阶级经济学家为掩盖资本主义扩大再生产的价值来源——剩余价值的错误论调。

"第二十三章　资本主义积累的一般规律"。本章研究资本积累的一般规律，分析资本有机构成的提高对工人阶级的影响，揭示资本积累与集中的必然趋势，并必然导致贫富两极分化。首先，马克思揭示了在资本有机构成不变的情况下资本主义积累规律以及劳动力需求的规律。资本积累过程必然会导致积累的情况发生变化，即社会劳动生产率的发展成为积累的最强有力的杠杆，而且，资本积累与资本主义扩大再生产互相推动致使可变资本相对减少，而资本的积聚和集中加快了可变资本相对减少的速度，而旧资本的更新进一步加速了可变资本的减少，多种因素共同作用，造成了资本主义特有的人口规律——相对过剩人口或产业后备军的累进生产再次深入地批判了资产阶级经济学的劳动供求规律以及"被机器排挤的工人会得到补偿"的理论。马克思总结了资本主义积累的一般规律，并用大量的、活生生的资料为资本主义积累的一般规律提供实际例证。

"第二十四章　所谓原始积累"。本章研究资本积累的一般规律。马克思以西欧国家的历史进程为依据，说明资本主义诞生的过程，并证明资本主义积累的趋势就是资本主义的自我否定，建立社会公有制。原始积累要揭示资本主义的历史前提问题，资本主义社会的经济结构脱胎于封建社会的经济结构。马克思批判资产阶级经济学家的历史虚构，指出原始积累不过是生产者和生产资料相分离的残酷的历史过程，尤其是对农业生产者的剥夺，形成了全部过程的基础。资本主义积累的历史趋势是"重新建立个人所有制"①，即每一个劳动者都通过公有制而实现对生产资料的占有。

"第二十五章　现代殖民理论"。这是对前一章的补充，马克思批判了资产阶级的现代殖民理论，进一步说明资本主义生产方式形成的历史前提。马克思首先通过资产阶级在殖民地推广资本主义生产方式遭遇到的障碍，揭露了资产阶级经济学家在资本主义生产方式与非资本的生产方式之间关系问题上的偏见，阐明资本的本质不是一种物，而是一种以物为中介的人与人之间的社会关系。从资本主义殖民地的角度，再次证明：资本主义生产方式是以消灭那种以自己的劳动为基础的生产方式、剥夺劳动者为前提的。

2. 《资本论》第二卷各篇章的框架和内容简介

《资本论》第二卷的研究对象是资本的流通过程，并与资本的生产过程共同构成了资本的完整的运动过程。资本流通主要包括资本循环和周转理论、社会资本再生产理论，全面揭示了单个资本和社会总资本在流通中的运动规律，说明经济危机产生的根源和发生经济危机的机制。

"第一篇　资本形态变化及其循环"，由第一——四章共4章组成。马克思分别考察货币资本的循环、生产资本的循环、商品资本的循环，然后将三种循环结合起来考察，全面研究资本循环的基本规律，说明产业资本的总循环。

"第一章　货币资本的循环"。本章考察资本循环的三个环节，即购买、生产、销售，货币是资本运动的起点，货币资本循环的公式是：

---

① 《马克思恩格斯文集》第5卷，北京：人民出版社2009年版，第874页。

$$G—W\cdots P\cdots W'—G'$$

G 和 W 表示货币和商品，P 表示生产，实线表示交换，虚线表示流通过程的中断，W′和 G′增大的 W 和 G。从货币转化为资本的第一阶段到发挥生产资本的职能创造出已经包含剩余价值的商品，最后一个阶段就是把商品卖掉，转化为货币，实现价值增殖。货币资本的总循环是一系列的相互联系相互转化的过程，经历两次流通领域、一次生产领域，最终回到它的初始形式——货币，增大了的货币。

"第二章 生产资本的循环"。本章提出了生产资本循环的总公式：

$$P\cdots W'—G'—W\cdots P$$

W′—G′—W 代表着两个不同部分的流通，即预付资本和剩余价值的流通。G′—W 的转化，既可以表现为简单再生产，也可以表现为扩大再生产。简单再生产也包含着危机的可能性，因为生产资本循环经常受到商品价值实现、商品价值比例的变动等因素的破坏，导致生产资本循环的中断而引发经济危机。扩大再生产是把一部分剩余价值资本化，作为追加资本投入生产资本的循环。这种追加资本伴随着资本有机构成的提高，可变资本相对越来越小。马克思还分析了货币积累和准备金问题。

"第三章 商品资本的循环"。本章提出商品资本循环的总公式：

$$W'—G'—W\cdots P\cdots W'$$

与货币资本和生产资本循环的两个公式不同，这个公式的起点和终点是都包含着资本价值和剩余价值的商品资本 W′，也就是说，W′不仅是货币资本循环和生产资本循环的产物，也是这两种循环的前提。马克思分析了商品资本循环与前两种循环区别，商品资本循环不仅是单个产业资本的共有形式，也可看做总资本的运动形式。

"第四章 循环过程的三个公式"。马克思认为，货币资本、生产资本和商品资本循环的三个公式都有各自的片面性，只有把它们统一起来，才能准确地把握资本运动规律。三种循环有许多共同点，且互相联系、互为前提，总循环恰恰就是三个公式的统一。只有维持三个循环的连续性才能保证产业资本的连续性。当然,单个资本与总资本还是有一定的区别,即单个资本可能发生中断,总资本依然保持连续性。马克思还分析以下几个因素对资本循环的重要影响,一是价值革命对资本循环会产生重大的影响,二是一般商品流通对资本循环的影响,三是自然经济、货币经济和信用经济以及供求关系对资本循环的影响。

"第五章 流通时间"。流通时间就是资本停留在流通领域中的时间。在这个过程中,商品价值形态发生变化,但并不创造价值和剩余价值,属于简单商品交换的范畴。为了实现更大的价值,资本家总是希望缩短流通时间,提高实现剩余价值的效率。尤其是商品在自然条件下会变坏,更加需要缩短流通时间,确保剩余价值的实现。

"第六章 流通费用"。流通费用就是在流通领域中耗费的资本。流通费用包括纯粹的流通费用、保管费用、运输费用等。马克思详细地分析了各种流通费用的构成,批判了剩余价值来源于流通领域的资产阶级经济学家观点。

"第二篇 资本周转",由第七—十七章共11章组成。本篇研究的是一定量的资本如何分为生产资本、货币资本、商品资本等这些不同的形式及其周转问题,重点阐明资本运动速度对资本价值增殖的影响,深化对资本运动规律的认识。

"第七章 周转时间和周转次数"。本章提出衡量资本周转速度的两个标准,即周转时间和周转次数。考察资本周转主要是考察预付资本价值的周转,即以预付资本价值作为起点和终点。当资本的循环是周期性的过程时,就是资本的周转。资本循环的中心问题是资本运动的连续性,资本周转的中心问题是资本运动速度。资本周转时间等于生产时间与流通时间之和。周转时间越短,资本运动速度就越快,资本在一定时间内的周转次数就越多。周转速度对于价值增殖具有重要的影响。

"第八章 固定资本和流动资本"。马克思提出了正确地区分固定资本与流通资本的标准,即生产资本按照价值周转方式划分为固定资本和流动资本。马克思分析了固定资本的流通方式,固定资本的流通方式决定了它的周转方式,马克思还指出了古典经济学家对固定资本的混乱的认识。在生产过程中被消费掉或起协助作用的资本以及可变资本，构成流动资本。流动资本与固定资本都属于价值周转，但他们在价值形成的过程中的作用完全不同。马克思详细地分析了固定资本的组成部分、补充、修理和积累等问题。

"第九章 预付资本的总周转。周转的周期"。马克思认为，预付资本的总周转就是固定资本与流动资本的周转。固定资本与流动资本是按照不同的方式并在不同时期内实现周转的，固定资本的价值按照各个部分不同的寿命，有不同的周转时期，流动资本的价值在生产过程中全部转移到新的产品中，需要不断地进行补偿。预付资本的总周转是固定资本与流动资本在一年内完成的周转总额与预付资本之比。资本不同部分的周转有差别，不能把固定资本与流动资本的周转混为一谈。

"第十章 关于固定资本和流动资本的理论。重农学派和亚当·斯密"。马克思分析了重农学派魁奈和英国古典经济学家亚当·斯密等经济学家关于固定资本和流动资本的划分标准问题，在肯定魁奈在划分固定资本与流动资本上的贡献时，也指出了其局限性。马克思重点分析了斯密和李嘉图在划分固定资本与流动资本方面的得与失，并认为，斯密最大的问题在于他列举流动资本时忘记了劳动力。

"第十一章 关于固定资本和流动资本的理论。李嘉图"。马克思指出，李嘉图的错误在于：把固定资本耐久程度的差别混同于资本构成的差别，把固定资本和流动资本的对立等同于不变资本和可变资本的对立，忽略了劳动材料。马克思还概括了斯密以来的经济学家关于固定资本与流动资本划分上的主要错误。

"第十二章 劳动期间"。生产时间由劳动时间与非劳动时间构成，这二者决定了生产时间。生产持续时间的差别必然造成资本周转速度的差异，从而造成资本的预付时间和预付量的差别。劳动时间受多种因素影响，包括协作、分工、使用机器、信用等，还受到产业部门以及自然条件等诸多因素的影响。

"第十三章 生产时间"。马克思深入解释了预付资本的生产时间概念："预付资本的生产时间由两个期间构成：第一个期间，资本处在劳动过程中；第二个期间，资本的存在形式——未完成的产品的形式——不是处在劳动过程中，而是受自然过程的支配。……生产期间比劳动期间长。但是，产品只有到生产期间结束以后，才能完成、成熟，因而才能从生产资本的形式转化为商品资本的形式。所以，资本的周转期间，也要随着不是由劳动时间构成的生产时间的长度而延长。"[1] 马克思科学地分析了影响生产时间的各种要素以及预付资本与生产时间的基本关系。

"第十四章 流通时间"。流通时间是指除了生产时间以外的资本周转时间，流通时间的差异也会影响资本周转时间的差异。流通时间分为产品出售时间和生产要素的购买时间，这两个方面共同决定了总流通时间，从而影响资本周转时间。

"第十五章 周转时间对预付资本量的影响"。这就是说，预付资本量不仅要满足生产期间所需要的资本，还必须同时满足流通期间需要的资本，否则就会造成周转的中断或停顿，而保持运动的连续性对于资本而言是生死攸关的。马克思以三个例子（劳动期间等于、大于、小于流通期间的三种情况），分析了周转时间的不同构成对预付资本量的影响，并提出应对的基本策略。最后，马克思分析了价格变动对于预付资本量的影响。

"第十六章 可变资本的周转"。马克思认为，可变资本的周转对于剩余价值率的影响是至关重要的。因为，年剩余价值率等于1年内生产的剩余价值总额与预付的可变资本之比，也等于剩余价值率与预付可变资本周转次数的积。在剩余价值率相等的情况下，年剩余价值率取决于可变资本的周转次数，可变资本周转次数越多，需要的年预付可变资本就相对越小，年剩余价值率就越高。马克思不仅分析了单个可变资本的周转，还从社会的角度考察了可变资本的周转。

"第十七章 剩余价值的流通"。资本周转不仅影响剩余价值的生产，还会影响剩余价值的流通和积累。对于周转快的资本而言，资本家

---

[1] 《马克思恩格斯文集》第6卷，北京：人民出版社2009年版，第267页。

的个人消费可以用实现的剩余价值支付，而对于周转慢的资本家而言，则需要用自己的基金预付个人消费。马克思分析了简单再生产和扩大再生产中剩余价值的流通，特别是分析了流通货币量的决定的问题，具有极其重要的意义。

"第三篇　社会总资本的再生产和流通"，由第十八—二十一章共4章构成。马克思分析了社会总资本的再生产和流通，阐述社会资本再生产理论，并通过考察社会总资本再生产的形式和实现条件，从社会资本再生产能否顺利和持续地进行的角度，深刻揭示了资本主义经济的周期波动和发生危机的必然性。

"第十八章　导言"。本章说明本篇研究对象是社会总资本的再生产和流通，即社会资本的运动。社会总资本是由所有单个资本构成的，因此具有与单个资本运动相同的一些特征，但是，社会总资本的运动比单个资本运动要复杂得多。马克思着重分析了作为"发动整个过程的第一推动力"① 的货币资本在社会总资本的循环和再生产中的重要作用。

"第十九章　前人对这个问题的阐述"。本章重点剖析古典经济学家在社会资本再生产理论上的贡献与错误。马克思认为法国重农学派魁奈的《经济表》是"政治经济学至今所提出的一切思想中最有天才的思想"②。其局限性在于他仅仅把农业看做唯一的生产部门，并且其理论带有封建的外观。斯密克服了重农学派的局限性，但是还是陷入另外的错误，而且还出现理论上的倒退。马克思还着重分析"斯密教条"的错误根源，而其他的经济学家并没有在斯密的基础上取得更大的进步。

"第二十章　简单再生产"。在这里，马克思首先分析了社会资本再生产的前提，提出简单再生产的图式。分析简单再生产为分析扩大再生产提供理论基础，因为简单再生产是扩大再生产的现实基础。社会总资本再生产的核心问题是年总产品的实现问题。根据年总产品的用途分为生产资料和消费资料两类，相应地，社会生产也可分为生产生产资料

---

① 《马克思恩格斯文集》第6卷，北京：人民出版社2009年版，第393页。
② 《马克思恩格斯全集》第33卷，北京：人民出版社2004年版，第415页。

的第Ⅰ部类和生产消费资料的第Ⅱ部类。从价值的角度，生产资料和消费资料的价值可以分为 c、v、m 三个部分。马克思分析了两大部类年产品基本交换关系，并进一步分析两个部类之间的交换，得出了社会总资本简单再生产的基本实现条件。马克思又把第Ⅱ部类分为两个部类（必要生活资料和奢侈品），从内部深入分析第Ⅱ部类内部的交换，彻底批判了把经济危机归结为有支付能力的消费不足的观点。基于上面的分析，马克思进一步分析货币流通在交换中的媒介作用，并补充分析第Ⅰ部类的不变资本、两个部类的可变资本和剩余价值、两个部类的不变资本、固定资本的补偿、货币材料的再生产等问题。最后，马克思批判斯密、施托尔希和拉塞姆、特拉西的再生产观点，抨击了把可变资本与工资相混淆的观点。

"第二十一章　积累和扩大再生产"。马克思首先考察了第Ⅰ部类的积累，主要包括货币积累、生产要素的积累，还重点分析了存在相对过剩人口时追加的不变资本的积累问题。其次，马克思考察第Ⅱ部类的积累，说明从整个社会资本再生产的角度看，两大部类的积累必须保证适当的组合，才能保证扩大再生产的顺利进行。第三，马克思用公式和例证说明积累和扩大再生产的实现过程。最后，说明了积累过程中的货币来源问题。

3.《资本论》第三卷各篇章的框架和内容简介

《资本论》第三卷研究了作为生产过程与流通过程相统一的资本主义生产的总过程。"这一册要揭示和说明**资本运动过程作为整体考察**时所产生的各种具体形式。"[①] 马克思分析了剩余价值在各种不同的职能资本家之间的分割形式以及数量界限，并从总体上考察工资、利润、地租，批判了庸俗经济学家的"三位一体"公式。恩格斯认为，只有以劳动价值论为基础的平均利润和生产价格理论，才在政治经济学史上第一次作了从现象到本质的科学的解答。

"第三册　资本主义生产的总过程（上）"。这部分由 5 篇 28 章组

[①]《马克思恩格斯文集》第 7 卷，北京：人民出版社 2009 年版。第 29 页。

成,但是,依照内容安排上看,"第五篇 利润分为利息和企业主收入。生息资本(续)"应划分为"资本主义生产的总过程(上)"。这样,这部分就由6篇36章组成。本部分主要研究了两大规律:一是剩余价值在各个产业部门间分配的规律,二是剩余价值在资本家阶级内部分配的规律。

"第一篇 剩余价值转化为利润和剩余价值率转化为利润率"。本篇主要阐明利润的本质是剩余价值,作为表层现象的利润歪曲了剩余价值的本质。

"第一章 成本价格和利润"。马克思认为,成本价格是商品价值中扣除剩余价值之后剩下的在生产资料和劳动力上耗费的资本价值的等价物或补偿价值。公式是:$k = c + v$,k 表示成本价格。由于商品价值量 $W = c + v + m$,这样,商品价值量 $W = k + m$,商品价值 = 成本价格 + 剩余价值,即 $W = c + v + m = k + m$。由于利润(p)是对全部预付资本而言的,剩余价值是对可变资本而言,因此,利润和剩余价值是同一个东西,仅仅是表示的含义不同,那么,$W = c + v + m = k + m$ 就变成了 $W = k + p$。可见,成本价格和利润都掩盖了剩余价值的本质,把资本的增值过程神秘化了。需要注意的是,由于成本价格必须得到补偿才能维持商品生产的连续性,而且成本价格是企业盈利能力和竞争力的重要标志,因此,资本总是在不断降低成本,提高竞争力,增加剩余价值。

"第二章 利润率"。马克思指出,剩余价值与利润是同一个东西,利润率则是剩余价值率的转化形式。利润率是剩余价值与总资本的比率,即 $p' = \frac{m}{C}$,C 表示总资本。剩余价值率则是剩余价值与可变资本之比,这是两个不同的比率,反映的内容是不同的,资本家关心的是利润率。马克思还特别指出:"剩余价值和剩余价值率相对地说是看不见的东西,是要进行研究的本质的东西,而利润率,从而剩余价值作为利润的形式,却会在现象的表面上显示出来。"[①]

[①]《马克思恩格斯文集》第7卷,北京:人民出版社2009年版,第51页。

"第三章　利润率和剩余价值率的关系"。在这里，马克思着重从数量关系上分析剩余价值率与利润率之间的关系。利润率 $p'=\frac{m}{C}=\frac{m}{c+v}$，剩余价值 $m = m'v$，那么 $p'=m'\frac{v}{c+v}$，也就是说，利润率由剩余价值率（m'）和资本构成 $\frac{v}{c+v}$ 共同决定的。马克思详细地分析了剩余价值率以及资本构成的各个部分对利润率的复杂影响。

"第四章　周转对利润率的影响"。本章只有一个标题，具体内容是恩格斯补写的。资本周转速度对利润率的影响很大，最重要的原因在于可变资本效率的提高，从而生产了更多的剩余价值。把周转的因素考虑进来，就形成了年利润率。上一章所说的利润率是一年周转一次的公式，受年周转次数（n）的影响，则，年利润率 $p'=n\frac{m}{c+v}$。对于资本家而言，他不会关心年剩余价值率，正像他不会关心剩余价值率一样，他只关心利润率。

"第五章　不变资本使用上的节约"。马克思对不变资本的节约进行了理论概括，阐述各种节约形式和主要途径，还通过事实材料说明在资本主义条件下不变资本节约的基本特征，主要包括劳动条件的节约，动力生产、动力传送和建筑物的节约，生产废料的利用以及由于发明而产生的节约等。

"第六章　价格变动的影响"。本章主要阐述价格的变动对利润率产生的重要影响。首先是原材料价格对利润率产生的直接影响，马克思还用1861—1865年的棉业危机作为例证阐述了影响原材料价格变动对利润率的影响，并分析了资本的贬值和增值、资本的游离和资本束缚对利润率的影响。

"第七章　补充说明"。本章主要是对前6章的补充，一是说明为什么在利润量与剩余价值量相等时，资本家仍然否定利润和剩余价值是同一个东西的原因。二是批判洛贝尔图斯的资本量不影响利润率的观点。三是提出四个关于利润率变化的命题。

"第二篇　利润转化为平均利润"。本篇由第八—十二章共5章组成。这里，马克思研究了通过竞争导致平均利润率的形成，以及商品价值转化为生产价格的原因和过程，阐明平均利润进一步掩盖了利润与剩余劳动之间、价值与社会必要劳动之间的关系，从而揭示了在资本家竞争背后的是作为整体的资本家阶级与工人阶级之间的利益对立。

"第八章 不同生产部门的资本的不同构成和由此引起的利润率的差别"。在这里，马克思首先假设各部门的剩余价值率相等，那么，不同生产部门的利润率取决于资本有机构成和资本周转时间两个基本要素。马克思详细地论证了资本有机构成和资本周转时间的不同，必然导致不同的部门会有不同的利润率。

"第九章 一般利润率（平均利润率）的形成和商品价值转化为生产价格"。马克思认为，不同生产部门的资本有机构成不同，等量资本会产生不等量的剩余价值，就产生了不同的利润率，平均利润则是所有不同部门的利润的平均数。在出售商品时，无法按照价值出售商品，而是按照生产价格（成本价格＋平均利润）出售。就是说，各个资本不是得到本部门的利润，而是得到按资本平均分配的那部分利润，即等量资本获得等量利润。

"第十章 一般利润率通过竞争而平均化。市场价格和市场价值。超额利润"。马克思认为，形成生产价格需要资本主义发展到一定的高度，即"商品不只是当做**商品**来交换，而是当做**资本的产品**来交换"①。就是说，作为整体的资本家阶级形成了等量资本获得等量利润的共同要求，并通过资本主义的生产方式实现这种要求。马克思分析部门内部的竞争与市场价值、市场价格和供求的关系，并分析部门之间的竞争与平均利润和生产价格，揭示了总资本对全体工人的剥削关系。

"第十一章 工资的一般变动对生产价格的影响"。马克思认为，相对于其他要素对于生产价格的影响而言，工资的一般变动对于生产价格的影响是一个次要因素。马克思的基本观点是，假设其他条件不变，在平均利润率的作用下，工资的一般变动对生产价格的影响与资本构成

---

①《马克思恩格斯文集》第7卷，北京：人民出版社2009年版，第196页。

密切相关。对于社会平均构成的资本来说,提高工资,生产价格保持不变;对于较低构成的资本来说,生产价格随着工资的提高而提高;对于较高构成的资本来说,工资的提高会降低生产价格。

"第十二章 补充说明"。这里,马克思主要补充的是生产价格理论。一是分析基于利润率的变化和不变所引起生产价格变化的各种情况。二是补充分析了中等构成的商品的生产价格的偏离问题。三是说明平均价格和市场价格之间的差别最终会互相抵消,而这些差别会被他们作为补偿的理由加入计算之中,因此,资本家补偿的真正理由就在于:"所有资本家都按照他们资本的比例,对共同的掠夺物即全部剩余价值,拥有同样大的权益。"①

"第三篇 利润率趋向下降的规律"。本篇由第十三—十五章共3章组成。本篇研究平均利润规律,阐明由于积累过程中资本有机构成的提高导致在资本绝对利润增加的同时利润率下降的趋势。在这个规律的作用下,价值增殖与生产扩大、资本过剩与人口过剩、生产与消费等矛盾不断加剧,完全暴露出资本主义固有的、不可克服的历史局限性。

"第十三章 规律本身"。马克思研究利润率趋向下降规律的实质及其内在矛盾。平均利润率趋向下降具有客观必然性,因为资本有机构成提高的本质是等量的可变资本推动更多的不变资本,不同国家、不同阶段的平均利润率变化也印证了这个规律。平均利润率下降并不排斥利润量的增长,即使剩余价值率提高了,也不排斥平均利润率下降的趋势。马克思还以此剖析了资产阶级经济学家对"薄利多销"现象的错误解释。

"第十四章 起反作用的各种原因"。马克思具体分析了阻碍利润率下降的各种因素。平均利润率下降的趋势具有长期趋势的性质,而非直线下降,这是因为存在各种阻碍下降因素的存在,主要有提高剥削劳动的程度、工资被压低到劳动力的价值以下、不变资本的价格降低、相

---

① 《马克思恩格斯文集》第 7 卷,北京:人民出版社 2009 年版,第 233 页。

对过剩人口的存在、对外贸易以及股份资本的增加等因素。

"第十五章　规律的内部矛盾的展开"。本章进一步研究利润率趋向下降的规律对资本主义生产方式的意义和作用，揭示资本主义生产方式的基本矛盾以及历史局限性。马克思认为，平均利润率下降趋势的规律反映了生产扩大与价值增殖之间的冲突，引发了人口过剩与资本过剩的矛盾，并且补充说明资本主义生产关系对生产力发展造成的限制，二者之间关系的对抗性质已经显现出来了。

"第四篇　商品资本和货币资本转化为商品经营资本和货币经营资本（商人资本）"，由第十六—二十章共 5 章组成。马克思主要阐述商人资本理论，分析商人资本与产业资本的基本关系，揭示商人资本的利润来源和商人资本对商业工人的剥削，并从历史的角度考察商人资本对瓦解封建生产方式的作用。

"第十六章　商品经营资本"。马克思认为，产业资本的一部分作为商品和货币同时存在于流通领域中，构成了商品资本的运动，即 W—G—W。资本的这种职能独立起来，就成为商业资本。马克思总结了商人资本的重要作用，包括节省社会资本、缩短商品流通时间、加快资本周转三大基本作用，从而有助于增加产业资本家剩余价值的生产。

"第十七章　商业利润"。马克思认为，商业资本不形成剩余价值，但是也要获得商业利润，商业利润本质上是对产业利润的一种扣除。与产业资本一样，商业资本通过竞争而获得平均利润。马克思详细地分析了纯粹流通费用及其补偿问题，包括生产性流通费用与纯粹流通费用及其补偿的问题，特别地分析了商业工人的劳动问题，并指出，商业工人的工资同样也是由劳动力的生产和再生产的费用决定的，其劳动也同样分为必要劳动和剩余劳动，并对商业工人与产业工人之间的差异性做出透彻的分析。

"第十八章　商人资本的周转。价格"。马克思从商人资本周转与产业资本周转的区别说明商人资本周转的特点。商人资本的周转取决于产业资本的周转，但是，信用制度能在一定程度上驱使商业资本不同程度地跃出产业资本的限制。经济危机的机制就在于商业资本与产业资本的脱节。商人资本的利润率是确定的量,周转速度就会作为一个决定因素影响它与总资本的比率。在其他条件不变的情况下,商人资本的相对量与周转速度成反比。进而,马克思深入分析了商人资本的利润和周转对商品出售价格的影响。

"第十九章 货币经营资本"。货币经营资本是商业资本的一种重要形式,是总资本在流通过程中以货币资本形态存在的部分,属于技术性(如记账、出纳、保管、汇兑、兑换等)的收付货币业务。货币经营业务从国际贸易中发展起来,并逐渐独立化,对促进社会分工和提高社会资本的使用效率发挥重要作用。

"第二十章 关于商人资本的历史考察"。本章考察了资本主义以前的商人资本,此时,商人资本支配产业,代表着一种掠夺制度。商业的发展又促使旧的生产方式解体,使生产日益从属于交换价值。马克思指出,资本主义生产方式确立以后,商业资本反而从属于产业资本。

"第五篇 利润分为利息和企业主收入。生息资本",本篇由第二十一——二十八章共8章组成。本篇阐明借贷资本不仅是产业资本的派生形式,也是商业资本的派生形式,揭示了借贷资本参与剩余价值分配的独特形式以及与借贷资本有关的一系列问题。

"第二十一章 生息资本"。本章分析了生息资本的性质和利息。马克思先撇开信用机构,分析货币资本家直接把货币贷给职能资本家使用的情况。这样,货币就变成"资本商品",利息则是利润的一个部分。生息资本只有不断地运动,收回的货币不断贷放出去,才是生息资本。生息资本的运动公式可以简化为 $G-G'$,表现出了魔术般的自行增殖的能力,已经看不到任何资本剥削劳动的痕迹了。

"第二十二章 利润的分割。利息率。'自然'利息率"。这里要考察的是生息资本的独立形态和利息如何从利润中独立出来的问题。利息是利润的一部分,是由一般利润率调节的。马克思分析现代社会中影响利息率的多种因素,包括利润率、信用制度、经济周期所处的阶段等因素。马克思认为,与利润率相似,利息率也有下降的趋势,并批判了"自然"利息率的观点。

"第二十三章　利息和企业主收入"。马克思认为,生息资本家把货币资本贷放给产业资本家,导致所有权和占有权的分离,后者执行职能获得的只能是总利润中扣除了支付给前者的利息后剩余的那部分利润,即企业主收入。这种分割不仅是数量的分割,而且是质的分割,即这两个部分会固定下来。马克思特别揭露了那种把企业主收入视为资本家劳动的监督工资的错误观点。

"第二十四章　资本关系在生息资本形式上的外表化"。在生息资本的形式上,资本关系取得了它的最表面、最富有拜物教性质的形式。人们可以看到的是货币到增大了的货币而看不到中间过程,看到的是一种颠倒的关系:利息原本只是剩余价值的一部分,在这里却表现为资本的果实,"在生息资本的形式上,资本拜物教的观念完成了"①。

"第二十五章　信用和虚拟资本"。马克思主要说明了商业信用是银行信用的基础。信用的基础在于从事再生产的资本家相互提供的信用,真正的信用货币是以票据流通为基础的,商业信用能使生产和交易突破现有资本的限制而扩张。商业信用和商业票据则是银行信用和银行券的基础。银行信用则克服了商业资本的局限性,更加适应产业资本周转和再生产的需要。

"第二十六章　货币资本的积累,它对利息率的影响"。马克思主要是批判几种错误的观点,首先批判了把资本看做是生产上使用的商品的观点,指出它们作为资本的价值不同于作为商品的价值。然后,剖析了所谓信贷需求与供给关系决定利息率的错误观点,重点阐述了追加贷款与汇票贴现之间的关系。

"第二十七章　信用在资本主义生产中的作用"。马克思依据当时信用制度的状况,概括了信用在资本主义生产中的作用。一是对利润平均化起中介作用,二是减少流通费用,三是信用制度为股份公司提供基础,四是信用为支配和剥夺别人的资本提供权利。信用制度加速生产力的发展和世界市场的形成,加速危机的爆发,有利于促进旧生产方式的

---

① 《马克思恩格斯文集》第7卷,北京:人民出版社2009年版,第449页。

解体。

"第二十八章 流通手段和资本。图克和富拉顿的见解"。马克思区别了作为收入的货币与作为资本的货币,进而分析不同时期需要的货币量的问题。比如,在繁荣时期,用于收入的花费上的流通量增加,用作资本的货币会因流通速度加快而相对减少,等等。马克思还比较详细地分析了银行信用与流通量之间的关系。

"资本主义生产的总过程(下)"。这部分由3篇24章组成。

"第五篇 利润分为利息和企业主收入。生息资本(续)"。接续上篇,本篇由第二十九—三十六章共8章组成。马克思以银行资本为中心,研究信用制度、股份公司以及信用的发展与生息资本之间的关系,现实资本运动与生息资本运动的关系等内容。

"第二十九章 银行资本的组成部分"。银行由货币和有价证券组成。在资本主义生产方式发达的国家,银行的大部分是虚拟的有价证券。表面看来,有价证券不仅可以索取资本,还会形成现实资本,实际上,它们"只是代表已积累的对于未来生产的索取权或权利证书"①。

"第三十章 货币资本和现实资本。Ⅰ"、"第三十一章 货币资本和现实资本。Ⅱ(续)"、"第三十二章 货币资本和现实资本。Ⅲ(续完)"。为了便于把握,我们把这三章合并介绍。现实资本指商品资本和生产资本,货币资本则特指生息资本,即借贷资本,而非商品流通领域中的货币资本。在再生产过程中采取商品的形态发生的信用就是商业信用,典型的形态是赊销商品。商业信用资本与现实资本有很强的一致性,但是,商业信用并不能很好地满足资本运行的要求,银行信用以商业信用为基础而产生。银行信用是银行和各类金融机构以货币形式提供的信用,克服了商业信用的局限性,更好地发挥了信用的功能。信用的发挥可以推动再生产过程发挥到最大的程度,进而导致生产能力过剩,引发经济危机。在借贷资本的基础上产生了虚拟资本。虚拟资本是在现实的生产和流通中没有对应物的资本,实质是收入的资本化。马克思分

---

① 《马克思恩格斯文集》第7卷,北京:人民出版社2009年版,第531页。

析国债和股票两种有价证券与现实资本之间的关系。国债是有价证券的主要部分，而国家债务与现实的资本积累毫无关系；股票在个别情况下与现实资本保持一致，大多数情况下，股票资本的积累并不反映现实资本积累的变化。马克思还从生产所处的不同阶段的角度，详尽地分析了借贷资本与现实资本积累的关系，借贷资本的增加不一定代表现实资本的增加，而现实资本的增加会导致借贷资本的迅速增加。

"第三十三章 信用制度下的流通手段"。本章着重研究信用制度下的货币流通手段量规律和银行券的流通规律。一是信用能够节约流通中所需要的货币量，因为在信用基础上，货币就不再作为流通手段而只是支付手段，节省了实际需要的货币量。银行信用消除了现实商品交易和支付的限制，加快流通速度，从而节省货币量。银行券是一种法定的支付手段，是一种流通工具和支付工具，这样，信用同样也能够节省流通中需要的银行券。

"第三十四章 通货原理和1844年英国的银行立法"。本章主要是批判通货学派的错误观点。基于李嘉图的错误的假设，该派认为有多少的金存在，就应该有多少铸币流通，并且依据这种理论制定了银行法（1844年英国的银行法）。马克思还以事实说明该法律是基于错误的理论基础制定的错误的法律。

"第三十五章 贵金属和汇兑率"。本章从国际方面考察了信用和货币流通的关系。马克思简要地分析贵金属的输入与输出问题，指出贵金属贮藏是兑现银行券的保证，也是整个信用制度的枢纽。汇兑率反映了货币金属的国际运动的状况。马克思分析了当时英国对亚洲的汇兑政策的理论，研究了汇兑率与投资、贸易、利息率、经济发展阶段等方面的关系，并概括了引起外汇率变化的主要原因。

"第三十六章 资本主义以前的状态"。本章分析前资本主义的高利贷资本和资本主义生息资本之间的区别，区别的根源在于生产方式的不同。高利贷资本与劳动者拥有生产资料的那种生产方式相适应，它不仅破坏了生产资料的所有权，也对封建所有制产生解体和破坏的作用，也与工商业资本的需要相矛盾。资本主义生产方式替代封建的生产方式，必然建立与自己相适应的现代信用制度和银行制度，使生息资本服从于资本主义生产方式的要求。

"第六篇　超额利润转化为地租"。本篇由第三十七—四十七章共11章组成，阐述了资本主义地租理论，分析土地所有者怎样以地租的形式获取超额利润，并证明超额利润依然是剩余价值的一种派生形式，揭示了资本主义地租的本质和资本主义私有制的历史局限性。

"第三十七章　导论"。本章明确本篇的研究对象，分析资本主义地租的一般原理。资本主义地租决定于所有权，资本主义土地所有权是一定社会经济发展的结果，其特征是摆脱了封建的人身依附和超经济强制而取得了纯粹经济的形式，并且资本主义生产方式使所有权和经营权完全分离。为了阐明土地所有权问题，马克思进一步做出五个方面的区分：资本主义地租与前资本主义社会反映的生产关系不同，地租和利息不同，地租和租金不同，一般剩余产品与地租不同，地租与由偶然因素而引发的垄断价格不同。只有全面理解资本主义土地所有权，才能正确理解资本主义地租的特征和实质。

"第三十八章　级差地租：概论"。级差地租产生于等量资本投在同等面积的土地上具有不同的生产率所形成的，由于农产品的个别生产价格和社会生产价格的差额所构成的超额利润转化而来的地租形式，马克思还概括了级差地租的五种特征。

"第三十九章　级差地租的第一形式（级差地租Ⅰ）"。级差地租Ⅰ是等量资本投在同等面积、不同地块上，具有不同的生产率而形成的级差地租，主要原因在于土地的肥沃程度和位置的差别。由于农产品的社会生产价格由劣等地生产条件的个别生产价格决定，那么个别生产价格与社会生产价格之间会产生一个差额，形成超额利润。这种"虚假的社会价值"必然存在，而且是价值规律作用的结果。马克思还从总体上分析了地租总额与平均地租率变动问题。

"第四十章　级差地租的第二形式（级差地租Ⅱ）"、"第四十一章　级差地租Ⅱ——第一种情况：生产价格不变"、"第四十二章　级差地租Ⅱ——第二种情况：生产价格下降"、"第四十三章　级差地租Ⅱ第三种情况：生产价格上涨。结论"。这四章都直接研究级差地租Ⅱ的形成及其表现，因此可以合并介绍。马克思认为，级差地租Ⅱ是在同一块土地连续投入等量资本产生不同的生产率形成的地租，本质上与级差地租Ⅰ是一致的，属于级差地租Ⅰ的发展形式。马克思以具体的例子分析级差地租Ⅱ的产生，还具体分析生产价格在不变、上涨、下降时级差地租Ⅱ变化的复杂情况。

"第四十四章 最坏耕地也有级差地租"。这里，马克思分析了最坏土地也有级差地租的三个主要原因，一是由于中等土地连续追加投资的生产率降低造成的，二是由于更坏的土地加入耕种所造成，三是最坏土地追加投资有不同的生产率造成的。马克思还转过来对级差地租理论作出了补充说明。

"第四十五章 绝对地租"。马克思把由于土地私有权垄断直接产生的地租叫做绝对地租，也就是无论土地好坏，都必须支付地租。绝对地租形成的基础是农产品垄断价格，垄断价格是超过农产品生产价格的价值额。绝对地租起源于土地所有权，是土地所有权垄断的直接结果。马克思借助具体的例子分析绝对地租的形成过程，并进而分析绝对地租与农产品价格的关系。

"第四十六章 建筑地段的地租。矿山地租。土地价格"。这里考察的是非农用地的地租和土地价格。建筑地段的地租是资本家为建造各种建筑物而租用土地向土地所有者支付的地租，与农业地租具有不同的特点。矿山地租是资本家为租用矿山而向矿山所有者支付的地租，其决定方法与农业地租一致。土地价格则是资本化的地租，由地租和利息率决定。

"第四十七章 资本主义地租的起源"。本章考察资本主义地租的产生与发展的历史，分析了劳动地租、产品地租、货币地租等地租形式，着重研究了封建地租向资本主义地租过渡时期，分成制是原始地租到资本主义地租的过渡形式，农民小块土地所有制必然为资本主义大土地所有所代替，形成资本主义生产方式下的地租形式。同时，马克思还批判了资产阶级经济学的几种错误的地租理论。

"第七篇　各种收入及其源泉"。本篇由第四十八—五十二章共5章组成。本篇进一步研究资本主义社会的各种收入及其源泉，并通过批判三位一体的公式和"斯密教条"，揭示资本主义分配关系的实质，揭露资本主义剥削制度。

"第四十八章　三位一体的公式"。本章批判资产阶级庸俗经济学的三位一体公式，阐明各种收入都是雇佣工人创造的新价值。马克思认为，资本的本质不是物，而是资本主义的生产关系，资本—利息、土地—地租、劳动—工资的三位一体公式就是用物的关系掩盖了社会关系，以外在的方式把无法通约的范畴结合在一起，用现象代替了本质，还把利润排除在外，掩盖资本主义剥削的本质。马克思详尽地分析了各种收入的真正来源——剩余价值，在肯定古典经济学的贡献的同时彻底批判了古典经济学和庸俗经济学的错误观点。马克思还从历史的角度肯定了资本的文明面，并提出了必然王国和自由王国的重要概念以及二者之间的辩证关系。

"第四十九章　关于生产过程的分析"。本章从资本主义生产总过程的角度，着重批判了三位一体公式的来源——"斯密教条"，即商品价值最终全部分解为工资、利润和地租的错误。马克思依据社会总资本再生产的理论指出，总收入是工资、利润和地租之和，纯收入则等于剩余价值，并被资本和土地所有者瓜分。

"第五十章　竞争的假象"。本章进一步批判了"斯密教条"的错误，指明其产生的根源与竞争产生的假象有关。如果撇开不变价值，那么就可以说商品价值代表了新加入的劳动的价值，不断分解为三个部分，并形成工资、利润和地租，这就是正确的，但是说商品价值就是由这三个要素构成就是错误的。关于竞争的假象，马克思认为，利润率调节竞争，资本家势均力敌的时候出现了平均利润率，竞争造成了彼此之间的均势，但不能造成利润率。竞争只是使一切偏离的情况向平均利润率靠拢。

"第五十一章　分配关系和生产关系"。本章分析分配关系与生产关系的辩证关系，为资本主义的发展做出了理论的和政治的结论。首先，马克思指出资本主义生产方式有两大特征，一是商品生产，二是生产的目的是追求剩余价值，即资本主义生产方式决定生产关系。分配关系由生产关系产生并与生产关系相适应，生产关系的性质决定分配关系的性质，资本主义分配关系不同于其他分配关系的根源在于生产关系的不同，随着生产关系的改变和消失，分配关系也随之改变和消失。

"第五十二章　阶级"。本章未写完，马克思从经济关系的分析转到阶级关系分析，研究资本主义三大阶级的对立和斗争。雇佣工人、资本家、土地所有者形成了建立在资本主义生产方式基础上的三大阶级，但是，由于存在一些中间的和过渡的阶层，这种阶级结构并没有以纯粹的形式表现出来。随着资本主义生产方式的发展，三大阶级必然会明晰起来。马克思还特别指出，不能以收入为标准划分阶级，后来列宁科学地解决了阶级划分问题。

第七章 《资本论》重要理论观点阐述

《资本论》是人类思想的宝库,不仅是经济学巨著,而且在政治学、社会学、生态学、美学等诸多学科领域也都有开创性的重大贡献。历经百余年的洗礼,《资本论》的基本原理日益显出真理的光芒。这里,我们仅仅简要地阐述其中包含的政治经济学的重要原理。

一 第一卷主要理论观点概述

学习《资本论》首先就要了解马克思的科学方法,即唯物辩证法的基本原理,只有掌握了这种方法,才可能深入地阅读和研究《资本论》,才能正确地把握《资本论》的基本思想。

1. 《资本论》的研究方法理论

在《资本论》第一卷第二版跋中,马克思简要地阐述了《资本论》的方法问题。方法研究对于正确理解《资本论》的思想是至关重要的。《资本论》的研究对象是资本主义生产方式以及与之相适应的生产关系和交换关系,就是要深入资本主义社会经济结构从而把握整个资本主义社会总体。透视整个资本主义社会是不能依靠显微镜和放大镜的,也不能依靠化学试剂,而只能依靠抽象力。依靠抽象力来建立科学的概念、范畴,通过范畴的辩证运动把握事物的本质,这就要求采取科学的方法才能奏效。马克思认为,《资本论》最根本的方法就是唯物辩证法。"我的辩证方法,从根本上来说,不仅和黑格尔的辩证方法不同,而且和它截然相反。在黑格尔看来,思维过程是现实事物的创造主,而现实事物只是思维过程的外部表现。我的看法则相反,观念的东西不外是移入人的头脑并在人的头脑中改造过的物质的东西而已。"① 以唯物辩证法为基础，马克思创造了很多的具体研究方法，主要有以下几种：

一是矛盾分析法。马克思运用矛盾分析的方法，揭示了资本主义的产生、发展和必然灭亡的客观规律。《资本论》的起点就是商品，分析则是从商品的内在矛盾——交换价值和使用价值的对立统一展开，上升到抽象劳动与具体劳动的劳动二重性，这种矛盾引起了私人劳动与社会劳动之间的矛盾。随着商品交换的扩大，出现了货币，货币把商品交换的内在矛盾转化为外在的商品与货币之间的对立，当劳动力也成为商品的时候，货币就转化为资本。资本也是以矛盾的方式运动发展的，马克思在分析矛盾转化的过程中，建立了科学的政治经济学的理论体系，矛盾分析方法是《资本论》方法的精髓和核心。

二是"普照的光"的方法。这是矛盾分析方法的一种具体化。在资本主义社会，资本与非资本的经济形式并存。"普照的光"的方法强调在研究纷繁复杂、形式多样的社会经济形式时，要抓住根本，即牢牢抓住占据主导地位的那一种生产方式，并以这种生产方式解释其他经济形式和经济范畴，从而准确把握该社会形态的性质和主要经济结构。在资本主义社会也同时存在各类非资本的生产方式，受资本主义生产方式的制约和影响，那么，要理解资本主义社会的整体经济结构，就只有从占主导地位的资本主义生产方式出发，才能理解其他非资本的生产形式的性质，从而把握资本主义社会经济结构的整体。

三是从抽象上升到具体的方法。人们对社会发展的认识往往是从最后的结果开始向前推进的，也就是说科学研究的道路与实际发展进程的道路恰恰相反。要从理论上再现事物的发展过程，就只能采取从抽象上升到具体的方法。科学研究首先需要充分占有材料，对这些材料进行整理分析，辨别真伪，认识事物运动的本质和规律，建立合理的抽象的范畴，这些范畴从最简单的规定到越来越生动的具体。所谓的抽象就是对事物的本质的、简单的规定性，具体则是事物包含了抽象的、更加丰富

---

① 《马克思恩格斯文集》第 5 卷，北京：人民出版社 2009 年版，第 22 页。

的规定性,是许多规定性的综合,多样性的统一。从抽象上升到具体就是范畴的辩证运动过程,不是客观事物的运动自身,而是正确地反映了客观事物的运动。

四是历史与逻辑相统一的方法。历史的起点在那里,思维的进程就应该从那里开始,这是总原则。但是,从抽象上升到具体并非客观事物本身的运动,这种范畴的运动以经过修正的方式反映客观事物的本质和规律,客观事物运动中的次要的、受偶然因素影响的、非本质的运动形式就不会再现出来而被舍弃了。这种舍弃是必要的,否则就会堕入无数偶然的历史事件中而无法得出科学的结论。

还要注意的是,这里的"历史起点"并非简单意义上的、从时间角度看的历史起点,而是从社会发展的角度来看的历史起点,并且这种方法还要与"普照的光"的方法联系在一起才是正确的。比如地租这个范畴,在前资本主义社会就已经存在了,从简单的物理时间的角度看,地租的历史要比资本更加悠久,似乎应该从土地、地租分析资本主义。关键的问题在于,在资本主义社会,地租是在资本主义生产方式支配下的地租,资本的生产才是"普照的光",并赋予地租以特有的资本主义性质。不理解资本的生产就无法理解地租,不理解资本主义地租则并不妨碍理解资本主义生产方式。这就是说,资本主义地租与前资本主义的地租具有完全不同的性质,资本主义地租的历史起点在于资本主义生产方式取得了统治地位,成为"普照的光"之后。因此,先研究资本再研究地租,完全符合历史与逻辑相统一的方法。这也启示我们,研究资本主义社会的任何其他经济范畴只能从资本出发才是正确的。

五是人体解剖法。马克思认为,要认识古老的、已经覆灭的社会经济形式,就要坚持人体解剖的方法。"资产阶级社会是最发达的和最多样性的历史的生产组织。因此,那些表现它的各种关系的范畴以及对于它的结构的理解,同时也能使我们透视一切已经覆灭的社会形式的结构和生产关系。"因为,"人体解剖对于猴体解剖是一把钥匙。反过来说,低等动物身上表露的高等动物的征兆,只有在高等动物本身已被认识之后才能理解。因此，资产阶级经济为古代经济等等提供了钥匙"。①这种思路同样适用于社会经济形态的演变过程。人体解剖法也暗示了另外一种极其重要的研究方法，即社会有机系统论方法。

六是社会有机系统论方法。马克思用自己的批评者考夫曼的批评来说明自己的社会有机系统论方法："各种社会有机体像动植物有机体一样，彼此根本不同……由于这些有机体的整个结构不同，它们的各个器官有差别，以及器官借以发生作用的条件不一样等等，同一个现象就受完全不同的规律支配。"马克思研究的"科学价值在于阐明支配着一定社会有机体的产生、生存、发展和死亡以及为另一更高的有机体所代替的特殊规律"。②

这六种方法是唯物辩证法的具体化，也是具有开创性的研究方法。当然，不能忽略的是马克思也运用分析和综合的方法、实证方法等，尤其是实证方法往往被人们所忽略。其实，实证方法与其他方法一样，也贯穿于《资本论》及其手稿的始终，具有重要的地位。比如大量的官方统计数据、历史材料、创建数学模型，利用事实以阐明和论证自己的理论观点。

《资本论》的根本方法——唯物辩证法，能够针对不同的情况和对象，具体化为许多具体方法而非一成不变的教条。只有正确地把握了方法，才能更好地理解和研究《资本论》。同样的，唯物辩证法对于科学理论，尤其是哲学社会科学理论的方法论具有根本性的指导作用。

2. 科学的劳动价值论

马克思超越了传统劳动价值论，创立马克思主义的科学的劳动价值论，从而发现剩余价值的秘密，建立了以剩余价值论为核心的马克思主义政治经济学。马克思阐明商品的二重性（使用价值与交换价值），开创性地论证了商品二重性的真实根源在于劳动二重性，即在于抽象劳动和具体劳动，抽象劳动决定商品价值，具体劳动决定使用价值。劳动价

---

① 《马克思恩格斯全集》第30卷，北京：人民出版社1995年版，第46、47页。
② 《马克思恩格斯文集》第5卷，北京：人民出版社2009年版，第21页。

值理论主要有以下几个方面。

《资本论》以商品作为叙述的出发点,这种逻辑是客观历史的反映。简单商品生产还不是资本主义生产,而资本主义生产正是在简单商品生产的基础上发展起来的更加高级、更加完善的商品生产形式。因此,马克思首先考察简单商品,确定商品的价值和使用价值的概念。

商品的使用价值是指物的有用性,可满足人们某种需要的属性。不同的商品有不同的使用价值,构成了社会财富的物质内容。使用价值是商品的物质属性,并不反映社会生产关系。商品具有使用价值,但不是具有使用价值的物都是商品。只有同时具备以下性质的使用价值才是商品的使用价值:第一,它是交换价值的物质承担者。第二,它是一种社会使用价值,即必须通过交换才能实现。第三,它与价值共同构成商品二因素,是商品价值的表现形式。

使用价值是交换价值的物质基础,交换价值首先表现为一种使用价值与另一种使用价值相互交换的量的关系或量的比例,形成这种比例关系的基础并不在于商品的物理的、化学或其他自然属性,能够交换就必须有可以比较的共同的属性。不同商品的自然属性是无法进行比较的。因此,商品交换关系就在于抽去了商品的使用价值。作为使用价值,交换的原因在于商品具有质的差别,比如,一只羊与20匹布的交换,即交换价值只能有量的差别,不能包含任何一个使用价值的"原子"。这样,在交换的时候,必须把商品的使用价值完全撇开,那么,商品就只剩下一个共同的属性——彼此都是劳动产品,都包含着人类劳动,交换价值只是表现了这种共性。马克思进一步分析形成价值的劳动的性质,明确指出:在商品的交换关系中表现出来的共同的东西就是商品的价值,交换价值是价值的表现形式。

商品价值是抽象人类劳动的凝结,商品的价值量就是由商品中包含的劳动量所决定的,而劳动量是通过劳动时间来计算和衡量的。但是,这个劳动量不是由个别劳动时间来衡量的,而是由社会必要劳动时间所决定的。社会必要劳动时间就是指在现有的社会正常的生产条件下,在社会平均的劳动强度和熟练程度下制造某种使用价值所耗费的劳动时间，即社会必要劳动时间决定价值量。社会必要劳动时间也不是固定不变的，而是随着劳动生产力的变化而变化。劳动生产力水平越高，在相同时间内生产的产品数量就越多，单位产品中包含的劳动时间就越少，从而价值就越小，反之，则价值越大。也就是说，生产力的水平越高，单位时间生产的使用价值的总量就越多，而单位产品的价值反而降低。可见，商品是使用价值和价值的统一体，二者相互依存，又相互对立。影响劳动生产率的因素主要有劳动力、科学技术（包括人文社会科学和自然科学）在生产中的应用以及自然条件三个主要因素。

  古典经济学提出了劳动创造价值的正确观点，可是，他们没有也不可能对劳动本身进行科学的分析。马克思批判地吸取了古典经济学中劳动价值论的有益成分，建立了完善的劳动二重性理论体系，奠定了科学的劳动价值论的理论基础，劳动二重性学说是理解马克思主义政治经济学的枢纽。

  这里需要明确的是，并非一切劳动都具有二重性，仅仅是指生产商品的劳动。因为，人类社会依靠劳动获取生存资料和生产资料，满足人们的需要，实质是一种有用劳动，目的在于物的有用性，是一种有用劳动，也是人类生存的永恒的必然性，并不产生价值。在这个意义上可以说，劳动是财富之父，土地是财富之母。生产商品的劳动则不是从来就有的，也不是永恒存在的，而是社会生产力发展到一定水平而出现的一种生产方式。商品生产的前提条件是：劳动者的劳动是私人劳动，劳动产品归私人所有，这就造成私人劳动与社会劳动的矛盾，解决矛盾的途径就是通过交换把自己的私人产品转化为社会产品，私人劳动也就转化为社会劳动。

  马克思指出，商品具有价值和使用价值二重属性，那么，生产商品的劳动同样也必然具有二重性。或者说，劳动二重性是商品二重性的根源。生产商品的劳动是具体劳动和抽象劳动的统一，而不是两次劳动。具体劳动是从质的角度考察，研究的是怎样劳动，为什么劳动，以劳动的有用性为中心。抽象劳动是从量的方面考察，研究的是劳动多少，劳动时间的长度，以劳动量的数量为中心。马克思在《资本论》法文版

第一卷中更加精炼、完整地总结了劳动二重性理论:"即使严格地说在商品中不存在两种劳动,但是,随着把商品的使用价值看做它的产品,或者把这个商品的价值看做它的纯客观表现,同一种劳动在商品中就同自身相对立着。一切劳动,从一方面看,是人的力量在生理学意义上的耗费,而作为相同的人类劳动,它形成商品价值。从另一方面看,一切劳动是人的力量在某种由特殊目的决定的生产形式上的耗费,而作为具体的有用劳动,它生产使用价值或效用。商品要成为价值,首先必须是效用;同样,劳动要被看做抽象意义上的人的力量、人类劳动的耗费,首先必须是有用劳动。"①

依据劳动价值论,马克思研究价值形式和交换过程,揭示货币的起源和本质。马克思认为,货币是在商品交换过程中逐步产生的,这个历史过程经过了简单价值形式、扩大价值形式、一般价值形式和货币形式这四个阶段。

所谓简单价值形式,主要是指在原始社会末期,在不同的社会共同体的尽头(氏族部落)之间偶然发生的交换剩余产品时所表现出来的价值形式,这也是最早的阶段。基本方式就把一种商品的价值简单地表现在另一种商品上。在这种交换过程中形成了相对价值形式和等价形式。即其中一种商品甲要把自己的价值相对地表现在另一种商品上乙,因而商品甲处于相对价值形式。商品乙则作为商品甲的价值的等价物出现。作为等价物商品,只是以它的物的一定量来表现另一种商品的价值量,但是,并不表现它本身的价值量。所谓交换价值实质就是价值的表现形式,价值才是内在的东西。在这个意义上说,商品是价值和使用价值的统一。价值与使用价值这对内在矛盾转化为使用价值和交换价值的外在矛盾,只有通过交换,商品中包含的价值才表现出来,这种简单价值形式已经包含了货币的秘密。

所谓扩大价值形式是指一种商品的价值表现在一系列其他商品上的价值形式。商品交换不再是偶然的,而是经常地进行的活动。在扩大价

---

① 《资本论》第1卷(法文版),北京:中国社会科学出版社1983年版,第23页。

值形式中，一种商品甲的价值不仅表现在某一种商品上，而且还表现在其他各类商品上，这一系列的商品都反映了商品甲的价值，这样，商品甲与一切商品发生社会关系。随着社会分工和商品生产的发展，这种物物交换的矛盾越来越突出，在这种矛盾的推动下，扩大价值形式过渡到一般价值形式。

一般价值形式是指一切商品的价值都表现在某一种商品上的价值形式。在扩大价值形式上，一种商品的价值表现在多种商品上。一般价值形式则相反，一切商品的价值表现在一种商品上，因此，商品价值的表现是统一的。一般等价形式获得了一般等价物的性质，一般等价物在商品世界中作为价值的代表，成为一般社会劳动的化身。生产一般等价物的具体劳动就转化为抽象劳动的一般表现形式。因此，任何商品只要能够转化为一般等价物，这种商品就得到了社会的承认，变成社会劳动。商品所有者只要把自己的商品交换成一般等价物，就可以用它来换取自己所需要的任何商品。一般等价物还存在不足之处，一是充当一般等价物的商品还没有固定下来，不能适应交换的更高的发展要求。

当一般等价物最终固定在一种特殊的商品上的时候，就出现了货币。这种特殊的商品就是金银，金银在这个历史过程中夺得了货币这个特权地位，一般价值形式转化为货币形式。黄金成为货币是由于其自身的天然特性，但是，黄金是天然的货币，货币天然不是黄金。

货币出现以后，商品世界出现两极分化：一极是货币，一极是商品。在交换过程中，商品都是作为特殊的使用价值而存在，货币则作为一般价值的代表而存在，商品交换的内部矛盾表现为商品与货币的矛盾。可见，货币完全是价值形式发展的必然结果，简单价值形式则是货币形式的萌芽。

充当货币的金银既是一般等价物，也是特殊商品。因为金银同样也是人类劳动的凝结，也具有有用的属性，是价值和使用价值的统一。所谓的特殊商品，就是它独立地承担了其他商品所无法承担的特殊的社会职能，即在商品交换过程中固定充当一般等价物的职能，因此货币具有直接换取其他任何商品的权力。货币的这种权力随着商品交换的发展而日益扩大,逐渐地,人们把它看成是能够支配人们命运的神秘力量,成为人们崇拜的对象。进而,马克思深刻地揭示了商品拜物教的性质和秘密。

商品拜物教是在商品经济条件下人们对商品的盲目崇拜和迷信。商品关系的本质是以物的形式掩盖着的商品生产者之间的社会关系。商品的运动实质是价值的运动,是货币的运动,这种运动表现为物(货币)对人的支配,而且不以商品所有者的意志为转移。在这个运动过程中,价值规律作为一种自发的力量支配着商品生产者的命运。商品交换对于商品生产者是生死攸关的事,因为,一旦商品完不成"惊险的一跳",不能把私人产品转化为社会产品,实现商品的价值,那么,损害的不是商品,而是商品生产者本身。也就是说,商品拜物教来源于商品生产的社会性质,来源于私人劳动与社会劳动之间的矛盾。从更深的层次上说,商品的这种神秘性质与商品的使用价值无关,也与商品价值规定和价值量无关,这种神秘性来源于价值表现形式,即来自于劳动产品采取了商品的形式。

商品拜物教并非虚构的产物,而是对商品关系的反映,以颠倒的方式表征了商品生产的特性。在非商品生产社会,就不会有商品拜物教。例如,在自然经济占据绝对统治地位的时代,社会物质生产建立在人身依赖关系的基础上,就没有商品拜物教。在自给自足的农村家庭生产中,实行自然分工,个人劳动直接是家庭总劳动中的一个部分,也不存在商品拜物教。在未来社会,消灭了商品生产的基础——资本主义私有制,商品拜物教也就必然消失。总之,如果生产不再采取商品生产的形式,劳动产品也就不再是商品而直接是社会产品,那么,商品拜物教也就消失了。

马克思继续深入分析货币的五大职能:价值尺度、流通手段、贮藏手段、支付手段、世界货币,其中前两大职能是基本职能,后三者是派生职能。货币作为价值尺度,就是一切商品都以一定的货币量来衡量自己的价值。货币执行价值尺度的职能,商品的价值就在货币的数量上表现出来,即商品价格。商品在金银上表现价值可以用观念上的金银来表现，价值存在于物本身中，与金发生的是一种在头脑中的关系，观念上的相等关系，观念上的交换价值与实际上的使用价值之间的对立就显现出来了。金银作为一定的价值量来计量不同的价值量就是价格标准，价格标准是价值标准的派生形式。价值尺度用于计量作为价值的商品，价格尺度是用一个金量计量各种不同的金量，价值尺度是一种社会职能，价格尺度是技术职能。价格与价值是不相等的，而且还必然发生各种背离情况。价格是价值的货币表现，价格也可能不表现价值，有的东西根本就不是商品，但也能够贴上了价格标签实现交换。

货币作为流通手段的目的是实现商品交换。商品流通是货币流通的前提，商品流通的矛盾运动过程是：W—G—W，即商品—货币—商品。商品的第一形态是把生产的商品卖出去，第二形态是用货币购买商品。在这两个形态转换中包含着危机的可能性：一旦卖不出商品，价值就无法实现，就无法再生产；一旦收回货币后不再购买，那么其他商品就可能卖不出去，也可能导致危机。在简单再生产条件下，这仅仅是可能性而不会发生。只有在资本主义生产方式占据主导地位的时候，在资本主义基本矛盾的作用下才会发生周期性的经济危机。贮藏货币、支付手段和世界货币也是货币的重要职能，与前两种基本职能共同构成了完整的货币职能体系。

总之，资产阶级经济学家竭力宣扬商品拜物教，掩盖或无视交换价值的社会属性而把它歪曲为物所具有的天然的属性，把财富、使用价值曲解为人的属性。把资本直接等同于生产资料，把利润视为资本的产物，用表面的物与物之间的关系包裹社会生产关系，把商品生产关系和资本主义生产关系永恒化。经过一系列的转换，把商品拜物教的观念系统化、理论化。马克思则从商品入手，分析商品二重性和商品生产中的劳动二重性，揭示价值形式的发展过程和货币的真正起源，彻底揭示了商品拜物教的性质和秘密，从资产阶级经济学家描述的物与物关系中发现人与人之间的社会关系，完全超越了古典经济学的劳动价值论而创立了科学的劳动价值论。

3. 剩余价值理论

剩余价值理论是马克思的第二大发现，也是马克思主义政治经济学的核心和理论基石。马克思首先探讨了剩余价值理论的历史。重农学派、重商主义、古典经济学都从各自不同的立场和角度，发现并研究过剩余价值问题，有的还分析过这部分价值是由什么构成的。尤其是重农学派，对剩余产品的分析已经达到了比较高的水准，但是，他们还是局限于农业资本的视野而无法迈进一步。正如从空气中分离出了氧气可还是用燃素说解释燃烧现象而无法推进化学进步一样，他们都没有、也不可能创立科学的剩余价值理论。在马克思看来，关于剩余价值的问题，不在于理论上的承认，也不在于道德的冲突，关键在于突破一切阻力，推进政治经济学的革命。

资本的最初表现形式是货币。从历史上看，商品资本和高利贷资本都采取货币的形式与不动产（土地财产）相对立。在现实的资本主义社会，资本都是以货币形式在市场上购买各种生产资料和劳动力。作为货币的货币和作为资本的货币的区别在于：货币流通是为了买而卖，目的在于获得使用价值，作为资本的货币是为卖而买，目的地为了获得更多的货币，即资本的总公式是：$G—W—G'$，这个公式不仅适用于商业资本，也适用于产业资本和生息资本，其目的都是为了获得货币的增加额。这个总公式的矛盾在于货币在流通中实现增殖与等价交换的规律相矛盾，这是资产阶级经济学家根本无法解决的一个问题，他们只能通过所谓"加价"的方式来解决，但是所有的买者和卖者都按照同一比例增加价格，还是不会出现增殖，这就意味着在商品流通领域中无法探究价值增殖——剩余价值的来源问题。解决这个矛盾的唯一途径就是剩余价值既不能在流通中产生，也不能离开流通而产生，也就是说，剩余价值是在生产领域中产生的，其实现又以流通为必要条件。资本必须在生产领域中购买一种特殊的商品——劳动力商品，劳动力商品是能为资本家带来剩余价值的价值，劳动力成为商品是货币转化为资本的前提条件。

由于资产阶级经济学家分不清劳动和劳动力这两个概念，把劳动当做商品，把工资当做劳动的价格或价值，结果是：衡量商品价值的标准是劳动，衡量劳动的标准是劳动的价值，劳动价值又是衡量商品价值的标准，古典经济学的劳动价值论走进一个循环论证的怪圈，无法解释剩余价值的起源问题。

马克思在人类历史上首次明确区分劳动和劳动力概念。劳动力是在劳动过程中发挥出来的能力，劳动是劳动力的使用，劳动力与劳动的区别就类似于消化能力与消化一样，这是不同的。劳动力就是人的劳动能力，它存在与人的身体之中。与其他商品一样，劳动力商品也具有使用价值和价值。劳动力的使用价值就是劳动力的使用，就是劳动过程，需要耗费人的体力和智力，是创造价值的源泉，而且是能够创造大于自身价值的价值。

劳动力的价值是由生产和再生产劳动力所必需的劳动时间决定的，劳动能力存在于人的身体之中，这就需要吃穿住等生活资料来维护劳动能力的生产和再生产，劳动力的价值就是由维持劳动力所有者所必需的生活资料的价值决定的，主要由以下三个部分构成：劳动者本人所需要的生活资料的价值；劳动者子女所必需的生活资料费用；劳动者的必要的教育和训练所需要的费用。还要注意的是，劳动力价值包含着历史和道德的因素，同等发展水平的不同国家，劳动力的价值会有一定的区别。劳动力的价值有一个底限以维持必要的生活资料。如果劳动力的价格低于必要的生活资料的价值，劳动力就会以萎缩的状态延续下去，这不仅伤害劳动力，同样也伤害资本自身的利益。

劳动力是任何社会生产和再生产的必要条件，但是，劳动力并非在所有社会中都成为商品。劳动力成为商品需要具备必要的社会历史条件，一是劳动者必须是自由劳动者，有人身自由，有权利把自己的劳动力当做商品出卖。二是劳动者丧失全部生产资料，自由得一无所有。劳动者同生产资料相分离的过程就会产生大批的劳动力商品。在历史上曾经发生过大批的劳动力与生产资料相分离的情况，但并没有导致雇佣劳动制度。只有这种状况与达到一定历史高度的资本生产相结合的时候，才导致雇佣劳动。可见，劳动力成为商品必须具备一定的社会条件，这也意味着劳动力并非天然就商品，而仅仅是一种历史现象。

在劳动力进入劳动力市场进行买卖时，劳动力的使用价值还没有被资本家所消费，只有进入生产过程，其使用价值才得到实现。劳动力进入生产过程，实质就是剩余价值的生产过程。劳动力商品的使用价值创造的价值量大于劳动力的价值所包含的价值量，这个增加量就是剩余价值。

资本主义生产具有二重性，一方面是使用价值的生产。生产使用价值标志着人与自然之间的关系，是一切生活形式所共有的，这个过程包括三个基本要素，即有目的的活动或劳动本身、劳动对象和劳动资料。这种一般生产过程把生产关系排除在外，这是通过生产满足人类需要的过程，也是人类生活的永恒的自然必然性。

另一方面，资本主义生产的本质是价值和剩余价值的生产。这个价值增殖过程是资本主义生产特有的性质，标志着资本家阶级与工人阶级之间的关系。在资本主义生产过程中，工人的劳动属于资本家，要接受资本家的指挥、管理和监督，劳动产品全部归资本家所有。对于资本家而言，生产什么具体的使用价值是次要的，无论是生产食品、服装还是其他什么东西，关键在于生产价值和剩余价值。

依据劳动价值论，商品生产过程就是价值形成过程。在资本主义商品生产过程中，同时完成了价值转移和价值创造两件事。通过工人劳动，把过去的生产资料的价值转移到新产品中，生产资料的价值成为新产品价值的组成部分。同时，由于工人的劳动在产品中凝结了新的价值，这个价值不仅需要补偿劳动力的价值，还要创造一个新的价值额，即剩余价值。劳动力价值和剩余价值都是新产品的价值组成部分。可见，劳动力价值是剩余价值的来源，生产资料的价值仅仅是通过工人的劳动转移到新产品上。

依据二者在生产剩余价值中的作用的不同，资本就可以划分为不变资本和可变资本。转化为生产资料的资本在价值生产过程中并不改变自己的价值，只是一次或多次地把原有的价值转移到新价值中，成为不变资本。转化为劳动力的那部分资本，在价值生产过程中会改变自己的价值，增加一个剩余价值额，因此成为可变资本。

把资本划分为不变资本和可变资本具有重大的意义。首先，这种划分直接揭示了剩余价值的真正来源——工人的劳动，生产资料仅仅是转移原有的价值而无法增殖自身，是生产剩余价值的物质基础和必要条件。同时也有力地驳斥了庸俗经济学家的剩余价值来源于流通领域的谬论。其次，这种划分方法可以准确地了解资本家剥削工人的程度。三是这种划分对于进一步分析资本主义经济运动的规律具有重要的意义。比如，在分析资本有机构成、资本积累、利润率、平均利润率、地租等问题时，都要以这种划分为基础。最后，这种划分对于科学地划分固定资本与流动资本提供了科学的依据。资产阶级经济学家一直不清楚该如何划分固定资本与流动资本，经常导致理论混乱，前后矛盾。依据可变资本与不变资本的划分，就能科学地划分固定资本与流动资本。

在对不变资本、可变资本和剩余价值等范畴和相关理论阐述的基础上，进一步分析产品价值在产品相应部分上的表现。产品总价值等于不变资本、可变资本和剩余价值三者之和，也就是说，产品价值要素表现在产品的三个相应的部分，也可以理解为表现在生产资料价值（不变资本）和新创造的价值（可变资本与剩余价值为新创造的价值）的两个部分之和。

产品价值在产品相应部分的表现也可以用不同的劳动时间来表示，即表示为生产不变资本价值的劳动时间，生产可变资本的劳动时间、生产剩余价值的劳动时间。这是资本家常用的计算方法，并成为资本家延长劳动时间加重剥削的借口。西尼耳的"最后一小时"理论就认为资本家的利润来源于工人最后的一小时生产出来的，如果缩短一小时工作，纯利润就会消失。"最后一小时"理论错误的根源在于西尼耳把价值转移和价值增殖看做是两个互不相关的过程，不懂得劳动二重性学说，不懂得资本主义生产过程中价值转移和价值创造是同一劳动过程的不可分割的两个方面。也就是说，只要工人进行劳动，就在同时进行转移生产资料的价值和创造新价值。

资本家为了追求更大的剩余价值，就会想方设法延长工人的劳动时间，即获得绝对剩余价值。绝对剩余价值的生产，是剩余价值生产的最基本的方式，是剩余价值生产的基础和起点。工作日的长短对剩余价值有直接的影响，只有对工作日进行科学的分析，才能更准确理解绝对剩余价值及其包含的阶级利益关系的对抗性。工作日由必要劳动时间和剩余劳动时间构成，一般情况下，工人的劳动力价值是不变的，即必要劳动时间是不变的，工作日的长短就取决于剩余劳动时间。工作日是一个在一定范围内的可变量，其最低界限是工人维持劳动力再生产的必要劳动时间，此时剩余价值为0。当然，由于诸多因素的影响，这个必要劳动时间是难以精确计算的。工作日的上限取决于两个因素，一是身体界限，工人需要必要的休息、吃饭、睡眠等时间，否则生命无法持续。二是道德界限，工人的精神需要和社会需要也应当在一定程度上得到满足，道德界限与社会传统、文化等因素相关。工作日在这个最高和最低界限之间变动，有一定的弹性，资本家与工人之间围绕工作日长短的斗争就在这个范围内进行。

资本家对剩余劳动的贪欲，总是渴望无限度地延长工作日，工人则为了争取正常的工作日而展开斗争，因为"资本是根本不关心工人的健康和寿命的，除非社会迫使它去关心"①。在绝对剩余价值的生产中，资本家对工人拥有了指挥权，资本家作为人格化的资本监督工人以应有的强度进行劳动，这种强制性的关系还会迫使工人超出自己生活需要的界限从事更多的劳动，以生产更多的剩余价值。在这个过程中，生产资料充当吮吸工人活劳动的手段，工人的劳动积极性和能动性受到了根本性的抑制，劳动不是第一需要而仅仅是谋生手段。

相对剩余价值是指在工作日长度已定的情况下，资本家采取的缩短必要劳动时间、延长剩余劳动时间的手段而获得的剩余价值。缩短必要劳动时间的基本方法就是降低劳动力的价值，这就需要降低生活资料的价值，即通过提高生产工人所需的生活资料的生产部门和与之相关的生产部门的生产力。"必须变革劳动过程的技术条件和社会条件，从而变

---

① 《马克思恩格斯文集》第5卷，北京：人民出版社2009年版，第311页。

革生产方式本身,以提高劳动生产力,通过提高劳动生产力来降低劳动力的价值,从而缩短再生产劳动力价值所必要的工作日部分。"① 资本主义生产是一种特殊的商品生产,资本家并不关心商品的绝对价值,只是关心其中包含的剩余价值,通过降低商品的绝对价值的方式降低其中劳动力价值的等价物来增加商品所包含的剩余价值,这就是资本主义生产方式实现技术进步的根本动机。资本主义生产方式的技术进步并非为了工人的福利,而是为了自己获得更多的剩余价值,因此,技术进步就成为强化剥削的手段。

相对剩余价值生产先后经过协作、工场手工业和大工业三个阶段。协作是资本主义生产的起点。协作存在于一切社会形态中,但是,资本主义协作有自己的独特性:协作产生了一种社会生产力,资本家可以获得平均的社会必要劳动量,推进资本主义生产;协作可以完成单个人无法完成的工作,提高了资本的生产力;协作能够提高效率,并且保证劳动的连续性和多样性。资本家正是通过协作的方式确立了资本家的"司令官"的地位,管理生产的全部过程,工人无条件地服从资本家的管理、监督,造就资本的专制统治。工场手工业是协作的进一步发展形式。工场手工业的产生方式不同,结果则是一样的:产生了一个以人为器官的生产机构,就是说,工人在生产过程中仅仅承担某一种局部职能,工人成为局部工人。工场手工业的基础仍然是手工业,工人的技巧仍然起到重要的作用。机器大工业是第三个阶段,只有机器大工业的建立才完全确立了资本主义生产的社会主导地位。机器大工业使得资本主义生产发生了根本性的变化:机器大工业的动力是机械力、电力、蒸汽力等强大的自然力,摆脱了人力、畜力或水力作为动力的束缚;工人不再依靠手工劳动积累起来的经验,而是更加依赖学习科技知识,科学成为机器大工业的基础。因而,大工业的基础是革命的,而传统的生产方式的基础则是保守的。机器大工业依靠强大的生产力逐步占据了社会生产的各个领域,从而对资本主义社会的各个方面都产生了决定性的

---

① 《马克思恩格斯文集》第5卷,北京:人民出版社2009年版,第366页。

影响。

在实现中,绝对剩余价值的生产和相对剩余价值的生产这两种方式往往是紧密结合在一起的。绝对剩余价值是资本主义制度的一般基础,相对剩余价值则强调通过劳动的技术和社会组织的变革缩短必要劳动时间来增加剩余价值。二者都以是劳动服从资本为前提的,相对剩余价值的生产同时也是绝对剩余价值的生产,在大工业时期,在当代世界,延长工作时间也是很普遍的情况。在资本主义现实经济中,工作日、劳动强度和生产力水平三个要素影响了劳动力价格与剩余价值量之间的关系。劳动力的价格必然转化为工资,而工资则掩盖了资本主义的剥削关系。计时工资是工资的基本形式。在计时工资中,同样的工资可以代表不同的劳动价格,即资本家可以支付不同的货币额,这就会使资本家采用各种手段降低劳动价格,增加剩余价值;当社会就业不足时,资本家还可以破坏规则,迫使工人过度劳动而不支付或少支出工资;计时工资还可以使工人超出正常工作日而支付额外报酬,以降低劳动价格,工作日的延长反而降低劳动价格,降低工资。计件工资是计时工资的精巧转化的形式,是克扣工资的手段,提高了劳动强度,延长了工作时间,节省了监督费用,加剧了工人之间的竞争,从而降低工资水平。

总之,马克思全面阐述剩余价值的起源、本质和产生过程,建立了科学的剩余价值理论。剩余价值理论是马克思主义政治经济学的核心,犹如一条红线贯穿了《资本论》的始终。

4. 资本积累理论

资本积累理论是剩余价值理论的必然结果,又是剩余价值理论的延续和进一步完善。资本积累过程的本质就是剩余价值转化为资本的过程,剩余价值的资本化就是资本积累。

任何社会都必须进行生产和再生产才能维护人类社会的生存和发展,任何生产也都是在一定的生产关系中进行的。在资本主义生产方式下,生产是剩余价值的生产,再生产也是剩余价值的再生产。资本主义再生产包含了物质资料再生产和生产关系的再生产。以生产规模的变化状况为标准,再生产可以划分为简单再生产和扩大再生产。简单再生产是保持原有规模进行的再生产，扩大再生产是在扩大的规模上进行的再生产。简单再生产是扩大再生产的基础和前提，包含了再生产的基本特征。因为，简单再生产的重复性和连续性，消除了资本主义生产仅仅作为孤立过程所具有的虚假特征，赋予了这个过程的某些新的特征。这些新特征主要有以下几个方面：

一是简单再生产消除了可变资本是由资本家私人基金预付的假象，说明可变资本是由工人创造的，工人用自己的劳动养活自己。工人只有在发挥了劳动力作用，创造了价值和剩余价值以后，才得到工资报酬。工人今天得到的报酬是昨天劳动的结果，这个月得到的报酬是上个月劳动的结果。因此，可变资本不过是劳动者为维持和再生产自己所必需的生活资料基金或劳动基金的一种特殊的表现形式。事实上，劳动基金就是资本家把工人自己的对象化劳动预付给工人。

二是消除了资本家养活工人的假象，事实是工人养活了资本家。从静止的观点看，资本家支付工资以维持工人的生活。但是，从运动的角度看，从简单再生产的过程看，经过一段时间，资本家同样会消费掉全部预付资本，从而证明资本家现有的资本全部是由剩余价值转化而来的，也就是说，是工人养活了资本家而不是相反。

三是消除了工人"独立性"的假象，说明工人处于受奴役的地位。资本主义简单再生产过程会再生产出劳动力和劳动条件之间分离："工人本身不断地把客观财富当做资本，当做同他相异己的、统治他和剥削他的权力来生产，而资本家同样不断地把劳动力当做主观的、同它本身对象化在其中和借以实现的资料相分离的、抽象的、只存在于工人身体中的财富源泉来生产，一句话，就是把工人当做雇佣工人来生产。工人的这种不断再生产或永久化是资本主义生产的必不可少的条件。"[①] 这就是说，工人的个人消费，仅仅是把资本家用来交换劳动力的生活资料再转化为可供资本家重新剥削的劳动力，这种消费是资本家必不可少的生产要素，是资本再生产的必要条件。对资本家而言，这种消费是生产

---

① 《马克思恩格斯文集》第 5 卷，北京：人民出版社 2009 年版，第 659 页。

的,对工人而言,是非生产的。工人与其他的生产资料、死的物一样,仅仅是资本的附属物,没有任何独立性:"罗马的奴隶是由锁链,雇佣工人则由看不见的线系在自己的所有者手里。他的独立性这种假象是由雇主的经常更换以及契约的法律拟制来保持的。"① 实际上,表面上独立的工人,是作为工人阶级整体中的一员从属于资本家阶级。

资本主义简单再生产为研究更加复杂的资本积累和扩大再生产提供了基础。马克思指出:把剩余价值当做资本使用,即把剩余价值再转化为资本,就是资本积累。剩余价值转化为资本,实现资本积累的物质条件就是:全社会的一部分年剩余劳动必须用来制造追加的生产资料和生活资料,它们要超过补偿预付资本所需要的数量。如果补偿的量等于消耗的预付资本,就是简单再生产,超过了这个量,就是资本积累。要使资本积累也发挥职能,就必须追加劳动力。此时,剩余价值就转化为资本,实现资本主义扩大再生产。这样,追加的资本又带来新的剩余价值,新的剩余价值又转化为追加的资本,资本就呈现一种螺旋式的上升运动,以不断扩大的规模生产更多的剩余价值。

在资本追加劳动力时,每一次都是等价交换,符合商品交换规律,但是,在再生产过程中,这种等价交换变成了表面上的等价交换。因为,用来购买劳动力的那部分资本本身就是工人创造的、被资本家无偿占有的劳动产品的一部分,是工人用自己生产的产品来补偿自己的劳动力的价值,而且这一部分还要由工人来补偿并且还要增加一个余额——新的剩余价值。可见,工人与资本家之间的劳动力买卖,实质是:"资本家用他总是不付等价物而占有的他人的已经对象化的劳动的一部分,来不断再换取更大量的他人的活劳动。"② 在积累过程中,商品生产的所有权规律转变成了资本主义的占有规律。因为商品所有权是指商品生产者拥有生产资料,以自己的劳动为基础,并直接占有自己的产品的权利。资本主义占有权则是资本家无偿占有别人劳动的权利。商品生产所

---

① 《马克思恩格斯文集》第 5 卷,北京:人民出版社 2009 年版,第 662 页。
② 同上书,第 673 页。

有权转化为资本主义占有权的基础就在于资本积累。在商品生产中，每个人都占有自己的劳动产品，要获得别人的产品就只能用自己的产品去等价交换。在积累过程中，资本家的所有权是无偿占有他人劳动的权利，工人则不能占有自己的劳动产品，这就是所有权和劳动的分离，劳动的所有权被资本主义的占有权所替代了，这恰恰是资本积累的结果。

资本主义占有方式没有违反商品经济规律，而是对这个规律的具体应用。一方面，劳动力的买卖坚持商品经济的规律，遵循等价交换的原则。资本家使用劳动力这种商品而带来的结果——劳动产品，归资本家所有也符合商品交换原则，只不过这个产品中包含的剩余价值也归资本家所有。另外，无论是简单再生产还是扩大再生产，每一个行为、每一次交换也都遵循商品交换原则。可以说，由于劳动力成为商品，商品生产就按照自身的法则向资本主义生产方向进化，商品生产的财产法则也随之转变为资本主义占有法则。

马克思基于积累、扩大再生产和资本主义占有法则，分析资产阶级经济学家的错误观点。一是斯密的把剩余价值的资本化仅仅看成剩余价值转变为劳动力的观点。马克思认为，转化为资本的剩余价值和原预付资本一样，也要分为可变资本和不变资本，或者说分为生产资料和劳动力两个部分，在生产过程中，劳动力为资本家消费了，劳动力则通过自己的劳动消费生产资料。二是批判节欲论的观点。在积累和扩大再生产的条件下，剩余价值既不会全部转化为资本，也不会全部转化为个人消费基金，而是二者兼而有之。剩余价值中的一部分作为收入被资本家消费，另一部分用作资本或积累起来。在剩余价值总量一定的情况下，一部分多，另一部分就少。这种分割决定了积累量。在追求剩余价值的内在动机和迫于竞争的外在压力下，这两个要素共同驱使资本家无休止地进行积累。资本家的个人消费就是对自己的积累的侵吞，他们确实具有节欲的倾向。但是，随着资本主义的发展，尤其是投机和信用事业的发展，资本主义的生产开辟了无数的新的财富源泉，甚至把炫耀财富、挥霍奢侈当做获得信贷的手段，节欲论成为空谈和欺骗。

马克思总结了影响资本积累的主要因素。一是劳动力的剥削程度。

通常情况下,马克思假定工资与劳动力的价值相等,但是,实际情况是,资本家经常把工资强行降低到劳动力价值以下,从而把工人的必要消费基金强制性地转化为资本的积累基金。资本家还会通过提高劳动力的紧张程度而获得追加的劳动。二是劳动生产力的水平的提高会促进资本积累。提高劳动生产力会使单位产品的价值降低,商品更便宜,资本的消费增加了也不会减少积累,同时劳动力也更便宜,还会使生产资料变革便宜,有利于追加资本,从而促进积累;由于科技的应用提高的劳动生产力,会加速机器设备的更新,使原有的资本以更高的效率再生产出来,还会使原材料甚至废料都会得到更有效、更充分的利用,促进生产规模扩大。三是所用的资本与所费资本差额的扩大也有利于积累。四是预付资本量的增加也有利于积累。

马克思从资本构成的角度分析积累的变化状况。资本构成有两重含义,一是资本的价值构成,即资本由可变资本和不变资本,或者说由生产资料的价值和劳动力的价值构成,并且二者之间存在一定的比例关系。二是从物质方面来看,资本由一定数量的生产资料和劳动力构成,二者之间存在一定的比例关系,这个关系反映的是生产技术水平,因此可以称为资本技术构成。他把由技术构成决定又反映技术构成变化的资本价值构成称为资本有机构成。可见,资本有机构成既不等同于技术构成,也不等同于价值构成,而是两种构成的有机结合。

当资本有机构成不变时,随着积累的增长,可变资本就会按照同一比例增长。可变资本增加就意味着:如果保持工资水平不变,就需要更多的劳动力;如果劳动力的供给小于需求,就会引起工资的提高。工人工资的提高会改善生活状况,但并不会改变雇佣关系和摆脱受奴役的地位。由于资本主义生产的性质所决定的,提高劳动价格的界限在于不能侵害资本主义制度的基础,并且还要保证规模不断扩大的再生产。

资本有机构成不变仅仅是资本主义发展的一个特殊阶段,一旦经过这个阶段,提高劳动生产力就变成积累的强有力的杠杆,提高资本有机构成就成为资本主义发展的必然趋势。资本有机构成提高,就是劳动生产力的水平提高了,这就是说等量的劳动会推动更多的生产资料,可变资本与不变资本的比例降低，可见，不变资本与积累成正比，可变资本与积累成反比。可变资本的比例降低并不排斥其绝对量的增加。积累促进资本有机构成的提高，对于单个资本而言，主要是通过把自己的剩余价值资本化而不断扩大资本总额，即资本积聚。资本积聚是资本积累的直接结果，相对来说，增长速度较慢。扩大单个资本总量更快的一种方式是资本集中，资本集中是许多独立的资本通过兼并或联合的方式而形成一个较大的资本。实现资本集中的最有力的杠杆是竞争和信用。在竞争中，大资本战胜小资本，先进的资本战胜落后的资本，就可以通过吞并或合并的方式迅速扩大资本规模。资本通过信用可以大量使用和支配社会资本，扩大资本总量，壮大实力。资本集中和积聚紧密联系，以不同的方式共同促进资本积累，提高资本有机构成。

积累和资本有机构成的提高对工人阶级的状况产生重要影响。资本有机构成的提高并不与积累同步，而是快得多。资本有机构成的提高导致吸纳的工人会相对减少，并且会越来越排斥原来雇佣的工人，即资本积累必然造成相对过剩人口，这就是资本主义特有的人口规律。相对过剩人口是资本积累的必然产物，有利于资本，增加了工人之间的竞争。过剩人口形成了一批绝对地服从资本的、随时可供支配的产业后备军。相对过剩人口是资本积累的必然产物，反过来也成为资本积累的有力杠杆和资本主义生产方式存在和发展的必要条件。相对过剩人口主要有三种存在形式，一是指那些在现代工业的中心时而被排斥、时而被吸引，处于流动状态的工人——流动的过剩人口；二是指那些由于资本主义生产对农业的占领而被游离出来的农村人口——潜在的过剩人口；三是指那些现役劳动大军中就业极不规则的人口——停滞的过剩人口。

总之，资本主义积累的一般规律是："社会的财富即执行职能的资本越大，它的增长的规模和能力越大，从而无产阶级的绝对数量和他们的劳动生产力越大，产业后备军也就越大。可供支配的劳动力同资本的膨胀力一样，是由同一些原因发展起来的。因此，产业后备军的相对量和财富的力量一同增长。但是同现役劳动军相比，这种后备军越大，常备的过剩人口也就越多，他们的贫困同他们所受的劳动折磨成反比。最后，工人阶级中贫苦阶层和产业后备军越大，官方认为需要救济的贫民也就越多。**这就是资本主义积累的绝对的、一般的规律。**"① 资本积累的一般规律反映出资本主义生产方式的对抗性质。与资本积累相对应的另一极是无产阶级贫困、受奴役的积累。所谓工人阶级贫困化，一是绝对贫困化。失业和半失业人数的增加、实际工资的下降、物质生活状况的恶化以及劳动强度的提高、劳动条件的恶化等，都属于绝对贫困化。二是相对贫困化，即资产阶级所占的国民总收入的比例越来越大，工人阶级的收入比重越来越小。相对贫困与绝对贫困共同构成了工人阶级的贫困。

马克思从资本主义诞生及其发展过程的角度，指明资本主义积累的历史趋势。斯密的预先积累理论把资本原始积累描述为个人节约、积累财富、勤奋劳动的结果，田园诗般美好的东西。然而，"在真正的历史上，征服、奴役、劫掠、杀戮，总之，暴力起着巨大的作用"②。因此，马克思指出："所谓原始积累只不过是生产者和生产资料分离的历史过程。这个过程所以表现为'原始的'，因为它形成资本及与之相适应的生产方式的前史。"③ 这个分离过程就是以个人劳动为基础的个体私有制的解体，解体的过程不是自然而然的过程，而是一种强制性的剥夺，其中，伴随着大量的社会暴力行径。对农民土地的强制剥夺，这是形成全部过程的基础。同时还有其他手段加速原始积累，比如国债制度、现代税收制度、保护关税制度、殖民制度等，尤其是现代殖民制度，不仅要像其他方法那样依靠国家权力，而且直接依靠有组织的社会暴力，推进封建生产方式向资本主义生产方式飞跃，缩短过渡时间。

资本主义制度确立以后，劳动进一步社会化，土地和其他生产资料进一步转化为社会的生产资料，对这种私有者的进一步剥夺就会采取其他形式。即通过资本主义生产的内在规律进行，以资本的集中为主要形

---

① 《马克思恩格斯文集》第5卷，北京：人民出版社2009年版，第742页。
② 同上书，第821页。
③ 同上书，第822页。

式。一个资本家打到许多资本家,少数资本家剥夺多数资本家,科技被广泛地应用于生产,土地的利用更有计划,劳动资料日益转化为共同使用的劳动资料,世界各国日益卷入世界市场,资本主义超越民族国家的界限而日益具有国际的性质,垄断逐渐成为由于垄断而繁盛起来的生产方式的桎梏。"生产资料的集中和劳动的社会化,达到了同它们的资本主义外壳不能相容的地步。这个外壳就要炸毁了。资本主义私有制的丧钟就要敲响了。剥夺者就要被剥夺了。"① 历史的结果必然是重新建立个人所有制。这种个人所有制决不是倒退到以私有制为基础个人所有制,而是以生产资料公有制为基础的个人所有制,即每个个人通过公有制而实现对生产资料的占有。

二 第二卷主要理论观点概述

《资本论》第二卷的中心是研究剩余价值的实现问题,并构成了相对独立完整的结构。从总体上看,第二卷在第一卷和第三卷之间起着承上启下的桥梁作用。第一卷研究生产价值的生产问题,没有第二卷的流通过程的分析,剩余价值就无法实现,第三卷也就无法分析剩余价值的分配问题。本卷的主要理论观点有以下几个方面。

1. 资本循环理论

所谓资本循环就是指单个资本在其运动过程中分别采取货币资本、生产资本和商品资本三种形态,经过购买、生产和售卖三个阶段回到最初的起点。货币是资本运动的起点,那么,货币资本的循环既是三种循环的一种形态,又是产业资本循环采取的第一个形态,而且从货币循环开始最清楚地反映了价值增殖的过程。另外,货币资本也是资本家创办、经营企业的起点,也是归宿点。因此,首先应从货币资本循环入手。

货币资本循环的公式是:G(货币)—W(商品)…P…W'—G'

---

① 《马克思恩格斯文集》第 5 卷,北京:人民出版社 2009 年版,第 874 页。

（货币）。起点是货币，终点是增大了的货币。货币资本循环的目的和动机就在于价值增殖，货币资本循环也就成为考察和理解其他资本循环形式的基础。

货币资本循环的第一阶段：G—W，是从货币资本转化为生产资本。这个阶段的特殊性在于资本家购买的不是一般商品，而是生产资料（Pm）和劳动力（A），即 $G-W{<}{A \atop P_m}$。A 的使用价值在于它能够创造比它本身价值更大的价值，是剩余价值的源泉。Pm 则是活劳动的吸收器，也同时转化为资本。$G-W{<}{A \atop P_m}$ 同时也表在 Pm 和 A 之间有一种量的关系和比例，即生产资料的规模和数量能够充分吸收活劳动，劳动力必须得到最充分的利用。否则就会或者生产资料过少，造成劳动力的浪费，或者劳动力过少，生产资料得不到充分利用。这两种情况都会降低资本的效率。$G-W{<}{A \atop P_m}$ 的基础是生产资料的分配，而不是消费资料的分配，只有资本主义生产资料所有制才能实现这种分配方式。

货币资本循环的第二阶段是 P，其职能是生产剩余价值。货币资本购买了实物形态的生产资料和劳动力后就进入生产阶段。资本主义生产方式能够存在是因为劳动者和生产资料的分离，而实现资本主义生产则需要二者的结合。二者结合的基本条件是：资本家是货币所有者，同时是商品所有者，工人是可以把自己的劳动力当做商品出售的自由劳动者；商品生产已经发展到一定的水平，形成了大规模的生活资料市场和生产资料市场，也形成了劳动力市场。生产资本执行的职能就是要生产出包含着剩余价值的商品（W′），它的价值 = P + M，M 就是剩余价值。

货币资本循环的第三个阶段是 W′—G′，就是要把包含剩余价值的商品转化为增大的货币。商品资本（W′）是生产阶段的结果，是包含剩余价值的商品。W′—G′与 W—G 的不同之处在于 W′不仅包含着原有的资本的价值，还包含剩余价值。因此，把商品资本转化为货币（W′—G′）同时完成了两个职能，一是完成了简单商品流通过程（W—G），还完成了商品资本向货币资本的转化，实现了资本价值和剩余价值，资本由商品形式转化为货币形式。如果商品资本不能转化为货币资本，资本的再生产运动就会中断；如果出卖的速度过慢，再生产也会受到影响而缩减规模。如果商品资本只卖掉一部分，剩余价值就没有完全实现，甚至可能连资本的价值都无法补偿。因此，W′—G′对资本家而言是生死攸关的问题。只有尽快地推进 W′—G′的过程，加快资本的循环，资本的增殖能力才能迅速扩张。

结合货币资本循环的三个阶段和三种职能，就可以深入分析货币资本的总循环。货币资本总循环的公式是 G—W⋯P⋯W′—G′，资本运动的总公式是 G—W—G′。二者之间的差别在于：前者包含着流通和生产两个过程，后者只包含流通过程；前者在两个流通过程中有一个生产过程，两个流通过程中的商品是性质不同的东西，后者的两个流通过程中出现的是同一个商品。二者之间的共性在于：第一个流通阶段都是从货币转化为商品，第二个流通阶段都是商品转化为货币，而且都是增大了的货币，也就可以说，G—W⋯P⋯W′—G′包含在 G—W—G′之中了。马克思从产业资本的一般形式分析货币资本循环："在总循环过程中采取而又抛弃这些形式并在每一个形式中执行相应职能的资本，就是产业资本。这里所说的产业，包括任何按资本主义方式经营的生产部门。"[①] 这里所说的货币资本、生产资本和商品资本不是三种独立的资本，而只是产业资本的三种职能形式，是产业资本循环依次采取的职能形式。产业资本的循环形式，其中货币资本的循环 G—G′则是产业资本循环的片面形式，也是产业资本的一般形式。片面性在于这个过程的货币形式，G′是比 G 更大的量，G—G′掩盖了生产在价值增殖过程中的作用。典型性在于把产业资本追求剩余价值的动机明显地表现出来了，这也是一切资本的目的。货币资本的循环把生产资本和商品资本包含在自身之中，生产资本的循环、商品资本的循环又有不同于货币资本循环的其他一些特性。

生产资本循环是产业资本循环的第二种形式，从生产过程开始，经

---

① 《马克思恩格斯文集》第 6 卷，北京：人民出版社 2009 年版，第 63 页。

过三个阶段,表现三种职能形式,回到起点而形成一个循环,其总公式是:P…W′—G′—W…P。循环的起点和终点都是生产过程 P,中间的流通过程 W′—G′—W 是连接再生产的中介。W′—G′—W 包含两个流通过程,其中,G′—W 是用包含剩余价值的货币购买商品,以实现再生产。保持原有生产规模的简单再生产或者追加资本以扩大再生产都取决于G′—W 这个过程。生产资本的循环表明货币资本不能自行增殖,只有经过生产过程才能创造更大的价值。生产资本的起点和终点都是生产,把追求剩余价值的动机掩盖起来了,好像生产就是为了更好、更便宜地生产,为了创造更多的使用价值而生产,是为了生产而生产。

商品资本循环从商品开始,经过三个阶段,表现为三种职能形式,回到起点,其公式是 W′—G′—W…P…W′。商品资本从包含着剩余价值的商品形式开始,商品资本的价值=资本价值+剩余价值。商品资本具有二重属性,即生产的产品形式和包含剩余价值的价值增殖形式。W′—G′的意义在于收回已经耗费在商品资本中的资本价值,同时实现剩余价值。

与前两种循环相比,商品资本循环的起点——商品资本就已经包含了剩余价值,从而对整个循环起决定性的作用。因为,W′—G′不仅包含了资本的循环,也包含了剩余价值的循环,同时这个循环还包括了社会总产品的分配,而且,只有顺利地实现 W′—G′的转化,才能维持资本循环的正常进行。比较 G—G′、P—P、W′—W′三种循环形式,G—G′表明价值增殖是资本全部运动的终极目的,P—P 表明资本主义生产和再生产过程,突出了生产剩余价值的基础性地位,W′—W′既包括补偿生产资本的产品,又包括再生产包含剩余价值的产品,还通过流通形式与其他资本的运动建立联系。可见,货币资本、生产资本、商品资本的循环是互为前提、不可分割的统一体,因为"不仅每一个特殊的循环都把其他的循环作为前提(包含在内),而且一种形式的循环的反复,已经包含着其他形式的循环的进行"[1]。

---

[1] 《马克思恩格斯文集》第6卷,北京:人民出版社2009年版,第117页。

这三种循环都从一个侧面反映产业资本的运动，只有把三者统一起来，才能正确地认识资本运动规律。产业资本只有不停顿地、持续地运动，才能不断地增殖。产业资本运动保持连续性的基本条件是：将资本价值总量按照一定的比例分配在三种职能形式上，使资本呈现出并存的特性；同时，资本的每一个部分处于循环的不同阶段并连续不断地经过每一个阶段，完成各自的循环。即资本作为整体，在循环中分别采取不同的职能形式同时又处于不同的循环阶段，并依次转化，这就是产业资本保持连续循环的根本条件。

资本循环受到诸多因素的影响，其中，价值革命会显著地影响资本循环。由于生产力等因素的变化，价值量也会发生变化，当价值量发生剧烈的变动时，就是价值革命。资本运动是以独立价值为主体的运动，商品价值的剧烈变动会使处于循环中的资本价值发生变动，从而影响资本循环。"如果社会资本的价值发生价值革命，他个人的资本就可能受到这一革命的损害而归于灭亡，因为它已经不能适应这个价值运动的条件。价值革命越是尖锐，越是频繁，独立化的价值的那种自动的、以天然的自然过程的威力来发生作用的运动，就越是和资本家个人的先见和打算背道而驰，正常的生产过程就越是屈服于不正常的投机，单个资本的存在就越是要冒巨大的危险。"① 价值革命所引起的价值变动，对货币资本、生产资本、商业资本都会产生不同影响，从而影响整体资本的循环。

马克思进一步把资本循环与一般商品流通区别开来。资本循环的目的在于增殖，一般商品流通的目的在于获得某种使用价值。在市场中，二者是交错在一起的。资产阶级经济学家混淆二者之间的关系，以交易方式的不同，把人类社会的经济形态划分为自然经济、货币经济和信用经济三个阶段。这种观点的错误在于：这三个形式并不代表对等的发展阶段，因为，信用经济不过是一种特殊的货币经济形式。生产方式决定了交易方式，交易方式必然与生产方式相适应。货币经济是一切商品经

---

① 《马克思恩格斯文集》第6卷，北京：人民出版社2009年版，第122页。

济共有的一般特征。经济社会形态的划分标准不是交易方式,而是交易方式的基础——生产方式。

资本循环需要耗费一定的时间和费用,即耗费生产时间和流通时间以及流通费用。生产时间由劳动时间、劳动过程中的中断时间和储备时间等构成。劳动时间是生产产品所经过的劳动过程的全部时间,唯有这一部分时间才创造使用价值、价值和剩余价值。中断时间就是劳动过程的中断,比如,自然作用的时间,农作物的生长时间,劳动过程中断,生产过程并未中断。停工时间以及间歇时间等属于中断时间。储备时间就是生产资料还没有进入生产过程的时间,储备时间也并不创造价值和使用价值。

流通时间就是资本在流通领域中停留的时间。在流通领域中,价值形态会发生变化,但是并不创造使用价值、价值和剩余价值。如果流通时间长,那么流通中占有的资本量就多,相对减少了生产领域中的资本量,对生产起着消极的作用。流通时间分为购买时间和出售时间。一般情况下,购买劳动力比较容易一些,购买时间主要取决于购买生产资料的时间。出售时间是流通时间的主要部分,也是最重要的时间。在流通领域中,商品资本的运动依赖于市场状况和竞争力,如果能出售商品,就无法实现剩余价值,甚至预付资本也无法补偿,资本主义生产就无法继续下去。

在流通中不仅要耗费时间,同样也要耗费一定的资本。在流通中发生的费用就是流通费用。流通费用包括纯粹流通费用、保管费用和运输费用等。纯粹流通费用又包括买卖时间、簿记、货币等费用。

总之,马克思透彻地分析了三种资本循环以及作为整体资本总的循环,揭示产业资本的各种形态运动的连续性和统一性,并在生产和流通的结合方面,阐明资本在流通过程中的运动规律,更加全面地揭露了资本主义生产的矛盾和生产关系的本质。与资本循环密切相关的另一个概念是资本周转。"资本的循环,不是当做孤立的过程,而是当做周期性的过程时,叫做资本的周转。"①

2. 资本周转理论

资本循环与周转的是既有联系又有区别的一对范畴。单个资本经过购买、生产和销售三个阶段,回到出发点并实现价值增殖,叫做资本循环,周而复始、反复不断的那种资本循环叫做资本周转。二者都是单个产业资本的运动,都是生产与流通的统一,目的都在于实现剩余价值。

二者不同之处在于:研究对象不同,资本循环的研究对象是货币资本,资本周转的研究对象是生产资本的循环;资本循环只是资本运动的一个环节,是从出发点回到出发点的一次运动,资本周转则是从出发点回到原出发点的反复运动。资本循环中的资本量是一笔预付资本的投入和回收,资本周转中的资本量是资本反复运动中的预付资本总量。资本循环是资本运动的抽象形式,资本周转是资本运动的具体形式。资本循环是资本周转的基础,资本循环理论阐明的是生产资本在运动中采取的不同形态、职能和运动阶段及其连续性,以及这种运动与剩余价值的关系。资本周转重点阐明资本运动的速度以及运动速度与剩余价值量的关系。

可见,资本循环与资本周转都是资本的运动,周转包含了连续进行的循环。资本循环研究的中心是单个资本运动的连续性问题,资本周转研究的中心是单个资本运动的速度问题,即资本的周转方式和周转时间对资本价值增殖的影响。

资本周转是预付资本价值的周转,周转速度可以用周转时间和周转次数两个指标表示。资本周转时间包括生产时间和流通时间两个要素,包含资本价值从一个循环周期到下一个循环周期的间隔时间,就是资本价值实现增殖以及生产过程实现更新与重复的时间。周转时间越短,运动速度就越快,资本价值在一定时间内周转的次数就越多。用公式表示为:$n = \frac{U}{u}$,n 表示周转次数,U 表示周转时间(通常以年为单位),u 表示资本周转一次的时间。

---

① 《马克思恩格斯文集》第 6 卷,北京:人民出版社 2009 年版,第 174 页。

资本周转速度对价值增殖产生了重大的影响。资本周转时间对资本周转速度具有重要的影响，生产资本的构成即固定资本与流动资本的比例也对它产生重要的影响。重农学派的代表魁奈是第一位基本正确地划分了固定资本与流动资本的经济学家，但是由于他的视野仅限于农业领域，因此表现出了明显的局限性。

斯密关于固定资本和流动资本区分的理论落后于魁奈，是一系列的糊涂观念。比如，他把处于流通领域中的商品资本和货币资本视为流动资本，土地改良、购买机器和劳动工具的资本就是固定资本，这些固定资本可以为其所有者提供利润。其实，斯密把生产资本与流通资本的区别混同于固定资本与流动资本的区别。再比如，斯密把生产要素在劳动过程中发生的物质变化当做划分固定资本与流动资本的标准，生产资料保持原有形态就能为其所有者带来利润的就是固定资本，如果生产资料丧失原有的形态而为其所有者带来利润的就是流动资本。他认为，固定资本在生产过程中产生利润，流动资本离开生产领域进入流通领域才产生利润，等等。最重要的是，他把劳动力彻底地排除在流动资本之外，而把工人的生活资料看做是流动资本而与其他生产要素并列，也就是说，它们在价值创造的过程中发挥同样的作用。

同样的，李嘉图继承了斯密的糊涂观念，其错误在于：一是把固定资本耐久程度的差别混同于资本构成的差别，即不变资本和可变资本的差别。二是错把固定资本与流动资本的对立等同于不变资本和可变资本的对立，掩盖了劳动力生产自己的价值和剩余价值的属性。李嘉图还认为固定资本与流动资本的区别在于固定资本消费得慢，流动资本消费得快。其他经济学家对固定资本与流动资本的划分也都是错误的。

马克思认为，生产资本应按照其价值周转的方式划分为固定资本和流动资本。在生产过程中，不变资本中的一部分生产资料，比如厂房、机器设备等，在一定时期内，在反复进行的劳动过程中始终保持原有的物质形态和使用价值，执行相同的职能，并与产品保持相对对立性。这一部分生产资料的价值逐渐转移到产品的价值中，产品进入流通领域，这部分生产资料依然停留在生产领域中。究竟有多少价值转移到产品中去，可以按照其发挥持续作用的时间来计算。例如，如果两台价值相等的机器，一台5年损耗掉，另一台10年损耗掉，那么，在正常情况下，前者每年转移到产品中的价值就是后者的两倍。也就是说，这一部分资本具有独特的流通形式，它在完全消耗掉以前一直保持自身的物质形式和使用价值，并且只是被生产地消费而不能进入个人的消费（也有例外情况，如交通运输工具执行固定资本的职能而被个人消费），其价值周转方式是一部分价值被束缚、保留在实物形式上，另一部以折旧的方式被转移到产品的价值中，再经过流通转化为货币形式，这类资本就是固定资本。

不变资本中的另一部分资本则不同，它们在生产过程中或者被直接消费掉，比如说原材料；或者是起协助生产的作用，比如说辅助材料，这些资本在每一个新的劳动过程中都要求全部替换或更新，这类资本就是流动资本。用于购买劳动力的可变资本属于流动资本，因为劳动力在生产中把自身的价值的等价物和剩余价值加到产品的价值中，并经过流通而转化为货币形式，这部分货币中的一部分也要再转化为劳动力才能维持生产的连续性。可见，可变资本应划归为流动资本。当然，属于流动资本的不变资本的价值是通过工人的劳动转移到产品中去，可变资本的价值则是通过工人的活劳动创造出来的，因此，二者之间的周转方式相同，在价值形成中的作用却是不同的。

要正确划分固定资本和流动资本的界限，首先要明确，这种划分方法对于商品资本和货币资本是不适用的，仅仅对生产资本适用。其次，这种划分方法的依据在于价值周转方式的不同，固定资本周转一次，流动资本能够周转多次。第三，固定资本的预付价值要逐渐转移到产品中去，只有当固定资本完全损耗掉的时候才会重新购买，流动资本则需要反复周转，不断更新。

固定资本在执行职能期间，它的各个组成部分的使用寿命是不同的，有的磨损快，有的损耗慢，周转时间也就有很大的差别。磨损的原因主要有以下几个方面：一是使用（生产）引起的，磨损的程度一般取决于使用程度。二是固定资本的自然性质，比如越坚固、越耐用的东西，每次磨损的程度也就轻一些。三是自然力的影响，比如氧化、风雨侵蚀等因素的影响。四是无形磨损，原因在于：由于劳动生产率的提高，生产同样的固定资本所需要的社会必要劳动时间减少，使原有的固定资本的价值降低；由于新技术、新发明的出现，效率更高的固定资本发挥了替代作用而使原有的固定资本贬值。

固定资本发生磨损就要在物质上更新、在价值上补偿。更新既有全部更新也有部分更新。当固定资本局部更新时，可能会出现扩大再生产。由于损耗掉的固定资本的价值转入产品并通过流通而收回货币，形成了货币准备金，原有的固定资本还在继续使用，这部分准备金就可能用于改良机器设备或扩大生产规模，这种扩大再生产就不是由于剩余价值资本化而引起的。

固定资本的正常运行需要各种维持费用。固定资本的维持，首先是要在劳动过程的使用中得到保存，不进入劳动过程的机器就会损坏；固定资本的维持还需要一定的劳动支出，比如擦洗机器等，由于这种追加劳动而发生的费用不进入产品的制造过程，这种资本属于流动资本的中的非生产费用，但是也要由产品的价值来补偿。

固定资本的正常运行也需要修理费用。一是经常进行的小修理，小修理费用属于流动资本，是一种经常性的支出；二是大修理，这是固定资本的局部更新，增加固定资本的原始价值，这种费用要平均分摊在各个时期的产品之中，并通过产品的销售得到补偿。

在现实中，有的时候，修理费用、补偿费用、维持费用和更新费用之间的界限并不是泾渭分明的，某项支出究竟属于修理还是补偿，往往取决于不同的计算方法。比如，有的机器经过修理，可以具有与新机器一样的性能，这就很难说这种费用属于修理还是补偿了。

固定资本还有一种特殊的费用就是用于火灾、水灾等自然破坏的保险费支出，保险费支出是一种剩余价值的扣除。从整个社会的角度看，为了消除自然灾害和偶然事件对固定资本造成的破坏，生产规模就必须大于仅够补偿和再生产现有财富所需要的规模。

为了将来全部或局部更新固定资本,就必须设置折旧基金,积累货币。固定资本折旧基金就是为补偿固定资本损耗而从流通中收回并积累起来的货币。通常情况下,折旧基金必须积累到一定的数量才能再转化为固定资本的实物形式。但是,随着信用制度的发展,这种货币积累不再执行储藏货币的职能,而是成为借贷资本或生息资本了。

预付资本的总周转就是预付资本的不同组成部分(固定资本和流动资本)的平均周转。计算预付生产资本的总周转时,必须把固定资本的不同部分的周转转化为同种形式,即只考察其价值形式或货币形式的周转:"在计算预付生产资本的总周转时,我们把它的全部要素固定在货币形式上,这样,回到货币形式就是周转的终结。我们总是把价值看做是以货币预付的,甚至在价值的这种货币形式只是以计算货币形式出现的连续性生产过程中,也是如此。这样,我们就可以计算出平均数。"① 总周转的计算公式就是:

$$预付资本一年周转次数 = \frac{固定资本周转额 + 流动资本周转额}{预付资本总额}$$

周转速度既取决于固定资本的周转速度,也取决于流动资本的周转速度。其中,流动资本占总预付资本的比例越高,周转速度越快,总周转速度就越快。即使固定资本所占的比例很高,也可能会由于流动资本周转速度快的原因,使得一年内周转的资本总额大于预付资本的总价值。

与周转速度相对应的另一个重要概念是资本的周转时间。周转时间是生产时间和流通时间的和。生产时间分为劳动期间和非劳动期间。"劳动期间,指的是一定生产部门为提供一件成品所必需的互相连接的工作日的数目。"② 不同的部门,即使是固定资本与流动资本的比例相同,从生产资本转化为商品资本所需要的劳动持续时间,也可能存在很大的差别,从而造成资本周转速度的差别,也就造成了资本预付时间和预付量的差别。比如,纺纱业每天都生产出成品棉纱,而机车制造则可

---

① 《马克思恩格斯文集》第6卷,北京:人民出版社2009年版,第205页。
② 同上书,第257页。

能要经过更长的时间才生产出一台机车。前者每天都出售产品而回收流动资本和固定资本，后者却要不断投入工资、原材料等新资本，经过更长的时间生产出产品，出售后才能回收这个期间投入的流动资本和全部损耗。

也就是说，劳动期间与资本周转速度成反比例关系，其长短与固定资本的周转没有影响，对流动资本的周转影响重大，从而影响流动资本的预付量。缩短劳动期间的主要方法是协作、分工和采用机器等，随着劳动期间和资本预付时间的缩短，预付资本的量会增加。当由信用而引起资本积聚的扩大时，劳动期间和周转时间会缩短。当然，畜牧业的劳动期间是由自然条件决定的，就无法通过以上办法缩短劳动期间了。

非劳动期间是指生产过程的某些中断期间。此时，劳动过程部分或全部中断，劳动对象受自然过程的支配，经过某些变化而生成为产品。比如葡萄酒的发酵，原材料的必要的储备过程以及农业生产等，都需要一些必要的非劳动期间。如果其他条件相同，非劳动期间长的生产部门就需要更多的预付资本。

流通时间是除了生产时间之外的资本周转时间，由产品的出售时间、生产要素的购买时间两个部分组成。流通时间越长，周转时间也越长。

周转时间的构成对预付资本量具有重要的影响，因为预付资本不仅要满足生产期间所需要的资本，还要满足流通期间所需要的资本。在预付资本不变的情况下，用于生产的资本和用于流通的资本应保持合理的比例，否则就要通过追加资本的方式才能保证生产的连续性。

在资本周转中，只有流动资本中的可变资本才创造价值和剩余价值，因此，只有考察可变资本周转才能考察资本周转对价值的影响。假设流动资本全部是可变资本，那么，年剩余价值率 M' 就是一年内生产的剩余价值总额与预付的可变资本价值之比，也就是剩余价值率 m' 与预付可变资本周转次数 n 的乘积。$M' = n m'$，可变资本周转速度越快，n 越大，即使剩余价值率 m' 不变，年剩余价值率 M' 也越高。

可见，资本周转速度对剩余价值的生产产生了直接的影响。在一般情况下，周转速度越快，可变资本周转也越快，同等数量的可变资本发挥的作用也越大，生产的剩余价值也就越多了。

3. 社会总资本再生产和流通理论

马克思在批判地继承前人成果的基础上，建立了科学的社会总资本再生产和流通理论。社会资本是所有单个资本的总和，但不是单个资本的简单加和，因为单个资本之间的循环是相互交错的，彼此之间互相联系、互为前提、互为条件，构成一个有机整体。因此，社会资本的运动，就是社会资本的各个独立部分的运动的总和，即由单个资本的周转的总和构成。社会总资本的运动必然具备单个资本运动的特征：资本运动的目的和结果都是价值增殖，都是三种循环形式的统一，都是生产过程和流通过程的统一。不同之处在于：社会资本再生产包括直接生产过程（生产消费）和资本的流通。通过资本流通，资本家和工人的个人消费（生活消费）以及为这种消费提供媒介的一般商品流通转变为社会总资本运动的重要组成部分。可见，社会总资本的运动远比单个资本的运动复杂得多。

马克思批判地分析资产阶级古典经济家提出的再生产学说，重点分析批判法国重农学派的代表人物魁奈的"经济表"和英国古典经济学家亚当·斯密的"斯密教条"。马克思详尽地研究了魁奈的《经济表》，并于1863年创立了自己的《经济表》以代替魁奈的《经济表》。马克思的《经济表》标志着马克思初步建立起了科学的生产理论，并在随后的发展中加以修改，以更加完善的形式呈现在《资本论》中。马克思称赞魁奈的《经济表》"毫无疑问是政治经济学至今所提出的一切思想中最有天才的思想"[①]。其理论贡献主要有以下几方面：一是把上一年度农业的总产品作为出发点，就是找到了以商品循环来分析社会资本再生产的正确途径。二是第一次尝试把资本的整个生产过程表现为再生产的过程，把流通表现为仅仅是再生产过程的形式，且包括了社会各阶级收入的起源以及资本和收入的交换、生产消费和个人消费的关系等内

---

① 《马克思恩格斯全集》第33卷，北京：人民出版社2004年版，第415页。

容,对研究再生产有很大的启发性。三是把剩余价值的分析从流通领域转到直接生产领域,为分析资本主义生产奠定了正确的基础。四是魁奈注意到社会再生产的重要条件,即社会总产品的一部分并没有投入到流通中,而是用于补偿已经消耗掉的资本。其理论局限性在于魁奈仅仅把农业看做唯一的生产部门,而且其理论带有很强的封建色彩。

亚当·斯密试图克服魁奈的局限性,但又造成了新的错误。由于"斯密教条"占据了资产阶级经济学的正统地位,马克思重点批判斯密的错误观点。斯密认为,每一个单个商品和社会产品的价格都是由工资、利润和地租三个因素构成,即商品价值=v+m,这就是"斯密教条"。显然,"斯密教条"抛弃了商品价值中包含的不变资本价值,是错误的。斯密还认为工资、利润、地租不仅是一切交换价值的源泉,也是一切收入的源泉,这个观点又与他的关于商品价值来源于生产商品的劳动的观点相矛盾,实质是放弃了劳动价值论,也是错误的。

为了解决由于抛弃不变资本而带来的矛盾,斯密又提出"总收入"和"纯收入"两个概念。"总收入"包括了"资本收入"和工资、利润、地租等收入,后三者就是"纯收入"。可见,他通过总收入这个概念又把不变资本偷偷地塞回来了。在分析时,斯密遇到了生产生产资料的工人与生产消费资料的工人的区别,但是没有正确地加以规定。斯密混淆了流动资本和流通资本的区别,误把流动资本等同于生产消费资料的资本家投入流通的商品资本。"斯密教条"的根本错误在于他把资本主义商品生产混同为一般商品生产,没有理解资本主义商品生产的本质在于通过劳动力的买卖来生产和占有剩余价值。

马克思认为,社会年产品应分为生产资料和消费资料两大类,应分别考察。第一部类(生产生产资料)的年产品也分解为c+v+m,其中:c只能是资本而不能作为收入,v+m对于单个资本家可以称为收入,而对于社会则只能是作为资本,因为该价值的实物形式是在使用者的手中作为生产资料,而不能用于消费。第二部类(生产消费资料)年产品价值中的c不能形成资本家的收入,这部分价值以消费资料的形式存在于第Ⅱ部类资本家手中，成为第Ⅰ部类资本家和工人实现其收入的消费基金。也就是说，社会总产品的价值应当由不变资本、可变资本和剩余价值（c+v+m）三部分构成。

由此，马克思确定研究社会总资本再生产的两个基本前提，一是按照社会总产品的物质形态，把社会总生产分成两大部类，即生产资料的生产，即第一部类，消费资料的生产，即第二部类。二是按照总产品的价值构成，把两大部类生产的全部年产品的价值分成不变资本（c）、可变资本（v）和由可变资本带来的剩余价值（m）。由此，各个部类全部年产品的价值和每个个别商品的价值一样，都是由c+v+m构成。这种分类方法为解决实际问题开辟了新的道路。

资本主义再生产分为简单再生产和扩大再生产两类。简单再生产是指全部剩余价值都用于资本家的个人消费，没有积累，在原有的规模上生产。扩大再生产就是把一部分剩余价值用于追加投资，生产在扩大的规模上进行。在简单再生产的条件下，产品的实现条件是：Ⅰ（v+m）=Ⅱ（c），即第Ⅰ部类消耗掉的生产资料和第Ⅱ部类消耗掉的消费资料都在各自部类的内部解决。两大部类需要交换的只有第Ⅰ部类中以生产资料形式存在的（v+m），以及第Ⅱ部类以消费资料形式存在的c。二者之间的交换，则使第Ⅰ部类消耗掉的消费资料得到补偿，第Ⅱ部类消耗掉的生产资料得到补偿。这样，两个部类的价值都得到了补偿和实现，社会再生产就以原有的规模循环进行。

马克思没有止步于此，还继续深入分析第Ⅱ部类的内部交换问题。由于工人和资本家的收入相差悬殊，社会消费品可以划分为必要的生活资料和奢侈品，与此相应，马克思把第Ⅱ部类分为生产必要生活资料的分部类（Ⅱa）和生产奢侈品的分部类（Ⅱb）两个分部类。这两个分部类也要保持一定的比例关系，基本原则是用于第Ⅱ部类的可变资本（Ⅱb）v必须小于第Ⅱ部类的第一分部类创造的剩余价值（Ⅱa）m，因为（Ⅱa）m中的一部分必须用作第Ⅱ部类资本家的必要生活资料，只能以剩余部分与（Ⅱb）v相交换。对此，马克思指出："必要消费资料的生产和奢侈品的生产之间的比例关系，是以Ⅱ（v+m）在（Ⅱa）

和（Ⅱb）之间的分割为条件的，从而也是以Ⅱc在（Ⅱa）c和（Ⅱb）c之间的分割为条件的。因此，这种分割从根本上影响着生产的性质和数量关系，对生产的总形态来说，是一个本质的决定因素。"①

依据对第Ⅱ部类内部交换的分析，马克思批判了那种把危机归结为有支付能力的消费不足的观点。在年总产品中，奢侈品的消费越多，（Ⅱb）v的可变资本再转化为货币资本，以及在（Ⅱb）中就业的工人和再生产就越依赖于资本家的奢侈和浪费。每次危机都会暂时降低奢侈消费，延缓了（Ⅱb）v转化为货币资本的过程。一旦生产奢侈品的劳动者失业，就反过来影响生活必需品的出售。

马克思还从两个部类的可变资本与剩余价值的角度分析简单再生产的条件，可以表示为：Ⅱ（c+v+m）=Ⅰ（v+m）+Ⅱ（v+m），这个公式可以看做是Ⅰ（v+m）=Ⅱ（c）派生的结果，因为只要在这个公式的两端都加上Ⅱ（v+m）就可以了。这个公式表明消费资料的生产与全体工人和全体资本家之间的联系。要注意的是，第Ⅱ部类生产物的总价值等于社会总劳动日的价值，这仅仅是一种关系，并不是说第Ⅱ部类的工人生产了全部总价值，第Ⅱ部类的工人生产的只是Ⅱ（v+m）。第Ⅱ部类的消费资料产品是用来满足两个部类的工人和资本家的消费，其价值等于两个部类的v+m，这种情况使亚当·斯密把年产品的价值仅仅分解为v+m，马克思揭示了"斯密教条"的理论根源。

马克思还分析了两个部类的不变资本的交换而形成的简单再生产条件。基本条件是Ⅰ（c+v+m）=Ⅰc+Ⅱc，可以看做Ⅰ（v+m）=Ⅱ（c）的两端都加上Ⅰc，这个公式说明的是整个社会的生产资料与两大部类对生产资料的需求之间的关系。马克思把第Ⅰ部类生产的生产资料分制造生产资料和制造消费生产资料的两个生产资料部门，第Ⅰ部类产品的价值实现就是实现对两个部类的不变资本的补偿。

总之，Ⅰ（v+m）=Ⅱ（c）、Ⅱ（c+v+m）=Ⅰ（v+m）+Ⅱ（v+m）、Ⅰ（c+v+m）=Ⅰc+Ⅱc这三个等式以及第Ⅱ部类内部的

---

① 《马克思恩格斯文集》第6卷，北京：人民出版社2009年版，第457页。

(Ⅱa) > (Ⅱb) 这个不等式是实现简单再生产的基本条件。其中，Ⅰ(v+m) = Ⅱ(c) 是最基本的公式。

在分析简单再生产的基础上，马克思考察了扩大再生产的实现条件。扩大再生产有两种类型，一是在外延上的扩大，主要是生产场所的扩大。二是内含扩大再生产，主要是效率的提高。从整个社会来说，生产扩大总是外延与内含的结合。也就是说，要扩大再生产就必须有积累。马克思说："一定的资本，没有积累，还是能够在一定界限之内扩大它的生产规模。但是，这里要讲的是特定意义上的资本积累，因此，生产的扩大以剩余价值转化为追加资本作为条件，也就是以扩大作为生产基础的资本为条件。"[①] 在这里，马克思把积累当做扩大再生产的唯一源泉，主要是为了更加清晰地分析扩大再生产的源泉，把扩大再生产建立在资本积累的基础上，而且事实是扩大再生产的主要源泉依然是资本积累。

为了扩大再生产，首先要有追加的生产资料和消费资料，因此，必须满足的两个前提条件是：在生产资料方面，必须满足 Ⅰ(c+v+m) > Ⅰc+Ⅱc，即 Ⅰ(v+m) > Ⅱc，其含义就是在扣除与Ⅱc的交换之外还有剩余用于追加第Ⅰ部类的不变资本，同时，这个剩余还要为第Ⅱ部类追加不变资本提供材料。同样的道理，在消费资料方面，必须满足 Ⅱ(c+v+m) > Ⅰ$(v+\frac{m}{x})$ + Ⅱ$(v+\frac{m}{x})$，x 为积累率，即第二部类要为两个部类的资本家和工人提供消费资料后要有余额，这个余额为第Ⅰ部类和第Ⅱ部类的扩大再生产提供消费资料。积累要从第Ⅰ部类开始，它决定第Ⅱ部类的积累，当然，第Ⅱ部类的积累也是第Ⅰ部类积累的前提和条件，没有第Ⅱ部类的积累为第Ⅰ部类提供追加的消费资料，第Ⅰ部类也无法实现扩大再生产。

那么，依据两大部类的积累要相互适应的原理，扩大再生产的平衡条件就是：Ⅰ$(v+\triangle v+\frac{m}{x})$ = Ⅱ$(c+\triangle c)$。也就是说，第Ⅰ部类原有的可变资本价值（v）加上追加的可变资本的价值（$\triangle v$），

---

① 《马克思恩格斯文集》第6卷，北京：人民出版社2009年版，第564页。

再加上第Ⅰ部类资本家用于个人消费的剩余价值（m/x），三者之和等于第Ⅱ部类原有的不变资本的价值（c）加上追加的不变资本价值（△c）之和。这是社会资本扩大再生产的最基本的条件。这意味着直接影响扩大再生产实现的因素就是它们相互交换的产品是否在价值上相等，从这个基本公式中还可以引出另外两个重要的公式：

Ⅰ（c+v+m）＝Ⅰ（c+△c）＋Ⅱ（c+△c）

Ⅱ（c+v+m）＝Ⅰ（v+△v+$\frac{m}{x}$）＋Ⅱ（v+△v+$\frac{m}{x}$）

这两个公式分别表明第Ⅰ部类和第Ⅱ部类产品的实现关系。

这三个实现扩大再生产的公式表明了两大部类之间必须保持一定的比例关系才能实现扩大再生产，两个部类之间是相互依存、互为条件的内部联系。

马克思的社会资本再生产和流通理论，第一次科学地解决了资本积累和扩大再生产问题，阐明社会生产两大部类的积累与扩大再生产之间的关系，并在两个部类的相互关系中说明了生产资料生产的主导地位。马克思的基本观点是："商品生产是资本主义生产的一般形式这个事实，已经包含着在资本主义生产中货币不仅起流通手段的作用，而且也起货币资本的作用，同时又会产生这种生产方式所特有的、使交换从而也使再生产（或者是简单再生产，或者是扩大再生产）得以正常进行的某些条件，而这些条件转变为同样多的造成过程失常的条件，转变为同样多的危机的可能性；因为在这种生产的自发形式中，平衡本身就是一种偶然现象。"① 也就是说，由于资本主义基本矛盾的作用，资本的生产和流通，在社会生产两大部类之间以及同一部类内部各个部门之间应当保持的比例遭受经常性的破坏，比例失调的本质就是在生产中创造的价值无法实现，平衡仅仅是偶然，失衡是必然，周期性的经济危机是资本主义自身无法克服的矛盾，资本主

---

① 《马克思恩格斯文集》第6卷，北京：人民出版社2009年版，第557页。

义正是在不断的周期性经济危机中向前推进，直到依靠强制性的危机也无法恢复平衡而最终灭亡。

三 第三卷主要理论观点概述

《资本论》第一卷研究的是资本主义生产过程本身作为直接生产过程考察时所表现出来的各种现象，这种考察完全撇开了生产过程以外的各种情况引起的一切影响。这个过程并没有结束资本的运动过程，它还要由流通来补充，并且只有经过流通才能实现价值，流通成为第二卷研究的对象。同样，研究流通的时候把生产流通过程以外的因素也撇开了。第三卷则要揭示资本运动过程作为整体考察时所产生的各种具体形式。也就是说，研究资本主义生产方式不能仅仅局限于生产和流通，还必须进一步在具体形式上研究资本主义的现实运动，解释资本运动在现实中表现出来的各种现象，从而把握资本主义社会的整体。

1. 剩余价值在不同产业部门之间分配的规律理论

剩余价值在不同生产部门之间分配的规律，也就是一般利润率的形成及其变化的规律。利润是资本主义生产的终极目的，对于利润的来源、分配则采取各种方式加以掩盖，把利润看做是资本的果实而与工人劳动无关，这是所有资产阶级经济学家的共性。

资产阶级经济学家把资本分为固定资本和流动资本，并把可变资本排除在外，剩余价值就成了预付总资本的产物，利润与可变资本之间的关系就被总预付资本掩盖了。马克思则依据利润的来源把总预付资本分为可变资本与不变资本，按照其价值周转方式划分为固定资本和流动资本，可变资本属于流动资本的范畴，从而紧紧抓住可变资本这个范畴，分析利润的本质和来源。

资本主义商品生产的商品价值采取成本价格的形式，剩余价值表现为产品价值超过成本价格的余额，也就表现为全部预付资本的产物，这样，商品价值就等于成本价格加上利润。成本价格 k 就是在生产资料和劳动力上耗费的资本价值的补偿价值 $c+v$，即不变资本和可变资本之和。商品价值量 $W=c+v+m$ 就转化为 $W=k+m$，即商品价值＝成本价格＋剩余价值。成本价格小于商品价值，因为成本价格是由商品生产上耗费的资本价值（不变资本和可变资本）决定的，工人的劳动仅仅是与其他生产要素一样的一个要素，这是资本主义生产的特殊性。其中，不变资本在生产过程中只是把自身的价值转移到新的商品上，不会增殖自身，产品价值随着这个转移的资本价值的绝对量的增减而增减。可变资本价值在所生产的新产品的价值中，其中一部分将补偿预付的可变资本。这个预付的可变资本不同于不变资本把自身的价值加到新产品中，而是由劳动创造的新价值来补偿。

由于不变资本和可变资本都笼统地归结为成本价格，这两种资本在价值增殖中作用就被掩盖起来了，都表现为资本的支出，差别仅仅在于支付在生产资料还是劳动力上，是纯粹形式上的差别。当资本家在固定资本和流动资本的名义下计算商品成本价格时，这种形式上的差别也消失了，"资本的增殖过程的神秘化也就完成了。"①

成本价格在资本主义生产中具有极其重要的作用。只有当商品按照大于或等于成本价格出售时，商品生产所耗费的生产要素价格才能得到补偿，生产才会继续下去，而具体的价格则在成本价格 $c+v$ 与总价值 $c+v+m$ 之间变动。成本价格也是企业竞争力的重要标志，有的企业能够以低于商品价值出售商品也能获得可观的利润，正是基于这个原理。

在资本家看来，超过成本价格的余额即剩余价值是他的全部资本的一个增加额，包括那些未曾耗费的资本。因为未耗费的资本虽然没有参加产品的价格形成，但它们作为生产的物质要素，同样参加了商品的生产过程，也就参加了剩余价值的形成过程。当把剩余价值看做是全部预付资本的产物时，剩余价值就取得了另外一种形式：利润。

利润与剩余价值是同一个东西，不同的是，剩余价值是相对可变资本而言的，利润是相对全部预付资本而言的。剩余价值是利润的本质，利润是剩余价值的转化形式。$W=c+v+m=k+m$ 就转化为 $W=k+p$，

---

① 《马克思恩格斯文集》第7卷，北京：人民出版社2009年版，第40—41页。

p 为利润，商品价值 = 成本价格 + 利润。在这个公式中，剩余价值的真正来源，资本家对工人的剥削关系完全被掩盖了。

很自然地，利润率就是剩余价值与总资本的比率，$p' = \frac{m}{C} = \frac{m}{c+v}$，C 表示总资本，与剩余价值率 $\frac{m}{v}$ 不同了。剩余价值率 m′与利润率 p′仅仅是同一个量的两种不同的计算方法。剩余价值率表示的是资本家对工人的剥削程度，利润率表示的是总预付资本的增殖程度，利润率总是低于剩余价值率，进而掩盖了剥削程度。二者之间的关系是：$p' = m'\frac{v}{c+v}$。就是说，利润率 p′主要取决于剩余价值率 m′和资本构成 $\frac{v}{c+v}$。

资产阶级经济学家把剩余价值的来源归功于总预付资本，马克思则揭示了利润是剩余价值的转化形式，利润率是剩余价值率的转化形式，剩余价值率准确地揭示了了资本家阶级对工人阶级的剥削程度。

资本家追求利润最大化，利润率是关键，影响利润率有以下几个关键要素。

首先，资本周转对利润率有重要影响。马克思认为，由于流通时间的缩短而形成的资本周转速度加快，有助于扩大剩余价值的生产。有的人正是看到这种表面现象就把流通看做是利润的源泉。其实，流通仅仅是价值的实现而不是价值的创造。有的人看到在流通中所谓的低价买高价卖的现象，也就把这种方式误认为利润的来源。其实，如果所有的商人都通过提高价格的方式来实现更多的利润，那么，提高的部分都会由于其购买的价格的提高而在出售中消失。不排除个别人可能依靠狡诈、利用购买者的无知等个人的优势获得更高的商业利润，但这种情况绝不是普遍的现象，也无法说明现实的流通状况。如果确实发生了某商品以高于或低于它的价值而出售，那也只是剩余价值的另外一种分配，也就是剩余价值在不同个人之间的分配的比例的变化，而不是改变剩余价值的大小和性质。流通的唯一使命就是在最短的时间内实现剩余价值，即使有时需要改变分配的比例。在其他条件不变的情况下，资本周转的时间越短，总资本中处于闲置状态的资本量就越小，占有的剩余价值量就越大，利润量增加，从而提高利润率。

其次，节约不变资本的使用对利润率的影响。马克思认为，节约不变资本，不仅可以降低资本有机构成，还能够使产品价值中由生产资料转移过来的部分减少，从而增加利润，提高利润率。当然，资本家为了节约不变资本的支出，采用的重要手段之一就是减少在劳动条件方面的支出，从而造成劳动条件的恶化，损害工人的正当利益。

第三，不变资本的流动部分对利润率的影响。马克思认为，原料是预付总资本的重要组成部分，其价格的变动必然对利润率的变动产生重要影响。在其他条件不变的前提下，原料的价格越高，成本就越高，利润就越少，利润率就越低，利润率与原料的价格成反比。因此，为了提高利润率，资本家采用各种手段，极力压低原材料价格和农产品收购价格，以提高利润率。

对于资本家而言，剩余价值是由可变资本还是不变资本产生的，这是无关紧要的，关键在于总预付资本带来的利润是多少，利润率有多高。在追求高额的利润和利润率的资本主义生产过程中，利润和利润率发生了重要的变化，即随着资本主义的发展，产生了利润转化为平均利润，利润率转化为平均利润率的趋势。

从利润率的公式 $p' = m'\frac{v}{c+v}$ 可以看出，利润率与资本构成密切相关。不同生产部门的资本有机构成不同，意味着总资本中可变资本所占的比例不同，因而，由可变资本推动的活劳动就不同。如果各个部门的剩余价值率相等，那么，他们所创造的剩余价值量就不等，剩余价值量同投资量的比率就不同，即利润率不同。另外，由于各个部门的资本的周转速度不同，也会引起利润率的差异。但是，在资本主义社会，资本的根本要求是等量资本获得等量利润，因此，资本总是要流向利润率高的部门，也就是说，通过资本在不同部门之间的自由流动，最终，各个部门的利润率趋向于相同。

马克思认为，在利润率趋同规律的作用下，个别部门的剩余价值与利润的关系不是相等关系，而是不等关系。从个别部门看，资本有机构成高的部门，资本家获得的平均利润高于本部门创造的剩余价值。资本有机构成低的部门，资本家获得的平均利润低于本部门工人创造的剩余价值。只有从全社会的角度看，整个资本家阶级获得的平均利润总额和整个工人阶级创造的剩余价值总额是相等的。一部分资本家多得的利润是另外一些资本家少得的利润，平均利润正是剩余价值在不同资本家之间重新分配的结果。

我们知道，商品价值是由不变资本、可变资本、剩余价值三个要素构成的，$W = c + v + m = k + m = k + p$，当其他条件不变时，由于资本自由流动而产生的平均利润率，把这个平均数加到不同生产部门的成本价格上，就形成了生产价格，即生产价格是由不变资本、可变资本再加上平均利润构成的。由于成本价格等于不变资本和可变资本之和，因此，生产价格则等于成本价格与平均利润之和，即商品价值转化为生产价格。

这样，不同部门的资本家出售商品时收回了消耗掉的资本价值，但是得到的并非本部门的剩余价值或利润，而只是得到了按资本平均分配到的那部分剩余价值，即得到了平均利润。不同资本家的利润差别的原因就在于他们投入的资本量的不同，实现了等量资本获得等量利润的要求。

由于平均利润率是在一定时期内不同部门的利润率的平均数，因此，由于不同资本的周转时间的差别而引起的利润的差别就消失了，那么，决定平均利润率的主要因素是："一般利润率取决于两个因素：1. 不同生产部门的资本的有机构成，从而各个不同部门的利润率；2. 社会总资本在这些不同部门之间的分配，即投在每个特殊部门因而有特殊利润率的资本的相对量；也就是，每个特殊生产部门在社会总资本中所吸收的相对份额。"① 通常情况下，利润率高的部门，所占总资本的比重大，平均利润率也就会高一些，反之则低一些。

---

① 《马克思恩格斯文集》第 7 卷，北京：人民出版社 2009 年版，第 182 页。

要特别明确的是，商品按照生产价格出售，需要资本主义发展到一定的高度。"商品按照它们的价值或接近于它们的价值进行的交换，比那种按照它们的生产价格进行的交换，所要求的发展阶段要低得多。按照它们的生产价格进行的交换，则需要资本主义的发展达到一定的高度。"① 也就是说，并非一切商品交换都是按照生产价格进行交换，生产价格的形成是资本主义商品生产高度发展的结果。

商品按照生产价格出售而形成的生产价格规律，不是否定价值规律，而是以新的形式实现价值规律。在同一个部门内，当平均利润形成以后，生产价格就代替了商品价值起市场价值的作用，成为价格波动的中心了。此时，价值规律仍然起支配价格的作用，价值规律对商品生产者提出的一切要求，比如减少必要劳动时间，降低成本等要求，依然是有效的，这是价值规律在更高的阶段和水平上的支配作用。在不同部门之间，资本会从利润率低的部门流向利润率高的部门，从而使供求之间形成均衡的比例，不同的部门都有相同的平均利润，使商品价值转化为生产价格，生产价格也是不同生产部门之间竞争的结果。可见，价值规律转化为生产价格规律，价值规律并没有失效，而是通过生产价格规律继续发挥作用。

剩余价值转化为利润、剩余价值率转化为利润率、利润转化为平均利润，清晰地揭示了商品价值转化为生产价格的过程，西方学者提出的所谓"转形问题"，关键在于没有正确把握马克思价值转化理论的基础。生产价格的形成过程表明资本主义的生产方式越发达，资本活动的空间就越大，就越容易从一个部门转向另一个部门，从一个地点转向另一个地点，结果，利润平均化的速度就越快，就能更充分地实现等量资本获得等量利润的要求。同样，劳动力的自由流动也随着资本的自由流动得以全面展开，也就是说，只有在资本主义生产方式发展到一定高度的情况下，资本与劳动的自由流动才是可能的，等量资本获得等量利润的要求才能得到更好的实现。

---

① 《马克思恩格斯文集》第7卷，北京：人民出版社2009年版，第197页。

随着资本主义的发展,在利润率平均化的同时,还有一种重要的趋势,就是平均利润率下降的趋势。古典政治经济学已经发现并着手研究利润率下降趋势的问题,但是由于其理论缺乏科学性而无法正确回答这个重大问题。马克思详尽地研究并科学地解决了这个问题。

马克思认为,平均利润率下降趋势具有客观必然性。在资本主义生产方式中,由于生产力的发展,资本有机构成不断提高,等量的不变资本能够推动更多的可变资本。资本总量因资本积累而扩大,可变资本在总资本中的相对量则呈现下降的趋势,从而引起利润率下降。

马克思认为,如果在一切生产部门,或者至少在具有决定意义的生产部门中,假如剩余价值率不变(可变资本不变),但是,提高资本有机构成,意味着不变资本的相对增加,可变资本相对减少,那么,一般利润率必然下降。事实上,可变资本相对减少是资本主义生产方式的内在要求,也就是说,一般利润率下降的趋势是资本主义生产方式日益发展的结果。当然,利润率下降只是一种总体趋势,而不是说在任何时候都在下降。有的时候,影响利润率的一些重要因素的作用更强烈的时候,也可能引起利润率的上升,主要包括:提高劳动剥削程度,把工资降低到劳动力价值以下,构成不变资本的各个要素的价格下降,相对过剩人口的存在进一步降低工资,增加对外贸易来剥削其他国家民族,减少预付资本,等等,都在某种程度上增加了剩余价值,阻碍利润率的下降。因此,利润率下降的趋势是绝对的,具有长期趋势的性质,而不是很快就下降了。在这个过程中,并不排除个别情况下出现相反的情况。

利润率下降的趋势并不妨碍利润量的增加,即会出现平均利润率趋于下降和利润量增加同时并存这个二重规律,往往在形式上表现为单个商品的价格下降,而通过商品销售所实现的利润量的增加。这是因为,资本有机构成的提高,活劳动在同样的时间内生产了更多的商品,而劳动生产率的高低并不影响同一劳动在相同时间内创造的新价值总量,这样新价值总量就体现在更多的商品中,单个商品中包含的活劳动创造的价值量就减少,引起商品价格降低。另外,由于劳动生产率的提高,会降低所消耗的生产资料的价值，引起单位商品中由生产资料转移过来的物化劳动量的减少，也会引起单位商品的价值的下降。单个商品价格的下降，利润量增加，此时，除了个别情况（如当可变资本和不变资本的一切要素变得更便宜的时候），即使剩余价值率提高了，利润率还会呈现下降的趋势，因为单个商品中包含的剩余劳动减少了，体现在单个商品中的可变资本与不变资本相比减少了，利润率下降。

可见，利润率下降趋势的根本原因在于资本积累和资本有机构成的提高。资本积累既提高资本有机构成从而降低利润率，同时又可以增加预付资本总量，在降低的利润率的基础上实现更多的利润总量。

利润率及其变化的规律表明，在平均利润率的作用下，单个资本家与资本家总体一样，都参与总资本对整个工人阶级的剥削，共同决定了对工人阶级的剥削程度。正是在这个规律的作用下，不同产业资本之间实现了等量资本获得等量利润要求，形成了不同产业部门之间共同瓜分剩余价值的原则。因此，马克思说："我们在这里得到了一个像数学一样精确的证明：为什么资本家在他们的竞争中表现出彼此都是假兄弟，但面对整个工人阶级却结成真正的共济会团体。"①

资本有机构成的提高就是在利润率下降趋势的规律和资本主义积累一般规律的基础上进行的，同时，资本有机构成的提高也是资本主义生产方式发展的表现形式，充分说明资本主义生产力与生产关系的不可克服的内在矛盾，也就充分揭示了资本主义社会的历史过渡性质。

2. 资本主义经济危机理论

平均利润及其下降趋势的规律更加彻底地揭示了资本主义的基本矛盾，从而科学地论证了资本主义经济危机的必然性。马克思在分析货币流通时，谈到了危机的可能性问题，然后马克思分析了危机中的工人状况、危机的物质基础等问题，后来讲到由于资本主义基本矛盾的作用导致生产比例关系的破坏，从而引发经济危机。这里，马克思基于利润率下降趋势的规律，在批判李嘉图的利润学说的时，更加全面、深刻地揭

---

① 《马克思恩格斯文集》第 7 卷，北京：人民出版社 2009 年版，第 220 页。

露了资本主义经济危机的根源和必然性。

马克思认为，李嘉图及其学派在平均利润率下降趋势规律的认识上主要存在以下问题：一是混淆了利润率与剩余价值率之间的区别，把利润率等同于剩余价值率，因此，他认为利润与工资成反比例关系，其实，剩余价值率与可变资本成反比例关系，这样他就无法理解剩余价值率与利润率之间的反向运动关系。二是把平均利润率与资本积累简单地对立起来，片面地认为利润率下降就抑制了资本积累，其实，利润率下降和资本积累的加速都是资本主义生产力发展的结果，是同一个过程的两个不同的表现。三是无法正确理解利润率下降的原因和结果。他把利润率下降归结为自然原因，是因为人口增加导致最差的土地也投入耕种，造成农业生产力下降，土地收益递减，引发谷物价格上涨，刺激工资上涨，这是把平均利润率归咎于自然的错误观点。四是把产业利润和利息等同于全部剩余价值，把地租排除在外。其实，即使平均利润率下降，并不妨碍产业利润、利息、地租的绝对量的增加，不同资本集团获得的利润总额会发生变化，但也并不影响社会利润总额和平均利润率的变化。

马克思认为，平均利润率下降趋势的规律显示出资本主义生产所受的限制，表现了剩余价值生产与剩余价值实现之间的矛盾，体现了生产与消费的矛盾。因为资本主义生产的目的是为了剩余价值，而不是资本家个人的消费，这种精神恰恰是资本主义生产的独特性质。"进行直接剥削的条件和实现这种剥削的条件，不是一回事。二者不仅在时间和地点上是分开的，而且在概念上也是分开的。前者只受社会生产力的限制，后者受不同生产部门的比例关系和社会消费力的限制。"① 物化在商品中的剩余价值只有通过商品交换才能实现，那么，各个不同生产部门就应当保持一定的比例关系，确保商品符合社会需求，同时还需要一定的社会消费力，这种消费力"是取决于以对抗性的分配关系为基础的消费力；这种分配关系，使社会上大多数人的消费缩小到只能在相当狭

---

① 《马克思恩格斯文集》第 7 卷，北京：人民出版社 2009 年版，第 272 页。

小的界限以内变动的最低限度"①。由于工人在分配关系中的不利地位而导致其消费力低下，同时，资本家的消费受到了积累的欲望的限制和扩大生产规模的愿望的限制，进一步限制了社会的总消费力。结果，商品的价值实现就遭遇到了困难。当资本依靠扩大市场的方式来克服这个困难的时候，结果是随着市场的扩大，社会生产比例失调也扩大到更广的范围内，对抗性的分配关系和积累的欲望使消费力进一步萎缩，剩余价值的生产和实现的矛盾不仅没有解决，反而与资本过剩和人口过剩的矛盾结合在一起，进一步激化生产和消费的矛盾，导致资本主义经济危机的全面爆发。

平均利润率下降趋势规律反映了资本主义生产扩大与价值增殖之间的矛盾，造成这个矛盾的根源在于：一方面，资本生产的唯一目的就是追求自身价值的保存和价值增殖的最大化，因此，资本主义生产有无限发展的趋势。另一方面，生产的发展却导致现有资本的价值贬值，资本有机构成不断提高、利润率下降、相对过剩人口增加以及社会消费力降低，生产剩余价值与实现剩余价值之间的矛盾日益突出，引发生产相对过剩的经济危机。

资本主义生产的限制决非是自然的限制而是资本主义生产自身的限制："资本主义生产的**真正限制**是**资本自身**，这就是说：资本及其自行增殖，表现为生产的起点和终点，表现为生产的动机和目的；生产只是为**资本**而生产，而不是反过来生产资料只是生产者**社会**的生活过程不断扩大的手段。以广大生产者群众的被剥夺和贫穷化为基础的资本价值的保存和增殖，只能在一定的限制以内运动，这些限制不断与资本为它自身的目的而必须使用的并旨在无限制地增加生产，为生产而生产，无条件地发展劳动社会生产力的生产方法相矛盾。手段——社会生产力的无条件的发展——不断地和现有资本的增殖这个有限的目的发生冲突。因此，如果说资本主义生产方式是发展物质生产力并且创造同这种生产力相适应的世界市场的历史手段，那么，这种生产方式同时也是它的这个

---

① 《马克思恩格斯文集》第 7 卷，北京：人民出版社 2009 年版，第 273 页。

历史任务和同它相适应的社会生产关系之间的经常的矛盾。"①

可见，为了克服扩大生产与价值增殖这对矛盾，摆脱危机，资本家只有继续增加积累、扩大生产以获得更多的利润，结果又进一步引起了利润率下降，资本主义生产就是在利用造成这种自我限制的原因来不断地克服这种自我限制，使这种自我限制在不断扩大的规模上重新表现出来。因此，资本主义生产方式决定了它无法根除这对矛盾，而只能以不断扩大矛盾的方式暂时克服矛盾，造成经常性的、周期性的经济危机。

平均利润率下降趋势的规律不仅激化生产扩大与价值增殖的矛盾，同时也引起资本过剩与相对人口过剩之间的矛盾。

"所谓的资本过剩，实质上总是指利润率的下降不能由利润量的增加来抵消的那种资本——新形成的资本嫩芽总是这样——的过剩，或者是指那种自己不能独立行动而以信用形式交给大经营部门的指挥者去支配的资本的过剩。"② 也就是说，由于资本积累使资本最低限额进一步提高，大量的小资本无法投入生产而变成过剩资本。资本过剩和人口过剩都是资本积累的必然产物，而且二者处于对立的两极：一极是失业的资本，一极是失业工人，这种对立显示出资本主义生产方式的内在矛盾。

资本过剩实质是资本积累的过剩，过剩资本有两条出路：一是转入信用、投机或者股票投资，二是部分追加资本受到失业或半失业的资本压力，只好以较低的利润率来实现增殖。资本过剩必然引起资本家之间的竞争日趋激烈，而问题只能通过经济危机强制性地加以解决，即依据在竞争中的地位，一部分资本闲置下来，另一部分要消灭掉，使资本主义生产建立新的平衡关系。

资本过剩与相对人口过剩紧密联系在一起。资本的绝对过剩是指那些因为无法执行资本职能而形成的生产资料的过剩，这些过剩的生产资料一旦投入到生产中，不仅不会带来增殖，反而会加剧利润率的下降，

---

① 《马克思恩格斯文集》第 7 卷，北京：人民出版社 2009 年版，第 278—279 页。
② 同上书，第 279 页。

引起生产的混乱。资本的绝对过剩与相对人口过剩的原因都在于资本积累,二者都因为达不到资本增殖的目的而得不到合理的使用。资本的生产过剩包含着商品的生产过剩。当利润率下降时,大资本可以利用利润量的增加而得到补偿,那些中小资本就只能通过竞争,不断扩大生产规模才能得到这种补偿。资本主义生产中的内部矛盾只有通过经济危机的方式才能得到暂时的解决。

资本主义经济危机的作用的二重性在于:一方面,经济危机对资本的破坏作用。经济危机迫使部分企业倒闭或者开工不足,消灭了一部分资本,引起一部分生产资料处于闲置状态,甚至因自然原因而丧失部分使用价值;企业停工使企业股票价格、债券价值下跌,部分货币闲置;大量商品滞销又引起价格下跌使现有资本贬值。另外,部分资本因投入不能如期回收而导致债务锁链中断,引发社会信用体系崩溃,导致社会再生产的停滞、社会再生产的规模缩小。另一方面,经济危机对资本主义再生产从供求失衡到恢复平衡起到重要的作用。失业使得工人只能接受更低的工资而增加了资本的剩余价值量,商品价格的降低和竞争刺激资本家采用更先进的设备和工艺技术,降低个别价值,力图获得超额剩余价值,提高劳动生产率以减低单位商品的价值,使不变资本的价值贬值,提高利润率,等等。经济危机为下一轮扩大再生产准备了必要的条件,推动资本主义生产进入下一个经济运行周期。

总之,资本主义生产方式本身存在不可克服的内在矛盾,生产力的发展导致利润率下降趋势成为一种客观必然性,生产目的与实现生产目的的手段之间的矛盾日趋激化,最终只有通过周期性的经济危机才能暂时克服这种矛盾。追逐利润是资本主义生产的内在驱动力,因此,它只生产那些能够提供足够的利润的产品,那些社会需要而不能提供足够利润的商品就没有人愿意投资生产,社会供需的矛盾也就不可避免地爆发。追逐利润率而利润率却不断下降的趋势,导致一部分资本退出生产领域,或者闲置起来,使社会生产陷于停滞状态。可见,经济危机就是由于资本主义生产方式本身的矛盾引起的,只有改变资本主义生产方式才能从根本上克服经济危机。

3. 剩余价值在不同职能资本家之间分配的规律理论

商人资本是重要的职能资本，也以商业利润的形式参与剩余价值的分配。商业资本是产业资本的派生形式，借贷资本则不仅是产业资本的派生形式，也是商业资本的派生形式，也要以利息的形式参与剩余价值的分配。

产业资本有一部分作为商品资本和货币资本处于流通领域中，其中，作为商品处于市场上以便于从商品转化为货币，W—G，作为货币处于市场上以便于从货币转化为商品，G—W。二者合起来就是商品资本的运动，即 W—G—W。如果处在流通过程中的资本的这种职能独立起来，就成为一种特殊的资本，就是商品经营资本或者商业资本。商人资本包括商品经营资本和货币经营资本两种形式。

商业资本家依靠手中的货币而购买商品，并且不断重复为卖而买的活动，即 G—W—G，此时，他承担了产业资本家出售产品的任务。对产业资本家而言，把商品出售给商业资本家就已经卖出了自己的产品，但是，商品还在市场上以商品资本的形式而存在，这个销售任务由商业资本家独立完成。商品经营业务就作为一种特殊的中介业务而独立发展起来。商业资本能够获得独立形态是由于商人预付了货币资本，能够获得自行增殖，执行资本的职能，是由于它作为媒介实现资本由商品形态向货币形态的转化，商品的买卖活动是商业资本的唯一活动，因此，它只采取货币资本形式和商品资本形式，不能采取生产资本的形式，并且总是处于流通领域之中，从而把自己与产业资本区别开来。

商业资本与产业资本的社会分工，大大地提高了产业资本的效率，有力地促进经济的发展。独立化的商业资本可以大量节约社会资本，实现规模效益。商业资本还能利用自身的优势促使产业资本的循环在流通中耗费的时间大大减少，大大地加快了资本周转速度。产业资本家一旦把自己的商品出售给商业资本家，就完成了从商品到货币的"惊险一跳"，实现再生产。

与产业资本一样，商业资本也属于职能资本，即执行生产和实现剩余价值的职能资本。"商业资本只是由于它的实现价值的职能，才在再生产过程中……作为执行职能的资本。"①

商业资本是在流通领域内执行任务的资本,它并不形成价值,也不生产剩余价值(只有个别情况是应当由产业资本完成的价值创造环节转移到商业资本完成。这不是商业资本的本职,典型的商业资本唯一的职能就是实现商品的价值)。但是,它有助于缩短流通时间,从而有助于产业资本家生产更多的剩余价值,提高剩余价值对预付资本的比例,即提高利润率;商业资本有助于扩大市场规模,使资本能在更大的规模上实现再生产,有利于提高生产效率,促进资本积累。

商业资本虽然不创造剩余价值,但是,它要参加剩余价值的分配。因此,商业资本必然降低平均利润的水平。商业资本具有实现价值和剩余价值的职能,那就必须与生产资本一样获得平均利润。商业资本的独立化,相应的利润就应当从产业资本家转移到商业资本家手中,成为商业利润。商业资本与产业资本共同参加平均利润的形成和剩余价值的分割。

商业资本通过竞争获得平均利润。从商业资本与产业资本之间的关系说,如果商业利润高,那么就会有部分产业资本转化为商业资本,反之,如果产业利润高,部分商业资本也就会转化为产业资本,直到二者获取平均利润为止。商业资本参与利润平均化的基本方式是:"商人资本会按照它在总资本中所占的比例,作为一个决定的因素参加一般利润率的形成。"② 生产价格也就有了更明确的规定,即用于计算平均利润的社会总资本不只是生产总资本,还应包括商业资本。这样,基于产业资本而确定的生产价格 = 成本价格 k + 产业利润 p,这是产业资本家把商品出售给商业资本家的价格。商业资本家把商品出售给最后消费者的实际生产价格 = k + p + h,h 为商业利润。实际生产价格高于产业生产价格,其中的差额就是商业利润。也可以说,商品的实际价格就是商品的社会价值。

商业利润实质是对产业利润的一种扣除,是产业资本生产的剩余价

---

① 《马克思恩格斯文集》第 7 卷,北京:人民出版社 2009 年版,第 327 页。
② 同上书,第 318 页。

值的一部分。与产业资本相比,商业资本越大,产业利润就越小。商业资本越小,产业利润就越大。可见,商业资本以独立的职能资本参与平均利润率的形成。

产业资本通常是在成本价格以上、生产价格以下的某个价位把商品出售给商业资本家,这样,产业资本能够确保回收成本并赢得一定的利润,商业资本就可以按照商品的实际生产价格出售商品,获取商业利润。商业资本家为了获取利润,不仅需要预付货币资本,还要支付流通费用。流通费用主要包括:纯粹流通费用、商品保管费用、运输费用,这就要求商业资本家购买商品的价格与销售商品之间的价格差额,必须足以弥补流通费用,才能获得商业利润。

商业资本的周转不同于产业资本周转。产业资本的周转是生产和流通时间的统一,包括整个生产过程,而商业资本的周转只是商品形态的变化,即 W—G,但是,由于商业资本也需要预付资本,G—W,因此,就变成了先买后卖,为卖而买。在产业资本周转中,W—G—W,前后两个商品 W 是不同的,前者代表生产的商品,后者代表用出售商品而换来的货币购买生产资料,货币起到中介作用。在商业资本流通中,G—W—G′中两次转手的商品是同一种商品,同一货币资本按照其价值额反复购买,反复获得商业利润。

商业资本周转能否保持顺畅,取决于产业资本周转的状况。产业资本能够把商品源源不断地投入到市场上,并且及时从市场上购买生产资料和劳动力,商业资本才能正常周转。生产时间不仅是对产业资本自身的限制,也是对商业资本周转的限制。当然,商业资本的职能相对独立化,在某种程度上具有跃出产业资本限制的趋向,而且还会驱使再生产过程跃出各种限制。尤其是在现代信用制度的支持下,商业资本有能力在销售完商品之前继续购买商品,对生产者造成一种虚假的需求,刺激其持续生产,甚至扩大再生产。这就造成生产和消费的矛盾以潜在的方式不断扩大,直到商业资本造成的虚假需求破灭,爆发更大规模的经济危机,重新建立生产与消费之间的平衡关系。

商业资本周转速度与商业部门有关,也与经济所处的周期有关,因而，有快有慢。商业资本周转不同于产业资本周转。在其他条件不变的情况下，产业资本的周转速度越快，利润量就越大，利润率也就越高。商业资本则不同，因为其利润率是一个确定的量，因此，其周转速度会作为一个决定性的因素影响它与总资本的比例关系，周转速度越快，必要的商业资本的绝对量就越少。当其他一切条件不变时，商业资本的相对量与其自身的周转速度成反比，同时也就与生产过程的活力成反比。可见，资本周转速度加快，商业资本占总资本的比例会降低。如果其他条件不变，交通运输工具的发展会减少商业资本的绝对量。另外，由于资本主义生产方式的发展，一切生产都要变成商品生产，一切商品都会经过商业资本，从而会增加商人的数量。

商业资本的周转对商品出售价格具有重要的影响。薄利多销或者厚利少销这种行为仅仅是表面的，因为决定商品出售价格有两个界限：商品生产价格和平均利润率，这个两个界限都不是由商人决定的，他能决定的只有一件事，就是经营什么商品，而且这个决定还要受到本人的资本量以及市场竞争状况的影响。现实中有人违背商品价格的两个界限而出售商品，都是与商业竞争密切相关。在资本主义还没有充分发展的阶段，商品的价格比较高，原因在于劳动生产率还比较低，还没有形成平均利润和一般利润率。随着资本主义的发展，以较高的价格出售商品的状况就会逐步消除。由于商人预付资本的利润是由年利润率决定的，因此，不同商业部门的商人资本的周转次数就会直接影响商品的出售价格。一定量商人资本周转的次数越多，加进商品的商业利润就越少，商品的价格就低一些，反之就高一些。"薄利快销，特别对零售商人来说是他原则上遵循的一个原则。"① 如果单个商人资本的周转速度快于平均周转速度，他就会得到超额利润，此时，即使他卖的更便宜一些，也会得到平均利润，甚至更高的利润。

货币经营资本属于商业资本的一个亚种，并且与商品经营资本的职能类似，因此，对商品经营资本的分析也基本适用于货币经营资

---

① 《马克思恩格斯文集》第7卷，北京：人民出版社2009年版，第349页。

本。货币经营资本是在产业资本和商品经营资本的流通过程中，从事由货币职能所引起的各种技术性业务的资本，比如记账、出纳、保管等业务活动。这种资本是总资本在流通过程中以货币资本形态存在的部分。货币经营资本的业务来自于货币的职能。货币作为流通手段，产生了现金收付业务，作为支付手段，产生了结算和平衡业务，等等。这些业务之间也是彼此联系、相互转化的，出售商品而获得的货币暂时转化为贮藏货币，贮藏货币又可以转化为支付手段、购买手段，等等。货币资本作为流通手段承担的是货币的职能而非资本的职能，这种业务是与资本职能本身相分离的、作为货币而存在的资本部分的不断运动。

货币经营业只是与货币流通的技术以及由此产生的不同的货币职能有关，从而与商品经营资本区别开来。货币经营资本一般以收取手续费的形式来增殖自身，即 $G-G'$，货币经营者的利润也是从剩余价值中的一种扣除，只与已经实现的价值有关。

马克思科学地分析了商业可变资本的补偿以及获得利润的方式，创立了科学的商业资本理论，同时，马克思还明确指出，斯密、李嘉图等人把商业资本与产业资本混为一谈，因而其商业理论也是错误的。

生息资本，以独特的方式参与剩余价值的分割。在前资本主义社会，生息资本表现为高利贷资本，在资本主义社会，生息资本表现为借贷资本。生息资本不同于产业资本和商业资本，它不是职能资本，生息资本增殖的部分叫做利息，利息不是平均利润，而是平均利润的一部分。

生息资本的流通形式不同于产业资本，其运动公式是：$G-G-W-G'-G'$，这个运动包含双重支出和双重回流。双重支出是，货币资本家借贷给职能资本家，职能资本家购买劳动力和生产资料。双重回流是，职能资本出售产品回收货币，货币资本家收回本金和利息。两头的 G 和 G' 表示贷出的货币和回收的货币，所以，生息资本的公式可以简化为 $G-G'$，在这个运动中，生息资本好像脱离了职能资本的运动而获得了魔术般的增殖能力。中间的 $G-W-G'$ 代表产业资本或商业资本的运动。货币借贷出去后，贷出者就不能支配本金，也就是说，在这个借贷过程中，货币所有者的"所有权没有被出让，因为没有发生交换，也没有得到等价物"[①]。所有者凭借所有权，依照约定得到的是利息。借贷出去的货币回流是贷出者和借入者之间的一种特有的法律契约的结果。

产业资本家使用借贷资本获取利润，就需要把利润中的一部分作为利息支付给借贷资本家，即利息仅仅是平均利润中的一部分，利息并不参加资本的平均化，只是平均利润的扣除。货币资本家让渡的只是货币资本的贷放，不是让渡其价值的全部所有权，即让渡了货币作为资本的使用价值，或者说是让渡了其生产平均利润的能力。依靠这种让渡，货币资本家就获得货币所有权的果实——利息。对于产业资本家而言，使用借贷资本就要把利润中的有一部分作为使用资本的"价格"支付给借贷资本家，即利息。

可见，利息的最高限度就是利润，利息占利润的比例是企业经营的重要指标。利润大于利息是任何职能资本家借贷资本的基本要求。职能资本家支付多少利息，借贷资本获得多少利息，取决于利息率。利息率是一定时期内利息额与贷出货币额的比值。利息率是变动不居的，并不存在永恒不变的"自然利息率"。具体利息率是由货币资本家和职能资本家之间的竞争状况决定的。利息率受多种因素的影响，首先受到平均利润率的影响，这是利息率的上限，利息率必须小于利润率。其次，受到借贷资本的供求关系的影响。第三，还会受到传统和法律等因素的影响。

随着资本主义的发展，货币资本越来越表现为一个集中的有组织的量，虽然这个量和实际的生产完全不同，但是由于受那些代表社会资本的银行家控制。因此，利息率转化为银行利息率，银行利息率相对更为固定和一致。这样，利息率就会调节货币资本的供求关系。因为利息率构成了投资增殖的底限，低于利息率的投资，就不会获得任何利润。同

[①] 《马克思恩格斯文集》第7卷，北京：人民出版社2009年版，第388—389页。

时，利息也成为投资在产业资本还是投资在货币资本之间的调节手段。利息高，货币资本就会得到更多的投资，反之，产业资本就会得到更多的投资。利息率与商品的市场价格一样，是市场机制的重要组成部，并作为市场信号自动调节投资方向。

货币所有者让渡资本使用权而获得利息，职能资本家则以利息的形式购买使用权，这两类资本家是伙伴关系，相应的，剩余价值也要在伙伴之间进行分割，利息归前者，企业主收入归后者。这样，利润分为利息和企业主收入，并获得了固定的形式。不管职能资本家所使用的资本是自有的还是借贷的，都要把总利润分为利息和企业主收入。在资本家看来，与利息不同，"企业主收入是同资本所有权无关的东西，宁可说是他作为非所有者，作为**劳动者**执行职能的结果。"[①] 这样，利润就成为资本家劳动的结果，是资本家付出的管理、监督等劳动而获得的收入，企业主收入掩盖了利润的本质。

可见，生息资本的公式是 G—G′，意味着凭借本金就可以获得本金加利息，是货币的自行增殖，根本看不到产业资本的运动过程和作用："在生息资本上，这个自动的神物，自行增殖的价值，会生出货币的货币，纯粹地表现出来了，并且在这个形式上再也看不到它的起源的任何痕迹了。"[②] 来源于利润、来源于剩余价值的利息却以资本的果实的形式表现出来，再加上以非资本所有权的方式、以资本家的监督劳动而取得的企业主收入，利息和企业主收入共同掩盖了利润的源泉。本质上，这是两类不同的资本家共同瓜分剩余价值。

借贷资本的运动需要以信用作为重要的基础，信用是指商品交易中延期付款或者货币的借贷，是以定期还本付息为条件的价值运动，主要有商业信用和银行信用两种形式。信用主要有以下几个方面的作用：一是对利润平均化起中介作用，由于利润平均化的基本要求就是资本的自由流动，信用则可以有效地解决妨碍资本自由流动的技术问题。二是可

[①] 《马克思恩格斯文集》第 7 卷，北京：人民出版社 2009 年版，第 426—427 页。
[②] 同上书，第 441 页。

以减少流通费用。三是为成立股份公司提供基础。信用制度是私人企业向社会募集资金，建立资本主义股份公司的主要基础。四是为支配和剥夺别人的资本提供了权利。比如，为单个资本家提供在一定界限内支配别人的资本、财产的权利，信用机构利用社会的财产进行个人冒险，等等。信用制度加速了生产力的物质上的发展和世界市场的形成，推进物质生产力达到更高的水平，同时又刺激矛盾的激化，加速危机的爆发，因而加强了旧的生产方式解体的各种要素。因此，信用制度的二重性在于："一方面，把资本主义生产的动力——用剥削他人劳动的办法来发财致富——发展成为最纯粹最巨大的赌博欺诈制度，并且使剥削社会财富的少数人的人数越来越少；另一方面，造成转到一种新生产方式的过渡形式。"①

商业信用指以赊账方式出售商品时买卖双方之间相互提供的信用。信用货币并不是以货币的流通为基础，而是以票据流通为基础，通过创造这种单纯流通手段的方式，又产生出虚拟资本，可见，商业信用能使生产和交易突破现有资本的限制。商业信用和商业票据是银行信用和银行券的基础。汇票并非在任何时候都能当做流通手段和支付手段来说使用，只有汇票持有人拿汇票银行去贴现，它才代替货币起作用。银行也不一定用货币去贴现，往往用银行券去贴现，银行券属于一种特殊的汇票，是用信用货币代替了商业货币。

银行资本包括银行家的投资和他人的存款，主要以现金和有价证券的形式存在，有价证券又分为商业证券（汇票），公共的有价证券，比如国债、股票等。银行信用产生了大量的虚拟资本。"人们把虚拟资本的形成叫做资本化。人们把每一个有规则的会反复取得的收入按平均利息率来计算，把它算做是按这个利息率贷出的一个资本会提供的收益，这样就把这个收入资本化了。"② 同一笔货币资本可以充当多项存款的工具，执行多次支付手段、流通手段和多次借贷资本的职能，可以反复

---

① 《马克思恩格斯文集》第7卷，北京：人民出版社2009年版，第500页。
② 同上书，第528—529页。

使用，可以带来反复计算的利息收入，这就形成了货币虚拟化，即虚拟资本。同样，股票、债券等一切资本所有权证书，只是现实资本的纸质副本，也可以获得定期收入，还可以在证券市场上自由买卖，实现价值增殖，也就被当做是不同于现实资本的虚拟资本了。

商业信用与现实资本之间保持高度的一致性，但是商业信用无法满足经济运行的需要，由此产生出银行信用。银行信用克服了商业信用的局限性，使信用对再生产过程产生的推动作用达到极限，但是，这种最大限度的推动作用导致生产能力的过剩，从而引发经济危机。"信用的最大限度，等于产业资本的最充分的运用，也就是等于产业资本的再生产能力不顾消费界限而达到极度紧张。这些消费界限也会因再生产过程本身的紧张而扩大。"①

由于有价证券能为其所有者带来收益，具有资本的属性，借贷资本的积累就在很大程度上表现为有价证券的投资。借贷资本对国债的投资并不形成现实的资本，投资于股票的借贷资本，即股票资本与现实资本并不完全反映现实资本积累的变化，因此，当有价证券成为借贷资本的主要投资形式时，借贷资本的积累就会因为有价证券的虚拟性质而与现实资本的积累之间发生背离。

借贷资本的增加可以在现实资本没有任何增加的情况下，借助于银行支付体系和银行信用机制得以实现。就是说，借贷资本的增加不一定代表现实资本的增加，但是，现实资本的增加必然会引起借贷资本的迅速增加。

总之，在资本主义社会，生息资本主要是产业资本和商业资本在其循环和周转过程中必然出现的暂时闲置的货币资本，表现为借贷资本，是借贷资本家为取得利息而暂时借贷给职能资本家的货币资本。借贷资本家从职能资本家那里获得的利息，归根到底是工人创造的剩余价值。因此，借贷资本不仅体现了资本家与雇佣工人之间的关系，而且还体现了货币资本家和职能资本家之间的关系，二者都以隐蔽的形式共同瓜分

---

① 《马克思恩格斯文集》第7卷，北京：人民出版社2009年版，第546页。

工人创造的剩余价值。

4. 资本主义地租理论

在前资本主义社会就已经产生各种不同形式的地租了，主要有劳动地租、产品地租、货币地租等形式。这些地租完全不同于资本主义地租，因为资本主义地租的根据在于资本主义土地所有制。马克思坚持历史与逻辑相统一的原则，从资本主义社会发展的角度，阐明资本主义地租的实质，并深入地分析了级差地租、绝对地租等具体形式，建立了科学的资本主义地租理论。

马克思认为，从资本主义所有制的形成过程中可以看到，资本主义地租也是剩余价值的一部分，即农产品价格中所包含的剩余价值超过平均利润以上的余额，资本主义地租的交付者是剥削农业工人的地租资本家。这种地租体现了资本主义社会中三个阶级——农业无产阶级、农业资本家阶级、地主阶级之间的关系。农业地租在资本主义条件下主要有两种形式，即级差地租和绝对地租。

所谓级差地租，就是等量资本投在面积相等的土地上具有不同的生产率所形成的、由农产品的个别生产价格和社会生产价格的差额所构成的超额利润转化而成的地租形式。可见，级差地租产生的根源在于：一是基于被垄断的自然力而形成的个别生产价格，二是投入该生产部门的一般资本的一般生产价格，这两种生产价格之间的差额就构成了级差地租。级差地租是土地的资本主义经营的垄断造成的。由于特殊的自然力有限，而对这种特殊自然力的利用被个别资本主义企业所垄断，产品的市场价格就不是取决于平均的生产条件，而是取决于最劣等的生产条件。这样，拥有特殊自然力的资本主义企业或农场，由于拥有比较高的劳动生产率，其产品的生产价格必然低于劣等生产条件所决定的市场价格，这个差额就是地租的超额利润。

级差地租分为级差地租Ⅰ和级差地租Ⅱ的两种形式。级差地租Ⅰ是等量资本投在面积相同的不同土地上，具有不同生产率而形成的级差地租。土地的肥沃程度和位置的差别是形成级差地租Ⅰ的主要因素。肥沃程度和位置与资本无关，但是会随着经济的发展而发生变化。由于土地有限，好地更有限，这样，劣等地也会被耕种，耕作劣等地的资本家也要求获得平均利润，因此，农产品的社会生产价格由劣等地生产条件的个别生产价格决定。其他农产品都按照社会生产价格出售，个别生产价格与社会生产价格之间产生了差额，即超额利润。超额利润是一种虚假的社会价值，却是符合价值规律的产物，因为这完全是价值规律支配土地产品的结果。

级差地租Ⅱ是在同一块土地上，连续投入等量资本产生不同的生产率而形成的地租。由于农产品的价格由劣等地决定，那么，在同一块土地上的连续投资耕种的生产率要高于劣等地的生产率，其个别价格也会低于劣等地的生产价格，产生了级差地租Ⅱ。两种形式的级差地租在本质上都是一样的，级差地租Ⅱ是级差地租Ⅰ的发展形式。在资本主义初期，级差地租Ⅰ是形成超额利润的主要因素，随着农业由粗放经营向集约经营的发展，投资量的决定性作用日益凸显，级差地租Ⅱ是形成超额利润的更加重要的因素。由于级差地租Ⅱ在投资方式和租约方式上的复杂性，级差地租Ⅱ的量也会发生不同形式的变化。

依据对级差地租Ⅱ的分析，可以看出，最坏的土地也能提供级差地租。如果劣等地连续追加投资使生产率提高，而生产价格不变，就会提供级差地租。如果劣等地的连续投资降低了生产率，这种降低了的生产价格就变成起调节作用的社会生产价格，第一次或前一次的投资就获得了级差地租。如果中等地连续投资造成生产率降低，降到劣等地的水平，它就决定了社会生产价格，那么，劣等地的个别生产价格就会低于这种新的社会生产价格而产生差额，形成超额利润而转化为级差地租。总体说来，农产品的社会生产价格呈现出不断上涨的趋势，上涨的原因是多方面因素造成的，而非单纯的追加投资的结果。不能把产生级差地租的条件和创造价值的源泉混为一谈，级差地租仅仅是剩余价值的一种转化形式，其源泉是农业雇佣工人的劳动，决定价值的是劳动而非自然。

资本主义地租的另一种形式是绝对地租。所谓绝对地租，是由于土地私有权的垄断，不论租种任何等级的土地，土地所有者都要收取地租，否则，他宁肯闲置土地也不会让人白白耕种，由于土地私有权的垄断而产生的地租，就是绝对地租。绝对地租根源于土地私有权的垄断。绝对地租形成的基础是农产品垄断价格。这个垄断价格则是超过农产品的生产价格的价值额。

由于土地所有权的垄断，阻碍着农业中的资本流动和转移，阻碍着利润率的平均化，从而使农产品按照等于价值或低于价值但高于生产价格的市场价格出售，绝对地租就是由农产品的价值和生产价格之间的差额转化而来。绝对地租的量是这个差额的全部还是其中的一部分，取决于农产品的市场供应状况。如果社会需求大，价格就不仅高于生产价格，还可能等于价值。当绝对地租等于生产价格和价值的全部差额时，绝对地租的量就大。反之，绝对地租的量就小。另外，绝对地租的量还受农业资本有机构成的影响。农业资本有机构成高，绝对地租的量就小，反之，绝对地租的量就大。与级差地租一样，农产品价值超过生产价格的部分，也不参加利润率的平均化，而是作为超额利润，留在了农业生产部门之内转化为绝对地租。绝对地租作为农产品的价值在它的生产价格以上的超过部分，也是来自于农业工人创造的剩余价值。

非农业用地的地租理论也是马克思主义地租理论的重要组成部分。非农业用地的地租就是建筑基地和矿山的地租。建筑地段的地租是资本家为了建造各种建筑物，租用土地时向土地所有者支付的地租。与农业地租不同，建筑地段所处的位置对地租具有决定性的影响，比如，城市繁华区的地段，其地租要比偏僻地区的地租高得多。由于外来因素的影响，土地所有者会坐享其成。比如，邻近地段修了公路、铁路时，地租就会提高了。还有就是垄断价格占优势，比如某个地段适于修建车站、码头、铁路，有温泉、名胜古迹的特殊地块等等，垄断地租就占有明显的优势。

随着经济的发展和城市的不断扩张，建筑地段的地租有明显提高的趋势。因为人口的增长导致住房的需求不断增大，促使地租上涨。建筑地段地租的增长，又会推动房地产投机的发展。城市的迅速发展，使某些地段处于新形成的工商业中心区域，这就会迅速增加超额利润从而形成高额地租。建筑业的利润很小,建筑业主的利润主要是选择和利用建筑地点,通过提高地租的方式取得的。房地产投机的对象也不是房屋,而是地租,即在地租的不断上涨进而在地价的不断上涨中获取暴利。

矿山地租是资本家为租用矿山而向矿山所有者而支付的地租。通常情况下,矿山地租的决定与农业地租相同,但是,也有例外情况。比如,过于贫瘠的矿山,资本家就不愿投资,土地所有者只好自己开采。矿山地租也有多种形式。一是矿山的级差地租。矿产品的社会生产价格要由劣等生产条件下的个别生产价格决定,中等和上等矿山的生产就可以获得超额利润,形成级差地租。二是矿山的绝对地租。通常情况下,采矿业的资本有机构成低于加工工业的水平,低于社会平均资本构成,矿产品的价值就要高于其社会生产价格。由于矿山垄断权的存在,限制投资的自由流动和竞争,矿产品就能够按照高于生产价格的价格出售,获得超额利润,形成绝对地租。三是矿山的垄断地租。某些稀有的矿产品会按照大大高于价值的垄断价格出售,使矿山所有者获得垄断地租。

在资本主义社会,土地价格则是资本化的地租。土地不是劳动产品,没有价值,没有价格,不能成为商品。但是,在资本主义条件下,土地由于有了价格,即地租的资本化,就变成了商品,而且在其价格的背后并没有价值。这是因为,由于土地所有权使土地所有者能够获得稳定的地租收入,他转让获得地租的权力就要索取相应的代价,这个代价就是土地的价格。购买土地的人在购买土地时,就要把购买土地后所能得到的地租收入,与他购买土地的货币资本存入银行时所能获得的利息进行比较,权衡相当,才会购买。可见,土地价格就是地租的资本化,土地价格并不代表价值,因而是虚幻的。土地价格的计算公式是:

$$土地价格 = \frac{地租}{利息}$$

土地价格由地租和利息率共同决定,与地租成正比,与利息率成反比。实际上,土地价格的决定不是单因素,而是多种因素共同决定的。

因此，马克思指出："使一般土地价格或各类别土地价格提高的不同条件，可以部分地发生竞争，部分地互相排斥，并且只能交替地发生作用。"① 土地价格在各种因素的影响下，波浪式地向上攀升。

5. 资本主义社会各种收入及其源泉理论

庸俗经济学家提出了臭名昭著的三位一体公式，力图掩盖资本主义生产方式的剥削本质，为资本主义辩护，这个公式也是当代西方经济学的基本教义。他们认为，资本、土地和劳动，分别表现为利息、地租、工资的源泉，即工资—劳动、利润—资本、地租—土地的三位一体，这个公式把三者完全分割开来了，各得其所，完全公平。三位一体公式完全掩盖了资本主义生产过程的秘密。马克思生动地揭示了三位一体公式的本质："每年可供支配的财富的各种所谓源泉，属于完全不同的领域，彼此之间毫无相同之处。它们互相之间的关系，就像公证人的手续费、甜菜和音乐之间的关系一样。"②

三位一体公式把资本、土地、劳动分割在不同领域中，是错误的。在资本—利息的关系上，资本的本质不是物，而是资本主义社会的生产关系。资本表现为物，但物本身不是资本，只有当生产资料与劳动力相分离，劳动力成为可以自由出卖的商品时，才成为资本。因此，生产资料是资本主义生产关系的物化。资本本身并不创造利润，创造利润的是唯一源泉就是劳动力。资本—利息，把资本装扮成利息的源泉，使资本取得了神秘的社会形式；在土地—地租的关系上，这里把土地当成了地租的源泉。但土地本身仅仅是一种自然，并不能创造价值和剩余价值。由于土地肥力的不同导致肥力较高的土地获得了超额利润，并转化为地租，造成了土地带来地租的假象，实际上，这是由于土地所有权造成的结果，地租依然是农业雇佣工人创造的结果。在劳动—工资的关系上，劳动是工资的源泉，其本质是把劳动的社会性质抽象掉了，变成了纯粹的人与自然之间的关系。事实是，劳动只有在资本主义条件下才获得工

---

① 《马克思恩格斯文集》第7卷，北京：人民出版社2009年版，第882页。
② 同上书，第922页。

资,劳动才与资本构成了对立关系。

三位一体公式混淆了各种收入源泉之间的联系,也是错误的。资本是一种社会生产方式,土地和劳动则是现实劳动过程的不可或缺的两个要素,资本、土地、劳动分别表现为利息、地租、工资的源泉,把资本主义生产过程中创造的新价值掩盖起来了,把土地作为价值的源泉,进一步割裂了三种收入之间的关系。另外,从资本—利息看,资本是生产资料,是使用价值,利息是剩余价值转化而来的一部分,是价值,把使用价值与价值这两个不能通约的量结合在一起。同样的,土地—地租的关系也是如此。土地只有使用价值,地租是交换价值,把土地和地租这两个不同通约的量来保持一定的比例关系,是完全错误的。在劳动—工资的关系中,劳动创造价值,但劳动本身没有价值,但是说劳动有价格,就要承认劳动本身也有价值,这是相互矛盾的。

可见,三位一体公式是完全错误、荒谬的,其好处就在于混淆视线、掩盖真相。在这个公式中,人们已经完全看不出收入的真正来源了,更看不出各种收入之间的关系了。三位一体公式实际上是把人们习以为常的、作为本质关系的歪曲表现的观念加以系统化、教条化的解释,把现象等同于本质了。马克思揭示了产生三位一体公式的基础,并对三位一体公式展开全面的批判。

三位一体公式的现实基础是:在资本主义现实生活中,人们直接可以看到,资本为资本家提供利润,土地为土地所有者提供地租,劳动为工人提供工资。总价值包含这三个价值,每年都被各自的所有者消费。对当事人来说,资本、土地所有权、劳动是三个不同的、独立的源泉,每年的价值也都是从这些源泉中生产出来的,实际上,这是把形成新价值的源泉与新价值分解为三部分混为一谈了。三位一体公式的理论基础在于:庸俗经济学家把劳动条件看做是自然的、永恒的,而彻底否定了生产条件的社会性质。在理论上,庸俗经济学家把资本与工人之间的社会生产关系抽象掉,结果就是:资本等同于生产资料等物本身,土地就是自然要素,劳动也是纯粹抽象的人类活动,用自然属性说明社会属性,于是,利润就是由生产资料产生,地租就是由土地产生,工资就是由一切社会共有的劳动产生。这样，利润、地租、工资都是由自然因素产生的，与社会关系、生产关系无关了，把这些收入看成天然具有的物质性结果，抹杀了不同社会生产方式之间的区别，掩盖了资本主义各种收入的真实来源。结果是把人与人之间的关系歪曲地表现为单纯的物与物之间的自然关系，使商品的社会属性表现为它的自然属性，并产生了商品拜物教。

三位一体公式的理论来源是"斯密教条"，要更深入地批判三位一体公式，就要揭示"斯密教条"的本质。所谓的"斯密教条"，就是把商品的价值分解为工资、利润、地租三个组成部分，这三种收入构成了商品的价值。据此，资产阶级经济学家把这个教条进一步庸俗化，建立了工资—劳动、利润—资本、地租—土地三位一体公式。

马克思依据社会再生产理论，分析了社会总产品为 $c+v+m$、总收益 $v+m$ 和剩余价值 m 之间的关系，指出庸俗经济学家因为不理解不变资本与可变资本之间的关系，不理解劳动在创造新价值的同时保留了旧价值，不理解剩余价值被分解为不同形式的收入等关系，而得出了荒谬的结论。如果撇开不变价值的部分，商品价值就其代表新加入的劳动来说，不断地分解为工资、利润和地租这三个部分就是正确的，但是决不能说工资、利润和地租来自于三个不同的、互不相干的源泉。工人劳动创造的新价值 $v+m$ 才是收入的源泉，也是各种收入的数量界限。在 $v+m$ 中，如果保持 $v+m$ 不变，那么，如果工资 v 发生变动，剩余价值 m 就发生反向变动。在新创造的价值中，工资有一定的界限，平均利润仅仅是改变了剩余价值的分配而没有改变其性质和来源，平均利润成为企业利润和利息的界限，地租的界限就是剩余价值和平均利润之间的超额利润。垄断利润也是有界限的，它或者是侵占工人工资，或者是剥削了其他生产者的利润。因此，基于"斯密教条"的三位一体公式是错误的，目的就是为资本主义生产方式辩护，掩盖资本主义分配关系的剥削性质。

资本主义生产有两大基本特征，一是商品生产，二是生产的目的和决定性动机在于追求剩余价值。资本主义生产过程内部规定了生产关系，也就决定了资本主义分配关系。在资本主义社会，劳动者创造的新价值分为工资、利润和地租三种不同的收入形式，这是资本主义特有的分配形式。这种分配关系不是自然关系，也不是永恒的，而是具有历史暂时性的社会关系。这种分配关系取决于资本主义生产关系的性质，因此，"所谓的分配关系，是同生产过程的历史地规定的特殊社会形式，以及人们在他们的人类生活的再生产过程中相互所处的关系相适应的，并且是由这些形式和关系产生的。这些分配关系的历史性质就是生产关系的历史性质，分配关系不过表现生产关系的一个方面。资本主义的分配不同于各种由其他生产方式产生的分配形式，而每一种分配形式，都会随着它由以产生并且与之相适应的一定的生产形式的消失而消失。"[①] 分配关系由生产关系产生并与生产关系相适应，表现了生产关系的一个方面，而且要随着生产关系的消灭而消灭。分配关系和生产关系都是历史的产物，都要与社会物质生产过程相适应，随着物质生产力的不断发展，生产关系和分配关系也要随之改变，直到资本主义生产关系不再适应生产力的要求，二者的矛盾运动推进资本主义进入更高级的社会形态。

马克思还把分配关系与生产关系有机统一起来，科学地阐明三种收入源泉与三大阶级之间的关系问题，指出："雇佣工人、资本家和土地所有者，形成建立在资本主义生产方式基础上的现代社会的三大阶级。"[②] 揭示了资本主义社会的基本经济结构和阶级结构。这种结构并不是以纯粹的形式表现出来的，还广泛地存在一些中间的阶层和过渡的阶层，最终这些中间阶层会逐渐分化而分别归属三大阶级。在这里，手稿中断了，我们无法看到马克思依据收入个分配关系而建立的完整的阶级理论。直到列宁依据马克思的基本思想，完成了科学的社会阶级理论。

---

① 《马克思恩格斯文集》第7卷，北京：人民出版社2009年版，第999—1000页。
② 同上书，第1001页。

第八章 《资本论》研究的当代性问题

迅猛推进的全球化态势，特别是近年由西方资本主义国家引发的世界性的经济危机，再一次证明了马克思的基本理论及其对资本主义的深刻批判仍然是透视当代世界科学而有效的理论武器。《资本论》是马克思一生最重要的著述，是诠释马克思思想最重要的文本依据。在当代新的境遇下要把马克思主义研究推向新的高度和层次，仍然绕不开这座"思想高峰"。当然，今天的研究是要在过去奠定的基础上进行的。但是检视既往的《资本论》研究史，就会发现，我们的基础其实并不雄厚，至少存在以下一些问题：

其一，很多论著将《资本论》视为一部业已全部完成了的而不是思想、体系处于开放状态的著作，离开其庞大的笔记和手稿群，甚至离开马克思本人的"第一手稿"，只是根据由后人整理"成型"、辗转翻译三卷"通行本"展开研究，缺乏真实、完整而权威的文献基础。

其二，很多论者把马克思完整的思想硬性地区隔为"经济学"、"哲学"和"社会主义"三个版块，《资本论》则更多地被看做是一部单纯的经济学著作，而忽略或淡化了其宽广的理论视界、深邃的历史意识和深刻的哲学蕴涵。

其三，有的论者没有看到马克思时代与其身后20世纪整个世界发展的时空视差、社会变迁及其二者复杂的内在关联，只是根据现实的需要便对《资本论》的思想和观点进行随意地概括和极端性地评论，实际上并没有客观地再现和揭示《资本论》的思想史地位和当代价值。

我们认为，现在是需要全面超越原有研究方式和水准的时候了。

一 权威、完整和准确的文献基础

我们必须站在世界学术研究的前沿领域,以权威、完整和准确的文献资料、版本作为重新研究《资本论》及其手稿的基础,以此廓清《资本论》发表百余年来争论的众多问题。

研究基础的权威、完整和准确,对研究水平的提高具有不可限量的意义。随着《马克思恩格斯全集》"历史考证版"(MARX/ENGELS GESAMTAUSGABE,以下简称 MEGA^2)第二部分"《资本论》及其手稿卷"15 卷 23 册即将于 2012 年出齐,再加上其第三部分"书信卷"第 8—35 卷大量涉及《资本论》的通信和第四部分"笔记卷"第 2—9 卷所刊布的作为《资本论》准备材料的四个笔记等,马克思准备、写作、修改和整理这一著述的曲折过程将被完整地再现出来,同时也表明《资本论》文本实际上由如下几个部分组成:

一是"笔记部分"。即 MEGA^2 第四部分第 2—9 卷所涉及的"巴黎笔记"(1843 年 10 月—1845 年 1 月)、"布鲁塞尔笔记"(1845—1847)、"曼彻斯特笔记"(1845)和"伦敦笔记"(1850—1853)。这些是马克思在《资本论》正式写作前的准备材料,记录了他从思想先驱那里汲取思想资源、展开自己的思考和重构的思路及过程,几乎触及后来《资本论》手稿中的绝大多数材料和议题。特别是由于后来的手稿实际上也非常凌乱,各部分之间的衔接常常出现中断,这些笔记就成为索解马克思复杂的思想结构和叙述逻辑的重要参照。

二是"初稿部分"。在过去稍微深入一些的研究中,人们总认为《资本论》有三个手稿,即著名的"1857—1858 年手稿"、"1861—1863 年手稿"和"1863—1865 年手稿",而 MEGA^2 根据新的文献补充和修正了这种说法。它不仅通过第二部分第 1 卷的 2 个分册、第 3 卷的 6 个分册刊出前两个手稿,而且通过第 2 卷将 1858—1861 年马克思留下的材料(包括 7 个笔记本的前言、两个提纲、《政治经济学批判》的"准备阶段"、第 1 分册、《资本论》第 1 章的"计划提纲"、"引文图解"

等）和恩格斯的评论一一予以刊出，又通过第 4 卷 3 个分册将所谓"1863—1865 年手稿"修正为"1863—1867 年手稿"，公布了从 1863 年至《资本论》第 1 卷正式出版前马克思的全部手稿。这样，所谓《资本论》的"手稿部分"实际上指的就是 1857—1867 年间马克思所写下的《资本论》的初稿，而"三个手稿"的说法只具有相对的或特定的意义。

三是"整理、修改稿部分"。即 MEGA^2 第二部分第 5—10 卷刊出的全部属于《资本论》第 1 卷的各种版本，包括其德文第 1 版、第 2 版、法文版、德文第 3 版、英文版和德文第 4 版；第 11—13 卷刊出的《资本论》第 2 卷的马克思手稿、恩格斯修改过程稿和恩格斯出版稿；第 14、15 卷刊出的《资本论》第 3 卷的马克思手稿和恩格斯整理过程稿、恩格斯出版稿。

为什么要花如此大的精力甄别同一卷次的这些不同版本呢？因为它们之间不仅在字词、段落上有非常多的改动，而且在结构上、内容上也有比较大的差别，用马克思评论第 1 卷法文版的话说，都具有"独立的科学价值"。比如，迄今为止，几乎所有的研究者所依据的《资本论》第 1 卷的版本都是由恩格斯整理的德文第 4 版，但 MEGA^2 提供的材料表明，1867 年出版的德文第 1 版只有 6 章，而 1872—1875 年间分册出版的法文版则扩展为 8 篇 33 章，1882 年的德文第 2 版又修正为 7 篇 25 章，1887 年的英文版则为 8 篇 33 章（与法文版也不完全一致），而 1890 年的德文第 4 版确定为 7 篇 25 章。再比如，把 MEGA^2 第二部分第 11 卷（分 2 个分册）中刊出的《资本论》第 2 卷的马克思手稿与第 12 卷刊出的恩格斯对这些手稿所做的整理过程稿以及第 13 卷刊出的正式出版稿比较一下，就会发现，恩格斯删减和增补的句子、公式和术语以及序列变更等超过 5000 多处，而且这还不包括标点符号、笔误等技术性的处理以及恩格斯对马克思原稿内容的概括部分，有些方面未必"只是形式上的改动"，实际上涉及对《资本论》思想的"恩格斯式"的理解，而且恩格斯在整理这些手稿的时候，没有查阅过一本马克思当年写作时参考过的书籍。

这里还想指出的是，中文新版《资本论》（2004）改变了从俄文转译的做法，根据德文对原来的译文作了校订，这是值得肯定的；但遗憾的是，第 1 卷校订依据的只是 MEGA^2 第二部分第 10 卷（仍然是德文第 4 版），而对其他各种版本之间的不同也并没有在注释中详加说明，更使人不能理解的是，第 2、3 卷校订依据的竟然不再是 MEGA^2，而是倒退到作为"通行本"的柏林狄茨版（1963）！这样经过 MEGA^2 编辑那么多年悉心甄别、考察和辨析而取得的研究进展就没有能够在中文新版得到充分体现。

四是"书信部分"。MEGA^2 第三部分"书信卷"从第 8 卷开始到第 35 卷大量涉及就《资本论》写作马克思与恩格斯之间的相互通信、马克思和恩格斯联名致他人的信、马克思和恩格斯分别致他人的信，以及附录中包括他人分别致马克思和恩格斯的信、他人致马克思和恩格斯的信以及他人相互之间的通信。这些书信表露了马克思长达 40 余年创作的艰难经历和真实心迹，也展示了同道参与这一巨大的思想建构工程的原委和过程。

以上关乎《资本论》的这些材料的刊布，将颠覆人们印象中它几乎是一部已经完成了的著作的传统看法，表明《资本论》"实际上仍然处于一种日益发展的进程中，处于一种没有完成的、开放的，并且是具有疑惑和困境的发展过程中"的实际情形。如果不将这些文献纳入《资本论》研究当中，怎么能不受到极大的局限、又怎么能准确而全面地把握马克思的原始思想呢？

以上的爬梳、考证和甄别绝不是为了罗列和铺陈文献，更主要是试图据此使《资本论》发表百余年来发生的那些众多的争议可以获得进一步的廓清，诸如：（1）马克思是怎样由"副本"批判转向"原本"批判的？这对他一生的思想探索意味着什么？（2）"巴黎笔记"与"巴黎手稿"、"巴黎手稿"与《穆勒评注》究竟是什么关系？（3）如何看待"异化劳动"在马克思思想发展中的地位？（4）"伦敦笔记"对于马克思经济学建构的意义何在？（5）是什么促成了《资本论》结构由两卷本—六册计划—三卷本—四卷本的不断变化？最后马克思放弃了"六册计划"的构想了吗？（6）"1857—1858年手稿"与《资本论》的关系？它是不是"《资本论》的初稿"？（7）"1861—1863年手稿"的意义何在？马克思是凭借什么超越古典经济学的？（8）《资本论》第1卷德文第1版、第2版、法文版、德文第3版、英文版和德文第4版各个版本的在内容上有何差别？如何估价这些差别？（9）《资本论》第2、3卷的马克思手稿、恩格斯修改过程稿和恩格斯出版稿之间的差别说明了什么？对5000多处不同做怎样的界定？如何估价恩格斯在《资本论》理论建构中的地位？（10）马克思为什么没有完成《资本论》的整理工作？他的晚年笔记与《资本论》究竟是什么关系？等等。

二 思想视野、历史意识和哲学蕴涵的挖掘

我们必须突破把《资本论》仅仅看做是单纯的政治经济学著作和哲学上只是对唯物史观的运用与检验的传统而狭窄的研究思路，而要在扎实的文本、文献解读的基础之上将其宽广的思想视野、深邃的历史意识和深刻的哲学蕴涵全面地展示、提炼出来。

《资本论》浸透了马克思长达40余年的思考和探索，他以文字描绘出一幅他心目中的社会图景、历史图景、理论图景和思想图景（尽管他从没有认为自己已经思考和叙述得很完整、很透彻）。因此，用现代学科的界域去衡量和界定他的工作的所指和所属，必然陷入误判。即如第1卷是从探讨"商品"开始的，但它只是一个习见的经济现象和事实吗？不！当时市场上随处可见、大量堆积的这种东西蕴涵着多少复杂的社会内容，体现了资本多么强大的创生力量，又映现出多少人不同的生活境况和历史命运。此外，诸如价值、劳动、生产、管理、流通、所有权、积累、市场等，哪一个是单纯的经济范畴、经济现象和经济运动呢？在我看来，支撑它们的实际上是马克思思想中那些最深层、最精髓而长期以来又重视不够的方面。

一是观照和把握复杂社会的方式、方法的提炼。《资本论》所要研究的，"是资本主义生产方式以及和它相适应的生产关系和交换关系"，

而为了达到这一目的，马克思可以说处心积虑，煞费苦心，用心良苦！他尝试并最终概括、提炼出可以上升到"历史哲学"高度的诸多社会认识方式、方法，诸如"普照光方法"、"从后思索方法"、"人体解剖方法"、"抽象—具体方法"，等等。马克思注意到，"在一切社会形式中都有一种一定的生产决定其他一切生产的地位和影响，因而它的关系也决定其他一切关系的地位和影响。这是一种普照的光，它掩盖了一切其他色彩，改变着它们的特点。这是一种特殊的以太，它决定着它里面显露出来的一切存在的比重。"① 更进一步说，"对人类生活形式的思索，从而对这些形式的科学分析，总是采取同实际发展相反的道路。这种思索是从事后开始的，就是说，是从发展过程的完成的结果开始的。"② 他还指出："人体解剖对于猴体解剖是一把钥匙。反过来说，低等动物身上表露的高等动物的征兆，只有在高等动物本身已被认识之后才能理解。因此，资产阶级经济为古代经济等等提供了钥匙。"③ 特别是由于"资产阶级社会是最发达的和最多样性的历史的生产组织。因此，那些表现它的各种关系的范畴以及对于它的结构的理解，同时也能使我们透视一切已经覆灭的社会形式的结构和生产关系"④。为此，他认为"分析经济形式，既不能用显微镜，以不能用化学试剂。二者都必须用抽象力来代替"⑤。可以说，这些方式、方法是马克思哲学认识论中最重要的内容。

二是社会有机体系统理论的建构。马克思曾被普利高津等称为"现代系统论的鼻祖"和"社会结构学说的奠基者"，《资本论》是对这一判断最好的注解。在对社会历史现象进行诠释和透视的时候，马克思确实是把其看做是一个复杂的有机体。而我们知道，人类社会是由许许多多按自己的主观意愿行事的人所组成的，它的发展规律和趋势就深藏在

---

① 《马克思恩格斯选集》第2卷，北京：人民出版社1995年版，第24页。
② 《马克思恩格斯全集》第44卷，北京：人民出版社2001年版，第93页。
③ 《马克思恩格斯选集》第2卷，北京：人民出版社1995年版，第23页。
④ 同上书，第23页。
⑤ 同上书，第99—100页。

其无数的意见、计划、情绪、意志、愿望之中,摆在人们目前的迫切任务是游过这些意见、计划等构成的汪洋大海而达到彼岸。面对复杂的社会历史,马克思提出劳动实践以及生产力、生产关系、经济基础、上层建筑、社会存在、社会意识以及社会革命等概念,真实地从理论上再现了各种社会现象之间的内在联系,揭示了社会生活发展、变化的原因、途径、趋向,使得纷繁复杂的社会生活显现出井然的秩序。这无疑是历史观上真正重要的变革。

三是历史形态与历史诠释之间关系的甄别。《资本论》对人类社会形态演变的划分不是一种尺度、一个标准,而是多层次、多角度的,诸如"人的依赖性"的社会→"物的依赖性"的社会→"人的全面发展"的社会、自然经济→产品经济→商品经济、原始公有制→私有制→共产主义公有制、渔猎社会→农业社会→工业社会、野蛮社会→文明社会、部落所有制→古代公社所有制和国家所有制→封建或等级的所有制,等等。检视《资本论》的创作历程,我们还会发现一个相当普遍的现象,就是马克思善于把社会历史形态的思考、论证和阐发与关乎这一问题的学说史的梳理和评析紧密地结合起来。像作为"1861—1863 年手稿"重要组成部分、后来被编为《剩余价值学说史》的写作就是为了配合原创性理论的建构而进行的理论史梳理。在这部手稿里,马克思真正把历史形态与历史诠释、理论与理论史极其密切地结合起来了。他当然坚持历史存在的客观性和规律性,但历史以怎样的方式显示自己的存在?对历史如何叙述才能显现出其当代意义?源于时代境遇和社会实践的理论又如何表达才能显示其真正的意旨?等等,所有这些都关乎"历史阐释学"的重要议题。马克思以其丰富的文本写作实践触及诸如历史表现、历史想象、历史隐喻、历史理解、历史叙述、历史方法、历史写作等问题,并且在其具体阐释中蕴涵着大量有价值的创见,需要我们进一步探究、挖掘和提炼。

四是"资本的本性"与资本的逻辑的揭示。在《资本论》中,马克思是把资本当做一个富有生命的有机整体来分析和把握的,他以深邃的哲学眼光洞察"资本的本性",透彻地分析资本主义社会"拜物教"

的实质。资本作为一个有机整体，拥有一种特殊的"主观意志"，即作为内在动力推动着资本主义的运动和发展。在以私有制为基础的商品生产条件下，特别是在资本主义社会中，存在商品拜物教、货币拜物教和资本拜物教。《资本论》的全部经济范畴——商品、货币、资本、地租等从整体上再现了资本主义的历史发展。

五是资本批判与人的解放之路的探究。马克思剖析资本及资本的逻辑，论证共产主义的必要性和可能性，其根本宗旨仍在于人，在于"人的全面发展"。表面看来，《资本论》探讨的是商品生产、商品流通和总过程的各种形式，探讨的是物质、利益、财富、阶级和所有制等问题，但贯穿这些方面的价值归旨是"现实的个人"的处境及其未来，是"实践的人和人的实践"，是"人与人的关系"。即如"时间"，我们一直把它看做是世界的存在方式，是一种可以度量的、匀速流逝的、物理状态的间隔，然而在《资本论》看来，哲学意义上的"时间"与自然时间是有区别的，它离不开人、人的活动和人的感受，衡量这一层面的时间的不是物理的尺度，而是社会的尺度、资本的尺度、人的尺度，时间成为人类发展的空间。用马克思的话说，就是"时间实际上是人的积极存在，它不仅是人的生命的尺度，而且是人的发展的空间"①。

三 思想史地位和当代意义的确立

我们必须结合对20世纪资本批判史的梳理、结合目前资本全球化的发展态势来重新理解和评价《资本论》中的资本理论及其对资本逻辑的批判，确立其思想史地位和当代意义。

《资本论》把对资本的批判推向了那个时代的顶峰，但在其身后资本世界又出现了新的变化和发展，人们也就一直没有停止对其的分析和批判。作为马克思战友的恩格斯，作为他们的学生的倍倍尔、李卜克内西及伯恩施坦、考茨基，作为"西方马克思主义"第一代的卢卡奇、

---

① 《马克思恩格斯全集》第47卷，北京：人民出版社1979年版，第532页。

柯尔施、葛兰西等人，都作了程度不同的思考和反思。到上世纪五六十年代法兰克福学派更把对于资本的批判发展为一种完善的社会批判理论形态，诸如霍克海默对工具理性的批判，阿多诺对于资本主义文化基础同一性哲学的批判，马尔库塞和弗洛姆从"性压抑"（弗洛伊德主义的）对现代社会的揭露，哈贝马斯对"资本主义合法化危机"的批判，霍耐特"为认同而斗争"的理论，等等。而属于"存在主义的马克思主义"谱系的列斐伏尔的日常生活批判理论，梅劳·庞蒂对马克思主义的存在主义式的理解，萨特用存在主义对马克思主义的补充；"结构主义和后结构主义"形态中阿尔都塞对于《资本论》的新的理解，巴里巴尔对结构主义的马克思主义的辩护，普兰查斯对于阶级斗争理论的再研究，鲍德里亚对于消费社会的研究和批判；"分析的马克思主义"形态中柯亨对于历史唯物主义基本概念的分析，威廉·肖对马克思的历史理论的阐述，罗默对社会阶级和剥削的分析，埃尔斯特对马克思思想的重新理解；属于"后现代主义"形态的德里达关于"马克思的幽灵"不散的提醒，詹明信的马克思主义文化理论研究，德勒兹对于资本主义"精神分裂"的批判，拉克劳和默菲对于意识形态的研究，等等。这些资本批判既承接了《资本论》的批判锋芒，又注意到资本本身在20世纪的调整、转型和变异。只有置于这样一个理论和思想史的序列中，才能看出后来的资本批判与马克思之间的复杂关系，即它们超越了还是没有超越《资本论》、怎么超越的、超越到什么程度。

而20世纪八九十年代以来席卷世界范围内的全球化态势，更直接关乎《资本论》当代价值的重估。对于全球化，目前不同的人存在着各种不同的理解和评价，但就实际状况而言，资本的全球化仍然是其中最引人注目的现象。在当代的资本全球化进程中，《资本论》所研究过的诸如雇佣劳动、"物奴役人"的现象、商品拜物教、货币拜物教和资本拜物教等情况依然存在，它们所由产生的那些经济根源、社会实质与功能也不能说与马克思的时代相比已经完全消失。但当代的全球化更多地表现为各个国家的经济主体在生产之外的贸易、投资、金融等领域的经济活动在全世界范围内的急速展开。这种活动借以实现的形式就是跨国公司和国家资本。它们凭借雄厚的经济实力、垄断的先进技术，实现了越来越大的范围的企业的国际分工。还需要注意到的是，在最近30年中国的发展中，资本也发挥了非常重要的作用，特别是国外资本一直备受青睐，中国成为"世界工场"，更进一步成为贸易大国。而当我们有了新的发展、具备了一定实力之后，我们也开始向外投资，涉足诸如非洲的石油、澳大利亚的矿业乃至美国的银行，特别是我们在非洲的投资已达数十亿美元，影响越来越大，商业利益也越来越多。我们的这种投资当然有获取足够的原材料和更多的资金以满足国内经济迅速增长的需要的考量，但不也给落后国家带来世界视野、全球眼光、经济发展和社会进步，向发达国家表达了中国希望世界和谐与发展的理念吗？应该说，这是一种真正的双赢和回报。

以这样的情形来看当代资本，就不能说它仍然"从头到脚，每个毛孔都滴着血和肮脏的东西"①，实际上，经过变化、修正和转换，较之过去它某种程度上更代表着一种规则、尺度、秩序、进步甚至文明，资本继续改变着世界的面貌，但它所造成的不完全是对立、冲突，更不是充斥着"大鱼吃小鱼、小鱼吃虾米"般的惨烈，形成的是差异、等级、多元、示范、导引和推动。这样说来，处于当代全球化态势下的"资本"已经不完全是《资本论》中批判的那个"资本"了。这就提醒我们，必须注意《资本论》当代解释力的界域，正视时代变迁所导致的差池，写出它的新篇章。

---

① 《马克思恩格斯文集》第5卷，北京：人民出版社2009年版，第871页。

第四部分　经典著作选编

马克思一生所撰写的与《资本论》相关的手稿卷帙浩繁，即使是整理成型的"通行本"三卷本翻译成中文也在160万字以上。考虑到现在查找这些文献已经比较方便和本书篇幅的限制，我们在这里只摘录了第一卷的四节、第二卷的两节和第三卷的一节内容；为了使读者较为完整地理解马克思在这些片断中的观点及其论证逻辑，与其他节选本不同，选定的这些部分除注释外则是全部刊出。

马克思《资本论》摘选

一 1867年第一版序言

第一版序言[①]

我把这部著作的第一卷交给读者。这部著作是我1859年发表的《政治经济学批判》的续篇。初篇和续篇相隔很久,是由于多年的疾病一再中断了我的工作。

前书的内容已经在本卷第一章作了概述。这样做不仅是为了联贯和完整,叙述方式也改进了。在情况许可的范围内,前书只是略略提到的许多论点,这里都作了进一步的阐述;相反地,前书已经详细阐述的论点,这里只略略提到。关于价值理论和货币理论的历史的部分,现在自然完全删去了。但是前书的读者可以在本书第一章的注释中,找到有关这两种理论的历史的新资料。

万事开头难,每门科学都是如此。所以本书第一章,特别是分析商品的部分,是最难理解的。其中对价值实体和价值量的分析,我已经尽可能地做到通俗易懂。以货币形式为完成形态的价值形式,是极无内容和极其简单的。然而,两千多年来人类智慧对这种形式进行探讨的努力,并未得到什么结果,而对更有内容和更复杂的形式的分析,却至少已接近于成功。为什么会这样呢?因为已经发育的身体比身体的细胞容

---

① 本节选自《马克思恩格斯文集》第5卷,北京:人民出版社2009年版,第7—13页。

易研究些。并且，分析经济形式，既不能用显微镜，也不能用化学试剂。二者都必须用抽象力来代替。而对资产阶级社会说来，劳动产品的商品形式，或者商品的价值形式，就是经济的细胞形式。在浅薄的人看来，分析这种形式好像是斤斤于一些琐事。这的确是琐事，但这是显微解剖学所要做的那种琐事。

因此，除了价值形式那一部分外，不能说这本书难懂。当然，我指的是那些想学到一些新东西、因而愿意自己思考的读者。

物理学家是在自然过程表现得最确实、最少受干扰的地方观察自然过程的，或者，如有可能，是在保证过程以其纯粹形态进行的条件下从事实验的。我要在本书研究的，是资本主义生产方式以及和它相适应的生产关系和交换关系。到现在为止，这种生产方式的典型地点是英国。因此，我在理论阐述上主要用英国作为例证。但是，如果德国读者看到英国工农业工人所处的境况而伪善地耸耸肩膀，或者以德国的情况远不是那样坏而乐观地自我安慰，那我就要大声地对他说：这正是说的阁下的事情！

问题本身并不在于资本主义生产的自然规律所引起的社会对抗的发展程度的高低。问题在于这些规律本身，在于这些以铁的必然性发生作用并且正在实现的趋势。工业较发达的国家向工业较不发达的国家所显示的，只是后者未来的景象。

撇开这点不说。在资本主义生产已经在我们那里完全确立的地方，例如在真正的工厂里，由于没有起抗衡作用的工厂法，情况比英国要坏得多。在其他一切方面，我们也同西欧大陆所有其他国家一样，不仅苦于资本主义生产的发展，而且苦于资本主义生产的不发展。除了现代的灾难而外，压迫着我们的还有许多遗留下来的灾难，这些灾难的产生，是由于古老的、陈旧的生产方式以及伴随着它们的过时的社会关系和政治关系还在苟延残喘。不仅活人使我们受苦，而且死人也使我们受苦。死人抓住活人！

德国和西欧大陆其他国家的社会统计，与英国相比是很贫乏的。然而它还是把帷幕稍稍揭开，使我们刚刚能够窥见幕内美杜莎的头。如果我国各邦政府和议会像英国那样，定期指派委员会去调查经济状况，如果这些委员会像英国那样,有全权去揭发真相,如果为此能够找到像英国工厂视察员、编写《公共卫生》报告的英国医生、调查女工童工受剥削的情况以及居住和营养条件等等的英国调查委员那样内行、公正、坚决的人们,那么,我国的情况就会使我们大吃一惊。柏修斯需要一顶隐身帽来追捕妖怪。我们却用隐身帽紧紧遮住眼睛和耳朵,以便有可能否认妖怪的存在。

决不要在这上面欺骗自己。正像18世纪美国独立战争给欧洲中等阶级敲起了警钟一样,19世纪美国南北战争又给欧洲工人阶级敲起了警钟。在英国,变革过程已经十分明显。它达到一定程度后,一定会波及大陆。在那里,它将采取较残酷的还是较人道的形式,那要看工人阶级自身的发展程度而定。所以,现在的统治阶级,撇开其较高尚的动机不说,他们的切身利益也迫使他们除掉一切可以由法律控制的、妨害工人阶级发展的障碍。因此,我在本卷中还用了很大的篇幅来叙述英国工厂立法的历史、内容和结果。一个国家应该而且可以向其他国家学习。一个社会即使探索到了本身运动的自然规律,——本书的最终目的就是揭示现代社会的经济运动规律,——它还是既不能跳过也不能用法令取消自然的发展阶段。但是它能缩短和减轻分娩的痛苦。

为了避免可能产生的误解,要说明一下。我决不用玫瑰色描绘资本家和地主的面貌。不过这里涉及的人,只是经济范畴的人格化,是一定的阶级关系和利益的承担者。我的观点是把经济的社会形态的发展理解为一种自然史的过程。不管个人在主观上怎样超脱各种关系,他在社会意义上总是这些关系的产物。同其他任何观点比起来,我的观点是更不能要个人对这些关系负责的。

在政治经济学领域内,自由的科学研究遇到的敌人,不只是它在一切其他领域内遇到的敌人。政治经济学所研究的材料的特殊性质,把人们心中最激烈、最卑鄙、最恶劣的感情,把代表私人利益的复仇女神召唤到战场上来反对自由的科学研究。例如,英国高教会派宁愿饶恕对它的三十九个信条中的三十八个信条进行的攻击,而不饶恕对它的现金收入的三十九分之一进行的攻击。在今天,同批评传统的财产关系相比,无神论本身是一种很小的过失。但在这方面,进步仍然是无可怀疑的。

以最近几星期内发表的蓝皮书《就工业和工联问题同女王陛下驻外使团的信函往来》为例。英国女王驻外使节在那里坦率地说,在德国,在法国,一句话,在欧洲大陆的一切文明国家,现有的劳资关系的变化同英国一样明显,一样不可避免。同时,大西洋彼岸的北美合众国副总统威德先生也在公众集会上说:在奴隶制废除后,资本关系和土地所有权关系的变化会提到日程上来!这是时代的标志,不是用紫衣黑袍遮掩得了的。这并不是说明天就会出现奇迹。但这表明,甚至在统治阶级中间也已经透露出一种模糊的感觉:现在的社会不是坚实的结晶体,而是一个能够变化并且经常处于变化过程中的有机体。

这部著作的第二卷将探讨资本的流通过程(第二册)和总过程的各种形式(第三册),第三卷即最后一卷(第四册)将探讨理论史。任何的科学批评的意见我都是欢迎的。而对于我从来就不让步的所谓舆论的偏见,我仍然遵守伟大的佛罗伦萨人的格言:

走你的路,让人们去说罢!①

卡尔·马克思
1867 年 7 月 25 日于伦敦

二 商品的两个因素

商品的两个因素:使用价值和价值
(价值实体,价值量)②

资本主义生产方式占统治地位的社会的财富,表现为"庞大的商品堆积",单个的商品表现为这种财富的元素形式。因此,我们的研究就从分析商品开始。

---

① "走你的路,让人们去说罢!"(Segui il tuo corso, e lascia dir le genti!)是套用但丁《神曲》中《炼狱篇》第 5 首中的一句(Vien dietro a me, e lascia dir le genti)。——译者注

② 本节为《资本论》第 1 卷第 1 章第 1 节,选自《马克思恩格斯文集》第 5 卷,北京:人民出版社 2009 年版,第 47—54 页。

商品首先是一个外界的对象,一个靠自己的属性来满足人的某种需要的物。这种需要的性质如何,例如是由胃产生还是由幻想产生,是与问题无关的。这里的问题也不在于物怎样来满足人的需要,是作为生活资料即消费品来直接满足,还是作为生产资料来间接满足。

每一种有用物,如铁、纸等等,都可以从质和量两个角度来考察。每一种这样的物都是许多属性的总和,因此可以在不同的方面有用。发现这些不同的方面,从而发现物的多种使用方式,是历史的事情。为有用物的量找到社会尺度,也是这样。商品尺度之所以不同,部分是由于被计量的物的性质不同,部分是由于约定俗成。

物的有用性使物成为使用价值。但这种有用性不是悬在空中的。它决定于商品体的属性,离开了商品体就不存在。因此,商品体本身,例如铁、小麦、金刚石等等,就是使用价值,或财物。商品体的这种性质,同人取得它的使用属性所耗费的劳动的多少没有关系。在考察使用价值时,总是以它们的量的规定性为前提,如一打表、一码布、一吨铁等等。商品的使用价值为商品学这门学科提供材料。使用价值只是在使用或消费中得到实现。不论财富的社会的形式如何,使用价值总是构成财富的物质的内容。在我们所要考察的社会形式中,使用价值同时又是交换价值的物质承担者。

交换价值首先表现为一种使用价值同另一种使用价值相交换的量的关系或比例,这个比例随着时间和地点的不同而不断改变。因此,交换价值好像是一种偶然的、纯粹相对的东西,也就是说,商品固有的、内在的交换价值(valeur intrinsèque)似乎是一个形容语的矛盾①。现在我们进一步考察这个问题。

某种一定量的商品,例如一夸特小麦,同 x 量鞋油或 y 量绸缎或 z 量金等等交换,总之,按各种极不相同的比例同别的商品交换。因此,小麦有许多种交换价值,而不是只有一种。既然 x 量鞋油、y 量绸缎、z

---

① "形容语的矛盾"的原文是"contradictio in adjecto",指"圆形的方"、"木制的铁"一类的矛盾。——编者注

量金等等都是一夸特小麦的交换价值，那么，x 量鞋油、y 量绸缎、z 量金等等就必定是能够互相代替的或同样大的交换价值。由此可见，第一，同一种商品的各种有效的交换价值表示一个等同的东西。第二，交换价值只能是可以与它相区别的某种内容的表现方式，"表现形式"。

我们再拿两种商品例如小麦和铁来说。不管二者的交换比例怎样，总是可以用一个等式来表示：一定量的小麦等于若干量的铁，如 1 夸特小麦 = a 英担铁。这个等式说明什么呢？它说明在两种不同的物里面，即在 1 夸特小麦和 a 英担铁里面，有一种等量的共同的东西。因而这二者都等于第三种东西，后者本身既不是第一种物，也不是第二种物。这样，二者中的每一个只要是交换价值，就必定能化为这第三种东西。

用一个简单的几何学例子就可以说明这一点。为了确定和比较各种直线形的面积，就把它们分成三角形，再把三角形化成与它的外形完全不同的表现——底乘高的一半。各种商品的交换价值也同样要化成一种共同东西，各自代表这种共同东西的多量或少量。

这种共同东西不可能是商品的几何的、物理的、化学的或其他的天然属性。商品的物体属性只是就它们使商品有用，从而使商品成为使用价值来说，才加以考虑。另一方面，商品交换关系的明显特点，正在于抽去商品的使用价值。在商品交换关系中，只要比例适当，一种使用价值就和其他任何一种使用价值完全相等。或者像老巴尔本说的：

"只要交换价值相等，一种商品就同另一种商品一样。交换价值相等的物是没有任何差别或区别的。"

作为使用价值，商品首先有质的差别；作为交换价值，商品只能有量的差别，因而不包含任何一个使用价值的原子。

如果把商品体的使用价值撇开，商品体就只剩下一个属性，即劳动产品这个属性。可是劳动产品在我们手里也已经起了变化。如果我们把劳动产品的使用价值抽去，那么也就是把那些使劳动产品成为使用价值的物体的组成部分和形式抽去。它们不再是桌子、房屋、纱或别的什么有用物。它们的一切可以感觉到的属性都消失了。它们也不再是木匠劳动、瓦匠劳动、纺纱劳动或其他某种一定的生产劳动的产品了。随着劳动产品的有用性质的消失，体现在劳动产品中的各种劳动的有用性质也消失了，因而这些劳动的各种具体形式也消失了。各种劳动不再有什么差别，全都化为相同的人类劳动，抽象人类劳动。

现在我们来考察劳动产品剩下来的东西。它们剩下的只是同一的幽灵般的对象性，只是无差别的人类劳动的单纯凝结，即不管以哪种形式进行的人类劳动力耗费的单纯凝结。这些物现在只是表示，在它们的生产上耗费了人类劳动力，积累了人类劳动。这些物，作为它们共有的这个社会实体的结晶，就是价值——商品价值。

我们已经看到，在商品的交换关系本身中，商品的交换价值表现为同它们的使用价值完全无关的东西。如果真正把劳动产品的使用价值抽去，就得到刚才已经规定的它们的价值。因此，在商品的交换关系或交换价值中表现出来的共同东西，也就是商品的价值。研究的进程会使我们再把交换价值当做价值的必然的表现方式或表现形式来考察，但现在，我们应该首先不管这种形式来考察价值。

可见，使用价值或财物具有价值，只是因为有抽象人类劳动对象化或物化在里面。那么，它的价值量是怎样计量的呢？是用它所包含的"形成价值的实体"即劳动的量来计量。劳动本身的量是用劳动的持续时间来计量，而劳动时间又是用一定的时间单位如小时、日等做尺度。

可能会有人这样认为，既然商品的价值由生产商品所耗费的劳动量来决定，那么一个人越懒，越不熟练，他的商品就越有价值，因为他制造商品需要花费的时间越多。但是，形成价值实体的劳动是相同的人类劳动，是同一的人类劳动力的耗费。体现在商品世界全部价值中的社会的全部劳动力，在这里是当做一个同一的人类劳动力，虽然它是由无数单个劳动力构成的。每一个这种单个劳动力，同别一个劳动力一样，都是同一的人类劳动力，只要它具有社会平均劳动力的性质，起着这种社会平均劳动力的作用，从而在商品的生产上只使用平均必要劳动时间或社会必要劳动时间。社会必要劳动时间是在现有的社会正常的生产条件下，在社会平均的劳动熟练程度和劳动强度下制造某种使用价值所需要的劳动时间。例如，在英国使用蒸汽织布机①以后，把一定量的纱织成布所需要的劳动可能比过去少一半。实际上，英国的手工织布工人把纱织成布仍旧要用以前那样多的劳动时间，但这时他一小时的个人劳动的产品只代表半小时的社会劳动，因此价值也降到了它以前的一半。

可见，只是社会必要劳动量，或生产使用价值的社会必要劳动时间，决定该使用价值的价值量。在这里，单个商品是当做该种商品的平均样品。因此，含有等量劳动或能在同样劳动时间内生产出来的商品，具有同样的价值量。一种商品的价值同其他任何一种商品的价值的比例，就是生产前者的必要劳动时间同生产后者的必要劳动时间的比例。"作为价值，一切商品都只是一定量的凝固的劳动时间。"

因此，如果生产商品所需要的劳动时间不变，商品的价值量也就不变。但是，生产商品所需要的劳动时间随着劳动生产力的每一变动而变动。劳动生产力是由多种情况决定的，其中包括：工人的平均熟练程度，科学的发展水平和它在工艺上应用的程度，生产过程的社会结合，生产资料的规模和效能，以及自然条件。例如，同一劳动量在丰收年表现为八蒲式耳小麦，在歉收年只表现为四蒲式耳。同一劳动量用在富矿比用在贫矿能提供更多的金属等等。金刚石在地壳中是很稀少的，因而发现金刚石平均要花很多劳动时间。因此，很小一块金刚石就代表很多劳动。杰科布怀疑金是否按其全部价值支付过。至于金刚石，就更可以这样说了。厄什韦葛说过，到1823年，巴西金刚石矿80年的总产量的价格还赶不上巴西甘蔗种植园或咖啡种植园一年半平均产量的价格，虽然前者代表的劳动多得多，从而价值也多得多。如果发现富矿，同一劳动量就会表现为更多的金刚石，金刚石的价值就会降低。假如能用不多的劳动把煤转化为金刚石，金刚石的价值就会低于砖的价值。总之，劳动生产力越高，生产一种物品所需要的劳动时间就越少，凝结在该物品中的劳动量就越小，该物品的价值就越小。相反地，劳动生产力越低，生产一种物品的必要劳动时间就越多，该物品

---

① 1785年，埃·卡特赖特发明了机械织布机。在19世纪20年代和30年代，蒸汽织布机得到较广泛的使用。——译者注

的价值就越大。可见,商品的价值量与实现在商品中的劳动的量成正比地变动,与这一劳动的生产力成反比地变动。

一个物可以是使用价值而不是价值。在这个物不是以劳动为中介而对人有用的情况下就是这样。例如,空气、处女地、天然草地、野生林等等。一个物可以有用,而且是人类劳动产品,但不是商品。谁用自己的产品来满足自己的需要,他生产的虽然是使用价值,但不是商品。要生产商品,他不仅要生产使用价值,而且要为别人生产使用价值,即生产社会的使用价值。〔而且不只是简单地为别人。中世纪农民为封建主生产作为代役租的粮食,为神父生产作为什一税的粮食。但不管是作为代役租的粮食,还是作为什一税的粮食,都并不因为是为别人生产的,就成为商品。要成为商品,产品必须通过交换,转到把它当做使用价值使用的人的手里。〕最后,没有一个物可以是价值而不是使用物品。如果物没有用,那么其中包含的劳动也就没有用,不能算作劳动,因此不形成价值。

三 劳动的二重性

体现在商品中的劳动的二重性[①]

起初我们看到,商品是一种二重的东西,即使用价值和交换价值。后来表明,劳动就它表现为价值而论,也不再具有它作为使用价值的创造者所具有的那些特征。商品中包含的劳动的这种二重性,是首先由我批判地证明的。这一点是理解政治经济学的枢纽,因此,在这里要较详细地加以说明。

我们就拿两种商品如 1 件上衣和 10 码麻布来说。假定前者的价值比

---

① 本节为《资本论》第 1 卷第 1 篇第 1 章第 1 节,选自《马克思恩格斯文集》第 5 卷,北京:人民出版社 2009 年版,第 54—60 页。

后者的价值大一倍。所以,如果10码麻布=W,那么1件上衣=2W。

上衣是满足一种特殊需要的使用价值。要生产上衣,就需要进行特定种类的生产活动。这种生产活动是由它的目的、操作方式、对象、手段和结果决定的。由自己产品的使用价值或者由自己产品是使用价值来表示自己的有用性的劳动,我们简称为有用劳动。从这个观点来看,劳动总是联系到它的有用效果来考察的。

上衣和麻布是不同质的使用价值,同样,决定它们存在的劳动即缝和织,也是不同质的。如果这些物不是不同质的使用价值,从而不是不同质的有用劳动的产品,它们就根本不能作为商品来互相对立。上衣不会与上衣交换,一种使用价值不会与同种的使用价值交换。

各种使用价值或商品体的总和,表现了同样多种的、按照属、种、科、亚种、变种分类的有用劳动的总和,即表现了社会分工。这种分工是商品生产存在的条件,虽然不能反过来说商品生产是社会分工存在的条件。在古代印度公社①中就有社会分工,但产品并不成为商品。或者拿一个较近的例子来说,每个工厂内都有系统的分工,但是这种分工不是由工人交换他们个人的产品引起的。只有独立的互不依赖的私人劳动的产品,才作为商品互相对立。

可见,每个商品的使用价值都包含着一定的有目的的生产活动,或有用劳动。各种使用价值如果不包含不同质的有用劳动,就不能作为商品互相对立。在产品普遍采取商品形式的社会里,也就是在商品生产者的社会里,作为独立生产者的私事而各自独立进行的各种有用劳动的这种质的区别,发展成一个多支的体系,发展成社会分工。

---

① 古代印度公社是古印度社会典型的劳动组织形式,形成于原始社会瓦解、阶级社会关系产生的时期。作为生产者集体的村社由当地的农民和其他以某种方式与农业相联系的人组成。它相当独立地组织几乎所有地区的以人工灌溉和排水为基础的生产。由于受气候和地理位置的限制,村社形成了一种特殊的制度,即把手工业纳入农业生产中。村社的原始形式的特点保持了很久。虽然在大约公元前1世纪中期出现了财产差异(村社中开始形成阶级),但村社成员的土地优先权继承存在(种姓制度形成以及手工业继续受农业的约束)阻止了村社最后的瓦解。见马克思《不列颠在印度的统治》(《马克思恩格斯文集》第2卷,北京:人民出版社2009年版)一文,以及《1857—1858年经济学手稿》(《马克思恩格斯全集》第30卷,北京:人民出版社1995年版,第467、476—478页)。

对上衣来说，无论是裁缝自己穿还是他的顾客穿，都是一样的。在这两种场合，它都是起使用价值的作用。同样，上衣和生产上衣的劳动之间的关系本身，也并不因为裁缝劳动成为专门职业，成为社会分工的一个独立的部分就有所改变。在有穿衣需要的地方，在有人当裁缝以前，人已经缝了几千年的衣服。但是，上衣、麻布以及任何一种不是天然存在的物质财富要素，总是必须通过某种专门的、使特殊的自然物质适合于特殊的人类需要的、有目的的生产活动创造出来。因此，劳动作为使用价值的创造者，作为有用劳动，是不以一切社会形式为转移的人类生存条件，是人和自然之间的物质变换即人类生活得以实现的永恒的自然必然性。

上衣、麻布等等使用价值，简言之，种种商品体，是自然物质和劳动这两种要素的结合。如果把上衣、麻布等等包含的各种不同的有用劳动的总和除外，总还剩有一种不借人力而天然存在的物质基质。人在生产中只能像自然本身那样发挥作用，就是说，只能改变物质的形式。不仅如此，他在这种改变形态的劳动本身中还要经常依靠自然力的帮助。因此，劳动并不是它所生产的使用价值即物质财富的唯一源泉。正像威廉·配第所说，劳动是财富之父，土地是财富之母。①

现在，我们放下作为使用物品的商品，来考察商品价值。

我们曾假定，上衣的价值比麻布大一倍。但这只是量的差别，我们先不去管它。我们要记住的是，假如 1 件上衣的价值比 10 码麻布的价值大一倍，那么，20 码麻布就与 1 件上衣具有同样的价值量。作为价值，上衣和麻布是有相同实体的物，是同种劳动的客观表现。但缝和织是不同质的劳动。然而在有些社会状态下，同一个人时而缝时而织，因此，这两种不同的劳动方式只是同一个人的劳动的变化，还不是不同的

---

① 威·配第所说"劳动是财富之父，土地是财富之母"，见他的《赋税论》1667 年伦敦版第 47 页。马克思在《1857—1858 年经济学手稿》中引用了配第的这句话（见《马克思恩格斯全集》中文第 2 版第 31 卷第 333、428 页）；他在 1875 年 4—5 月写的《德国工人党纲领批注》（《马克思恩格斯文集》第 3 卷，北京：人民出版社 2009 年版）中，批评了劳动是一切财富的源泉的论点。

人的专门固定职能,正如我们的裁缝今天缝上衣和明天缝裤子只是同一的个人劳动的变化一样。其次,一看就知道,在我们资本主义社会里,随着劳动需求方向的改变,总有一定部分的人类劳动时而采取缝的形式,时而采取织的形式。劳动形式发生这种变换时不可能没有摩擦,但这种变换是必定要发生的。如果把生产活动的特定性质撇开,从而把劳动的有用性质撇开,劳动就只剩下一点:它是人类劳动力的耗费。尽管缝和织是不同质的生产活动,但二者都是人的脑、肌肉、神经、手等等的生产耗费,从这个意义上说,二者都是人类劳动。这只是耗费人类劳动力的两种不同的形式。当然,人类劳动力本身必须已有或多或少的发展,才能以这种或那种形式耗费。但是,商品价值体现的是人类劳动本身,是一般人类劳动的耗费。正如在资产阶级社会里,将军或银行家扮演着重要的角色,而人本身则扮演极卑微的角色一样,人类劳动在这里也是这样。它是每个没有任何专长的普通人的有机体平均具有的简单劳动力的耗费。**简单平均劳动**本身虽然在不同的国家和不同的文化时代具有不同的性质,但在一定的社会里是一定的。比较复杂的劳动只是**自乘的**或不如说**多倍的**简单劳动,因此,少量的复杂劳动等于多量的简单劳动。经验证明,这种简化是经常进行的。一个商品可能是最复杂的劳动的产品,但是它的**价值**使它与简单劳动的产品相等,因而本身只表示一定量的简单劳动。① 各种劳动化为当做它们的计量单位的简单劳动的不同比例,是在生产者背后由社会过程决定的,因而在他们看来,似乎是由习惯确定的。为了简便起见,我们以后把各种劳动力直接当做简单劳动力,这样就省去了简化的麻烦。

因此,正如在作为价值的上衣和麻布中,它们的使用价值的差别被抽去一样,在表现为这些价值的劳动中,劳动的有用形式即缝和织的区别也被抽去了。作为使用价值的上衣和麻布是有一定目的的生产活动同布和纱的结合,而作为价值的上衣和麻布不过是同种劳动的凝结,同

---

① 读者应当注意,这里指的不是工人得到的一个工作日的工资或价值,而是指工人的一个工作日对象化的商品价值。在我们叙述的这个阶段,工资这个范畴根本还不存在。见《马克思恩格斯文集》第5卷,北京:人民出版社2009年版,第613—622页。

样，这些价值所包含的劳动之所以算做劳动，并不是因为它们同布和纱发生了生产上的关系，而只是因为它们是人类劳动力的耗费。正是由于缝和织具有不同的质，它们才是形成作为使用价值的上衣和麻布的要素；而只是由于它们的特殊的质被抽去，由于它们具有相同的质，即人类劳动的质，它们才是上衣价值和麻布价值的实体。

可是，上衣和麻布不仅是价值一般，而且是一定量的价值。我们曾假定，1件上衣的价值比10码麻布的价值大一倍。它们价值量的这种差别是从哪里来的呢？这是由于麻布包含的劳动只有上衣的一半，因而生产后者所要耗费劳动力的时间必须比生产前者多一倍。

因此，就使用价值说，有意义的只是商品中包含的劳动的质，就价值量说，有意义的只是商品中包含的劳动的量，不过这种劳动已经化为没有进一步的质的人类劳动。在前一种情况下，是怎样劳动，什么劳动的问题；在后一种情况下，是劳动多少，劳动时间多长的问题。既然商品的价值量只是表示商品中包含的劳动量，那么，在一定的比例上，各种商品应该总是等量的价值。

如果生产一件上衣所需要的一切有用劳动的生产力不变，上衣的价值量就同上衣自身的数量一起增加。如果一件上衣代表 x 个工作日，两件上衣就代表 $2x$ 个工作日，依此类推。假定生产一件上衣的必要劳动增加一倍或减少一半。在前一种场合，一件上衣就具有以前两件上衣的价值，在后一种场合，两件上衣就只有以前一件上衣的价值，虽然在这两种场合，上衣的效用和从前一样，上衣包含的有用劳动的质也和从前一样。但生产上衣所耗费的劳动量有了变化。

更多的使用价值本身就是更多的物质财富，两件上衣比一件上衣多。两件上衣可以两个人穿，一件上衣只能一个人穿，依此类推。然而随着物质财富的量的增长，它的价值量可能同时下降。这种对立的运动来源于劳动的二重性。生产力当然始终是有用的、具体的劳动的生产力，它事实上只决定有目的的生产活动在一定时间内的效率。因此，有用劳动成为较富或较贫的产品源泉与有用劳动的生产力的提高或降低成正比。相反地，生产力的变化本身丝毫也不会影响表现为价值的劳动。

既然生产力属于劳动的具体有用形式，它自然不再能同抽去了具体有用形式的劳动有关。因此，不管生产力发生了什么变化，同一劳动在同样的时间内提供的价值量总是相同的。但它在同样的时间内提供的使用价值量是不同的：生产力提高时就多些，生产力降低时就少些。因此，那种能提高劳动成效从而增加劳动所提供的使用价值量的生产力变化，如果会缩减生产这个使用价值量所必需的劳动时间的总和，就会减少这个增大了的总量的价值量。反之亦然。

一切劳动，一方面是人类劳动力在生理学意义上的耗费；就相同的或抽象的人类劳动这个属性来说，它形成商品价值。一切劳动，另一方面是人类劳动力在特殊的有一定目的的形式上的耗费；就具体的有用的劳动这个属性来说，它生产使用价值。

四　拜物教性质及其秘密

商品的拜物教性质及其秘密[①]

最初一看，商品好像是一种简单而平凡的东西。对商品的分析表明，它却是一种很古怪的东西，充满形而上学的微妙和神学的怪诞。就商品是使用价值来说，不论从它靠自己的属性来满足人的需要这个角度来考察，或者从它作为人类劳动的产品才具有这些属性这个角度来考察，它都没有什么神秘的地方。很明显，人通过自己的活动按照对自己有用的方式来改变自然物质的形态。例如，用木头做桌子，木头的形状就改变了。可是桌子还是木头，还是一个普通的可以感觉的物。但是桌子一旦作为商品出现，就转化为一个可感觉而又超感觉的物[②]。它不仅用它的脚站在地上，而且在对其他一切商品的关系上用头倒立着，从它

[①]　本节为《资本论》第1卷第1篇第1章第4节，选自《马克思恩格斯文集》第5卷，北京：人民出版社2009年版，第88—102页。

[②]　"可感觉而又超感觉的物"，见歌德《浮士德》第1部第16场《玛尔特的花园》。

的木脑袋里生出比它自动跳舞还奇怪得多的狂想。①

可见，商品的神秘性质不是来源于商品的使用价值。这种神秘性质也不是来源于价值规定的内容。因为，第一，不管有用劳动或生产活动怎样不同，它们都是人体的机能，而每一种这样的机能不管内容和形式如何，实质上都是人的脑、神经、肌肉、感官等等的耗费。这是一个生理学上的真理。第二，说到作为决定价值量的基础的东西，即这种耗费的持续时间或劳动量，那么，劳动的量可以十分明显地同劳动的质区别开来。在一切社会状态下，人们对生产生活资料所耗费的劳动时间必然是关心的，虽然在不同的发展阶段上关心的程度不同。最后，一旦人们以某种方式彼此为对方劳动，他们的劳动也就取得社会的形式。

可是，劳动产品一旦采取商品形式就具有的谜一般的性质究竟是从哪里来的呢？显然是从这种形式本身来的。人类劳动的等同性，取得了劳动产品的等同的价值对象性这种物的形式；用劳动的持续时间来计量的人类劳动力的耗费，取得了劳动产品的价值量的形式；最后，生产者的劳动的那些社会规定借以实现的生产者关系，取得了劳动产品的社会关系的形式。

可见，商品形式的奥秘不过在于：商品形式在人们面前把人们本身劳动的社会性质反映成劳动产品本身的物的性质，反映成这些物的天然的社会属性，从而把生产者同总劳动的社会关系反映成存在于生产者之外的物与物之间的社会关系。由于这种转换，劳动产品成了商品，成了可感觉而又超感觉的物或社会的物。正如一物在视神经中留下的光的印象，不是表现为视神经本身的主观兴奋，而是表现为眼睛外面的物的客观形式。但是在视觉活动中，光确实从一物射到另一物，即从外界对象射入眼睛。这是物理的物之间的一种物理关系。相反，商品形式和它借以得到表现的劳动产品的价值关系，是同劳动产品的物理性质以及由此

---

① 我们想起了，当世界其他一切地方好像静止的时候，中国和桌子开始跳起舞来，以激励别人。1848—1849 年革命失败后，欧洲出现了一个政治反动时期。当时欧洲的贵族和资产阶级热衷于唯灵论，特别是桌子跳舞的降神术，而中国，爆发了太平天国革命运动。恩格斯在他的《自然辩证法》的《神灵世界中的自然研究》（《马克思恩格斯文集》第 9 卷，北京：人民出版社 2009 年版）一文中深入分析了唯灵论。

产生的物的关系完全无关的。这只是人们自己的一定的社会关系,但它在人们面前采取了物与物的关系的虚幻形式。因此,要找一个比喻,我们就得逃到宗教世界的幻境中去。在那里,人脑的产物表现为赋有生命的、彼此发生关系并同人发生关系的独立存在的东西。在商品世界里,人手的产物也是这样。我把这叫做拜物教。劳动产品一旦作为商品来生产,就带上拜物教性质,因此拜物教是同商品生产分不开的。

商品世界的这种拜物教性质,像以上分析已经表明的,是来源于生产商品的劳动所特有的社会性质。

使用物品成为商品,只是因为它们是彼此独立进行的私人劳动的产品。这种私人劳动的总和形成社会总劳动。因为生产者只有通过交换他们的劳动产品才发生社会接触,所以,他们的私人劳动的独特的社会性质也只有在这种交换中才表现出来。换句话说,私人劳动在事实上证实为社会总劳动的一部分,只是由于交换使劳动产品之间、从而使生产者之间发生了关系。因此,在生产者面前,他们的私人劳动的社会关系就表现为现在这个样子,就是说,不是表现为人们在自己劳动中的直接的社会关系,而是表现为人们之间的物的关系和物之间的社会关系。

劳动产品只是在它们的交换中,才取得一种社会等同的价值对象性,这种对象性是与它们的感觉上各不相同的使用对象性相分离的。劳动产品分裂为有用物和价值物,实际上只是发生在交换已经十分广泛和十分重要的时候,那时有用物是为了交换而生产的,因而物的价值性质还在物本身的生产中就被注意到了。从那时起,生产者的私人劳动真正取得了二重的社会性质。一方面,生产者的私人劳动必须作为一定的有用劳动来满足一定的社会需要,从而证明它们是总劳动的一部分,是自然形成的社会分工体系的一部分。另一方面,只有在每一种特殊的有用的私人劳动可以同任何另一种有用的私人劳动相交换从而相等时,生产者的私人劳动才能满足生产者本人的多种需要。完全不同的劳动所以能够相等,只是因为它们的实际差别已被抽去,它们已被化成它们作为人类劳动力的耗费、作为抽象的人类劳动所具有的共同性质。私人生产者的头脑把他们的私人劳动的这种二重的社会性质,只是反映在从实际交易,产品交换中表现出来的那些形式中,也就是把他们的私人劳动的社会有用性,反映在劳动产品必须有用,而且是对别人有用的形式中;把不同种劳动的相等这种社会性质,反映在这些在物质上不同的物即劳动产品具有共同的价值性质的形式中。

可见,人们使他们的劳动产品彼此当做价值发生关系,不是因为在他们看来这些物只是同种的人类劳动的物质外壳。恰恰相反,他们在交换中使他们的各种产品作为价值彼此相等,也就使他们的各种劳动作为人类劳动而彼此相等。他们没有意识到这一点,但是他们这样做了。因此,价值没有在额上写明它是什么①。不仅如此,价值还把每个劳动产品转化为社会的象形文字。后来,人们竭力要猜出这种象形文字的涵义,要了解他们自己的社会产品的秘密,因为把使用物品规定为价值,正像语言一样,是人们的社会产物。后来科学发现,劳动产品作为价值,只是生产它们时所耗费的人类劳动的物的表现,这一发现在人类发展史上划了一个时代,但它决没有消除劳动的社会性质的物的外观。彼此独立的私人劳动的独特的社会性质在于它们作为人类劳动而彼此相等,并且采取劳动产品的价值性质的形式——商品生产这种特殊生产形式才具有的这种特点,对受商品生产关系束缚的人们来说,无论在上述发现以前或以后,都是永远不变的,正像空气形态在科学把空气分解为各种元素之后,仍然作为一种物理的物态继续存在一样。

产品交换者实际关心的问题,首先是他用自己的产品能换取多少别人的产品,就是说,产品按什么样的比例交换。当这些比例由于习惯而逐渐达到一定的稳固性时,它们就好像是由劳动产品的本性产生的。例如,一吨铁和两盎司金的价值相等,就像一磅金和一磅铁虽然有不同的物理属性和化学属性,但是重量相等一样。实际上,劳动产品的价值性质,只是通过劳动产品表现为价值量才确定下来。价值量不以交换者的意志、设想和活动为转移而不断地变动着。在交换者看来,他们本身的社会运动具有物的运动形式。不是他们控制这一运动,而是他们受这一

---

① "在额上写着它是什么",见《新约全书·约翰启示录》第14章第1节和第9节。

运动控制。要有充分发达的商品生产,才能从经验本身得出科学的认识,理解到彼此独立进行的、但作为自然形成的社会分工部分而互相全面依赖的私人劳动,不断地被化为它们的社会的比例尺度,这是因为在私人劳动产品的偶然的不断变动的交换比例中,生产这些产品的社会必要劳动时间作为起调节作用的自然规律强制地为自己开辟道路,就像房屋倒在人的头上时重力定律强制地为自己开辟道路一样。① 因此,价值量由劳动时间决定是一个隐藏在商品相对价值的表面运动后面的秘密。这个秘密的发现,消除了劳动产品的价值量纯粹是偶然决定的这种假象,但是决没有消除价值量的决定所采取的物的形式。

对人类生活形式的思索,从而对这些形式的科学分析,总是采取同实际发展相反的道路。这种思索是从事后开始的,就是说,是从发展过程的完成的结果开始的。给劳动产品打上商品烙印,因而成为商品流通的前提的那些形式,在人们试图了解它们的内容而不是了解它们的历史性质(这些形式在人们看来已经是不变的了)以前,就已经取得了社会生活的自然形式的固定性。因此,只有商品价格的分析才导致价值量的决定,只有商品共同的货币表现才导致商品的价值性质的确定。但是,正是商品世界的这个完成的形式——货币形式,用物的形式掩盖了私人劳动的社会性质以及私人劳动者的社会关系,而不是把它们揭示出来。如果我说,上衣、皮靴等等把麻布当做抽象的人类劳动的一般化身而同它发生关系,这种说法的荒谬是一目了然的。但是当上衣、皮靴等等的生产者使这些商品同作为一般等价物的麻布(或者金银,这丝毫不改变问题的性质)发生关系时,他们的私人劳动同社会总劳动的关系正是通过这种荒谬形式呈现在他们面前。

这种种形式恰好形成资产阶级经济学的各种范畴。对于这个历史上一定的社会生产方式即商品生产的生产关系来说,这些范畴是有社会效力的,因而是客观的思维形式。因此,一旦我们逃到其他的生产形式中

---

① "我们应该怎样理解这个只有通过周期性的革命才能为自己开辟道路的规律呢?这是一个以当事人的无意识活动为基础的自然规律。"(弗里德里希·恩格斯《国民经济学批判大纲》,载于阿尔诺德·卢格和卡尔·马克思编的《德法年鉴》1844 年巴黎版)

去，商品世界的全部神秘性，在商品生产的基础上笼罩着劳动产品的一切魔法妖术，就立刻消失了。

既然政治经济学喜欢鲁滨逊的故事，那么就先来看看孤岛上的鲁滨逊吧。不管他生来怎样简朴，他终究要满足各种需要，因而要从事各种有用劳动，如做工具，制家具，养羊驼，捕鱼，打猎等等。关于祈祷一类事情我们在这里就不谈了，因为我们的鲁滨逊从中得到快乐，他把这类活动当做休息。尽管他的生产职能是不同的，但是他知道，这只是同一个鲁滨逊的不同的活动形式，因而只是人类劳动的不同方式。需要本身迫使他精确地分配自己执行各种职能的时间。在他的全部活动中，这种或那种职能所占比重的大小，取决于他为取得预期效果所要克服的困难的大小。经验告诉他这些，而我们这位从破船上抢救出表、账簿、墨水和笔的鲁滨逊，马上就作为一个道地的英国人开始记起账来。他的账本记载着他所有的各种使用物品，生产这些物品所必需的各种活动，最后还记载着他制造这种种一定量的产品平均耗费的劳动时间。鲁滨逊和构成他自己创造的财富的物之间的全部关系在这里是如此简单明了，甚至连麦·维尔特先生用不着费什么脑筋也能了解。但是，价值的一切本质上的规定都包含在这里了。

现在，让我们离开鲁滨逊的明朗的孤岛，转到欧洲昏暗的中世纪去吧。在这里，我们看到的，不再是一个独立的人了，人都是互相依赖的：农奴和领主，陪臣和诸侯，俗人和牧师。物质生产的社会关系以及建立在这种生产的基础上的生活领域，都是以人身依附为特征的。但是正因为人身依附关系构成该社会的基础，劳动和产品也就用不着采取与它们的实际存在不同的虚幻形式。它们作为劳役和实物贡赋而进入社会机构之中。在这里，劳动的自然形式，劳动的特殊性是劳动的直接社会形式，而不是像在商品生产基础上那样，劳动的一般性是劳动的直接社会形式。徭役劳动同生产商品的劳动一样，是用时间来计量的，但是每一个农奴都知道，他为主人服役而耗费的，是他个人的一定量的劳动力。交纳给牧师的什一税，是比牧师的祝福更加清楚的。所以，无论我们怎样判断中世纪人们在相互关系中所扮演的角色，人们在劳动中的社会关系始终表现为他们本身之间的个人的关系,而没有披上物之间即劳动产品之间的社会关系的外衣。

要考察共同的劳动即直接社会化的劳动,我们没有必要回溯到一切文明民族的历史初期都有过的这种劳动的原始的形式。这里有个更近的例子,就是农民家庭为了自身的需要而生产粮食、牲畜、纱、麻布、衣服等等的那种农村家长制生产。对于这个家庭来说,这种种不同的物都是它的家庭劳动的不同产品,但它们不是互相作为商品发生关系。生产这些产品的种种不同的劳动,如耕、牧、纺、织、缝等等,在其自然形式上就是社会职能,因为这是这样一个家庭的职能,这个家庭就像商品生产一样,有它本身的自然形成的分工。家庭内的分工和家庭各个成员的劳动时间,是由性别年龄上的差异以及随季节而改变的劳动的自然条件来调节的。但是,用时间来计量的个人劳动力的耗费,在这里本来就表现为劳动本身的社会规定,因为个人劳动力本来就只是作为家庭共同劳动力的器官而发挥作用的。

最后,让我们换一个方面,设想有一个自由人联合体,他们用公共的生产资料进行劳动,并且自觉地把他们许多个人劳动力当做一个社会劳动力来使用。在那里,鲁滨逊的劳动的一切规定又重演了,不过不是在个人身上,而是在社会范围内重演。鲁滨逊的一切产品只是他个人的产品,因而直接是他的使用物品。这个联合体的总产品是一个社会产品。这个产品的一部分重新用作生产资料。这一部分依旧是社会的。而另一部分则作为生活资料由联合体成员消费。因此,这一部分要在他们之间进行分配。这种分配的方式会随着社会生产有机体本身的特殊方式和随着生产者的相应的历史发展程度而改变。仅仅为了同商品生产进行对比,我们假定,每个生产者在生活资料中得到的份额是由他的劳动时间决定的。这样,劳动时间就会起双重作用。劳动时间的社会的有计划的分配,调节着各种劳动职能同各种需要的适当的比例。另一方面,劳动时间又是计量生产者在共同劳动中个人所占份额的尺度,因而也是计量生产者在共同产品的个人可消费部分中所占份额的尺度。在那里,人们同他们的劳动和劳动产品的社会关系,无论在生产上还是在分配上,都是简单明了的。

在商品生产者的社会里,一般的社会生产关系是这样的:生产者把他们的产品当做商品,从而当做价值来对待,而且通过这种物的形式,把他们的私人劳动当做等同的人类劳动来互相发生关系。对于这种社会来说,崇拜抽象人的基督教,特别是资产阶级发展阶段的基督教,如新教、自然神教等等,是最适当的宗教形式。在古亚细亚的、古代的等等生产方式下,产品转化为商品,从而人作为商品生产者而存在的现象,处于从属地位,但是共同体越是走向没落阶段,这种现象就越是重要。真正的商业民族只存在于古代世界的空隙中,就像伊壁鸠鲁的神只存在于世界的空隙中,或者犹太人只存在于波兰社会的缝隙中一样。这些古老的社会生产有机体比资产阶级的社会生产有机体简单明了得多,但它们或者以个人尚未成熟,尚未脱掉同其他人的自然血缘联系的脐带为基础,或者以直接的统治和服从的关系为基础。它们存在的条件是:劳动生产力处于低级发展阶段,与此相应,人们在物质生活生产过程内部的关系,即他们彼此之间以及他们同自然之间的关系是很狭隘的。这种实际的狭隘性,观念地反映在古代的自然宗教和民间宗教中。只有当实际日常生活的关系,在人们面前表现为人与人之间和人与自然之间极明白而合理的关系的时候,现实世界的宗教反映才会消失①。只有当社会生活过程即物质生产过程的形态,作为自由联合的人的产物,处于人的有意识有计划的控制之下的时候,它才会把自己的神秘的纱幕揭掉。但是,这需要有一定的社会物质基础或一系列物质生存条件,而这些条件本身又是长期的、痛苦的发展史的自然产物。

诚然,政治经济学曾经分析了价值和价值量(虽然不充分),揭示了这些形式所掩盖的内容。但它甚至从来也没有提出过这样的问题:为什么这一内容采取这种形式呢?为什么劳动表现为价值,用劳动时间计

---

① 在马克思1843年底写的《〈黑格尔法哲学批判〉导言》(见《马克思恩格斯文集》第1卷,北京:人民出版社2009年版)中已包含了这一思想。

算的劳动量表现为劳动产品的价值量呢？一些公式本来在额上写着，它们是属于生产过程支配人而人还没有支配生产过程的那种社会形态的，但在政治经济学的资产阶级意识中，它们竟像生产劳动本身一样，成了不言而喻的自然必然性。因此，政治经济学对待资产阶级以前的社会生产有机体形式，就像教父对待基督教以前的宗教一样。

商品世界具有的拜物教性质或劳动的社会规定所具有的物的外观，使一部分经济学家迷惑到什么程度，也可以从关于自然在交换价值的形成中的作用所进行的枯燥无味的争论中得到证明。既然交换价值是表示消耗在物上的劳动的一定社会方式，它就像例如汇率一样并不包含自然物质。

因为商品形式是资产阶级生产的最一般的和最不发达的形式（因此它早就出现了，虽然不像今天这样是占统治地位的，从而是典型的方式），所以，它的拜物教性质显得还比较容易看穿。但是在比较具体的形式中，连这种简单性的外观也消失了。货币主义的幻觉是从哪里来的呢？是由于货币主义没有看出：金银作为货币代表一种社会生产关系，不过这种关系采取了一种具有奇特的社会属性的自然物的形式。而蔑视货币主义的现代经济学，当它考察资本时，它的拜物教不是也很明显吗？认为地租是由土地而不是由社会产生的重农主义幻觉，又破灭了多久呢？

为了不致涉及以后的问题，这里仅仅再举一个关于商品形式本身的例子。假如商品能说话，它们会说：我们的使用价值也许使人们感到兴趣。作为物，我们没有使用价值。作为物，我们具有的是我们的价值。我们自己作为商品物进行的交易就证明了这一点。我们彼此只是作为交换价值发生关系。现在，让我们听听经济学家是怎样说出商品内心的话的：

"价值〈交换价值〉是物的属性，财富〈使用价值〉是人的属性。从这个意义上说，价值必然包含交换，财富则不然。" "财富〈使用价值〉是人的属性，价值是商品的属性。人或共同体是富的；珍珠或金刚石是有价值的……" 珍珠或金刚石作为珍珠或金刚石是有价值的。

直到现在，还没有一个化学家在珍珠或金刚石中发现交换价值。可是那些自以为有深刻的批判力、发现了这种化学物质的经济学家，却发现物的使用价值同它们的物质属性无关，而它们的价值倒是它们作为物所具有的。在这里为他们作证的是这样一种奇怪的情况：物的使用价值对于人来说没有交换就能实现，就是说，在物和人的直接关系中就能实现；相反，物的价值则只能在交换中实现，就是说，只能在一种社会的过程中实现。在这里，我们不禁想起善良的道勃雷，他教导巡丁西可尔说[①]：

"一个人长得漂亮是环境造成的，会写字念书才是天生的本领。"

五　资本的总公式

资本的总公式[②]

商品流通是资本的起点。商品生产和发达的商品流通，即贸易，是资本产生的历史前提。世界贸易和世界市场在16世纪揭开了资本的现代生活史。

如果撇开商品流通的物质内容，撇开各种使用价值的交换，只考察这一过程所造成的经济形式，我们就会发现，货币是这一过程的最后产物。商品流通的这个最后产物是资本的最初的表现形式。

资本在历史上起初到处是以货币形式，作为货币财产，作为商人资本和高利贷资本，与地产相对立。然而，为了认识货币是资本的最初的表现形式，不必回顾资本产生的历史。这个历史每天都在我们眼前重演。现在每一个新资本最初仍然是作为货币出现在舞台上，也就是出现在市场上——商品市场、劳动市场或货币市场上，经过一定的过程，这

[①] 莎士比亚《无事生非》第3幕第3场。
[②] 本节为《资本论》第1卷第2篇第4章第1节，选自《马克思恩格斯文集》第5卷，北京：人民出版社2009年版，第171—181页。

个货币就转化为资本。

作为货币的货币和作为资本的货币的区别,首先只是在于它们具有不同的流通形式。

商品流通的直接形式是 W—G—W,商品转化为货币,货币再转化为商品,为买而卖。但除这一形式外,我们还看到具有不同特点的另一形式 G—W—G,货币转化为商品,商品再转化为货币,为卖而买。在运动中通过这后一种流通的货币转化为资本,成为资本,而且按它的使命来说,已经是资本。

现在我们较仔细地研究一下 G—W—G 这个流通。和简单商品流通一样,它也经过两个对立阶段。在第一阶段 G—W(买)上,货币转化为商品。在第二阶段 W—G(卖)上,商品再转化为货币。这两个阶段的统一是一个总运动:货币和商品交换,同一商品再和货币交换,即为卖商品而买商品;如果不管买和卖的形式上的区别,那就是用货币购买商品,又用商品购买货币。整个过程的结果,是货币和货币交换,G—G。假如我用 100 镑买进 2000 磅棉花,然后又把这 2000 磅棉花按 110 镑卖出,结果我就是用 100 镑交换 110 镑,用货币交换货币。

很清楚,假如 G—W—G 这个流通过程只是兜个圈子,是同样大的货币价值相交换,比如说,100 镑和 100 镑交换,那么这个流通过程就是荒唐的、毫无内容的了。货币贮藏者的办法倒是无比地简单,无比地牢靠,他把 100 镑贮藏起来,不让它去冒流通中的风险。另一方面,不论商人把他用 100 镑买来的棉花卖 110 镑,还是 100 镑,甚至只是 50 镑,他的货币总是经过一种独特和新奇的运动,这种运动根本不同于货币在简单商品流通中的运动,例如在农民手中的运动——出售谷物,又用卖得的货币购买衣服。因此,首先我们应该说明 G—W—G 和 W—G—W 这两种循环的形式上的区别。这样,隐藏在这种形式上的区别后面的内容上的区别同时也就暴露出来。

我们先来看一下这两种形式的共同点。

这两种循环都分成同样两个对立阶段:W—G(卖)和 G—W(买)。在其中每一个阶段上,都是同样的两个物的要素即商品和货币互相对立，都是扮演同样两种经济角色的两个人即买者和卖者互相对立。这两个循环的每一个都是同样两个对立阶段的统一，这种统一在这两种情形下都是通过三个契约当事人的登场而实现的：一个只是卖，一个只是买，一个既买又卖。

但是，W—G—W 和 G—W—G 这两个循环从一开始就不同，是由于同样两个对立的流通阶段具有相反的次序。简单商品流通以卖开始，以买结束；作为资本的货币的流通以买开始，以卖结束。作为运动的起点和终点的，在前一场合是商品，在后一场合是货币。在整个过程中起中介作用的，在前一形式是货币，在后一形式则是商品。

在 W—G—W 这个流通中，货币最后转化为充当使用价值的商品。于是，货币就最终花掉了。而在 G—W—G 这个相反的形式中，买者支出货币，却是为了作为卖者收入货币。他购买商品，把货币投入流通，是为了通过出卖这同一商品，从流通中再取回货币。他拿出货币时，就蓄意要重新得到它。因此，货币只是被预付出去。

在 W—G—W 形式中，同一块货币两次变换位置。卖者从买者那里得到货币，又把它付给另一个卖者。整个过程以交出商品收入货币开始，以交出货币得到商品告终。在 G—W—G 形式中，情形则相反。在这里，两次变换位置的，不是同一块货币，而是同一件商品。买者从卖者手里得到商品，又把商品交到另一个买者手里。在简单商品流通中，同一块货币的两次变换位置，使货币从一个人手里最终转到另一个人手里；而在这里，同一件商品的两次变换位置，则使货币又流回到它最初的起点。

货币流回到它的起点同商品是否贱买贵卖没有关系。后者只影响流回的货币额的大小。只要买进的商品再被卖掉，就是说，只要 G—W—G 的循环全部完成，就发生货币流回的现象。可见，作为资本的货币的流通和单纯作为货币的货币的流通之间，存在着可以感觉到的区别。

一旦出卖一种商品所得到的货币又被用去购买另一种商品，W—G—W 的循环就全部结束。如果货币又流回到起点，那只是由于整个过程的更新或重复。假如我把一夸特谷物卖了三镑，然后用这三镑买了衣服，对我来说，这三镑就是最终花掉了。我和这三镑再没有任何关系。它是衣商的了。假如我又卖了一夸特谷物，货币就又流回到我的手里，但这不是第一次交易的结果，而只是这一交易重复的结果。一旦我结束了这第二次交易，又买了东西，货币就又离开我。因此，在 W—G—W 这个流通中，货币的支出和货币的流回没有任何关系。相反，在 G—W—G 中，货币的流回是由货币支出的性质本身决定的。没有这种流回，活动就失败了，或者过程就中断而没有完成，因为它的第二阶段，即作为买的补充和完成的卖没有实现。

在 W—G—W 循环中，始极是一种商品，终极是另一种商品，后者退出流通，转入消费。因此，这一循环的最终目的是消费，是满足需要，总之，是使用价值。相反，G—W—G 循环是从货币一极出发，最后又返回同一极。因此，这一循环的动机和决定目的是交换价值本身。

在简单商品流通中，两极具有同样的经济形式。二者都是商品，而且是价值量相等的商品。但它们是不同质的使用价值，如谷物和衣服。在这里，产品交换，表现社会劳动的不同物质的变换，是运动的内容。G—W—G 这个流通则不同。乍一看来，它似乎是无内容的，因为是同义反复。两极具有同样的经济形式。二者都是货币，从而不是不同质的使用价值，因为货币正是商品的转化形式，在这个形式中，商品的一切特殊使用价值都已消失。先用 100 镑交换成棉花，然后又用这些棉花交换成 100 镑，就是说，货币兜了一个圈子又交换成货币，同样的东西又交换成同样的东西。这似乎是一种既无目的又很荒唐的活动。一个货币额和另一个货币额只能有量的区别。因此，G—W—G 过程所以有内容，不是因为两极有质的区别（二者都是货币），而只是因为它们有量的不同。最后从流通中取出的货币，多于起初投入的货币。例如，用 100 镑买的棉花卖 100 镑 + 10 镑，即 110 镑。因此，这个过程的完整形式是 G—W—G′。其中的 $G' = G + \triangle G$，即等于原预付货币额加上一个增殖额。我把这个增殖额或超过原价值的余额叫作剩余价值（surplus value）。可见，原预付价值不仅在流通中保存下来，而且在流通中改变了自己的价值量，加上了一个剩余价值，或者说增殖了。正是这种运动使价值转化为资本。

诚然，在 W—G—W 中，两极 W 和 W，如谷物和衣服，也可能是大小不等的价值量。农民卖谷物的价钱可能高于谷物的价值，或者他买衣服的价钱可能低于衣服的价值。他也可能受衣商的骗。但是这种价值上的差异，对这种流通形式本身来说完全是偶然的。即使两极（如谷物和衣服）是等价的，这种流通形式也丝毫不会像 G—W—G 过程一样丧失自己的意义。在这里，两极的价值相等倒可以说是这种流通形式正常进行的条件。

为买而卖的过程的重复或更新，与这一过程本身一样，以达到这一过程以外的最终目的，即消费或满足一定的需要为限。相反，在为卖而买的过程中，开端和终结是一样的，都是货币，都是交换价值，单是由于这一点，这种运动就已经是没有止境的了。诚然，G 变成了 G + △G，100 镑变成了 100 镑 + 10 镑。但是单从质的方面来看，110 镑和 100 镑一样，都是货币。而从量的方面来看，110 镑和 100 镑一样，也是有限的价值额。如果把这 110 镑当做货币用掉，那它就不再起作用了。它不再成为资本。如果把它从流通中取出来，那它就凝固为贮藏货币，即使藏到世界末日，也不会增加分毫。因此，如果问题是要使价值增殖，那么 110 镑和 100 镑一样，也需要增殖，因为二者都是交换价值的有限的表现，从而具有相同的使命：通过量的增大以接近绝对的富。不错，原预付价值 100 镑和它在流通中所增殖的剩余价值 10 镑在一瞬间是有区别的，但这个区别马上又消失了。过程终了时，不是 100 镑原价值在一边，10 镑剩余价值在另一边。得到的结果是一个 110 镑的价值。这个价值具有和原先的 100 镑一样的适宜于开始价值增殖过程的形式。货币在运动终结时又成为运动的开端。因此，每一次为卖而买所完成的循环的终结，自然成为新循环的开始。简单商品流通——为买而卖——是达到流通以外的最终目的，占有使用价值，满足需要的手段。相反，作为资本的货币的流通本身就是目的，因为只是在这个不断更新的运动中才有价值的增殖。因此，资本的运动是没有限度的。

作为这一运动的有意识的承担者，货币占有者变成了资本家。他这个人，或不如说他的钱袋，是货币的出发点和复归点。这种流通的客观内容——价值增殖——是他的主观目的；只有在越来越多地占有抽象财富成为他的活动的唯一动机时，他才作为资本家或作为人格化的、有意志和意识的资本执行职能。因此，决不能把使用价值看做资本家的直接目的。他的目的也不是取得一次利润，而只是谋取利润的无休止的运动。这种绝对的致富欲，这种价值追逐狂，是资本家和货币贮藏者所共有的，不过货币贮藏者是发狂的资本家，资本家是理智的货币贮藏者。货币贮藏者通过竭力把货币从流通中拯救出来①所谋求的无休止的价值增殖，为更加精明的资本家通过不断地把货币重新投入流通而实现了。

商品的价值在简单流通中所采取的独立形式，即货币形式，只是商品交换的中介，运动一结束就消失。相反，在 G—W—G 流通中，商品和货币这二者仅仅是价值本身的不同存在方式：货币是它的一般存在方式，商品是它的特殊的也可以说只是化了装的存在方式。价值不断地从一种形式转化为另一种形式，在这个运动中永不消失，这样就转化为一个自动的主体。如果把自行增殖的价值在其生活的循环中交替采取的各种特殊表现形式固定下来，就得出这样的说明：资本是货币，资本是商品。但是实际上，价值在这里已经成为一个过程的主体，在这个过程中，它不断地变换货币形式和商品形式，改变着自己的量，作为剩余价值同作为原价值的自身分出来，自行增殖着。既然它生出剩余价值的运动是它自身的运动，它的增殖也就是自行增殖。它所以获得创造价值的奇能，是因为它是价值。它会产仔，或者说，它至少会生金蛋。

价值时而采取时而抛弃货币形式和商品形式，同时又在这种变换中一直保存自己和扩大自己；价值作为这一过程的扩张着的主体，首先需要一个独立的形式，把它自身的同一性确定下来。它只有在货币上才具有这种形式。因此，货币是每个价值增殖过程的起点和终点。它以前是 100 镑，现在是 110 镑，等等。但货币本身在这里只是价值的一种形式，因为价值有两种形式。货币不采取商品形式，就不能成为资本。因此，货币在这里不像

---

① "Σώζειν"[拯救]是希腊人用来表示货币贮藏的一种特别用语。同样，英语"to save"也是既有拯救，又有储蓄的意思。

在货币贮藏的情况下那样，与商品势不两立。资本家知道，一切商品，不管它们多么难看，多么难闻，在信仰上和事实上都是货币，是行过内部割礼的犹太人，并且是把货币变成更多的货币的奇妙手段。

在简单流通中，商品的价值在与商品的使用价值的对立中，至多取得了独立的货币形式，而在这里，商品的价值突然表现为一个处在过程中的、自行运动的实体，商品和货币只是这一实体的两种形式。不仅如此。现在，它不是表示商品关系，而可以说是同它自身发生私自关系。它作为原价值同作为剩余价值的自身区别开来，作为圣父同作为圣子的自身区别开来，而二者年龄相同，实际上只是一个人。这是因为预付的100镑只是由于有了10镑剩余价值才成为资本，而它一旦成为资本，一旦生了儿子，并由于有了儿子而生了父亲，二者的区别又马上消失，合为一体——110镑。

因此，价值成了处于过程中的价值，成了处于过程中的货币，从而也就成了资本。它离开流通，又进入流通，在流通中保存自己，扩大自己，扩大以后又从流通中返回来，并且不断重新开始同样的循环。G—G′，生出货币的货币——money which begets money①——资本的最初解释者重商主义者就是这样来描绘资本的。

为卖而买，或者说得完整些，为了贵卖而买，即G—W—G′，似乎只是一种资本即商人资本所特有的形式。但产业资本也是这样一种货币，它转化为商品，然后通过商品的出售再转化为更多的货币。在买和卖的间歇，即在流通领域以外发生的行为，丝毫不会改变这种运动形式。最后，在生息资本的场合，G—W—G′的流通简化地表现为没有中介的结果，表现为一种简练的形式，G—G′，表现为等于更多货币的货币，比本身价值更大的价值。

因此，G—W—G′事实上是直接在流通领域内表现出来的资本的总公式。

---

① "生出货币的货币"（money which begets money），引自亚·斯密《国民财富的性质和原因的研究》1802年伦敦版第87页，参看马克思《1844年经济学哲学手稿》（《马克思恩格斯文集》第1卷，北京：人民出版社2009年版）。

六　简单再生产和扩大再生产

I　简单再生产[①]

在简单再生产的场合，每年或者在一年的多次周转中周期地生产的和实现的剩余价值，都由它的所有者资本家个人消费掉，也就是非生产地消费掉。

产品价值一部分由剩余价值构成，另一部分由产品价值中再生产的可变资本加上产品价值中消耗的不变资本所形成的那部分价值构成，这一情况绝对不会影响作为商品资本不断进入流通，而又不断从流通中取出，以便作为生产资料或消费资料进入生产消费或个人消费的总产品的数量，也绝对不会影响它的价值。撇开不变资本不说，这种情况只会影响年产品在工人和资本家之间的分配。

甚至在简单再生产中，一部分剩余价值也必须经常以货币形式存在，而不是以产品形式存在。否则，它就不可能为了消费而由货币转化为产品。剩余价值由原来的商品形式到货币的这种转化，在这里必须作进一步的研究。为了使事情简单起见，我们假定这个问题的最简单的形式，就是说，假定进行流通的只是金属货币，即作为实际等价物的货币。

按照以上已经阐明的简单商品流通的规律（第一册第三章），一个国家现有的金属货币量，不仅要够商品流通使用。它还必须够应付货币流通的变动，这种变动部分地由流通速度的变化，部分地由商品价格的变动，部分地由货币作为支付手段或作为真正流通手段执行职能的比例的差别和变化而产生。现有货币量分为贮藏货币和流通货币的比例是不

[①]　本节为《资本论》第2卷第2篇第17章第I节，选自《马克思恩格斯文集》第6卷，北京：人民出版社2009年版，第359—380页。

断变化的，但货币总量总是等于作为贮藏货币而存在的货币和作为流通货币而存在的货币之和。这个货币量（贵金属量）是逐渐积累起来的社会的贮藏货币。这个贮藏货币因磨损而消耗掉的部分，必须像别的产品一样，每年重新补偿。实际上，这是通过本国一部分年产品和金银出产国的产品之间的直接交换或间接交换进行的。但是，这种交易的国际性质把它的简单过程掩盖起来了。因此，为了把问题表现得最简单、最清楚，就必须假定金银的生产是在本国进行的，从而，金银的生产在每一个国家都形成社会总生产的一部分。

把那种为制造奢侈品而生产的金银撇开不说，每年生产的金银的最低限量必须等于因每年货币流通而磨损的货币金属。其次，如果每年生产和流通的商品总量的价值额增大了，但流通商品的已经增大的价值总额及其流通（以及与此相适应的货币贮藏）所需的货币总量，并没有因货币流通速度的加快和货币支付手段职能的扩大（也就是更经常地不用实在货币，而由买卖双方实行抵账）而被抵消，那么，每年的金银生产也就必须增加。

因此，一部分社会劳动力和一部分社会生产资料必须每年用在金银的生产上。

因为这里假定的是简单再生产，所以从事金银生产的资本家的生产规模只限于金银每年的平均磨损以及由此引起的金银每年的平均消费的范围；他们的剩余价值，按照假定，每年都被他们消费掉，其中没有任何部分转化为资本，他们把这一剩余价值直接以货币形式投入流通。这种货币形式对他们来说就是产品的实物形式，不像在其他生产部门中那样是产品的转化形式。

其次，说到工资，即预付可变资本的货币形式，在这里，它也不是由产品的出售即产品转化为货币来补偿的，而是由产品来补偿的，因为这种产品的实物形式一开始就是货币形式。

最后，说到贵金属产品中与周期消费的不变资本价值相等的部分，即与不变流动资本价值和一年内消费的不变固定资本价值相等的部分，情况也是如此。

我们首先在 G—W…P…G′ 形式上来考察投入贵金属生产的资本的循环或周转。既然 G—W 中的 W 不仅由劳动力和生产资料构成，而且也由在 P 中只耗费一部分价值的固定资本构成，那么，很明显，产品 G′ 这个货币额就等于投在工资上的可变资本，加上投在生产资料上的流动不变资本，加上损耗的固定资本价值部分，加上剩余价值。如果这个货币额小于后者的总和，而金的一般价值又不变，这种矿山投资就是不生产的，或者，如果这已成为普遍情况，金的价值和价值保持不变的商品相比，将来就会提高。就是说，商品的价格将会下跌，因此，投在 G—W 中的货币额将来就会减少。

如果我们首先只考察预付在 G 上，即 G—W…P…G′ 的起点上的资本的流动部分，那么，我们看到，一定的货币额为支付劳动力的报酬和购买生产材料而预付，投入了流通。但是它不会通过这个资本的循环再从流通中取出，以便重新投入流通。产品在实物形式上已经是货币，不需要通过交换，通过流通过程，才转化为货币。它在从生产过程进入流通领域时，不是以商品资本的形式，要再转化为货币资本，而是作为货币资本，要再转化为生产资本，就是说，要重新购买劳动力和生产材料。在劳动力和生产资料上消耗的流动资本的货币形式，不是通过产品的出售，而是通过产品本身的实物形式补偿的；因此，不是通过它的价值以货币形式再从流通中取出，而是通过追加的新生产的货币补偿的。

假定这个流动资本 = 500 镑，周转期间 = 5 周，劳动期间 = 4 周，流通期间只 = 1 周。货币一开始就必须为 5 周一部分预付在生产储备上，一部分准备好，以便逐渐支付工资。第 6 周开始时，流回 400 镑，游离出 100 镑。这种情况会不断反复下去。这里，和以前一样，在周转的一定时间内，100 镑不断处于游离的形式。但是，这 100 镑和其余 400 镑完全一样，是由追加的新生产的货币构成的。在这里，是每年周转 10 次；所生产的年产品 = 5000 镑的金。（在这里，流通期间不是由商品转化为货币所花费的时间构成的，而是由货币转化为生产要素所花费的时间构成的。）

对任何另一个在相同条件下周转的 500 镑资本来说，不断更新的货币形式，都是所生产的商品资本的转化形式。这个商品资本每4周投入流通一次，通过它的出售，也就是通过周期取出原来加入过程的货币量，而不断重新再取得货币形式。相反，在这里，在每一个周转期间，一个新追加的500镑的货币量从生产过程本身投入流通，以便不断地从流通中取出生产材料和劳动力。这个投入流通的货币，不是通过这个资本的循环再从流通中取出的，而是靠不断地新生产的金量增加的。

如果我们考察一下这个流动资本的可变部分，并且和上面一样，假定它=100镑，那么，在普通的商品生产中，这100镑在10次周转中已经足够不断地支付劳动力的报酬。在这里，在货币生产中，这个金额也足够了。但是，在每5周内用来支付劳动力报酬的流回的100镑，不是这一劳动力的产品的转化形式，而是这一劳动力的不断更新的产品本身的一部分。金的生产者直接用他的工人自己生产的金的一部分付给他的工人。因此，每年这样投在劳动力上并且由工人投入流通的这1000镑，不是经过流通回到它的起点的。

其次，说到固定资本，在企业开办时需要耗费较大量货币资本，因而，这种货币资本投入了流通。和一切固定资本一样，这种固定资本只是在若干年内一部分一部分地流回。但是，它是作为产品金的直接部分流回的，而不是通过产品的出售、通过产品变成货币流回的。因此，它逐渐保持它的货币形式，不是由于从流通中取出货币，而是由于积累了一个相应部分的产品。这样再形成的货币资本，不是为了补偿原来为取得固定资本投入流通的货币额而逐渐从流通中取出的货币额。它是一个追加的货币量。

最后，说到剩余价值，它同样等于新产品金的一部分，它在每个新的周转期间投入流通，按照我们的假定，被非生产地花掉，用以支付生活资料和奢侈品的费用。

但是，按照我们的假定，全年生产的金——它不断地从市场上取出劳动力和生产材料，但没有从市场取出货币，而是不断地用追加的货币供给市场——只是补偿一年内磨损的货币，也就是，只是补足社会上始终以贮藏货币和流通货币这两种形式（虽然二者的比例不断变动）存在的货币量。

按照商品流通的规律，货币量必须等于流通所需的货币量加上处于贮藏形式的货币量，后者随着流通的缩小或扩大而增加或减少，同时特别要为支付手段形成必要的准备金。在支付不能互相抵消时，商品价值必须用货币支付。至于这个价值的一部分由剩余价值构成，也就是说，无须商品的卖者花费什么，这绝对不会改变事情的实质。假定生产者都是他们的生产资料的独立的所有者，从而，流通发生在各个直接生产者本身中间。把他们的资本的不变部分撇开不说，按照资本主义状态类推，他们的年剩余产品可以分成两部分：一部分 a 只补偿他们的必要生活资料，另一部分 b 部分地花费在奢侈品上，部分地用于扩大生产。因此，a 代表可变资本，b 代表剩余价值。但是，这种分割对他们的总产品的流通所需的货币量的大小不发生任何影响。在其他条件不变的情况下，流通的商品量的价值不变，因而，所需的货币量也不变。在周转期间的分法相同时，生产者也必须拥有同样的货币准备金，也就是说，必须总是在货币形式上拥有同样大的一部分资本，因为按照假定，他们的生产仍然是商品生产。可见，商品价值的一部分由剩余价值构成，这对经营企业所必需的货币量绝对没有影响。

一个反对图克，坚持 G—W—G′ 形式的人，质问图克：资本家不断从流通中取出的货币怎么能够比他投入流通的货币多。显然，这里的问题不是剩余价值的**形成**。剩余价值的形成这个唯一的秘密，从资本主义的观点来看，是不言而喻的。如果所使用的价值额不是靠剩余价值来增殖，那它就根本不是资本。既然按照假定它是资本，所以剩余价值是不言而喻的。

因此，问题不在于剩余价值从何而来，而在于剩余价值借以货币化的货币从何而来？

然而，在资产阶级经济学中，剩余价值的存在本来是不言而喻的。因此，不仅假定剩余价值的存在；而且同时还假定投入流通的一部分商品量是由剩余产品构成的，因而它代表的价值不是资本家在把他的资本投入流通时一起投入的价值；因此，假定资本家在把他的产品投入流通时一起投入了一个超过他的资本的余额，并且从流通中再取出这个余额。

资本家投入流通的商品资本，比他在劳动力和生产资料形式上已经从流通中取出的生产资本，具有更大的价值（这个余额从何而来，没有说明，或不能理解，但是从资产阶级经济学的观点看，这是事实）。因此，在这个前提下，很明显，为什么不仅资本家A，而且资本家B、C、D等等都会通过交换他们的商品，不断地从流通中取出比他们原来预付和反复重新预付的资本价值更大的价值。A、B、C、D等等不断地以商品资本形式投入流通的，是一个比他们以生产资本形式从流通中取出的商品价值更大的商品价值，——这种行为和独立执行职能的各个资本一样，是多方面的。因此，他们必须不断地在他们中间分配一个和他们各自预付的生产资本的价值额相等的价值额（即各自从流通中取出生产资本）；同样，必须不断地在他们中间分配这样一个价值额，这个价值额是他们从各方面以商品形式并作为各自的超过生产要素价值而形成的商品价值余额投入流通的。

但是，商品资本，在它再转化为生产资本和它所包含的剩余价值被耗费以前，必须转化为货币。这个货币从何而来？这个问题乍一看来是很难的，不论是图克，还是别人，直到现在也没有作出回答。

假定以货币资本形式预付的流动资本500镑，不论它的周转期间如何，都是社会即资本家阶级的全部流动资本。假定剩余价值是100镑。那么，整个资本家阶级怎么能在只是不断地投入500镑时，又不断地从流通中取出600镑呢？

在货币资本500镑转化为生产资本以后，这个生产资本会在生产过程内转化为600镑的商品价值，因此，处在流通中的，不仅有一个与原预付货币资本相等的500镑的商品价值，而且还有一个新生产的100镑剩余价值。

这个追加的100镑剩余价值已经以商品形式投入流通。这一点是毫无疑问的。但是，通过这个行为，不会为这个追加的商品价值的流通提供任何追加的货币。

不要用一些似是而非的遁词来回避这个困难。

举例来说：至于不变流动资本，很明显，它不是所有的人同时投入的。在资本家 A 出售他的商品，从而他的预付资本取得货币形式时，买者 B 的货币形式的资本，相反地取得 A 所生产的生产资料的形式。由于同一个行为，A 使他所生产的商品资本再取得货币形式，B 则使他的资本再取得生产形式，使它由货币形式转化为生产资料和劳动力；同一个货币额，在这个两方面的过程中，和在任何一个简单的购买 W—G 中一样执行职能。另一方面，A 在把他的货币再转化为生产资料时，向 C 购买，C 又把这个货币付给 B，依此类推。这样，过程就好像说明了。但是：

我们阐明的关于商品流通中的流通货币量的所有规律（第一册第三章），决不会因为生产过程的资本主义性质而发生变化。

因此，如果说以货币形式预付的社会的流动资本等于 500 镑，那么，已经考虑到：一方面，它是同时预付的金额，但另一方面，这个金额所推动的生产资本却多于 500 镑，因为它交替充当不同生产资本的货币基金。因此，这种说明方法，是以货币已存在为前提的，但是应该说明的，正是这个货币何以存在。——

其次，有人会说，资本家 A 所生产的物品，是由资本家 B 个人消费的，即非生产地消费的。因此，B 的货币使 A 的商品资本货币化，这样，同一个货币额既使 B 的剩余价值货币化，又使 A 的流动不变资本货币化。但是，在这里还是直接以应当答复的问题已经解决为前提的。这就是，B 从哪里得到用来偿付他的收入的货币？他自己怎样使他的产品中的那部分剩余价值货币化？——

再次，有人会说，A 不断预付给他的工人的那部分流动可变资本，是不断地从流通中流回到他手里的；其中只有一部分，不断交替地保留在他自己手里，以支付工资。而在支出和流回之间有一段时间，在这段时间内，在工资上付出的货币，除了其他用途以外，还可以用来使剩余价值货币化。——但是，我们知道，第一，这个时间越长，资本家 A 必须不断准备好的货币储备量也必然越大。第二，工人会支出货币，用来购买商品，因此相应地会使商品中包含的剩余价值货币化。因此，同一个货币，既以可变资本形式预付，又相应地用来使剩余价值货币化。在这里，我们不需要更深入地研究这个问题，只要指出一点：整个资本家阶级以及依赖于他们的非生产人员的消费，是和工人阶级的消费同时进行的；因此，在工人把货币投入流通的同时，资本家为了花费作为收入的剩余价值，也必然要把货币投入流通；因此，必须从流通中取出货币。刚才所作的说明，只会减少而不会消除这个必要的货币量。——

最后，有人会说，在第一次投入固定资本时，总是把大量货币投入流通，这些货币只能逐渐地，一部分一部分地，在若干年内，由投入的人再从流通中取出。难道这个金额不足以使剩余价值货币化吗？——对于这种说法，必须回答说：也许在500镑的金额（也包括作为必要准备金的贮藏货币）中，已经包含着把这个金额作为固定资本来使用，即使不是由投入这个金额的人使用，也会由另外一个人使用。此外，已经假定，用来购置作为固定资本使用的产品的金额，也已经对这些商品中包含的剩余价值进行了支付，而问题恰好在于，这个货币从何而来？——

总的答复已经得出来了：当一个 x×1000 镑的商品量要流通时，不论这个商品量的价值是否包含剩余价值，不论这个商品量是否按资本主义方式生产，这个流通所必需的货币量决不会因此有所改变。**可见，这个问题本来就是不存在的**。在货币的流通速度等等其他条件已定的情况下，要使 x×1000 镑商品价值流通，总需要有一定量的货币，而这个货币量同这个价值有多少归这个商品的直接生产者所有的问题完全无关。如果这里存在什么问题，那么，它和总的问题是一致的：一个国家的商品流通所必需的货币额从何而来？

但是，从资本主义生产的观点来看，的确存在着一个特殊问题的**假象**。这就是：货币投入流通的起点在这里是资本家。工人为了支付他的生活资料的费用而支出的货币，起初就是作为可变资本的货币形式存在的，所以，原来就是作为劳动力的购买手段或支付手段由资本家投入流通的。并且，资本家把原来对他构成不变的固定资本和流动资本的货币形式的货币也投入流通；他是把这个货币作为劳动资料和生产材料的购买手段或支付手段支出的。不过，除此以外，资本家就不再是处在流通中的货币量的起点了。可是，现在只有两个起点：资本家和工人。所有第三种人，或者是为这两个阶级服务，从他们那里得到货币作为报酬，或者是不为他们服务，而在地租、利息等形式上成为剩余价值的共有者。至于剩余价值不是全部留在产业资本家的钱袋中，而是必须由他和别人共分，这和我们当前的问题无关。问题在于他怎样使他的剩余价值货币化，而不在于由此取得的货币以后怎样分配。在我们考察的场合，仍然把资本家看做是剩余价值的唯一的所有者。至于工人，我们已经说过，就工人投入流通的货币来说，工人只是第二步的起点，资本家才是第一步的起点。起初作为可变资本预付的货币，当工人为了支付生活资料的费用而支出时，已经在完成它的第二个流通。

因此，资本家阶级是货币流通的唯一起点。如果这个阶级为了支付生产资料的费用需要 400 镑，为了支付劳动力的报酬需要 100 镑，那么，它就把 500 镑投入流通。但是，包含在产品中的剩余价值，在剩余价值率为 100% 时，是一个等于 100 镑的价值。如果资本家阶级只是不断投入 500 镑，又怎么能不断地从流通中取出 600 镑呢？无中不能生有。整个资本家阶级决不能从流通中取出它以前没有投入流通的东西。

这里撇开下面一点不说，即在周转 10 次的情况下，也许有 400 镑的货币额，就足以使价值 4000 镑的生产资料和价值 1000 镑的劳动流通，而其余的 100 镑也足以使 1000 镑的剩余价值流通。货币额和由此流通的商品价值的比例，同这里的问题无关。问题仍然存在。如果不是同一个货币流通好几次，那就必须有 5000 镑作为资本投入流通，还需要有 1000 镑，以便使剩余价值货币化。不管后面这个货币是 1000 镑还是 100 镑，问题仍然是它从何而来。无论如何，它是超过投入流通的货币资本的部分。

实际上，说资本家阶级自己把用于实现商品中包含的剩余价值的货币投入流通，乍看起来好像是一种悖论。但是请注意，资本家阶级不是把它作为预付货币即作为资本投入流通的。这个阶级只是把它作为个人消费品的购买手段花费的。因此，这不是资本家阶级预付的，虽然这个阶级是这种流通的起点。

假定有一个资本家,比如说一个租地农场主,现在开办一个企业。在最初一年内,他预付了货币资本,比如说5000镑,用以支付生产资料的费用(4000镑)和劳动力的报酬(1000镑)。假定剩余价值率为100%,他占有的剩余价值=1000镑。上述5000镑已经包括全部他作为货币资本预付的货币。但是人必须生活,而不到年终,他一点钱也拿不到。假定他的消费额是1000镑。这是他必须有的。他固然会说,他必须在第一年内预付这1000镑。但是,这个预付——这里只有主观的意义——不过表示,在第一年,他必须掏自己的钱袋,不能用工人的无酬的生产来偿付他的个人消费。他不是把这个货币作为资本预付。他把它花掉,把它作为他所消费的生活资料的等价物来支付。这个价值是他以货币的形式花费,投入流通,而以商品价值的形式从流通中取出的。他已经耗费了这些商品价值。因此,他已经不再和这些商品价值发生任何关系。他用来支付这个价值的货币,作为流通货币的要素而存在。但是他已经以产品的形式从流通中取出了这个货币的价值,于是这个价值也和它借以存在的产品一起被消灭。它已经不再存在了。但在年终,他会把6000镑的商品价值投入流通,把它出售。因此,流回到他手里的有:1. 他预付的货币资本5000镑;2. 货币化的剩余价值1000镑。他曾经把5000镑作为资本预付,投入流通,而现在从流通中取出6000镑,其中5000镑作为他的资本,1000镑作为他的剩余价值。使后面这个1000镑转化为货币的,不是他自己作为资本家投入流通的货币,而是他作为消费者投入流通的货币,这些货币不是预付的,而是花掉的。它们现在作为他所生产的剩余价值的货币形式流回到他手里。这一行为以后会每年反复进行。但从第二年起,他所花费的1000镑,就始终是他所生产的剩余价值的转化形式,即货币形式。他每年花掉这些货币,这些货币每年又流回到他手里。

如果他的资本在一年内的周转次数增多,那也决不会使事情发生变化,当然,时间的长短会发生变化,因而他为了个人消费必须投入流通的超过预付货币资本的金额的大小也会发生变化。

资本家把这些货币不是作为资本投入流通的。但是，能够靠自己拥有的资金生活到剩余价值流回的时候，这也正是资本家的一个特点。

在这个场合，我们假定，资本家到他的资本第一次流回为止，为了偿付他个人消费而投入流通的货币额，恰好同他所生产的并转化为货币的剩余价值相等。对单个资本家来说，这显然是一个随意的假定。但是在简单再生产的前提下，这个假定对整个资本家阶级来说必然是正确的。它所表示的，不外就是简单再生产这个前提所要说明的，即全部剩余价值并且只有剩余价值被非生产地消费掉，也就是说，原有资本的任何部分都没有被非生产地消费掉。

我们以上假定，贵金属的全部生产（假定＝500镑）只够补偿货币的磨损。

生产金的资本家以金的形式占有他的全部产品，其中有补偿不变资本和可变资本的部分，也有构成剩余价值的部分。因此，一部分社会剩余价值，是由金构成的，而不是由在流通中才转化为金的产品构成的。这部分本来就是金，它投入流通，以便从流通中取出产品。在这里，无论工资即可变资本，还是预付不变资本的补偿，都是如此。因此，如果资本家阶级中的一部分人投入流通的商品价值，大于他们预付的货币资本（多了剩余价值），那么，另外一部分资本家投入流通的货币价值，大于他们为生产金而不断从流通中取出的商品价值（也是多了剩余价值）。如果一部分资本家不断地从流通中抽出比他们预付的更多的货币，那么，那部分生产金的资本家，则不断地投入比他们以生产资料的形式从流通中取出的更多的货币。

尽管这个500镑产品金的一部分是金的生产者的剩余价值，但是整个这个金额只是用来补偿商品流通所必需的货币；至于其中有多少是用来使商品的剩余价值货币化，有多少是用来使商品的其他价值部分货币化，在这里是没有关系的。

如果把金的生产从一个国家转移到其他国家，事情也绝对不会发生变化。在A国，社会的劳动力和社会的生产资料的一部分，已经转化为产品，例如，价值500镑的麻布，这个产品被运到B国，以便在那里购买金。在 A 国这样使用的生产资本，和它直接用于金的生产时一样，不会把任何和货币不同的商品投入 A 国的市场。A 的这个产品由 500 镑金来代表，仅仅作为货币进入 A 国的流通。这个产品所包含的那部分社会剩余价值直接以货币的形式存在，对 A 国来说，决不以货币以外的形式存在。虽然对生产金的资本家来说，只有一部分产品代表剩余价值，而另一部分产品则补偿资本，但是，除了流动的不变资本外，这个金有多少补偿可变资本，有多少代表剩余价值，完全取决于工资和剩余价值在流通的商品价值中各自所占的比例。构成剩余价值的部分，在资本家阶级的不同成员之间进行分配。虽然这个部分不断地被他们花费在个人消费上，并且由于新产品的出售被他们重新取得——一般说来，正是这种买和卖，使剩余价值货币化所需要的货币得以在他们自己中间流通——，但是社会剩余价值还是有一部分（虽然比例是变动的）以货币形式放在资本家的钱袋中，和一部分工资至少在一周的某几天以货币形式留在工人的钱袋中一样。而且这部分社会剩余价值，并不限于原来构成生产金的资本家的剩余价值的那部分金产品，而如上所述，决定于上述 500 镑产品一般说来按什么比例在资本家和工人之间进行分配，决定于要流通的商品价值按什么比例由剩余价值和价值的其他组成部分构成。

但是，不是存在于其他商品中，而是同其他商品并列地存在于货币中的那部分剩余价值，只是在每年生产的金的一部分为实现剩余价值而进入流通的限度内，才是每年生产的金的一部分。以变动的比例不断作为剩余价值的货币形式处在资本家阶级手中的另一部分货币，却不是每年生产的金的要素，而是以前在国内积累的货币量的要素。

按照我们的假定，每年生产的金 500 镑，正好只够补偿每年磨损的货币。因此，如果我们只看到这 500 镑，而把每年生产的商品总量中靠以前积累的货币进行流通的部分撇开不说，那么，以商品形式生产出来的剩余价值之所以能在流通中找到自己货币化所需要的货币，是因为另一方面剩余价值每年以金的形式生产出来。这对于 500 镑金产品的其余部分即补偿预付货币资本的部分来说，也是适用的。

在这里应当指出两点。

第一，由此可以得出结论说：不论资本家以货币形式花掉的剩余价值，还是他们以货币形式预付的可变资本和其他生产资本，实际上都是工人的产品，也就是从事金生产的工人的产品。这些工人不仅把作为工资"预付"给他们的那部分金产品重新生产出来，而且把直接表现为资本主义的金生产者的剩余价值的那部分金产品重新生产出来。最后，至于只补偿金生产上预付的不变资本价值的那部分金产品，它也只是由于工人的每年的劳动，才能以金的形式（一般来说，以某一产品的形式）再现出来。在企业开办时，它原来是资本家以货币形式付出去的。这个货币不是新生产的，而是社会的流通货币量的一部分。但是，只要它由新的产品，由追加的金补偿，它就是工人的年产品。资本家方面的预付，在这里也只是表现为一种形式，这种形式的存在是由于工人既不是他自己的生产资料的占有者，在生产时又不支配其他工人所生产的生活资料。

第二，至于同每年补偿500镑无关的，部分地处于贮藏货币形式，部分地处于流通货币形式的货币总额，那么，它的情形，即它原来的情形，也必然和这500镑每年出现的情形完全一样。在这一节的末尾，我们还要回过来谈这一点。我们先在这里谈其他几点意见。

———

我们在考察周转时已经知道，在其他条件不变的情况下，随着周转期间的长短的变化，按同一规模进行生产所必需的货币资本量也会发生变化。因此，货币流通必须具有相当大的弹性，才能适应周转期间延长和缩短的变化。

我们再假定其他条件不变，其中包括工作日的长度、强度和生产率不变，只有**价值**产品在工资和剩余价值之间的**分配发生了变化**，那么，不论前者增加，后者减少，还是相反，前者减少，后者增加，都不会对流通货币量发生任何影响。即使流通货币量没有任何增加或减少，这种分配的变化也是会发生的。让我们特别考察一下这样的场合：工资普遍提高，因而——在假定的条件下——剩余价值率普遍降低，此外，同样按照假定，流通商品量的价值没有发生任何变化。在这种场合，必须作为可变资本预付的货币资本，即执行这种职能的货币量，当然会增加。但是，可变资本执行职能所必需的货币量增加多少，剩余价值就恰好会减少多少，因而，实现剩余价值所必需的货币量也会减少多少。实现商品价值所必需的货币量，和这个商品价值本身一样，并不会因此受到影响。商品的成本价格对单个资本家来说提高了，但是商品的社会生产价格依然不变。把不变价值部分撇开不说，改变的只是商品生产价格分为工资和利润的比例。

但是有人会说，可变货币资本的支出增加（当然假定货币价值不变）多少，意味着工人手里的货币手段量也增加多少。由此产生的结果是，工人方面对商品的需求会增加。进一步的结果是商品价格提高。——或者有人会说，如果工资提高，资本家就会提高他们的商品价格。——在这两种场合，工资的普遍提高都会引起商品价格的提高。因此，无论用哪一个方法去说明价格的提高，都必须有更大的货币量才能使商品流通。

对第一种说法的回答是：由于工资提高，工人对需求，特别是对必要生活资料的需求会增加。他们在极小的程度上增加了对奢侈品的需求，或者说，在极小的程度上产生了对原先不属于他们消费范围的物品的需求。对必要生活资料的需求的突然的更大规模的增加，无疑会暂时使必要生活资料的价格提高。结果是：在社会资本中用来生产必要生活资料的部分将增大，用来生产奢侈品的部分将缩小，因为奢侈品的价格将会由于剩余价值的减少、因而资本家对奢侈品需求的减少而跌落。反之，如果工人自己购买奢侈品，他们工资的提高——在购买奢侈品的范围内——并不会使必要生活资料的价格提高，只会使奢侈品的买者发生变换。奢侈品归工人消费的数量比以前增加，而归资本家消费的数量则相应地减少。如此而已。经过几次波动以后，就会有和以前价值相同的商品量在流通。——至于各种暂时的波动，那么，它们造成的结果不外是把原来在交易所干投机事业或在国外寻找用途的那种用不上的货币资本投入国内流通。

对于第二种说法的回答是：如果资本主义生产者可以随意提高他们的商品价格，那么，即使在工资没有提高的情况下，他们也能这样做，而且会这样做；工资在商品价格跌落的情况下，就永远不会提高；资本家阶级就永远不会反对工联，因为资本家阶级在任何情况下始终可以像他们现在不过偶尔在一定的、特殊的、所谓局部的情况下所实际做的那样，利用工资的每一次提高而在更大得多的程度上提高商品价格，从而把更大的利润放进自己的腰包。

硬说因为对奢侈品的需求（由于资本家的需求减少，他们用于这方面的购买手段减少）已经减少，所以资本家可以提高奢侈品的价格，这是供求规律的一个非常奇特的应用。如果发生的不只是奢侈品购买者的变换，即工人代替资本家——而如果发生这种变换，工人的需求就不会引起必要生活资料价格的提高，因为工人既然把增加的那部分工资花费在奢侈品上，就不能花费在必要的生活资料上——，那么，奢侈品的价格就会因需求减少而降低。结果是从奢侈品的生产中把资本抽走，直到奢侈品的供应减少到和它们在社会生产过程中已经变化的地位相适应的程度为止。随着它们生产的减少，在价值不变的情况下，它们的价格会再提高到正常的水平。只要存在这种收缩或这种均衡过程，在生活资料的价格提高的情况下，从奢侈品的生产部门中抽出的资本，就会不断地追加到生活资料的生产上，一直到需求饱和为止。这时重新出现平衡，而整个过程的结果是，社会资本，从而货币资本，会按改变了的比例在必要生活资料的生产和奢侈品的生产之间进行分配。

全部非难都是资本家和向他们献媚的经济学家的恐吓。

为这种恐吓提供借口的，是以下三个事实：

1. 货币流通的一般规律是：如果流通商品的价格总额提高——不论价格总额的这种增加是发生在同一个商品量上，还是发生在一个已经增大的商品量上——，在其他条件不变的情况下，流通货币的量就会增大。因此，结果和原因相混了。工资随着必要生活资料价格的提高而提高（虽然按比例提高的现象是罕见的，仅仅是例外）。工资提高是商品价格提高的结果，不是它的原因。

2. 在工资部分提高或者说局部提高的情况下，即工资仅仅在个别生产部门中提高的情况下，这些部门的产品的价格可以因此发生局部的提高。但是，就连这一点也取决于许多情况：例如，在这些部门，工资不是特别低，因而利润率也不是特别高；这些商品的市场不会因价格上涨而缩小（因此，不需要为了提高这些商品的价格而预先缩减它们的供给），等等。

3. 在工资普遍提高时，所生产的商品的价格，在可变资本占优势的产业部门将会上涨，但在不变资本或固定资本占优势的产业部门将会下跌。

———

简单商品流通的研究（第一册第三章第 2 节）已经表明，虽然在任何一定量的商品的流通中，这一定量商品的货币形式只是转瞬即逝的，但是在商品的形态变化中，货币从一个人手中消失，必然会在另一个人手中出现，因此，不仅商品首先到处互相交换或互相代替，而且这种代替还以货币的到处沉淀作为中介，伴随有这样的货币沉淀。"一个商品由另一个商品代替，而货币商品留在第三人手中。流通不断地把货币像汗一样渗出来。"（第一册第 92 页）在资本主义商品生产的基础上，这同一个事实是这样表现的：一部分资本不断地以货币资本的形式存在，一部分剩余价值同样以货币形式不断地处于它的**所有者手中**。

撇开这一点不说，**货币的循环**，即货币**流回**到它的起点，作为资本周转的要素，是一种和**货币的流通**完全不同甚至相反的现象。货币的流通表示货币经过一系列人的手而不断地**离开**起点（第一册第 94 页①）。不过，周转的加速本身就包含着流通的加速。

首先，就可变资本来说：如果一个 500 镑的货币资本以可变资本的形式每年周转 10 次，那么，很明显，流通货币量的这个部分使 10 倍于它的价值额＝5000 镑流通。它每年在资本家和工人之间流通 10 次。流通货币量的这同一个部分在一年内 10 次付给工人，而又 10 次被工人用来支付。如果在生产规模不变时这个可变资本每年周转一次，那么，就

———

① 参见《马克思恩格斯文集》第 5 卷，北京：人民出版社 2009 年版，第 137—138 页。

仅仅进行一次 5000 镑的流通。

其次,假定流动资本的不变部分＝1000 镑。如果这个资本每年周转 10 次,那么,资本家在一年内就会把他的商品,从而把商品价值的不变流动部分卖出 10 次。流通货币量的这个部分（＝1000 镑）,在一年内就有 10 次从它的所有者手里转到资本家手里。这就是这个货币从一个人手里转到另一个人手里的 10 次换位。其次,资本家每年购买 10 次生产资料;这又使货币从一个人手里到另一个人手里流通了 10 次。产业资本家用 1000 镑货币卖出价值 10000 镑的商品,又买进价值 10000 镑的商品。由于 1000 镑货币的 20 次流通,就使 20000 镑的商品储备得以流通。

最后,在周转加速时,实现剩余价值的那部分货币也会流通得更快。

但是,反过来,货币流通的加快,不一定包含资本周转的加快,因而不一定包含货币周转的加快,也就是说,不一定包含再生产过程的缩短和它的更新的加速。

只要用同一货币量完成较大量的交易,货币流通就会加快。在资本再生产期间相同的情况下,由于货币流通的技术设施的变化,这种情况也可能发生。其次,有货币流通但它不表现实际商品交换的那种交易（例如交易所里的买空卖空等等）,可以在数量上增加。另一方面也可以完全不要货币流通。例如,在农场主自己就是土地所有者时,租地农场主和土地所有者之间就不会有货币流通,在产业资本家自己就是资本的所有者时,产业资本家和债主之间也不会有货币流通。

———

至于贮藏货币最初在一个国家里的形成以及少数人对这种贮藏货币的占有,这个问题无须在这里进一步研究。

资本主义生产方式——它的基础是雇佣劳动,工人的报酬是用货币支付的,并且实物报酬一般已转化为货币报酬——只有在国内现有的货币量能充分满足流通和由流通决定的货币贮藏（准备金等）的需要的地方,才能够得到较大规模的、比较深入和充分的发展。这是历史的前提,虽然我们不能把这一点理解为,必须先有充足的贮藏货币,然后才开始有资本主义生产。应当说,资本主义生产是和它的条件同时发展的,其中条件之一就是贵金属有足够的供给。因此,16世纪以来贵金属供给的增加,在资本主义生产的发展史上是一个重要的因素。但是,如果问题涉及在资本主义生产方式的基础上必须进一步供给货币材料,那么,一方面以产品形式存在的剩余价值投入流通时,没有该产品转化为货币所需要的货币,另一方面以金形式存在的剩余价值投入流通时,无须事先由产品转化为货币。

要转化为货币的追加商品会找到必要的货币量,因为另一方面要转化为商品的追加的金(和银)可以不通过交换,而通过生产本身投入流通。

Ⅱ 积累和扩大再生产①

如果积累以规模扩大的再生产的形式发生,那么很明显,它对于货币流通不会提出什么新的问题。

首先,就追加生产资本执行职能所需要的追加货币资本来说,它是由一部分已经实现的剩余价值提供的,这部分剩余价值是作为货币资本,而不是作为收入的货币形式,由资本家投入流通的。货币已经在资本家手中。只是它的用法不同而已。

但是,现在由于有了追加的生产资本,就会有追加的商品量作为这个资本的产品投入流通。与此同时,为实现这个追加商品量所需要的一部分追加货币也会投入流通,因为这个商品量的价值和生产它们所耗费的生产资本的价值相等。这个追加的货币量恰恰是作为追加的货币资本已经预付出去,因而现在要通过资本的周转流回到资本家手里。这里又出现了和上面一样的问题。用以实现现在以商品形式存在的追加剩余价值的追加货币从何而来?

总的答复还是一样。流通商品量的价格总额之所以增加,并不是因

---

① 本节为《资本论》第2卷第2篇第17章第2节,选自《马克思恩格斯文集》第6卷,北京:人民出版社2009年版,第381—387页。

为一定量商品的价格已经提高,而是因为现在流通的商品量大于以前流通的商品量,而这个差额又没有为价格的降低所抵消。要取得使这个具有较大价值的较大的商品量流通所需要的追加货币,就必须或者更多地节约流通货币量——要么使支付等等互相抵消,要么采用加速同一个货币流通的手段——,或者把货币由贮藏形式转化为流通形式。后一点不仅包括闲置的货币资本转而执行购买手段或支付手段的职能;也不仅包括已经作为准备金执行职能的货币资本在对它的所有者执行准备金的职能的同时,对社会来说实际上是处在流通中(例如不断地贷出的银行存款),从而执行着双重的职能;而且还包括节约停滞的铸币准备金。

"货币要作为铸币而不断地流动,铸币就必须不断地凝结为货币。铸币的不断流通,以铸币的或多或少的一部分不断停顿下来成为铸币准备金为条件,这种准备金在流通内部到处发生,同时成为流通的条件,这种准备金的形成、分配、消失和恢复经常更替着,它的存在不断消失,它的消失不断存在。关于铸币变货币、货币变铸币的这种不息的转化,亚当·斯密这样说过:每一个商品所有者除了他所出卖的特殊商品之外,必须经常准备一定数额用于购买的一般商品。我们知道,在 W—G—W 的流通中,第二个环节 G—W 不断分裂为许多次买,它们在时间上不是一下完成,而是先后完成的,因此 G 的一部分作为铸币而流通,另一部分则作为货币而停留。货币在这里实际上不过是暂歇的铸币,流通中的铸币总量的各个组成部分,总是时而以这种形式,时而以那种形式交替出现。因此,流通手段变成货币的这个第一种转化,仅仅是货币流通本身的一个技术因素。"(卡尔·马克思《政治经济学批判》1859年版第 105、106 页①。——和货币相对立的"铸币",在这里是指处在与货币的其他职能相对立的单纯流通手段职能上的货币。)

如果所有这些手段还不够,那就必须进行追加的金的生产,或者——其结果一样——用一部分追加产品同贵金属出产国的产品即金直接地或间接地进行交换。

---

① 参见《马克思恩格斯全集》第 31 卷,北京:人民出版社 1998 年版,第 520 页。

每年耗费在金银这种流通工具的生产上的劳动力和社会生产资料的总量，对于资本主义生产方式，总之，对于以商品生产为基础的生产方式来说，是一项巨大的非生产费用。这种非生产费用，会相应地使一定量可能的追加生产资料和消费资料，即一定量实际财富，不能供社会利用。在生产规模不变或者生产扩大程度不变时，只要这个昂贵的流通机器的费用减少，社会劳动的生产力就会提高。所以，只要那些和信用制度一起发展的辅助工具发生这种作用，它们就会直接增加资本主义的财富，这或者是因为大部分社会生产过程和劳动过程因此会在没有实在的货币的参与下完成，或者是因为实际执行职能的货币量的作用能力会提高。

这样也就解决了一个毫无意义的问题，即资本主义生产按它现在的规模，没有信用制度（甚至只是从**这个**观点来看），只有金属流通，能否存在。显然，不能存在。相反，它会受到贵金属生产的规模的限制。另一方面，我们对于信用制度在它提供货币资本或使货币资本发生作用时所具有的生产力，也不应该有任何神秘的观念。对这个问题的进一步说明，不属于这里的范围。

———

我们现在要考察这样一种情况，就是说，没有发生实际的积累，即没有直接扩大生产规模，但一部分已经实现的剩余价值会在或长或短的期间内作为货币准备金积累起来，以便以后转化为生产资本。

只要这样积累起来的货币是追加货币，事情就是不言而喻的。这种货币可以只是从金的出产国进口的多余的金的一部分。这里应该指出，为进口这些金而用去的国民产品已经不再存在于国内了。它为交换金而运往国外了。

反之，假定国内的货币量还是和以前一样，已经积累和正在积累的货币就是从流通中流出来的；只是它的职能改变了。它从流通的货币转化为逐渐形成的、潜在的货币资本了。

这里积累的货币，是已经出售的商品的货币形式，并且是对商品所有者来说表现为剩余价值的那部分商品价值的货币形式（假定这里没有信用制度）。积累这种货币的资本家是相应地卖而不买。

如果只是把这个过程看做是局部现象，那就不需要作什么说明了。一部分资本家把出售他们的产品所得的一部分货币保留起来，不用它从市场上取走产品。相反，另一部分资本家却把他的除了不断返回的、为生产经营所必要的货币资本以外的货币全部转化为产品。作为剩余价值的承担者投入市场的那部分产品，是由生产资料或可变资本的现实要素（必要生活资料）构成的。因此，它可以立即用来扩大生产。因为这里不是假定，一部分资本家积累货币资本，另一部分资本家则把他们的剩余价值全部花掉，而只是假定，一部分资本家以货币形式进行积累，形成潜在的货币资本，另一部分资本家则从事实际的积累，即扩大生产规模，实际扩大他们的生产资本。即使是交替地有一部分资本家积累货币、另一部分资本家扩大生产规模，现有的货币量仍然足以满足流通的需要。此外，单方面的货币积累，也可以不用现金，而只是用债权的积累来进行。

但是，如果我们的前提不是资本家阶级的局部的货币资本积累，而是它的普遍的货币资本积累，那么，困难就会发生了。按照我们的假定，资本主义生产已经取得了普遍的和唯一的统治，除了资本家阶级外，只有工人阶级。工人阶级所购买的全部物品，等于他们的工资的总和，等于整个资本家阶级预付的可变资本的总和。通过资本家阶级把他们的产品卖给工人阶级，这些货币流回到资本家阶级手里。因此，他们的可变资本再取得了货币形式。假定可变资本的总和 = $x \times 100$ 镑，即不是在一年内预付的、而是在一年内使用的可变资本的总和。这个可变资本价值根据周转速度在一年内要预付多少货币，与现在考察的问题无关。资本家阶级用这个 $x \times 100$ 镑资本来购买一定量的劳动力，即对一定人数的工人支付工资，这是第一次交易。工人用这个金额向资本家购买一定量商品，因此，同一个 $x \times 100$ 镑又流回到资本家手里，这是第二次交易。而这是不断反复进行的。工人阶级无论如何不能用 $x \times 100$ 镑购买代表不变资本的那部分产品，更不用说购买代表资本家阶级剩余价值的那部分产品。工人用这 $x \times 100$ 镑总是只能购买社会产品中的这样一部分价值,这部分价值和代表预付可变资本价值的那部分价值相等。

撇开如下情况不说,即把这种全面的货币积累只是表示追加的进口贵金属在各单个资本家之间的分配,而不管分配的比例如何这种情况撇开不说,那么,整个资本家阶级要怎样才能把货币积累起来呢?

他们全体都必须出售自己产品的一部分,而不再购买。至于说他们全体都有一定的货币基金,作为他们购买消费品的流通手段投入流通,其中又有一部分从流通中再回到他们每个人手里,那是一点也不神秘的。可是在这种情况下,这个货币基金恰恰是作为剩余价值货币化所造成的流通基金存在的,而决不是作为潜在的货币资本存在的。

如果按实际情况进行考察,为了以后的使用而积累的潜在的货币资本有以下几项:

1. 银行存款。银行实际支配的,是一个较小的货币额。这里仅仅在名义上积累了货币资本。实际积累的,是货币索取权,它们之所以会转化为货币(在它们一旦转化为货币时),只是因为在提取的货币和存入的货币之间出现平衡。在银行手中掌握的货币相对地说只是一笔很小的金额。

2. 公债券。这根本不是资本,而是对一国年产品的债权。

3. 股票。如果没有欺诈,它们就是对一个股份公司拥有的实际资本的所有权证书和索取每年由此生出的剩余价值的凭证。

在所有这些场合,都没有货币的积累,而是一方面表现为货币资本的积累,另一方面表现为不断的实际的货币支出。至于这个货币究竟由它的所有者支出,还是由其他人,由他的债务人支出,这并不改变事情的本质。

在资本主义生产的基础上,贮藏货币本身从来不是目的,而是结果,或者是流通停滞的结果(这时会有比通常更多的货币量采取贮藏货币的形式),或者是由资本周转决定的积累的结果;或者,最后,贮藏货币只是货币资本的形成暂时处在潜在的形式上,目的是要执行生产资本的职能。

因此，如果一方面从流通中取出了实现为货币的剩余价值的一部分，把它作为贮藏货币积累起来，那么，同时会不断地把剩余价值的另一部分转化为生产资本。除了追加的贵金属在资本家阶级之间的分配以外，从来不会在所有地方同时发生货币形式的积累。

对于年产品中以商品形式代表剩余价值的部分来说，有关年产品的其他部分所说的情况也是完全适用的。这一部分的流通需要一定量的货币。这个货币量，和每年生产的代表剩余价值的商品量一样，属于资本家阶级。这个货币量最初是由资本家阶级自己投入流通的。它通过流通本身不断地在资本家阶级中间重新分配。和一般铸币流通一样，这个货币量的一部分会在不断变动的点上停滞下来，而另一部分则不断流通。关于这种积累的一部分是否有意形成货币资本，这并不会使事情发生变化。

在这里把下面这种现象撇开不说：由于流通中的各种冒险行为，一个资本家夺取了其他资本家的一部分剩余价值，甚至夺取了他们的一部分资本，因此，在货币资本和生产资本上发生了片面的积累和集中。例如，A 攫取的并作为货币资本积累的一部分剩余价值，可以是 B 的一部分剩余价值，这部分剩余价值不会流回到 B 的手里。

七　信用和虚拟资本

信用和虚拟资本[①]

详细分析信用制度和它为自己所创造的工具（信用货币等等），在我们的计划之外。在这里，只着重指出为说明资本主义生产方式一般的特征所必要的少数几点。因此，在这里，我们只谈商业信用和银行信用。这种信用的发展和公共信用的发展之间的联系，也在考察范围

[①] 本节为《资本论》第 3 卷第 5 篇第 25 章，选自《马克思恩格斯文集》第 7 卷，北京：人民出版社 2009 年版，第 450—467 页。

之外。

我以前已经指出（第一册第三章第 3 节 b），货币充当支付手段的职能，从而商品生产者和商品经营者之间债权人和债务人的关系，是怎样由简单商品流通而形成的。随着商业和只是着眼于流通而进行生产的资本主义生产方式的发展，信用制度的这个自然基础也在扩大、普遍化、发展。大体说来，货币在这里只是充当支付手段，也就是说，商品不是为取得货币而卖，而是为取得定期支付的凭证而卖。为了简便起见，我们可以把这种支付凭证概括为票据这个总的范畴。这种票据直到它们期满，支付日到来之前，本身又会作为支付手段来流通；它们形成真正的商业货币。就这种票据由于债权和债务的平衡而最后互相抵消来说，它们是绝对地作为货币来执行职能的，因为在这种情况下，它们已无须最后转化为货币了。就像生产者和商人的这种互相预付形成信用的真正基础一样，这种预付所用的流通工具，票据，也形成真正的信用货币如银行券等等的基础。真正的信用货币不是以货币流通（不管是金属货币还是国家纸币）为基础，而是以票据流通为基础。

威·利瑟姆（约克郡的银行家）在《关于通货问题的书信》（1840 年伦敦增订第 2 版）中说：

"我认为，1839 年全年票据的总额是 528493842 镑〈他认为外国的汇票约占总额的七分之一〉，该年同时流通的票据额是 132123460 镑。"（第 55、56 页）"汇票是通货的一个组成部分，其数额比其余一切部分加在一起的数额还要大。"（第 3、4 页）"汇票这个巨大的上层建筑，是建立〈！〉在由银行券和金的总额形成的基础之上的；如果在事情演变当中这个基础变得过分窄小，这个上层建筑的坚固性，甚至它的存在，就会处于危险境地。"（第 8 页）"如果估计一下全部通货〔他是指银行券〕和所有银行必须立即支付的债务额，那么我认为，可以依法要求兑换为金的总额是 15300 万镑，而用来满足这种要求的金只有 1400 万镑。"（第 11 页）"汇票没有别的办法加以控制，除非防止出现货币过剩，防止出现低利息率或低贴现率，这样可以避免产生一部分汇票，并不致使汇票过度膨胀。要判断票据有多少是来自实际的营业，例如实际的买和卖，有多少是人为地制造的，只由融通票据构成，这是不可能的。融通票据，就是人们在一张流通的汇票到期以前又签发另一张代替它的汇票,这样,通过单纯流通手段的制造,就创造出虚拟资本。在货币过剩和便宜的时候,我知道,这个办法被人使用到惊人的程度。"(第43、44页)

詹·惠·博赞克特在《硬币、纸币和信用货币》(1842年伦敦版)中说:

"每个营业日在票据交换所①〔伦敦银行家互相交换他们所收的支票和到期的汇票的地方〕结清的平均支付额在300万镑以上,但每天为这个目的需用的货币额只略多于20万镑。"(第86页)〔1889年,票据交换所的周转总额为761875万镑,在大约300个营业日中,平均每天为2550万镑。——弗·恩·〕"如果汇票通过背书把所有权由一个人转移给另一个人,它就毫无疑问是不以货币为转移的流通手段(currency)。"(第92、93页)"平均地说,可以假定每张流通的汇票都有两次背书,因而每一张汇票在到期以前都结清过两次支付。因此,单由背书一项,在1839年,通过汇票转移的所有权的价值就等于52800万镑的两倍或105600万镑,每天在300万镑以上。因此,没有疑问,汇票和存款加在一起,没有货币的帮助,单通过所有权从一个人手里转到另一个人手里,每天至少完成1800万镑货币的职能。"(第93页)

关于信用一般,图克说过如下的话:

"信用,在它的最简单的表现上,是一种适当的或不适当的信任,它使一个人把一定的资本额,以货币形式或以估计为一定货币价值的商品形式,委托给另一个人,这个资本额到期后一定要偿还。如果资本是用货币贷放的,也就是用银行券,或用现金,或用一种对客户开出的支取凭证贷放的,那么,就会在还款额上加上百分之几,作为使用资本的报酬。如果资本是用商品贷放的,而商品的货币价值已经在当事人之间确定,商品的转移形成出售,那么,要偿付的总额就会包含一个赔偿金额,作为对资本的使用和对偿还以前所冒的风险的报酬。这种信用通常立有文据,记载着确定的支付日期。这种可以转移的债券或凭据成了一种手段,借助这种手段,当贷放人在他们持有

---

① 票据交换所是1775年在伦敦伦巴特街(见注213)成立的,参与其业务的有英格兰银行和伦敦其他较大的银行,它的任务是为这些银行的票据和支票等互相间抵消债权。译者注

的票据到期以前，发现有机会可以在货币形式上或在商品形式上利用他们的资本时，他们多半可以按较低的条件借到货币或较便宜地买到商品，因为他们自己的信用由于有了第二个人在票据上签字而得到加强。"(《通货原理研究》第87页)

沙·科克兰在《工业信贷和工业银行》(见1842年《两大陆评论》第31卷［第797页］)中说：

"在任何一个国家，多数信用交易都是在产业关系本身范围内进行的……原料生产者把原料预付给从事加工制造的工厂主，从他那里得到一种定期支付的凭据。这个工厂主完成他那一部分工作以后，又以类似的条件把他的产品预付给另一个要进一步对产品进行加工的工厂主。信用就是这样一步步展开，由一个人到另一个人，一直到消费者。批发商人把商品预付给零售商人，他自己则向工厂主或代理商人赊购商品。每一个人都是一只手借入，另一只手贷出。借入和贷出的东西有时是货币，但更经常的是产品。这样，在产业关系之内，借和贷不断交替发生，它们互相结合，错综复杂地交叉在一起。正是这种互相借贷的增加和发展，构成信用的发展；这是信用的威力的真正根源。"

信用制度的另一方面，与货币经营业的发展联系在一起，而在资本主义生产中，货币经营业的发展又自然会和商品经营业的发展齐头并进。我们在前一篇(第十九章)已经看到，实业家的准备金的保管，货币出纳、国际支付和金银贸易的技术性业务，怎样集中在货币经营者的手中。由于这种货币经营业，信用制度的另一方面，生息资本或货币资本的管理，就作为货币经营者的特殊职能发展起来。货币的借入和贷出成了他们的特殊业务。他们以货币资本的实际贷出者和借入者之间的中介人的身份出现。一般地说，这方面的银行业务是：银行家把借贷货币资本大量集中在自己手中，以致与产业资本家和商业资本家相对立的，不是单个的贷出者，而是作为所有贷出者的代表的银行家。银行家成了货币资本的总管理人。另一方面，由于他们为整个商业界而借款，他们也把借入者集中起来，与所有贷出者相对立。银行一方面代表货币资本的集中，贷出者的集中，另一方面代表借入者的集中。银行的利润一般地说在于：它们借入时的利息率低于贷出时的利息率。

银行拥有的借贷资本，是通过多种途径流到银行那里的。首先，因为银行是产业资本家的出纳业者，每个生产者和商人作为准备金保存的或在支付中得到的货币资本，都会集中到银行手中。这样，这种基金就转化为借贷货币资本。商业界的准备金，由于作为共同的准备金集中起来，就可以限制到必要的最低限度，而本来要作为准备金闲置起来的一部分货币资本也就会贷放出去，作为生息资本执行职能。第二，银行的借贷资本还包括可由银行贷放的货币资本家的存款。此外，随着银行制度的发展，特别是自从银行对存款支付利息以来，一切阶级的货币积蓄和暂时不用的货币，都会存入银行。小的金额是不能单独作为货币资本发挥作用的，但它们结合成为巨额，就形成一个货币力量。这种收集小金额的活动是银行制度的特殊作用，应当把这种作用同银行在真正货币资本家和借款人之间的中介作用区别开来。最后，各种只是逐渐花费的收入也会存入银行。

贷放（这里我们只考察真正的商业信用）是通过票据的贴现——使票据在到期以前转化成货币——来进行的，是通过不同形式的贷款，即以个人信用为基础的直接贷款，以有息证券、国债券、各种股票作抵押的贷款，特别是以提单、栈单及其他各种证明商品所有权的凭证作抵押的贷款来进行的，是通过存款透支等等来进行的。

银行家提供的信用，可以采取不同的形式，例如：向其他银行签发汇票、支票，开立同样的信用账户，最后，对拥有钞票发行权的银行来说，是发行本行的银行券。银行券无非是向银行家签发的、持票人随时可以兑现的、由银行家用来代替私人汇票的一种汇票。最后这一种信用形式在外行人看来特别令人注目和重要，首先因为这种信用货币会由单纯的商业流通进入一般的流通，并在那里作为货币执行职能；还因为在大多数国家里，发行银行券的主要银行，作为国家银行和私人银行之间的奇特的混合物，事实上有国家的信用作为后盾，它们的银行券在不同程度上是合法的支付手段；因为在这里可以明显看到的是，银行家经营的是信用本身，而银行券不过是流通的信用符号。但银行家也经营一切其他形式的信用，甚至贷放存在他那里的货币现金。实际上，银行券只形成批发商业的铸币，而对银行来说具有最重要意义的始终是存款。苏格兰的银行提供了最好的证明。

对我们的目的来说，我们不需要更详细地考察各种特殊的信用机构和银行本身的各种特殊形式。

"银行家的业务……可以分成两部分……　1. 从那些不能直接运用资本的人那里收集资本，把它分配给或转移给能够运用它的人。2. 从顾客的收入接受存款，并在顾客需要把它用于消费的时候，如数付给他们。前者是**资本**的流通，后者是**货币**（currency）的流通。""前者是一方面集中资本，另一方面分配资本；后者是为周围地区的地方需要而调节流通。"——图克《通货原理研究》第36、37页。

在第二十八章，我们将回过头来讨论这一段话。

《委员会报告》第八卷，《商业危机》第二册第一部分，1847—1848年，附证词。——（以下引证时简称：《商业危机》，1847—1848年）。40年代，在伦敦进行汇票贴现时，通常不是用银行券，而是用一个银行向另一个银行签发的以21天为期的汇票（地方银行家约·皮斯的证词，第4636号和4645号）。同一个报告中说，在货币短缺时，银行家总是习惯于用这种汇票付给他的顾客。如果受款人想要银行券，他就只好把这种汇票再拿去贴现。对银行来说，这等于取得了造币的特权。琼斯·劳埃德公司"长期以来"，每当货币短缺，利息率达到5%以上的时候，就用这个方法来支付。顾客也高兴接受这种银行家的汇票，因为琼斯·劳埃德公司的汇票比自己的汇票更容易贴现。此外，这种汇票往往经过了20个人到30个人的手。（同上，第901—905、992号）

这一切形式的作用，都在于使支付要求权可以转移。

"几乎每种信用形式都不时地执行货币的职能；不管这种形式是银行券，是汇票，还是支票，过程本质上都是一样的，结果本质上也是一样的。"——富拉

顿《论通货的调整》1845年伦敦增订第2版第38页。——"银行券是信用的零钱。"(第51页)

以下的话，引自詹·威·吉尔巴特《银行业的历史和原理》(1834年伦敦版):

"银行的资本包括两部分: 投资 (invested capital) 和借入的银行资本 (ban-king capital)。"(第117页)"银行资本或借入资本是通过以下三条途径取得的: 1. 接受存款; 2. 发行本行的银行券; 3. 签发汇票。如果有一个人贷给我100镑而不要任何报酬，我又把这100镑按4%的利息贷给另一个人，那我就会在一年中由这笔交易赚到4镑。同样，如果别人愿意接受我的保证支付的凭证〈I promise to pay [我保证支付] 是英国银行券的普通公式〉，到年终时把它付还给我，再为此付给我4%的利息，像我真的曾经贷给他100镑一样，那我也会由这笔交易赚到4镑; 又如果一个地方城市的某人交给我100镑，条件是21天以后我把这笔钱付给伦敦的某个第三者，那我在这个期间内能够由这笔钱赚到的利息都是我的利润。以上就是关于银行的经营和通过存款、银行券和汇票而建立银行资本的方法的一个概述。"(第117页)"一个银行家的利润，一般地说与他的借入资本或银行资本的数额成比例。要确定银行的实际利润，就必须从总利润中扣除投资的利息。余额就是银行利润。"(第118页)**"银行家是把别人的货币贷给他的顾客。"**(第146页)"正是那些不发行银行券的银行家，用汇票贴现的方法来建立银行资本。他们借助贴现业务来增加自己的存款。伦敦的银行家只为自己的存户贴现。"(第119页)"那种向银行办理了汇票贴现并按汇票全部金额支付了利息的商行，至少要把这个金额的一部分留在银行手里而不取任何利息。用这个办法，银行家贷出货币的利息率比通行的利息率要高，并且靠这个留在自己手里的余额建立银行资本。"(第120页)

关于准备金、存款和支票的节约，他说:

"存款银行用转账的办法，节约了流通手段的使用，用小额实际货币来结清大额交易。这样腾出来的货币，再用贴现等办法，由银行家贷给他的顾客。因此，转账增进了存款制度的效果。"(第123页)"两个互相交易的顾客是与同一个银行家往来，还是与不同的银行家往来，是没有关系的。这是因为银行家会在票据交换所彼此交换他们的支票。这样，靠转账的办法，存款制度能够达到完全不使用金属货币的程度。如果每个人都在银行开户存款，并用支票来进行一切支付，这种支票就会成为唯一的流通手段。不过在这个场合，必须假定银行家手里有货币，否则，这种支票就会没有任何价值。"（第124页）

地方交易集中在银行手中，是通过：1. 支行。地方银行在本地区各小城市内设有支行；伦敦的银行也在伦敦各区设有支行。2. 代理处。

"每一个地方银行都在伦敦设有代理处，以便在伦敦兑付本行的银行券或汇票，并接受伦敦居民存入本地居民账户的各种款项。"（第127页）"每个银行家都收兑别家的银行券，但不再发行出去。在每个较大的城市中，他们每星期聚会一次或两次，交换各人的银行券。差额就用在伦敦兑付的汇票来付清。"（第134页）"银行的目的在于便利营业。但一切便利营业的事情，都会便利投机。营业和投机在很多情况下紧密地结合在一起，很难说营业在哪一点终止，投机从哪一点开始……　在有银行的地方，都可以较容易和较便宜地获得资本。资本便宜会助长投机，就像牛肉和啤酒便宜会鼓励人们贪食嗜酒一样。"（第137、138页）"因为发行本行银行券的银行总是用这种银行券来支付，所以他们的贴现业务好像完全是用这个办法创造出来的资本进行的，但实际上并不是这样。一个银行家用本行的银行券来兑付一切他所贴现的票据，然而他所有票据的十分之九仍可能代表实际资本。因为，他自己虽然只用本行的纸币来兑付这种票据，但这种纸币不必在流通中停留到票据到期的时候。票据也许要3个月才到期，而银行券可能3天内就流回来了。"（第172页）"存户透支是一项正常业务；实际上，发放现金贷款也就是为了这个目的……　发放现金贷款不仅有个人担保，而且也有有价证券的存入作为保证。"（第174、175页）"以商品作担保而贷给资本，和以票据贴现形式贷给资本所起的作用相同。如果某人用他的商品作担保借进100镑，那和他把这宗商品出售而取得100镑的票据，并把这张票据在银行家那里贴现是一样的。有了这种贷款，他就能使商品保存到市场状况较好的时候，并能避免为了取得急需的货币而不得不遭受的那种牺牲。"（第180、181页）

《通货论》第62、63页：

"无可争辩的事实是，我今天存在A处的1000镑，明天会被支付出来，形成 B 处的存款。后天它又可能由 B 处再支付出来，形成 C 处的存款，依此类推，以至无穷。因此，这 1000 镑货币，通过一系列的转移，可以成倍地增长为一个绝对无法确定的存款总额。因此很可能，**英国全部存款的十分之九，除存在于银行家各自的账面上外，根本就不存在**……例如在苏格兰，流通的货币〔而且几乎完全是纸币！〕从来没有超过 300 万镑，而银行存款却有 2700 万镑。只要没有普遍的突然提取存款的要求，这 1000 镑来回提存，就可以同样容易地抵消一个同样无法确定的金额。因为我今天用来抵消我欠某商人债务的同一个 1000 镑，明天又可以被用来抵消他欠另一个商人的债务，后天又可以被这个商人用来抵消他欠银行的债务，依此类推，以至无穷；所以，这同一个 1000 镑可以从一个人手里转到另一个人手里，从一家银行转到另一家银行，抵消任何一个可以想象的存款额。"

〔我们已经看到，吉尔巴特在 1834 年就已知道：〕

"一切便利营业的事情，都会便利投机。营业和投机在很多情况下紧密地结合在一起，很难说营业在哪一点终止，投机从哪一点开始。"

用未售的商品作担保得到贷款越是容易，这样的贷款就越是增加，仅仅为了获得这样的贷款而制造商品或把制成的商品投到远方市场去的尝试，也就越是增加。至于一个国家的整个商业界会怎样充满这种欺诈，最后结果又会如何，1845—1847 年的英国商业史为我们提供了一个明显的例子。从这个例子，我们可以看到，信用能够干些什么。为了阐明下面的几个例子，我们先作一些简短的说明。

1842 年底，从 1837 年以来几乎不间断地压在英国工业身上的压力开始减弱。在其后的两年中，外国对英国工业品的需求增加得更多；1845—1846 年是高度繁荣的时期。1843 年的鸦片战争，为英国商业打开了中国的门户。新的市场，给予当时已经存在的蓬勃扩展，特别是棉纺织业的扩展以新的借口。"我们怎么会有生产过多的时候呢？我们要为 3 亿人提供衣服。"——当时曼彻斯特一位工厂主就是这样对笔者说的。但是，一切新建的厂房、蒸汽机、纺织机，都不足以吸收从兰开夏郡大量涌来的剩余价值。人们怀着扩充生产时具有的那种热情，投身于铁路的建筑；在这里，工厂主和商人的投机欲望第一次得到满足，并且从1844年夏季以来已经如此。人们尽可能多地认股，这就是说，只要有钱足够应付第一次缴款，就把股份认购下来；至于以后各期股款的缴付，总会有法可想！当以后付款的期限来到时——按照《商业危机》1848—1857年第1059号提问的记载，1846—1847年投在铁路上的资本，达到7500万镑，——人们不得不求助于信用，商行本来的营业多半也只好为此而失血。

并且，这种本来的营业在大多数场合也已经负担过重。诱人的高额利润，使人们远远超出拥有的流动资金所许可的范围来进行过度的扩充活动。不过，信用可加以利用，它容易得到，而且便宜。银行贴现率低：1844年是 $1\frac{3}{4}\%$ —— $2\frac{3}{4}\%$；1845年直到10月，是在3%以下，后来有一个短时间（1846年2月）上升到5%，然后1846年12月，又下降到 $3\frac{1}{4}\%$。英格兰银行地库中的金储备达到了空前的规模。国内一切证券交易的行情比以往任何时候都高。因此，为什么要放过这个大好的机会呢？为什么不大干一番呢？为什么不把我们所能制造的一切商品运往迫切需要英国工业品的外国市场上去呢？为什么工厂主自己不应该从在远东出售纱和布当中，并从在英国出售换回的货物当中获取双重的利益呢？

于是就产生了为换取贷款而对印度和中国实行大量委托销售[①]的制度。这种制度，像我们在以下的说明中将详细描述的那样，很快就发展成为一种专门为获得贷款而实行委托销售的制度。结果就必然造成市场商品大量过剩和崩溃。

这次崩溃随着1846年农作物歉收而爆发了。英格兰，特别是爱尔兰，需要大量进口生活资料，特别是谷物和马铃薯。但供给这些

---

① 委托销售（consignatio）是在国外代销商品的一种形式，由出口商（托售人）把商品运往外国商行（代销人）的货栈，委托后者依双方签署的书面协议中的条件代为出售。

物品的国家，只能接受极少量的英国工业品作为对这些物品的支付；必须付给贵金属；至少有 900 万镑的金流到国外去了。其中足有 750 万镑的金取自英格兰银行的库存现金，这就使英格兰银行在货币市场上的活动自由受到了严重限制；其他那些把准备金存于英格兰银行、事实上和英格兰银行储备的是同一笔准备金的银行，也同样必须紧缩它们的货币信贷；迅速而流畅地集中到银行进行的支付现在陷于停滞。停滞起初是局部的，后来成了普遍现象。银行贴现率在 1847 年 1 月还只有 3%－$3\frac{1}{2}$%，在恐慌最初爆发的 4 月已上升到 7%，然后在夏季再一次出现暂时的微小的缓和（$6\frac{1}{2}$%，6%），但当农作物再一次歉收时，恐慌就重新更加激烈地爆发了。英格兰银行官方规定的最低贴现率 10 月已经上升到 7%，11 月又上升到 10%，这就是说，绝大多数的汇票只有支付惊人的高利贷利息才能得到贴现，或根本不能贴现；支付的普遍停滞使一系列第一流商行和许许多多中小商行倒闭；英格兰银行本身也由于狡猾的 1844 年银行法加给它的种种限制而濒于破产。政府迫于普遍的要求，于 10 月 25 日宣布暂停执行银行法，从而解除了那些加给英格兰银行的荒谬的法律限制。这样，该行就能不受阻碍地把库存的银行券投到流通中去；因为这种银行券的信用事实上得到国家信用的保证，不会发生动摇，所以货币紧迫的情况立即得到了决定性的缓和；当然，不少陷入绝境的大小商行还是破产了，但危机的顶点过去了，银行贴现率 12 月又下降到 5%，并且还在 1848 年中，一个新的营业活跃期就已准备就绪了，它挫伤了 1849 年大陆上革命运动的锐气，并在 50 年代先是导致了前所未有的工业繁荣，然后又引起了 1857 年的崩溃。——弗·恩·]

Ⅰ．关于国债券和股票在 1847 年危机中大为贬值的情况，上院在 1848 年发表的一个文件中曾经提出说明。按照这种说明，1847 年 10 月 23 日与同年 2 月相比，价值降低的总额如下：

英国国债券……………………93824217 镑

船坞和运河股票…………………1358288 镑

铁路股票………………………19579820 镑

合计：114762325 镑

II. 在东印度贸易上，人们已经不再是因为购买了商品而签发汇票，而是为了能够签发可以贴现、可以换成现钱的汇票而购买商品。关于这种贸易上的欺诈，《曼彻斯特卫报》1847 年 11 月 24 日有如下的记载：

伦敦的 A 托 B 向曼彻斯特工厂主 C 购买货物，准备运往东印度 D 那里去。B 凭 C 向 B 签发的以 6 个月为期的汇票向 C 支付。B 也用向 A 签发的以 6 个月为期的汇票使自己得到补偿。货物一经起运，A 又凭提单向 D 签发以 6 个月为期的汇票。

"这样，购货人和发货人二者都在货物实际得到支付的几个月以前已经有了资金；并且这种汇票在到期时通常总是会再更新一次，借口是在这种'长期贸易'中回流需要有一段时间。但遗憾的是，这样一种营业上的损失，并没有导致营业的收缩，而是恰恰导致营业的扩大。当事人越穷，就越需要购买，因为他们要通过购买得到新的贷款，以便补偿他们在以前投机中已经损失的资本。现在，购买已经不是由供求来调节，而是成了一个陷于困境的商行进行金融活动的最重要的组成部分。但这只是事情的一个方面。在本国工业品输出上发生的现象，也在外国农产品购买和运输上发生了。印度的那些有足够信用可以拿汇票去贴现的商行所以购买砂糖、蓝靛、丝或棉花，并不是因为购买价格和伦敦最近的价格相比有利可图，而是因为从前向伦敦某商行签发的汇票快要到期，必须设法弥补。还有什么比购买一批砂糖，用向伦敦某商行签发以 10 个月为期的汇票来进行支付，并把提单邮寄伦敦的办法更为简单的吗？不到两个月，这批刚刚寄出的货物的提单，连同这批货物本身，就抵押到伦巴特街①的银行去了，而伦敦的商行也在为这批货物签发的汇票到期以前 8 个月，就得到了货币。只要贴现公司还有充裕的

---

① 伦巴特街是伦敦的金融中心西蒂区的一条街，一些大银行设在这里；伦敦金融市场的同义语。

货币可以凭提单和栈单提供贷款,并为印度商行向明辛街①的'著名'商行签发的汇票进行漫无限制的贴现,这一切就都会顺利进行,不会遇到阻碍和困难。"

〔在来往印度的商品必须绕过好望角用帆船运送的时候,这种欺诈办法一直流行着。但自从商品通过苏伊士运河并用汽船运送以来,这种制造虚拟资本的方法就丧失了基础:漫长的商品运输时间。而自从英国商人对印度市场的状况,印度商人对英国市场的状况能够在当日由电报得知以来,这个办法就完全行不通了。——弗·恩·〕

III. 下面是我们已经引用过的《商业危机》报告(1847—1848年)中的一段话:

"1847年4月最后一个星期,英格兰银行通知利物浦皇家银行说,从现在起,该行对皇家银行的贴现业务将减少一半。这个通知起了很坏的作用,因为近来在利物浦用汇票支付比用现金支付的情况多得多;并且因为通常要带许多现金到银行去兑付本人承兑汇票的商人,近来可以只带他们出售棉花及其他产品所得的汇票。这种做法迅速扩大,营业困难也同时增加了。银行必须为商人支付的承兑汇票,多半是国外签发的,以前多半要用产品所得的进款来偿付。商人现在所携带的用来代替以前的现金的汇票,有不同的期限和不同的种类,相当大一部分是以3个月为期的银行汇票,大多数是为棉花签发的汇票。这种汇票,如果是银行汇票,总是由伦敦的银行家承兑,如果不是,就由在巴西、美国、加拿大、西印度等地的各行各业的商人承兑……商人不互相签发汇票,但在利物浦购买货物的国内顾客,会用向伦敦的银行,或向伦敦其他的商行,或向任何一个人签发的汇票来偿付。英格兰银行的通知,使那种为已出售的外国产品签发的汇票缩短了期限,以前这种汇票的期限往往在三个月以上。"(第26、27页)

如上所述,英国从1844年到1847年的繁荣时期,是和第一次大规模的铁路欺诈活动结合在一起的。关于这次欺诈活动对一般营业所产生的影响,上述报告有如下的记载:

---

① 明辛街是伦敦的一条街,是殖民地商品批发交易的中心地。

"1847年4月，几乎所有商行都由于它们的一部分商业资本投在铁路上而开始程度不等地缩小自己的营业。"（第41、42页）"有人凭铁路股票按高利息率如8%向私人、银行家、保险公司借款。"（第66、67页）"这些商行给予铁路这么多投资，这使他们自己不得不再用汇票贴现的办法，向银行过多地借入资本来继续进行他们本身的业务。"（第67页）（问：）"您是说，铁路股票的缴款大大加剧了〔1847年〕4月和10月〔货币市场上〕已经存在的压力吗？"（答：）"我认为，那对4月份的压力未必会有什么影响。据我看，铁路股票的缴款，一直到4月，也许一直到夏季，不是削弱了而是加强了银行家的地位。因为货币的实际支出，完全不像货币的缴入那样迅速；因此，在该年初，大多数银行手里都有数额相当可观的铁路基金。〔这一点已经由银行家在《商业危机》(1848—1857年）中的许多证词所证实。〕这个铁路基金在夏季已逐渐消失，到12月31日已大为减少。10月份形成压力的原因之一，就是银行手里铁路基金的逐渐减少；在4月22日和12月31日之间，我们手里的铁路基金余额已减少三分之一。铁路缴款在整个英国都有这种影响；它使银行存款渐渐枯竭。"（第43、44页）

赛米尔·葛尼（臭名昭著的奥弗伦—葛尼公司①的经理）也说：

"1846年，铁路所需要的资本数额特别大，但利息率并没有提高。小额资本聚集成大额资本，而这种大额资本是在我们的市场上用掉的；因此，大体说来结果是，投在西蒂货币市场上的货币多于从西蒂货币市场上取走的货币。"〔第159页〕

利物浦股份银行的董事，亚·霍奇森曾经指出，汇票可以在多大程度上成为银行家的准备金，他说：

"我们的习惯是，至少把我们的全部存款的十分之九和我们从别人手里得到的全部货币，以一天天到期的汇票的形式保存在我们的票据箱内……所

---

① 奥弗伦—葛尼公司是19世纪中叶英国伦敦证券业和金融业中的大股份公司之一，曾被称为"银行家的银行家"。葛尼死后10年，1866年5月10日该公司因负债1100万镑而倒闭，引起了当时伦敦股票市场上有名的"黑暗的星期五"恐慌。关于葛尼的投机活动，参看马克思和恩格斯1855年7月6日前后写的文章《人民同警察的冲突。——论克里木事件》。

以在危机期间,每天到期的汇票额几乎和每天向我们提出的要求付款的金额相等。"(第 53 页)

投机汇票。

(第 5092 号)"这种汇票〈为所出售的棉花而签发的汇票〉主要由什么人承兑呢?"〔罗·加德纳,本书多次提到的一个棉纺织厂主:〕"由商品经纪人承兑;一个商人买了棉花,把它交给一个经纪人,向这个经纪人签发汇票,并拿汇票去贴现。"——(第 5094 号)"这种汇票是交到利物浦银行,并在那里贴现吗?"——"是的,但也在别处…… 如果没有这种主要由利物浦银行办理的信贷,依我看,去年的棉花每磅就会便宜 $1\frac{1}{2}$ 便士或 2 便士。"——(第 600 号)"您说过,大量流通的汇票是由投机家向利物浦的棉花经纪人签发的;除棉花以外,对于贵行为其他殖民地产品的汇票的付款,您的这种说法也是适用的吗?"——〔亚·霍奇森,利物浦的银行家:〕"一切种类的殖民地产品都是这样,棉花特别是这样。"——(第 601 号)"您作为一个银行家,要设法拒收这种汇票吗?"——"不;我们认为,这种汇票,只要适量就是完全合法的……这种汇票往往要延期。"

1847 年东印度市场和中国市场上的欺诈。——查理·特纳(利物浦一家从事东印度贸易的第一流商行的经理):

"我们大家都知道毛里求斯商业上和类似的商业上发生的事情。经纪人习惯于不仅在商品抵埠以后,以这种商品作为抵押(这是完全合法的),和以提单作为抵押,取得贷款,来偿付凭这批商品签发的汇票……而且在产品起运以前,有些时候甚至在产品制造以前,就以产品作为抵押来取得贷款。例如有一次,我在加尔各答买了 6000—7000 镑汇票;出售汇票所得的钱被送往毛里求斯,以便资助那里的甘蔗种植;汇票被送到英国时,其中半数以上被人拒收;原因在于,在本应用来兑付这种汇票的砂糖终于运到时,发现这些砂糖在起运以前,实际上几乎还在熬制以前,已经抵押给第三者了。"(第 78 页)"现在必须为运往东印度市场的商品向工厂主支付现金;但这没有多大关系,因为只要购买者在伦敦有一点信用,他就能向伦敦签发汇票,并把汇票在伦敦贴现,伦敦现在的贴现率并不算高;他把用这个方法得到的货币付给工厂主……向印度运送商品的人,至少要 12 个月,才能从那里收回货款……一个拥有10000镑或15000镑的经营印度贸易的人，会在伦敦一家商行那里得到巨额的信用；他给该商行1%的手续费，按如下的条件向它签发汇票：送往印度的商品所得的货款，将交到这家伦敦商行；双方默契，这家伦敦商行不必实际预付现钱，这就是说，汇票会延期，直到货款流回为止。这种汇票在利物浦、曼彻斯特、伦敦贴现，其中有不少保留在苏格兰的银行手里。"（第79页）——（第786号）"有一家商行最近在伦敦倒闭了。人们在查账时发现了如下的情况：在曼彻斯特有一家商行，在加尔各答另有一家商行；它们在这家伦敦商行开有20万镑信用的账户，这就是说，从格拉斯哥和曼彻斯特运商品去委托加尔各答那家商行销售的这家曼彻斯特商行的营业伙伴，有权向该伦敦商行签发总额20万镑的汇票；同时还商定，该加尔各答商行也向该伦敦商行签发20万镑的汇票；这种汇票在加尔各答出售，卖得的钱则被用来购买别的汇票寄给伦敦那家商行，让它能够兑付最初由格拉斯哥或曼彻斯特所签发的汇票。这样，通过这种交易，就产生60万镑汇票。"——（第971号）"现在，如果加尔各答某商行〔为英国〕购买一船货物，用该行向伦敦代理商签发的汇票来支付，并把提单送往伦敦，那么，这种提单就会立即被他们拿到伦巴特街去获取贷款；因此，在他们的代理商必须兑付汇票以前，他们有8个月的时间可以利用这宗货币。"

IV. 1848年，上院一个秘密委员会开会研究1847年危机的原因。但是，为这个委员会提供的证词，到1857年才公布（《调查商业危机原因的上院秘密委员会证词记录》（1857年），本书引用时简称：《商业危机》，1848—1857年）。在那里，利物浦联合银行董事李斯特先生作证时说：

（第2444号）"1847年春，信用过度膨胀……因为实业家已经把他们的资本由他们的营业转移到铁路方面去，但还是想维持原有的营业规模。每个人当初也许都认为，他可以出售铁路股票获得利润，由此弥补营业上需用的货币。也许他已经发觉这是不可能的，因此，他在自己以前用现金支付的营业中，现在改用信用。这样一来，信用就膨胀了。"

（第2500号）"这种使承兑银行蒙受损失的汇票，主要是为谷物或棉花签发的吗？……这是为各种产品，如谷物、棉花、砂糖和其他各种国外产品签发的汇票。当时几乎没有一种产品不跌价，也许只有油是例外。"——（第2506号）"只要没有充分的保证，包括对作为担保品的商品跌价的补偿，承兑汇票的经纪人就不会承兑它。"

（第2512号）"为产品而签发的汇票有两种。属于第一种的，是国外向进口商人签发的原汇票⋯⋯ 这种为产品签发的汇票，往往在产品抵埠以前已经到期。因此，在商品抵埠的时候，如果这个商人没有足够的资本，他就必须把商品送到经纪人那里去押款，直到他能把商品售出时为止。于是马上会由利物浦的商人用那宗商品作担保，向经纪人签发另一种汇票⋯⋯ 因此，要弄清经纪人那里是否有这宗商品，以及他为这宗商品提供了多少贷款，就成了银行家要做的事情。银行家必须弄清楚，经纪人是否有财产能够在蒙受损失时用来补偿损失。"

（第2516号）"我们也接受来自外国的汇票⋯⋯ 某人在国外购买那种在英国兑付的汇票，并把它送到英国的一个商行。从这种汇票，我们看不出它签发得适当还是不适当，是代表产品还是只代表风。"

（第2533号）"您说，几乎每一种外国产品售出时都要蒙受巨大的损失。您认为，这是由于在这类产品上进行了不当的投机造成的吗？——这是由于这类产品进口很多，但没有相应的消费可以吸收它们。无论从哪一点看，消费都非常显著地下降了。"——（第2534号）"10月间⋯⋯产品几乎完全卖不出去。"

关于在崩溃最严重的时刻人们怎样普遍地"各自逃命"①，一位第一流的行家，可敬的狡猾的战栗教徒，奥弗伦—葛尼公司的赛米尔·葛尼，在同一个报告中说：

（第1262号）"在恐慌笼罩着的时候，一个实业家不会自问，他把自己的银行券投放出去能获得多少，也不会问，他在出售国库券或利息率为3％的债券时会受1％的损失还是2％的损失。只要他一旦处于恐怖的影响之下，他就不再关心赢利还是损失；他只求自身安全，不管其他人的死活。"

Ⅴ. 关于两个市场互相造成商品充斥的问题，一个从事东印度贸易

---

① 法文成语，原文是 Sauve qui peut，是战场上大溃败时喊的口号。——编者注

的商人亚历山大先生，曾向 1857 年银行法下院委员会（本书引用时简称：《银行委员会》，1857 年）作证说：

（第 4330 号）"目前，如果我在曼彻斯特投下 6 先令，我将在印度收回 5 先令；如果我在印度投下 6 先令，我也将在伦敦收回 5 先令。"

这样，印度市场为英国商品所充斥，英国市场也同样为印度商品所充斥。而且，这是在 1857 年夏天发生的情况，和 1847 年的惨痛经验相距还不到 10 年！

第五部分 附 录

附录 I 研究文献精选

一 MEGA²:《〈资本论〉的产生与版本》①

(一) 前言

《资本论》是马克思主义的主要著作。马克思主义正是通过这部著作获得了牢固的科学基础和不容置辩的理论依据。这个无与伦比的科学贡献的本质在于,马克思在唯物主义历史观的基础上阐述并完整地制定了剩余价值理论。他的认识和发现,得出了关于国际工人阶级的历史作用和关于人类社会的共产主义未来的革命结论。

《资本论》各卷加在一起也是马克思毕生事业的顶峰。马克思通过这部著作完成了社会科学的一场革命。《资本论》融入了马克思和恩格斯此前获得的并在许多著作中叙述过的丰富的理论认识和革命经验;这部著作把他们的整个理论提高到了崭新的和新质的层次。在《资本论》中,"马克思主义已经具有全副理论武装"②。

马克思表述了《资本论》全部著作的科学目的,并提出了"**揭示现代社会的经济运动规律**"③的任务。唯物史观和对唯物辩证法的经典

---

① 本节选自《马克思恩格斯全集》历史考证版第二部分第五卷《前言》和《附录》,分别为夏静、王全民译,《马克思恩格斯列宁斯大林研究》2001 年第 4 辑、《马列主义研究资料》1987 年第 4 辑。
② 《列宁全集》第 4 卷,北京:人民出版社 1984 年版,第 150 页。
③ 马克思:《资本论》(德文 1867 年第 1 版第 1 卷),北京:经济科学出版社 1987 年版,第 4 页。

运用使马克思能够把资本主义社会形态的发展理解为一种自然历史过程。他认识到了从资本主义生产方式的表面现象所看不到的并且在其深层发生作用的动力和规律，它们适用于资本主义所有历史阶段。马克思从理论和方法上批判地和革命地证明，资本主义制度的固有规律产生出客观上所不可逾越的和资本主义无法解决的矛盾。马克思在《资本论》中揭示了资产阶级和无产阶级存在不可调和的矛盾的经济原因，并"阐明了无产阶级在整个资本主义制度中的真正地位"[1]。他论证说，无产阶级本身就是资本主义发展的产物，它在资本主义中成长、接受纪律教育、并在不断的阶级斗争中形成并组织起来，它是一种超越资本主义社会的社会力量，它的历史使命是要通过革命行动消灭资本主义社会，夺取政权并成为统治阶级。工人阶级将运用政权建立共产主义社会。

马克思的这一认识为工人的解放运动提供了锐利的理论武器。恩格斯是这样赞誉《资本论》的意义的："自世界上有资本家和工人以来，没有一本书像我们面前这本书那样，对于工人具有如此重要的意义。"[2]

马克思科学地证明，资本主义社会形态将以它自然过程的必然产生出自我毁灭的手段，同时也产生出共产主义社会形态的形成要素。[3] 他由此推论出社会主义社会和共产主义社会的基本发展趋势和特征。

《资本论》在分析资本主义生产方式时所运用的方法，对于研究任何一个社会有机体、任何一个社会制度都具有普遍意义。它是科学研究人类社会的过去、现在和未来发展过程的钥匙。理论和方法的统一是《资本论》思想的影响和生命力所在。它使列宁能够依据《资本论》的认识，分析资本主义的帝国主义发展阶段和共产主义初级阶段，并且对马克思主义理论作了进一步的重要发展。

马克思的科学贡献的伟大之处在于，他把社会分析所不可动摇的真实内容同分析所得出的革命结论完美地统一起来。《资本论》的出版具

---

[1] 《列宁全集》第23卷，北京：人民出版社1990年版，第48页。
[2] 《马克思恩格斯全集》第21卷，北京：人民出版社2003年版，第362页。
[3] 马克思：《资本论》（德文1867年第1版第1卷），北京：经济科学出版社1987年版，第480页。

有世界历史意义，因为它含有对共产主义历史规律性的全面论证。

这部著作的写作必须具备一定的历史前提。写作首先需要的是一个足够成熟的资本主义发展阶段，以及相应的无产阶级的形成。无产阶级产生于产业革命时期，它和资产阶级之间的阶级斗争开始爆发并且越来越激烈。早在19世纪30年代和40年代，无产阶级就已经出现，如今它显然已是一个独立的社会阶级，有着自己的政治要求。阶级斗争的水平要求有可能并有必要制定工人阶级的科学世界观。

当马克思于19世纪40年代开始研究经济学理论时，有好几个欧洲国家的资本主义发展已很先进。但是，资本主义的"典型场所"是英国；因为这里的资本主义矛盾暴露得最为明显，而且这里的阶级斗争也发展得最快。

马克思研究他的经济学理论是顺应了国际工人阶级迫切的客观需要。在反动时期之后的德国和其他国家成立的诸多工人协会中，资产阶级和小资产阶级思想是主流。这些协会的主要是目的是让无产阶级的革命斗争失去革命趋势，平息无产阶级的一切不满与愤怒，缓和它的要求，把运动引到并保持在有利于资本安全的轨道上。相反，马克思写《资本论》的目的则是要给予日益增强的工人运动有一个有牢固科学基础的革命斗争的战略和战术；并且要抵制一切资产阶级思想的影响。

《资本论》最后也是最重要的写作阶段在时间上恰好和马克思在国际工人协会中的活动相吻合。所以他利用一切可能，让工人阶级及其领导们意识到他们所肩负的历史使命，并把科学社会主义和工人运动结合起来。一方面，他运用他从经济学研究中获取的认识和结果，并不懈地宣传它们。另一方面，他以概括而又非常具体的形式把他在第一国际工作时所获得的实践斗争经验写进《资本论》。所以说，在《资本论》第1卷出版之前，马克思就已经在为传播他的思想作准备，同时他的写作也从中收获颇丰。《资本论》第1卷的出版持续地推动了工人运动的高潮。

无产阶级政治经济学这个革命学说是马克思几十年潜心研究的结果，它阐释了资本主义社会形态的形成、生存和灭亡的过程。为了科学论证工人阶级的历史任务，马克思对全部经济科学进行了批判性研究，吸收了大量的经验材料。他在 40 年代和 50 年代所做的大量摘录笔记、《经济学哲学手稿》、《哲学的贫困》和《雇佣劳动与资本》已经表明，马克思是如何搜集详细材料和探寻理论阐述的"内在联系"的。他由此找到了他后来的价值理论和剩余价值理论的主要出发点。

马克思主要著作的决定性写作阶段开始于 1857 年夏天写作《政治经济学批判大纲》，马克思本人把它当做自己主要著作的最初手稿。该手稿不仅包含了他的价值理论，而且他有他对纯粹形态的剩余价值的发现。这里已经出现了那个三篇结构的划分，即资本的生产过程、资本的流通过程、资本和利润，它从此给资本主义经济运动规律的研究和论述打上了烙印。基于在即将发生的危机之后将是一次革命这样的认识，马克思从他所进行的批判中得出了基本结论，并论证了共产主义社会形态的物质前提、轮廓和目标。

马克思在即将完成的《大纲》（《政治经济学批判（1857—1858 年手稿)》，下同。——译者注）的时候，开始在它的基础上撰写他打算分几个分册出版的著作的付印稿。1859 年 6 月中旬，《政治经济学批判。第一分册》出版。它的《序言》含有对唯物史观的概括而又经典的论述。除货币理论以外，该书主要包含了马克思对价值理论的初次论述。

1861 年 3 月至 1863 年 7 月，马克思写成《政治经济学批判》手稿。这部手稿起初是被作为《政治经济学批判。第二分册》的誊清稿，可是它越来越多地呈现出研究性手稿的特征，并且该手稿的完成在某种程度上也包含有马克思本人的理解过程。在这个手稿中不仅有诸如相对剩余价值、平均利润和生产价值、地租和利息这样的重要的新理论要素，此外还形成了在生产理论和危机理论的基本观点。在这几年里，马克思还完成了他的著作的最终的结论计划。1861—1863 年手稿所以具有重要意义，还因为它论述了剩余价值的批判史，即被马克思视为《资本论》第 4 册手稿的《剩余价值理论》。

在六年的时间里，写作《资本论》的一切基本的前提条件就这样形成了。但这并不仅仅表明马克思对理论内容和结构的思考在某种程度上告一段落，而且他还第一次明确地将著作的最终名称确定为《资本论》。《政治经济学批判》只当做副标题。① 1863 年 8 月至 1865 年 12 月，马克思终于完成了《资本论》所有三个理论册的草稿。

马克思在 1866 年 1 月开始写作《资本论》第 1 卷时，已经有了大量完整的研究资料，他在这些材料中已经解决了自己所提出的伟大任务：分析资本主义生产方式和与之相适应的生产关系，并揭示资本主义的运动规律。在他写《资本论》第 1 卷时，所有这些材料都发挥了作用。但是《资本论》第 1 卷的直接基础是由 1863—1865 年手稿所形成的第 1 卷文稿。这个文稿没有都保存下来，现存下来的只有未被马克思收入第 1 卷付印稿中的标题为《第六章。直接生产过程的结果》的那一部分。② 马克思肯定写过这么一个第 1 卷的草稿，但是我们并不清楚它的具体内容和结构。然而，我们却可以比较准确地说出第 1 卷草稿的篇幅，因为上面提到的《第六章》是从第 441 页开始的，页码是马克思亲自编写的。马克思在写现已遗失的这个手稿时主要利用了两个材料：一个是《政治经济学批判。第一分册》1859 年柏林版，③ 只是被用于第 1 章《商品和货币》；一个是写于 1861 年至 1863 年的《政治经济学批判》第 I—V 笔记本和第 XIX—XXIII 笔记本，④ 在 1861—1863 年的这部分手稿中，《资本论》第 1 卷的所有理论问题，从货币转化为资本到积累过程，都已写成了详细的草稿。恩格斯甚至说，手稿的这个部分是《资本论》第 1 卷"现有的最早文稿"⑤。

但是，对于《资本论》第 1 卷的最终文本来说，《资本论》第 2 卷

---

① 《马克思恩格斯全集》第 30 卷，北京：人民出版社 1974 年版，第 636 页。
② MEGA²/Ⅱ/4（1）.《马克思恩格斯全集》第 49 卷，北京：人民出版社 1982 年版，第 3—145 页。
③ MEGA²/Ⅱ/2. S. 95 - 254.《马克思恩格斯全集》第 31 卷，北京：人民出版社 1998 年版，第 411—582 页。
④ MEGA²/Ⅱ/3. S. 1 - 328. 1889 - 2384.《马克思恩格斯全集》第 47 卷，北京：人民出版社 1979 年版；第 48 卷，北京：人民出版社 1985 年版。
⑤ 《马克思恩格斯全集》第 45 卷，北京：人民出版社 2003 年版，第 4 页。

和第 3 卷的草稿①也具有重要意义。尤其是这些草稿的主要部分中对属于第 3 卷问题的利润、利息和地租所作的非常成熟和更加有条理的论述，是《资本论》第 1 卷所必不可少的。马克思在此前的几年里，至少是在写《剩余价值理论》期间（实际上是在和资产阶级的利润、地租和利息理论进行理论论辩）坚定地认识到，他在其他几个理论卷（至少是草稿）尚未完成之前绝不会着手出版第 1 卷。他在写第 3 卷期间写信给恩格斯说，他的著作在可以出版之前必须已是一个"辩证地分解了的"和"完整的"整体。② 他非常正确地认识到所有资产阶级经济学家共有的主要错误在于，他们没有把剩余价值纯粹地作为独立于具体形式之外的剩余价值来研究，而是直接分析利润、地租或利息。③ 这反过来说明，马克思的认识是，首先要阐述剩余价值本身，而且一定是在《资本论》第 1 卷中论述，而不是在没有这个基础的情况下就阐述自己的利润、利息和地租理论。只有这样，他才能避免犯理论错误，并在最终论述纯粹剩余价值理论时，能考虑到通过分析剩余价值的特殊形式可能获得的新观点。

马克思本人反复地证明了上述事实：《资本论》第 1 卷有多处特别提示参阅"第 3 册"，这些提示出现的情形总是：马克思认为有必要绝对保持第 1 卷的抽象层次，但是为了更便于理解其中的某一论述，就要附带提示一下这种情况在资本主义社会的表面现象中是如何表现的，也就是说，它在"行动者"的头脑中是如何或多或少地被颠倒的。反过来，《资本论》第 2 卷的手稿中，尤其是第 3 卷的手稿中也有多处提示参阅第 1 卷。马克思给出提示一般总是在如下的场合，即他认为有必要让读者在读到关于资本和剩余价值具体形式的论述时，记起它们的纯粹形态以及共同的唯一源泉即劳动的时候。

《资本论》第 2 卷和第 3 卷手稿的形成史同第 1 卷第 1 版手稿的形成史之间的密切联系还有一个方面的意义，即对理解马克思《资本论》

---

① MEGA²/Ⅱ/4.
② 《马克思恩格斯全集》第 31 卷，北京：人民出版社 1972 年版，第 636 页。
③ MEGA²/Ⅱ/3（2）. S. 333.

各个部分之间的内在统一和理论完整性所具有的重要意义。这指的是在马克思的叙述方法中占有重要地位的各个不同抽象层次的辩证关系。认识《资本论》第1卷是理解第2卷和第3卷绝对必要的前提。不过，从根本上说，反之情况亦然。另一方面，第1卷和第3卷之间的区别是显而易见的。但是这两卷论述的本质上是同一对象，所不同的只是概括程度、抽象层次和角度。

所以说，《资本论》第1卷1867年版是马克思写作全部四卷的结果。他在出版第1卷之前，先完成了全部四卷的草稿。这在内容上和方法论上都具有重大意义。《资本论》全部四卷具有内在统一性，并互为条件。因为《资本论》所要反映的对象是一个总体。四卷《资本论》的内在统一表现为各卷叙述的辩证形式，以及各卷在内容上的相互关联。

这表现在《资本论》理论部分的三卷并不是叙述上的简单排序，而是突出了不同的抽象层次。虽然每一卷都是在论述经济学范畴的一个相对完整的领域，但是，所有三卷的结构都是按辩证法依次排列的。对《资本论》的整体认识是全面理解各卷论述的专题所必不可少的条件。

但是，第1卷在《资本论》所有各卷不可分割的统一性中占有特殊地位。其特殊地位表现在多个方面。《资本论》第1卷是全部《资本论》的理论基石，因为它充分揭示并论述了资本主义的一半本质。正如恩格斯所说，它的论述对象是"资本主义生产过程本身作为直接生产过程……撇开了这个过程以外的各种情况引起的一切次要影响"[①]。

马克思从唯物主义历史观的基本论点出发，即从生产决定社会生活的一切方面，而且也是资本主义社会经济形态的基础这种论点出发，来开始分析资本的生产过程。这里分析的是资本主义生产机制中的本质过程，是同这种生产在资本主义社会表面现象中的相反表现相对立的。用列宁的话说就是，马克思在第1卷描述了"工人进入资本主义工厂……工厂能掠夺剩余价值、奠定整个资本主义剥削制度的基础、造成少数人

[①] 《马克思恩格斯文集》第7卷，北京：人民出版社2009年版，第29页。

致富而群众受压迫的资本主义社会"①。揭示资本主义实际现象中所掩盖的剥削本质，使人们能够科学地理解资本主义社会形态。所以说，《资本论》第1卷是一个"完整的部分"。②

《资本论》第1卷在各卷整体结构中占有特殊地位的另一个原因是，马克思从他的关于工人阶级历史作用和资本主义必然被共产主义替代的经济学理论中得出了革命政治的结论。通过揭示剩余价值生产的机制和发现剩余价值规律，马克思极其深刻地认识到了资本主义剥削的本质，能够彻底地揭示由此产生的资产阶级和无产阶级之间的对抗性的矛盾，确定资本的意义和用途是价值自行增殖，同时论证了资本在客观上被迫进行积累，并由此推导出资本主义积累的历史趋势。通过论证剩余价值的生产和占有是资本主义生产方式的基本规律，马克思阐明了无产阶级的阶级状况在资本主义社会制度下不可能从根本上得到改变。无产阶级是生产资料的非所有者，总得出卖他的劳动力商品，所以它是整个资本家阶级永久的剥削对象。《资本论》第1卷由此做出论证，指出旨在消灭资本主义、建立没有剥削的社会的政治阶级斗争是必然的。

《资本论》第1卷研究了纯粹形态的剩余价值。这是理解《资本论》第3卷中所论述的剩余价值特殊形式的一个必要前提。明确区分剩余价值及其特殊形式对于认识资本主义的本质具有决定性意义。资产阶级政治经济学正是由于没能区分它们而遭到失败的。

一切决定资本主义社会形态的本质和发展，在《资本论》第1卷中都已经作了论述，其中有价值规律、资本主义规律即剩余价值规律及资本主义积累规律。之所以能够这么说，是因为《资本论》第1卷揭示了这些规律赖以存在的内在矛盾的形成、发展、消除以及重新确立。更具有重要意义的是，《资本论》第1卷论证了生产的社会性和私人资本主义占有之间的对抗性矛盾，它后来被恩格斯称作是资本主义的基本

---

① 《列宁全集》第37卷，北京：人民出版社1986年版，第124页。
② 《马克思恩格斯全集》第32卷，北京：人民出版社1974年版，第551页。

矛盾。这个矛盾是资本主义社会形态一切其他矛盾的基础。资本主义的基本矛盾（《资本论》第1卷探讨了它的发展）从原因上揭示了资本主义的历史性。《资本论》第1卷从基本矛盾的发展、从由此派生的矛盾以及由此产生的阶级斗争已经得出了那些由全部《资本论》著作所得出的结论。马克思在第1卷的末尾非常明确地表述了决定一切的革命结论。从这个革命结论推论出，资本主义将由于资本主义生产内在的发展规律的发展而被共产主义替代，所以说，这个革命结论在一定程度上是此前全部阐述的结果。[①] 马克思在《资本论》第1卷中运用剩余价值理论极其深刻地论证了，完成这项事业并建立没有剥削的共产主义社会的将是工人阶级。他在该卷中不仅突出了要求工人阶级完成它的世界历史使命的那些要素，而且还突出了使工人阶级能够胜任这种使命的那些要素。

《资本论》第1卷1867年版第1版是《马克思恩格斯全集》历史考证版第2部分的主要文献。它是马克思对资本主义社会制度所进行了全部研究的结果，它本身包含了马克思的资本主义分析的经典叙述，而且后来对马克思经济学理论的所有加工和完善，无论是涉及马克思和恩格斯生前一直在为之工作的第1卷的其他版本和译本，还是第2卷和第3卷，都是以这个第1卷为出发点的。

马克思在《资本论》第1卷第1版的序言中简明扼要地向读者介绍了研读的总的方向，并强调了在思想上汲取它的丰富多彩的内容时应当始终予以考虑的几个普遍适用的要点。

马克思的理论具有国际性、全球性的意义和普遍适用性，它在全世界范围内都是适用的。英国只是马克思研究的典型，但是《资本论》并不仅仅适用于英国资本主义，而且还适用于作为国际历史现象的一般资本主义。由此已经可以看出，马克思对资本主义所作的分析不仅仅是针对16世纪以来的表现形式各异的资本主义制度的历史，而且还延伸

[①] 马克思：《资本论》（德文1867年第1版第1卷），北京：经济科学出版社1987年版，第730—731页。

到了资本主义社会形态的整个历史进程;对此,马克思作过明确强调①。

不同国家或不同历史时期的资本主义的不同发展水平,并不影响他的理论的适用性,马克思非常清楚地认识到资本主义制度尚存的巨大发展潜力;资本主义制度的发展使它的各种矛盾产生了新的表现形式、新的运动形式(马克思本人,尤其是恩格斯,已经开始对它们进行分析),并逐渐向垄断过渡。但是,这种形式上的区别并不影响马克思的资本主义理论的普遍适用性。

马克思还向读者介绍了他的主要方法论原则。他把自然科学研究和社会科学研究的过程进行了比较。他认为,二者的共同之处在于,它们都力求以尽可能纯粹的形式研究它们的研究对象,并且尽可能免受干扰。所以,马克思选择了英国。二者的主要区别在于,对社会经济形式的分析既不能用显微镜,也不能用化学试剂。马克思断言,"二者都必须用抽象力来代替"。②

政治经济学是一门有党性的科学。它永远代表着一个阶级的利益。但是,马克思还指出,支持无产阶级就必然意味着科学分析要客观;也就是说,当他也不用玫瑰色描画资本家和地主的时候,他分析的根本不是个人,因为"我的观点是:社会经济形态的发展是一种自然历史过程。不管个人在主观上怎样超脱各种关系,他在社会意义上总是这些关系的产物"③。

由此得出结论:资本主义社会制度具有历史必然性,而且和其他任何一种社会形态一样,"它还是既不能跳过也不能用法令取消自然的发展阶段"。④ 但是,它并不是永恒的或不可改变的,它"不是坚实的结

---

① 马克思:《资本论》(德文1867年第1版第1卷),北京:经济科学出版社1987年版,第2—3页。
② 同上书,第2页。
③ 同上书,第4页。
④ 同上书,第4页。

晶体，而是一个能够变化并且经常处于变化过程中的有机体"①。从历史的结果来看，这关系到资本和劳动的现存关系的变革。资本主义有一个历史界限，界限的另一边就是共产主义社会。

马克思认为有必要在序言中对第一章作一些解释。他的目的是要在《资本论》全部著作的这个最难理解的理论部分中（他在写该部分的付印文稿时下了很大工夫）尽可能使叙述清楚，并在逻辑上使某些非常抽象的叙述保持整体上的通俗易懂。由于当时对价值理论已经有非常先进的阐述，所以对价值形式的第二次叙述只得作为该卷的附录，仅此一点就说明，马克思的第一个文稿是不完善的，这一点他本人也意识到了。

从读者角度考虑，马克思特别注重对第一章的理解。所以说，至关重要的事情是，如何阐述整个学说的基础。一方面，马克思提出无产阶级政治经济学，以反对国际资产阶级政治科学界和舆论界，并希望借此引起热烈而有具批判性的反响。另一方面，《资本论》的主要读者是工人阶级及其领导，其中首先是当时还处在资产阶级和小资产阶级意识影响之下的德国工人运动，但是它最先进的部分正准备建立起一个群众性革命政党。在这个过程中，《资本论》在客观上起了促进作用，并具有纲领性的意义。

上述观点对于从理论和方法论上评价和分析第一章的叙述具有重要意义。马克思只是把他的《政治经济学批判。第一分册》1859 年版的文稿作为第一章的系统材料。《第一分册》已经包含了《资本论》第 1 卷论述商品、价值和货币的全部基本理论内容，不过，马克思还明确强调说，"叙述方式也改进了。"② 而且这是从整个第 1 卷的意义上来说的。第一章的理论更加深化，论题更加扩展，更加强调政治，更具攻击性，论据更加牢靠，论证的材料更加翔实，而且语言风格更加准确清

---

① 马克思：《资本论》（德文 1867 年第 1 版第 1 卷），北京：经济科学出版社 1987 年版，第 5 页。

② 同上书，第 5 页。

晰。尤其是"前书只是略略提到的许多论点,这里都作了进一步的阐述"①。

由于1861—1863年手稿中也没有这一章的草稿,所以可以肯定的是,马克思在完成《资本论》的这第二个草稿之后,已经作好了全面的理论准备,要以更加完善的形式,把商品、价值和货币作为阐述资本、剩余价值、工资和积累的前提和基础来写。叙述的起点范畴是马克思在1858年经过长期研究思考发现的,制度的数量众多的最小组成部分。此前,马克思曾多次尝试用其他范畴作为起点,他逐渐认识到,他不能直接从资本关系和剩余价值生产开始。理论阐述的观点不仅要符合逻辑原则,也必须符合历史原则,而且不能用以后才论述的内容来作为前提。它不能是利润、工资和地租,也不能是资本和劳动的关系,正如马克思最终所认识到的,它更不能是货币和价值。资产阶级财富的要素形式是商品。因此,理论阐述的起点范畴必须是商品。马克思在完成《大纲》时得出了这一认识,并以这一认识开始写《政治经济学批判。第一分册》1859年版,他还以这个思想开始了《资本论》第1卷的写作。

从历史上看,商品生产并不是在资本主义中才出现的,但是商品生产在资本主义中才成为统治一切的生产形式,才决定渗入一切社会关系,在资本主义中,一切都成为商品。分析商品为马克思的价值理论提供了真正的理论基础。

马克思在分析商品时不仅介绍了这样的认识:在社会的这个"细胞"即单个商品中包含资本主义生产的矛盾性,而且还论证说,"通过最简单的形式、即商品形式,阐明了资产阶级生产的特殊社会的,而决不是绝对的性质"②。

因此,资本主义商品生产根本不是所有社会生产的完全正常或自然地形式,它只表示一个特定的、必然的、在某个发展阶段上才存在的生

---

① 马克思:《资本论》(德文1867年第1版第1卷),北京:经济科学出版社1987年版,第1页。
② 《马克思恩格斯全集》第29卷,北京:人民出版社1972年版,第445页。

产方式。按照规律，在它后面出现的就是共产主义。这个认识对于确定工人阶级斗争的目标具有重要意义，因为"内部联系一旦被了解，相信现存制度的永恒必要性的一切理论信仰，还在现存制度实际崩溃以前就会破灭（马克思1868年7月11日给路德维希·库格曼的信①）"。

马克思认为，商品是使用价值和交换价值的对立统一。同时，生产商品的劳动具有二重性，它是具体劳动和抽象劳动的统一。提出商品和生产商品的劳动具有二重性的学说，是马克思的一项重要的科学贡献。这个学说是由马克思创立的，是他对政治经济学进行革命变革的一个重要因素。对资本主义生产方式的理解就是以这个学说为基础的，它是"理解政治经济学的枢纽"②。由此特别可以看出马克思和他的科学前辈们在价值理论上所存在的一般的质的区别。

马克思分析了包含在商品中并产生价值的劳动的特性。他由此得出结论：交换价值是人的即生产者的社会关系。但是，在资本主义制度表面现象中，适合关系则表现为相反的形式，即物的关系，因为："私人生产者是通过他的私人产品，即通过物才发生社会联系的。因此，它们的劳动的社会关系并不是作为他们劳动中人和人的直接社会关系**存在**和**表现**的，而是作为人们的**物的关系**或**物的社会关系存在**和表现的。物作为**社会的物**最初和最一般的表现就是**劳动产品**转化为**商品**。"③ 也就是说，通过研究商品和以发达的分工为前提的商品世界，马克思获得了如下认识，并在《资本论》第1卷中作了介绍：商品交换是一个过程，是在物的交换尤其是私人生产者的产品交换的外壳下进行，表现为生产的相互联系也就是特定的社会生产关系。

马克思把劳动作为价值实体进行分析并把劳动时间确定为价值尺度之后，给自己提出任务，即还要首次对商品的价值形式进行彻底的研究和论述，也就是从它的形成一直发展到货币形式。他认为这个任务的关

---

① 《马克思恩格斯全集》第32卷，北京：人民出版社1974年版，第542页。
② 马克思：《资本论》（德文1867年第1版第1卷），北京：经济科学出版社1987年版，第15页。
③ 同上书，第47页。

键在于，指出价值形式、价值实体和价值量之间的内在必然联系，并证明价值形式是由价值本性产生的。① 马克思**只可能**在认识到商品包含劳动二重性的基础上指出并证明上述联系，这也正是在马克思之前没有人能够作这种分析的原因所在。但是马克思现在**必须**这样做，因为没有价值形式及其发展史就不可能充分理解货币形式，最终也理解不了商品的资本形式。

《资本论》第 1 卷第一次全面阐述了价值形式的发展，这是一个巨大的科学成果。马克思认为资产阶级古典政治经济学的一个根本缺点是，"它始终不能从商品的分析，而特别是商品价值的分析中，发现那种正是使价值成为**交换**价值的价值**形式**……这不仅仅因为**价值量**的分析把他们的注意力完全吸引住了。还有更深刻的原因。**劳动产品的价值形式是资产阶级**生产方式的最抽象的，但也是最一般的**形式**，这就使资产阶级生产方式成为**一种特殊的社会**生产类型，因而同时具有**历史的**特征。"② 马克思本人在《政治经济学批判》中还回避了这种全面叙述的困难；他在那里只是把货币表现作为最发达的和最终的价值表现来论述。

马克思、恩格斯和库格曼曾经就《资本论》第 1 卷中价值形式分析的第一种文本交换看法，库格曼曾要马克思重写第一章（恩格斯 1867 年 6 月 16 日给马克思的信和马克思 1867 年 6 月 22 日给恩格斯的信）。③ 这个问题的第二种文本被作为附录发表在书中。

这两种文本之间的重大区别在于叙述的形式。这个附录除了有更深的理解之外，还包含了更严格的叙述逻辑。正文中的论述着重于从商品的内在矛盾来阐述价值形式。附录中的第二种论述更多地是从现象上来反映出整个交换过程的客观矛盾。马克思在附录中省去了正文中与黑格

---

① 马克思：《资本论》（德文 1867 年第 1 版第 1 卷），北京：经济科学出版社 1987 年版，第 42 页。
② 同上书，第 42—43 页注 24。
③ 《马克思恩格斯全集》第 31 卷，北京：人民出版社 1972 年版，第 307—309、310—313 页。

尔有关的内容。

　　《资本论》第 1 卷第 1 版中对价值形式所作的第一次全面分析的意义在于，马克思取得了使他的价值理论更加完善和完整的认识上的进步。马克思运用商品交换彻底完整地叙述了资本主义生产方式的最一般的社会关系，所以说，在把资本主义生产方式作为整体进行研究的过程中，马克思的这些论述是一个里程碑。马克思通过价值形式分析第一次从逻辑和历史上科学地解释并论证了货币的形成。

　　虽然马克思在第 1 版中对价值形式这个题目进行适当叙述的全部工作还没有完全结束，但是这种分析的巨大贡献并没有因此而逊色。说这方面的工作没有结束，其证据就是马克思在准备第 2 版时对整个第 1 篇、尤其是对价值形式的叙述重新进行修改的大量手稿中，有很多经过反复涂改的文字。最后，《资本论》第 1 卷第 2 版中的最终文本也证明了这一点。①

　　马克思通过分析价值形式，并与此相衔接，阐述他对商品拜物教性质的深刻思考。正是这个形式即商品的价值形式，"**用物的形式掩盖了私人劳动者的社会关系以及私人劳动的社会规定，而不是把它们揭示出来**"②。而且这里还证实了他的发现，即资产阶级生产关系的本质和现象是颠倒的，人的日常观念认为表面上控制着人的物，比如商品、货币、资本等等具有超自然地固有权力和力量。马克思把"商品的神秘性"定义为"商品拜物教"，认为它"来源于：在私人生产者面前，他们的**私人**劳动的**社会**规定表现为**劳动产品的社会的自然规定性；人们的社会生产关系**表现为物彼此之间和物与人之间的**社会关系**"。③

　　对商品的拜物教理论的阐述贯穿于马克思经济学理论的整个行程过程，因而也是他进行的资产阶级政治经济学批判的不可分割的组成部分。马克思力求研究并批判地确定资本主义的社会关系以及由此产生的

---

　　① 见 MEGA²/Ⅱ/6。
　　② 马克思：《资本论》（德文 1867 年第 1 版第 1 卷），北京：经济科学出版社 1987 年版，第 47 页。
　　③ 同上。

资产阶级意识。自从在《大纲》中发现劳动二重性和纯粹形态的剩余价值以来,马克思对他的商品拜物教的论述达到了在质上的更高水平;他能从资本主义私有制的基础上记性的交换价值的生产出发,论证这种物化现象的客观必然性。[1] 马克思在研究资本主义前的生产方式时终于证明,社会现象的物化只有在资本主义的条件下才可能占统治地位。[2] 这一认识在《资本论》第1卷中从根本上得到了深化和丰富。做到这一点,马克思所依据的是其中劳动不具备彼此独立的私人商品生产者形式的两个模式。第一个模式是资本主义以前或非资本主义的条件下,即"孤岛上的鲁滨逊"。第二个是资本主义以后或社会主义条件下,即一个"自由人联合体,他们用公共的生产资料进行劳动"。[3] 由此,马克思对商品拜物教作了更深刻的解释,并作了具体历史排序。马克思在《资本论》后来的所有手稿以及《资本论》第1卷中都运用了这个思路。

不过,在《资本论》第1卷叙述商品拜物教性质之前还存在更进一步的思考和认识。从《大纲》开始,马克思始终把分析经济关系和范畴同批判它们的物的表现形式结合起来,这些物的表现形式不但控制着人们的日常意识,而且控制着资产阶级经济学理论。这种理论和思想上的颠倒以及资产阶级的阶级立场,成为资产阶级经济学的客观认识的障碍,资产阶级经济学没有能够掌握物质内容和社会形势的辩证关系,因而不能认识资本关系的历史性质。要是说正如马克思所认识到的,这概括了资产阶级经济学全部的本质特征,那么马克思对资产阶级经济学的历史功绩则有很不相同的评价,他阐述了庸俗经济学和资产阶级古典经济学在理论上和方法论上的对立。斯密、李嘉图以及他人曾经作过一些重要而且颇有成果的尝试,他们试图通过经济关系的表面现象深入其本质,获得了引人注目的科学成果,成为马克思的理论起点。这些成果

---

[1] MEGA²/Ⅱ/1(1).S. 90-91.
[2] MEGA²/Ⅱ/1(2).S. 378-381.
[3] 马克思:《资本论》(德文1867年第1版第1卷),北京:经济科学出版社1987年版,第44—45页。

达到了资产阶级认识可能性的极限;在决定性问题上,即在资本主义社会的历史观和历史排序问题上,这些成果只停留在初级阶段。所以说,马克思对资产阶级经济学的两个对立流派的详尽定义和他对商品拜物教的论述被放在一起,这并非巧合。①

另外,马克思《资本论》第 1 卷中对商品拜物教的系统论述,还依据了他在 1864—1865 年之间在《资本论》第 3 卷草稿中所总结的研究和认识。他在该草稿中概括了在资本主义现实和资产阶级经济学理论中掩盖了资产阶级经济制度在生产领域和流通领域中的一切关系(从商品开始,通过货币和资本直到生产过程、利润、利息和地租的神秘化)的所有拜物教形式。但是,马克思一再指出事情的核心,即错误地把资本理解为一个具有自行繁殖的自然特性的东西。也就是说,马克思在写第 1 卷以前,已经研究了拜物教的所有方面,甚至为《资本论》所有三卷拟定了相关论述的职能和位置。第 1 卷关于商品的那一章因此成为商品和价值范畴的本质的经典论述,这些论述始终是同对它们的物的假象的批判和解释结合在一起的。

接着,马克思在这个牢固的理论基础上,在第 1 卷中转而论述资本的形成。他第一次论述货币转化为资本是在 1857—1858 年的《大纲》中。马克思对资本形成的研究持续到 1861 年,在论述的内容和形式上,他都使他的研究成果得到精确化。《资本论》第二个手稿(1861—1863 年手稿)② 中,已经包含了从各个基本点展开的对资本形成的论述。1861—1867 年,马克思着手完善这项研究,要得出关于从简单流通过渡到资本流通的更广的逻辑结论。马克思在《资本论》第 1 卷第 1 版中第一次提供了货币转化为资本的完整的付印用的文稿。1861 年的相关手稿的正文中引文出处较少,与此相比,第 1 版中的完善论述则提供了大量脚注,它们相当于对历史文献进行评价。这些脚注中的大量说明不仅表明了某些思想和认识是由哪些作者第一次表述的,而且还证明了马

---

① 马克思:《资本论》(德文 1867 年第 1 版第 1 卷),北京:经济科学出版社 1987 年版,第 44—45 页。

② MEGA^2/Ⅱ/3(1).

克思对所论述的问题重新进行了深入的批判研究。

商品流通的最高产品即货币，是马克思在逻辑上阐述资本和剩余价值的历史出发点和逻辑出发点。马克思比较了简单商品流通的公式（W—G—W）和直接表现在流通中的资本的公式（G—W—G'）。前一个公式的内容和目的是使用价值，流通只具备形式上的特征，后一公式是：购买商品为的是以更高的价格出售，也就是要获得一个差额。马克思由此发现区分简单流通和资本的一般本质的客观标准：公式 G—W—G' 是"直接在流通领域内**表现出来的资本的总公式**"。① 为了开拓通向科学的剩余价值理论的道路，马克思提出了一个创造性的问题："要从商品的使用上取得交换价值，我们的货币所有者就必须幸运地在**流通领域内**即在市场上发现这样一种商品，它的使用价值本身具有成为**交换价值源泉**的特殊属性，因此，它的实际使用本身就是**劳动的物化**，从而是**价值的创造**。"②

马克思在《大纲》中已认识到劳动能力就是这种特殊的商品，并由此找到了剩余价值理论的钥匙。他在 1861—1861 年手稿③护用成熟的形式合乎逻辑地把劳动能力商品纳入资本生产过程的结构之中。这一论述在第 1 版中得到改进，术语更加准确。马克思起初用"劳动力或劳动能力"的表述把两个概念等同起来。马克思第一次使用劳动力这个概念是在他的报告 1865 年的《工资、价格和利润》中。虽然他在第 1 卷中也把这两个概念等同起来，但是他现在几乎只用劳动力这一个术语。马克思选择劳动力这个术语无疑是概念更加准确，马克思以此说明，劳动力不仅仅是一种"能力"，而且表现为一种"作用"，它被工人积极地支出和实现，被资本家积极地利用和消费。

马克思明确地说，劳动力作为商品的出现是资本主义生产方式不同于迄今一切生产方式的一个重要标志。它的载体即工人可以自由支配劳

---

① 马克思：《资本论》（德文 1867 年第 1 版第 1 卷），北京：经济科学出版社 1987 年版，第 125 页。
② 同上书，第 137 页。
③ MEGA²/Ⅱ/3（1）．

动力，但是，由于劳动力是他唯一的所有物，所以他在经济上被迫按价值出售劳动力商品。在这个雇佣工人个人自由的现象背后，隐藏着他绝对依赖于资本的本质。和资产阶级古典政治经济学的工资基金理论家们以及蒲鲁东和拉萨尔的观点不同，马克思所理解的劳动力商品的价值不是一个趋向于维持生存的绝对最低额的确定的量，他明确地说："因此，和其他商品不同，劳动力的价值规定包含着一个历史的和道德的因素。"① 马克思以此回答了尤其是在国际工人协会中激烈讨论的关于工会斗争的意义和可能性的问题。马克思在《资本论》第 1 卷深化了他在报告《工资、价格和利润》中已经介绍给第一国际主要成员的那个学说，现在他让整个工人运动都了解，工会要求提高工资和其他经济待遇的斗争不仅是合理的，而且对于有效地阻止资本对劳动力的支付低于其价值的趋势来说，也是必要的。马克思通过自己的著作彻底地说明了工会在阶级斗争中的作用、地位和任务。

和其他商品一样。资本家在按价值购买劳动力的同时获得了使用它的使用价值的权利。然而，劳动力的价值就是劳动本身。所以，马克思就和读者一道离开这个"嘈杂的"和"有目共睹"的流通领域，跟随货币所有者和劳动力所有者"进入门上挂着'非公莫入'牌子的隐蔽的生产场所"，因为在这里，"不仅可以看到**资本是怎样进行生产的**，还可以看到**资本本身是怎样被生产出来的。赚钱的秘密**最后一定会暴露出来"。②

虽然马克思在《大纲》中已经用劳动过程和价值增殖过程的统一解决了资本主义生产过程的基本问题，并且 1861—1863 年手稿中的论述开始取得成熟的形式，但是马克思在《资本论》第 1 卷第 1 版中还是力求获得前后一致的推论。这种努力表现在，马克思把这部分论述收入了《货币转化为资本》章，多次回到同样的问题上来，并且从细节上深化了这些问题。第 1 卷的这段论述的篇幅被浓缩至原来的三分之一。

---

① 马克思：《资本论》（德文 1867 年第 1 版第 1 卷），北京：经济科学出版社 1987 年版，第 142 页。

② 同上。

和 1861—1863 年手稿相比，从《资本论》第 1 卷的深入准确的经典论述可以看出，马克思 1863 年重新彻底地研究了生产力的发展。因为 1861—1863 年手稿中还没有关于劳动过程的完整论述。在《资本论》第 1 卷中，马克思从术语上最终把劳动对象、劳动资料和劳动确定为劳动过程的几个简单要素。

在劳动过程中，生产者通过他的生产劳动，借助于劳动资料，把劳动对象转化为一个对自己有用的产品。马克思在论述到这个问题时第一次提出了资本主义过程的两个特殊性。一是："工人在**资本家的监督下劳动，他的劳动属于资本家……**"而另一个是："**产品是资本家的所有物，而不是直接生产者工人的所有物。**"① 一个社会劳动过程的成果被私人资本主义所占有。马克思继续指出，资本主义的价值形成过程成为价值增殖过程，因为资本家让雇佣工人劳动超过他支付给工人等价物的那一点以上。劳动过程的简单要素再次表现在价值增殖过程中，并且具有特殊的地位："可见，工人保存被用掉的生产资料的价值，或者说，把它们作为价值组成部分转移到产品上去……是由于这种追加劳动的**特殊的有用性质**。"② 这个组成部分被马克思称之为不变资本（C）。

在 1861—1863 年手稿中，价值通过具体劳动转移到生产资料上去的观点还没有完全形成。③ 但是，当马克思以生产资料的价值通过有用劳动再现在产品中这一点来作为出发点时，他已经接近于最终的表述了。④ 不过，准确的论述是在《资本论》第 1 卷才完成的。雇佣工人通过他的劳动的具体性质把不变资本的价值转移到产品的价值中去，同时他又通过他的劳动的抽象性质"生产"出他自己的"劳动力价值的**等价物**"。⑤

---

① 马克思：《资本论》（德文 1867 年第 1 版第 1 卷），北京：经济科学出版社 1987 年版，第 157 页。
② 同上书，第 173 页。
③ MEGA²/Ⅱ/3（1）. S. 85. 155.
④ MEGA²/Ⅱ/3（1）. S. 110.
⑤ 马克思：《资本论》（德文 1867 年第 1 版第 1 卷），北京：经济科学出版社 1987 年版，第 182 页。

可见，资本主义赚钱的秘密在于，资本家让雇佣工人超过必要的工作日，无偿地进行劳动。从本质上说，一切剩余价值（m）都是无偿地被资本家占有的剩余劳动。"**资本的这两个组成部分，从劳动过程的角度看**，是作为客观因素和主观因素，作为生产资料和劳动力相区别的；从**价值增殖过程**的角度看，则是作为**不变**资本和**可变**资本相区别的。"①

马克思把资本划分为不变资本和可变资本（C+V），这具有原则性的意义。它使马克思能够解决在他之前的所有经济学家们没有能解决的政治经济学的一系列重要的理论问题，比如剩余价值率、相对剩余价值、资本的有机构成、资本主义人口规律、资本主义积累的绝对的一般规律、社会总资本的再生产、资本的流通、平均利润和生产价格、利润率趋向下降的规律、绝对地租。

在这里，马克思的政治经济学和资产阶级政治经济学存在着一个界限，因为资本的两个组成部分的构成（c+v）无可辩驳地证明了工人阶级和资本家阶级之间的阶级对立是不可逾越的。由此可以清楚地看到，劳动力商品是一切剩余价值的唯一源泉。马克思第一次解决了在不违反价值规律的情况下如何能形成剩余价值的问题。由此得出结论，剥削雇佣工人是资本主义生产关系的本质，它在资本主义制度范围内是绝不可能的，只有通过无产阶级的革命才能被消灭。

马克思剩余价值规律的发现具有划时代意义。剩余价值是资本主义的基本经济规律，它决定了资本主义生产方式的内在联系。资本主义的其他一切经济规律的内容和作用都是建立在这个规律基础上的。

区分不变资本和可变资本使马克思不仅能够论证剩余价值是由资本的哪个组成部分产生的，而且这样的区分还创造了通过剩余价值率准确确定剥削程度的前提条件。剩余价值率是剩余价值和可变资本之比，相当于剩余剩余劳动和必要劳动之比。"因此，**剩余价值率**是**劳动力受资**

---

① 马克思：《资本论》（德文1867年第1版第1卷），北京：经济科学出版社1987年版，第183页。

本剥削的程度或工人受资本家剥削的程度的准确表现。"① 此处（这也可以作为《资本论》第 1 卷中大量类似情况的一个例子）可以说明，马克思在他的研究视野中是如何保持第 1 卷和第 3 卷的密切联系，并使之有益于读者：没有一个资本家是以预付的可变资本来计算他每日的赢利，而是和他所预付的总资本相比来计算赢利的。资本家要求从预付总资本中得到利润。马克思在联系剩余价值的阐述时提示说："当然，不仅剩余价值同直接产生它并由它来表示其**价值变化**的那部分资本的比率具有重大的经济意义，而且剩余价值同**全部**预付**资本**的比率也具有重大的经济意义。因此我们将在第 3 卷中详细讨论后一比率。"②

剩余价值率的核心问题在《大纲》中已经得到阐述。而 1861—1863 年手稿则是研究并叙述了剩余价值率的所有理论问题。③ 从《资本论》第 1 卷关于绝对剩余价值的那一章中可以看到剩余价值率分析的完善论述。

资本的目的是"谋取利润的无休止的运动"④，只有通过不断的日益加强的剥削才能实现。资本主义社会中出现的多种剥削形式都可以归结于马克思所发现的两个基本方法，即绝对剩余价值的生产和相对剩余价值的生产。马克思在《大纲》中虽然对整个问题已有认识，但是没有加以阐述，和《大纲》不同，《资本论》后来的草稿则包含了解决绝对剩余价值⑤和相对剩余价值⑥的所有基本理论问题的内容。而且这里的论述也已经很成熟，在第 1 卷中采用的是论述的最终形式。此外，材料的范围大大扩大了，尤其是对理论所作的历史说明和通过多种多样的实例所作的说明。

---

① 马克思：《资本论》（德文 1867 年第 1 版第 1 卷），北京：经济科学出版社 1987 年版，第 191 页。
② 同上书，第 188 页。
③ MEGA^2/Ⅱ/3（1）. S. 149 – 158，S. 205 – 206.
④ 马克思：《资本论》（德文 1867 年第 1 版第 1 卷），北京：经济科学出版社 1987 年版，第 122 页。
⑤ MEGA^2/Ⅱ/3（1）. S. 149 – 211.
⑥ MEGA^2/Ⅱ/3（1）. S. 218 – 228. MEGA^2/Ⅱ/3（6）. S. 1895 – 2207.

在《资本论》第1卷中，马克思对剩余价值生产的两种方法的论述是依次分别进行的，并通过对比来给它们下定义："我把通过延长工作日而生产的剩余价值，叫做**绝对剩余价值**；相反，我把通过缩短必要劳动时间、相应地改变工作日的两个组成部分的**量的比例**而生产的剩余价值，叫做**相对剩余价值**。"① 正如马克思所特别强调的②，尽管绝对剩余价值的生产在资本主义早期和形成阶段直至工业革命时期都占支配地位，并且相对剩余价值一直是发达资本主义的特征，直到资本主义灭亡，但是在资本主义的所有阶段上，这两种方法总是同时并列出现。

绝对剩余价值是资本主义生产的基础，是相对剩余价值的历史的和理论的出发点。马克思把工作日作为分析绝对剩余价值的核心。在1861年至1867年期间，马克思反复研究了工作日的理论和实践问题。但是对工作日的全面历史分析是在《资本论》第1卷第1版中进行的。

争取缩短工作日的斗争问题在成立于1864年的国际工人协会的讨论中起到了重要作用。一场争取法定工作日的运动开始在德国工人阶级中展开。因此，马克思在《资本论》第1卷中大大扩充了对工作日的论述，并列举大量的历史事实和令人震惊的实例来说明，18世纪和19世纪初工作日的无限延长怎样削弱和破坏了雇佣工人的劳动力。在争取缩短工作日的斗争中，工人阶级组织起来了。

马克思解释说，不存在确定工作日长度的经济规律。③ 工作日在一定的身体和道德界限内是工人阶级和资本家的斗争目标，主要取决于阶级之间的力量对比："所以，在资本主义生产的历史上，**工作日的正常化过程**表现为规定工作日界线的**斗争**，这是**全体资本家**即资本家阶级和全体工人即**工人阶级**之间的斗争。"④

---

① 马克思：《资本论》（德文1867年第1版第1卷），北京：经济科学出版社1987年版，第295页。
② 同上书，第488页。
③ 同上书，第209页。
④ 同上书，第209页。

马克思认为,争取缩短工作日的斗争不仅是维持劳动力不可缺少的事情,而且也是培养阶级意识并使工人能够组织成为阶级的一个重要问题。为此,他们需要"个人受教育发展智力的时间,履行社会职能的时间,进行社交活动的时自由运用体力和智力的时间",即一切被资本视为"纯粹身体"① 而必定迫使工人去斗争的必要的东西。

正如马克思所预言的,尽管资本家反对,但缩短工作日的趋势仍然是决定性的。资产阶级经济学家和社会改良的经济学家试图通过工作日在历史进程中已经缩短的这个事实证明,绝对剩余价值已经消失。但是,绝对剩余价值是资本主义生产的一般基础,因而只可能随着资本主义的灭亡而消失。工作日的绝对延长是绝对剩余价值最突出的形式,但不是唯一的形式。从根本上说,凡是超过现有必要的工作日的那种剩余价值就是绝对剩余价值。它也会通过工人人数即工人人口的增加而增加。② 绝对剩余价值的增加不仅是粗放的,也是集约的。资本竭力要让雇佣工人的劳动强度超出社会平均的劳动强度,因而单个资本的价值产品"随着它的强度同社会的正常强度的偏离程度而变化"③。它对剩余价值生产所发生的影响是和延长工作日一样的。

在论述了绝对剩余价值的问题之后,马克思接着从历史和逻辑方面阐述了相对剩余价值理论。资本主义社会开始在自身基础上发展时,尤其是产业革命的缘故,相对剩余价值的生产很快就成为剩余价值生产的典型方法。这个时期的特征是机器大生产,它包含了直到今天还在持续的、很矛盾但又保持发展趋势的技术进步的过程,技术进步的过程意味着劳动生产率的增长。这个过程同时也是准备新的更高的共产主义生产方式的基本内容。

马克思研究了资本主义生产率增长的三个历史阶段,即简单协作、工场手工业分工以及机器大工业。他说,资本主义技术进步的结果是剥

---

① 马克思:《资本论》(德文1867年第1版第1卷),北京:经济科学出版社1987年版,第241页。
② 同上书,第287页。
③ 同上书,第499页。

削程度的提高，因为，在现有的工作日中，必要劳动如果减少的话，那么同时就增加了剩余劳动。也就是说，被资本家占有的无偿劳动越来越多。这完全符合资本主义尽可能多地生产剩余价值的基本规律。"资本主义生产过程的动机和决定目的，是**资本**尽可能多地**自行增殖**，也就是尽可能多地生产剩余价值，因而也就是资本家尽可能多地剥削劳动力。"① 问题绝不是道德问题，而是贯彻资本主义规律的问题。没有剥削的资本主义理论在理论上和实践上都是荒谬的。因为，无论"工人的需要水平提高或下降"，也就是说，无论是国家与国家有什么不同，反正都是一样的。"工人需要水平的变化问题，和劳动能力的市场价格升至降至这个水平之上或之下是一样的……不影响它和资本的一般关系。"② 而且，劳动力和资本的一般关系在资本主义的所有发展阶段都是相同的，也就是说，资本家无偿占有工人的劳动。与之相应，资本主义历史发展中的技术进步带来的是剥削的不断加强：在新创造的价值中，资本占有者的份额总是在不断增加，而工人在他所创造的新价值中所占的份额则一直在下降。

马克思在 1861—1863 年手稿中特别深入地研究了相对剩余价值生产的问题。证明这一点的是，起初马克思在写第 V 笔记本时认为这个题目已经解决和完成，可是在该手稿第 XIX 笔记本中他再一次研究了这个题目。马克思在第二次对这个题目进行研究时，特别分析了作为相对剩余价值最重要的生产方法的机器的资本主义应用。1863 年初，他发现，机器不仅可以从资本主义自行增殖过程的角度来考察，而且也可以把机器在劳动过程中的职能作为相对剩余价值的生产方式来研究。同时，更让他感兴趣的是，工厂制度对工人阶级的劳动和生活条件的影响。③ 这次新的研究过程以及对他的研究成果的叙述都被直接写进了《资本论》第 1 卷。和《资本论》的第二稿相比，成熟著作即《资本

---

① 马克思：《资本论》（德文1867年第1版第1卷），北京：经济科学出版社1987年版，第499页。
② MEGA²/Ⅱ/3（1）. S. 39.
③ MEGA²/Ⅱ/3（5）. S. 21 – 26.

论》第 1 卷的正文在叙述上更加完善，叙述的题目也更广。

为了国际工人运动的实际需要，马克思在第 1 卷中分析工业时详细研究了正在形成的现存制度的变革趋势，以及新社会的形成要素。他既指出了工厂制度在资本主义条件下所具有的潜能，也特别指出了在克服工厂制度的资本主义利用之后所具有的潜能。

也正是工人阶级的直接利益，促使马克思在第 1 卷中第一次详细分析了工厂法不仅对改善工人状况，而且还对加速工业革命所产生的重要作用。随着由此引起的资本主义生产关系的快速发展，工人阶级的数量也在增长，他们的集中和组织性都在加强。马克思由此指出了当时资本主义的最新发展趋势，为无产阶级斗争指明了主要方向。

在准备《资本论》的那些年里，马克思对应该如何、尤其是应该在《资本论》整个结构中的什么地方论述工资的看法，有一个比较长的发展过程，而且其间也有所变化。起初，在 1858 年他的著作的计划草稿中，关于雇佣劳动的论述曾预计是一个独立的单册的内容，其中应该论述劳动力商品的价值在形式上转化为工资、劳动力商品的价值的具体变化和波动。在写作 1861—1863 年手稿的过程中，马克思形成一种看法，并在 1863 年做出了成熟的决定，即把劳动能力商品的本质表现纳入资本册中加以论述。叙述方案的这个重大的变动是和马克思对"资本一般"这个概念的看法的改变密切相关的。他越是深入政治经济学的本质性的细节问题，就越发感觉到这个范畴在内容上的狭窄，并且越加认为在叙述资本时理解本质和现象的关系是必不可少的。

马克思关于叙述工资问题的计划构想是在若干年的时间里逐渐形成的。到《资本论》第 1 卷文稿为止的马克思的基本认识历程如下：马克思在《大纲》中计划只从剩余价值源泉这个基本职能、资本的直接对立面以及资本的必要条件来论述雇佣劳动，并撇开一切表现形式。这完全符合"资本一般"的构想。

《大纲》表明马克思放弃了最低工资的观点；他是随着劳动力商品的学说的发展而放弃这个观点的。在 1861—1863 年手稿中，虽然马克思还是提到了"最低限度的工资"，但是他在这里更多地是在阐述，一个国家的文明状况对必要生活资料产生的影响。在这里，他把劳动力商品的价值转化为工资问题的纳入研究之中。这是具体研究绝对剩余价值所不可缺少的。马克思一方面从未明确放弃过写一本关于雇佣劳动的单册的计划；但是随着研究和叙述的进展，这些问题越来越多地被纳入第1卷的研究。论述工资及其形式从逻辑上和历史上全面叙述资本关系是绝对必要的。由于工资在习惯意识中的反映是错误的和歪曲的，所以叙述劳动力价值的表现形式是绝对必要的。同时，资产阶级古典政治经济学由阶级所决定的根本认识的局限也被揭示出来。把一个历史和道德因素明确确定为影响劳动力价值高低的要素，这就意味着彻底脱离了其他一切把工资作为最低生存收入的观点。这对更加深刻地论证工会进行经济斗争的必要性也具有很大意义。马克思工资理论还只是成熟叙述是在《资本论》第1卷中。不过，这些叙述还只是作为第五章《对绝对剩余价值和相对剩余价值生产的进一步考察》中的第4节《劳动力的价值或价格取得工资这种转化形式》。在第2版中，马克思才把它作为独立的一篇。

在发现了商品的二重性、生产商品的劳动二重性、区分不变资本和可变资本并研究了纯粹形式的剩余价值之后，马克思在《资本论》第1卷中第一次系统地完整地叙述了他的积累理论。叙述的高潮是对资本主义积累一般规律的表述及其历史趋势的叙述。

马克思逻辑论证思路的核心可以简明地描述为：生产方式在其自身的基础上，随着积累而发展。雇佣劳动和资本之间的对抗关系总是不断地被再生产出来。资本主义生产方式的基本矛盾不断加深。尽管存在抵抗这种矛盾的趋势，但是工人阶级在资产阶级社会中的社会地位仍然不断下降。无产阶级形成并组织为这个社会的革命阶级，逐渐显示出能够通过社会主义革命消灭人对人剥削的能力。同时，随着资本的积累，向一个新的社会制度过渡的物质条件正在形成和发展，这个新的社会制度建立在生产资料社会所有制的基础之上，并在全社会范围内有计划地为其所有成员的利益而进行生产，新社会的这个物质前提的基本要素是：高水平的生产力、不断增长的生产社会化、劳动过程的协作形式的发展、对科学进行有意识和不断扩大的技术应用、只能共同使用的劳动资料及其经济化以及经济生活的国际化。

马克思研究了剩余价值重新转化为资本并论证说，扩大再生产中的新资本总是他人无酬劳动的体现。商品生产所有权规律转变为资本主义占有规律。在资本主义发展过程中，一切资本都表现为雇佣工人的无酬劳动，即便是资本的所有者在开始时花费的是自己的劳动，最初的资本也早就被消费光了，不复存在了。与此相应，支付给资本主义的工人的只是他们的一部分劳动成果，可变资本只是工人生活资料基金的一种特殊历史形式。但是，即使是工人的个人消费也和生产性消费一道成为资本主义再生产过程的组成部分，并且随着剩余价值的再生产，资本关系也总是在不断地被再生产出来。

马克思认为积累是对资本主义条件扩大的统治的那种对社会财富的占有。不断资本积累可以提高对劳动力的需求，并提高工资，但是，工资相对于积累来说是从属的可变的东西，积累总是在按照资本增值的需要进行。工资的变化不可能危机资本主义剥削制度，因为工资的发展从属于资本主义剥削的发展。提高劳动生产率和资本生产资本的一切方法，都是和资本最低额的扩大、资本的积累和集中以及资本有机构成的提高结合在一起的。积累的另一个必然结果是相对过剩人口的形成。这是资本主义生产的一个必要因素，是周期性发展的条件，是跳跃式地发展单个生产领域的条件，是资本在周期性发展各个阶段上对付工人阶级的强制手段。

马克思在《大纲》中已经开始对特殊的资本主义人口规律，包括"产业后备军理论"进行科学阐述和论证。他在《大纲》已经写道："因此，资本的趋势也是：既增加劳动人口，又把劳动人口的一部分不断地变成过剩人口，即在资本能够利用他们之前先把他们变成无用的人口。"[①] 马克思在这里表述了他后来的产业后备军理论的一个重要的起点论题。

---

① 《马克思恩格斯全集》第 30 卷，北京：人民出版社 1995 年版，第 377 页。

在这个基础上,马克思的人口理论在 1861—1863 年手稿的所有三个明显不同的写作阶段上都有显著的精确化。马克思在该手稿中的叙述越来越接近《资本论》第 1 卷中资本主义人口规律的阐述。

资本把大量可供支配的劳动力保持在"储备"状态,[①] 直到它能够实现利用它们。马克思论证说,产业后备军的形成足资本扩大再生产的一个必要条件。[②] 马克思在 1861—1863 年手稿中也已经认识到:在积累中,雇佣工人的就业状况表现出两个互相对立的趋势。"这是两个不断交叉的趋势:一是利用尽可能少的劳动,生产出同等数量或更多的商品,生产出同样或更多的纯产品、剩余价值、纯收入;二是利用尽可能多的工人(虽然在他们生产的商品数量中比例要尽可能小),因为所使用的劳动量在生产力的某个阶段上增加剩余价值量和剩余价值产品量。一个趋势使工人失业,人口减少;另一个趋势是再次吸纳他们,增加绝对工资。因此工人的命运总是摇摆不定,可是他们从未摆脱过这种命运。"[③] 至于哪一种趋势是决定性的,这取决于当时资本的增殖需要。

所以说,工人阶级的生存越来越没有保障,这是资本主义积累的必然表现。马克思的这一认识是科学地论证工人阶级历史使命的一个重要因素。

《资本论》第 1 卷第一次以成熟和系统的形式论述了资本主义的人口规律。马克思阐明,特殊的资本主义人口变动是由资本主义生产方式的经济运动规律造成的。在积累过程中,尽管可变资本绝对增长,但是它和不变资本部分的比例则不断减少了。由此产生"**相对的,即超过资本增殖的平均需要的,因而是过剩的或剩余的工人人口**"[④]。

随着资本关系的扩大和发展,"资本对工人的更大的吸引力和更大的排斥力互相结合的规模不断扩大……因此,在工人们生产出资本积累

[①] MEGA²/Ⅱ/3(6). S. 2242.
[②] MEGA²/Ⅱ/3(3). S. 1178.
[③] MEGA²/Ⅱ/3(3). S. 1198.
[④] 马克思:《资本论》(德文 1867 年第 1 版第 1 卷),北京:经济科学出版社 1987 年版,第 602 页。

的同时，工人人口也以日益扩大的规模生产出使他们自身成为相对过剩人口的手段。这就是资本主义生产方式所特有的人口规律，事实上，每一种特殊的、历史的生产方式都有其特殊的、历史地起作用的人口规律"①。马克思在这里论证了人口规律由历史和社会决定的特征，并由此为分析批判那些大多以一般和永恒的人口规律为出发点的资产阶级人口理论作出了一个重要的方法论提示。

《大纲》和1861—1863年手稿中提到的产业后备军的作用，在《资本论》第1卷中得到了详细的阐述。马克思断言，产业后备军的形成不仅是积累的必然产物，也是"**资本主义生产方式存在的一个条件**"②。另一方面，它也是资本家对工人阶级不断增强剥削服务的。资本积累"一方面扩大对劳动的需求，另一方面又通过'游离'工人来扩大工人的供给，与此同时，失业工人的压力又迫使就业工人付出更多的劳动，从而在一定程度上**使劳动的供给不依赖于工人的供给。劳动供求规律在这个基础上的运动成全了资本的专制**"③。

马克思在《资本论》第1卷中第一次阐明了相对过剩人口的各种不同形式。他把这些形式分别称为是流动的、潜在的和停滞的形式。④他把过剩人口的特殊形式、最底层称为赤贫。⑤

马克思通过1861—1863年手稿获得了很多新的发现，并认识到作为著作结构要点的"资本一般"这个概念，以及与此相关的"资本一般"和资本的具体运动形式之间的严格区分，对于从抽象上升到具体地从逻辑上叙述资本主义生产方式的经济运动规律来说是过于狭窄了，《资本论》第1卷的积累理论就是他在获得上述认识之后拟定的《资本论》核心结构的一个基本要素。

通过《资本论》第1卷的积累理论，马克思以一种特别给人印象

---

① 马克思：《资本论》（德文1867年第1版第1卷），北京：经济科学出版社1987年版，第603—604页。
② 同上书，第604页。
③ 同上书，第613页。
④ 同上书，第614页。
⑤ 同上书，第617页。

深刻的方式实现了整个《资本论》特有逻辑和历史相统一的原则。他很有说服力地阐述了资本主义积累的历史趋势，从生产关系的统一及其形成、发展和衰亡的过程中研究基本的客观生产关系，并且通过历史实例论证了逻辑推论。大量的历史实例本身就是逻辑叙述的一个重要因素，具有重要的方法论意义。马克思由此再次强调指出，在分析资本积累对工人状况的影响时不能只从工资相对较高的工人出发，还必须考虑到决定工人阶级状况的多种因素，必须把较长的时期包括其中出现的危机作为研究的基础。

马克思在如此系统和逻辑地叙述了资本主义扩大再生产的机制之后，得以表述资本主义积累的一般规律来作为他的积累理论的顶点："**社会的财富即执行职能的资本越大**，它的增长的规模和能力越大，**从而工人人口的绝对数量和他们的劳动生产力**越大，相对剩余人口或产业后备军也就越大。**可供支配的劳动力同资本的膨胀力**一样，是由同**一些原因**发展起来的。因此，产业后备军的相对量和财富的力量一同增长。但是同现役劳动军相比，这种后备军越大，**常备的**剩余人口或这样的工人阶层也就越多，他们的贫困同他们所受的劳动折磨成反比。最后，工人阶级中贫困阶层和产业后备军越大，官方认为需要救济的贫民也就越**多。这就是资本主义积累的绝对的、一般的规律**。像其他一切规律一样，这个规律在实现中也会由于各种各样的情况而有所变化。①"

在《资本论》第 1 卷第 1 版中，马克思第一次使积累和再生产理论，连同从它们得出的革命理论，达到了如此完整和系统的地步。但是做到这一点的前提条件，是从《资本论》的一切前期准备工作中获得的。

《大纲》中已经包含的马克思积累理论的重要组成部分是如下的认识：剩余价值重新转化为资本的这种积累，从根本上不同于原始积累；没有积累，资本就不可能是生产的基础；② 随着积累，资本在物质上和

---

① 马克思：《资本论》（德文 1867 年第 1 版第 1 卷），北京：经济科学出版社 1987 年版，第 617 页。
② 《马克思恩格斯全集》第 30 卷，北京：人民出版社 1995 年版，第 434 页。

价值上都在增长，由此形成生产剩余价值的前提条件；① 受资本压榨的雇佣工人的剩余劳动构成积累的一个界限；② 工资相对于资本积累和资本的价值增殖的需要来说是一个从属的量；③ 随着扩大再生产和积累，新的资本从一开始就是剩余价值的体现，并且商品生产的所有权规律转化为资本主义占有规律。④

但是《大纲》中还没有把这些因素结合成为一个有机整体。它们大多是在阐述其他问题时所加的注解和简短的插入说明。尤其让马克思感到难以决定的是，按照他当时的计划草案积累理论应该被放在著作的什么位置。

1861—1863年手稿已经包含了马克思再生产和积累理论的所有基本要素。它们散见于该手稿的各个不同部分。不过，同时也有集中的叙述，也就是在"剩余价值重新转化为资本"这一部分。马克思在这一部分中还详细分析了社会总资本的再生产和流通。这个理论的所有基本要素在这里都有阐述，而且已经统一为一个整体。这样，1861—1863年手稿就准备了有关这个的相对独立的阐述，而后来在《资本论》中得到最终的叙述：即雇佣劳动和资本之间的对抗关系是怎样不断更新和深化的，以及社会总资本的再生产和流通是如何进行的。

马克思还在1861—1863年手稿中阐述了资本主义生产的历史趋势，阐述的内容已经非常接近《资本论》中的叙述。尤为值得注意的是，这一类的阐述被放在对托马斯·霍吉斯金⑤和理查·琼斯⑥的评价中。

马克思在1861—1863年手稿中阐述了他的积累理论，并把它纳入理论整体，由此在认识上所取得的进步，是向《资本论》中资本主义生产方式的发展规律的最终文稿的方向迈出的重要一步。

与阶级关系在自身基础上的再生产相联系，出现了资本主义积累的

---

① 《马克思恩格斯全集》第30卷，北京：人民出版社1995年版，第359—361页。
② 同上书，第344—345页。
③ 同上书，第317—319页。
④ 同上书，第440—450页。
⑤ MEGA²/Ⅱ/3（4）.S.1147.1450.
⑥ MEGA²/Ⅱ/3（4）.S.1857.

历史形成和历史趋势问题。但是，对资本关系的历史形成问题的回答从本质上不同于该范畴发展的逻辑顺序，即直至资本主义积累的一般的、绝对的规律的那种顺序。因此，对所谓的原始积累（亚当·斯密称为"预先积累"）的分析表现出一个极其多变的过程，就并不令人惊异了，与此有关的还有这个过程在体系中的地位及其排列问题。在《大纲》和《七个笔记本的索引》中，以及在1859年或1861年的计划草稿中，马克思初次尝试把这个问题加以排列和进行结构划分，这是这个过程的开始；接着，这个过程在《资本论》的第2个和第3个草稿的几个中间段中继续发展。这些尝试反映出当时马克思着手确定积累这个特殊的研究对象的范围和界限时的认识水平。

马克思在对资本范畴进行历史唯物主义研究的过程中，很早（1844年）就意识到一个事实，即资本的循环最初不可能是它自身的结果。资产阶级经济学未能走出用资本的概念解释价值的概念、又用价值的概念解释资本这样一种"循环论证"，因为他们不是从历史的立场出发。为了打破这种恶性循环并说明价值的产生在历史上也是先于资本的，马克思研究了现实历史和理论史。

在1857—1858年的研究水平和所掌握的相应的研究和叙述方法（正如他在《大纲》的《导言》中对研究和叙述所作的构想那样）的水平上，马克思还没有能最终明确原始积累篇的全部内容和位置，正像其他范畴上也有这种情况一样。但是此时，马克思有一点肯定是明确的：叙述不能从原始积累开始；起点范畴的问题当时差不多已经解决，即起点范畴必须是发达资本主义的一个简单的和一般的范畴，绝不能是资本主义前史。马克思起初是在流通过程的问题范围内论述原始积累的。

在1861年中以前的叙述草稿中还没有出现论述积累的篇章，但从1861年夏天开始，原始积累的论题和后面第六章的其他组成部分的联系变得密切起来。例如，马克思当时对资本积累及其历史前提、对这个研究对象的逻辑和历史的辩证关系的认识有了本质上的进步。他在补充1861年夏的计划草案时明确表明了他的意图，即"不仅要说明资本怎样生产，而且还要说明资本本身怎样被生产出来，即资本自身的起源"，它们的"出发点当然属于资本主义前的某个社会生产阶段"①。在计划的著作中把积累和原始积累放在同一篇中论述的打算，是在1863年之前的研究过程中确定的，这可以从马克思对该范畴对立统一的内容的确定日渐成熟得到证实。② 此外，马克思要在资本的生产过程中叙述积累和原始积累的意图越来越明确，也就是说要把它们收入《资本论》第1卷。

对比《资本论》第1卷和1861—1863年手稿中关于原始积累理论的阐述内容可以认定，后者已经包含了原始积累理论的基本观点。在阐述再生产的最后即"所谓的原始积累"和"增补"中，马克思分析了那些必须历史地设定为资本运动前提的基本条件。③

马克思是如何在1861—1863年手稿中初步论述了原始积累理论，以及1867年以前这些论述是如何完善的，这些都很清楚地表明，研究和叙述在他这个时期的写作中结合得是多么紧密。大量的历史研究和论述使马克思能在1867年成熟地叙述表明资本主义是客观必然的经济社会形态的历史过程。《资本论》第1卷原始积累篇正是在这一点上远远超出了1861—1863年手稿中的准备性论述。同时，从1867年第1卷中该理论的完善形式可以看出，马克思不断地通过他在写1863—1865年手稿的同时、甚至是在写第1卷研究过的经验材料来补充他的论述。

对于把原始积累包括其历史外延部分收入《资本论》第1卷，以及它与1861—1863年手稿相比在数量上的剧增和内容上的丰富，都不能单从历史例证的角度来作出评价。相反，可以断言，这些范畴的逻辑顺序必须同它实际的历史起源结合起来，否则对研究对象的考察和叙述就失去了历史方向。纯粹逻辑既解释不了资本关系的历史延续性，也揭露不了资产阶级关于资产的产生和存在方式的神秘论。

马克思在当时对问题尚不很明确和不很精细的情况下，以英国这个

---

① 《马克思恩格斯全集》第32卷，北京：人民出版社1998年版，第355页。
② $MEGA^2/II/3$（4）．S. 1104. 1450.
③ $MEGA^2/II/3$（6）．S. 2280－2379. 参看《马克思恩格斯全集》第48卷，北京：人民出版社1985年版，第98—122页。

典型实例，指出了创造双重自由的雇佣工人所具有的暴力性。他驳斥了资产阶级对资本主义土地所有者和工业资本家形成的虚伪解释。对资本主义形成时期原始积累的描述打破了资产阶级的那些幻想，揭露了说什么工业资本家的形成源于他的节省这种童话，相反，马克思提出，在这个过程中起着根本作用的是"背信弃义、贿赂、残杀和卑鄙行为"，还有部分地建立暴力基础上的方法："美洲金银产地的发现，土著居民的被剿灭、被奴役和被埋葬于矿井，对东印度进行的征服和掠夺，非洲变成商业性地猎获黑人的场所：这一切标志着资本主义生产时代的曙光。这些田园诗式的过程是**原始积累的主要因素**。"① 而且马克思对这个形成过程进行了概括："如果**货币**'来到世间，在一边脸上带着天生的血斑'，那么，**资本**来到世间，从每个毛孔都滴着血和肮脏的东西。"② 马克思由此无情地揭露了从封建社会没落到资本迅速聚集的那个实际的社会经济和政治机制，并把暴力描绘成新制度的助产婆和一种经济力。

在积累篇历史部分的最后，马克思合乎逻辑地把从资本积累得出的结论同从资本的历史起源得出的结论以及通过确定研究对象的界限而得出的结论结合起来，并从中推导出资本主义的历史趋势的否定。但是，资本主义生产方式的运动规律即剩余价值，从它自身方面来说会合乎规律地达到这样一点，这时，资本关系对于生产资料的集中程度和劳动的社会化程度来说变得过于狭窄了。于是，资本主义生产方式由于一种自然过程的必然性，产生出对自身的否定。否定的结果和历史产物就是共产社会。它的发展建立"在资本主义时代的成就的基础上，在**自由劳动者的协作的基础上和他们对土地及靠劳动本身生产的资料的公有制上**"③。

从贯穿整个《资本论》的这个关于未来的观点出发，《资本论》中完成了对共产主义是人类社会的未来的科学论证。《资本论》中对共产

---

① 马克思：《资本论》（德文1867年第1版第1卷），北京：经济科学出版社1987年版，第720—721页。
② 同上书，第728—729页。
③ 同上书，第731页。

主义的论证,一方面是通过发现资本主义运动规律导致和迫使的发展趋势和方向进行的,另一方面是通过直接论述共产主义社会形态的各个基本标志和特征进行的。《资本论》中多次出现的这个超越了资本主义形态的概括性的关于未来的观点,从一开始就对确定工人阶级夺取政治权力的斗争目标、战略和战术具有重要意义。这个观点的意义和实用性在无产阶级革命的历史准备阶段大大地增强了。如果说整个《资本论》是列宁关于帝国主义的理论的理论和方法论基础,那么对于列宁和布尔什维克党来说,新社会的那些基本原则就是建设未来和建立新国家和新社会的基础的重要出发点。在全世界从资本主义过渡到社会主义的这个时期,这些原则越来越引起人们的关注。

马克思在《资本论》中论述了资本主义的基本矛盾是怎样客观必然地把这个制度引向它的极限,以及这个社会是怎样同时为社会主义创造了物质前提。但是这个旧的社会的末日不会自行到来,马克思一直反对与此相应的各种形式的"崩溃论"。过渡到一个新的社会只可能是一个历史行为的结果。从马克思的经济学理论,也就是从《资本论》得出的最重要的结论是:工人阶级在他们的革命政党的领导下自觉地进行无产阶级革命的必要性。

工人阶级夺取政治权力并把最重要的生产资料转成社会财产,是实施共产主义社会基本原则、实现历史发展过程中的主要目标的决定性前提。《共产党宣言》就已经包含有这个思想。马克思在《资本论》中全面论述了这个论点,并把共产主义定义为"以每个人的全面而自由的发展为基本原则"的社会。① 一切社会的任务的确定都必须从这个原则出发,为了实施这个原则,就要采取社会变革的一切措施。

在这一点上,马克思从没有幻想过共产主义通过无产阶级接管权力就会出现。他没有任何空想和对奇迹的幻想,尤其是在这个问题上。所以在写作《资本论》第1卷的前前后后,他的整个著作都贯穿着对如

---

① 马克思:《资本论》(德文1867年第1版第1卷),北京:经济科学出版社1987年版,第165页。

何向共产主义社会客观发展所进行的思考。马克思在《对德国工人党纲领批注》① 中对这个问题作了经典论述，他从原则上描述了共产主义社会形态的两个阶段的特征。但是共产主义所不可缺少的基础，马克思是在《资本论》中论述的。《资本论》包含了共产主义第一个阶段的一个深刻特征。马克思把这个社会阶段描述为"一个自由人联合体，他们用公共的生产资料进行劳动，并且自觉地把他们许多个人劳动力当做一个社会劳动力来使用……这个联合体的总产品是**社会**的产品。这些产品的一部分重新用作生产资料。这一部分依旧是社会的。而另一部分则作为生活资料由联合体成员消费。因此，这一部分要在他们之间进行**分配**。这种分配的**方式**会随着社会生产机体本身的特殊方式和随着生产者的相应的历史发展程度而改变。仅仅为了同商品生产进行对比，我们假定，每个生产者在生产资料中得到的份额是由他的**劳动时间**决定的。这样，劳动时间就会起双重作用。劳动时间的社会的有计划的分配，调节着各种劳动职能同各种需要的适当的比例。另一方面，劳动时间又是计量生产者个人在共同劳动中所占份额的尺度，因而也是计量生产者个人在共同产品的个人消费部分所占份额的尺度。在那里，人们同他们的劳动和劳动产品的社会联系无论在生产上还是在分配上，都是简单了的"②。

此外，这里已经包含了这样一层意思，即资本主义所特有的本能的和混乱的生产发展，将被按照社会及其每个成员的利益而实行的被一切经济部门有计划按比例的劳动分工、有意识的经营管理、社会监督以及可支配的再生产过程的形态所替代。从一个这样组织起来的生产出发，将产生出按照与资本主义完全对立的原则进行的分配。

马克思在《大纲》中已经解释说，所有的经济都归结于时间经济，并仅限于此。资本主义生产也有这个特点，概括地说，这只是对追求人类劳动生产率不断提高的另一种表现。但是对于整个共产主义形态，对于它的两个阶段来说，马克思把这种现象称为一种"规律"；因为无论

---

① 《马克思恩格斯全集》第 25 卷，北京：人民出版社 2001 年版，第 8—33 页。
② 马克思：《资本论》（德文 1867 年第 1 版第 1 卷），北京：经济科学出版社 1987 年版，第 45—46 页。

是社会还是个人的全面发展、它的活动和它的享受都取决于时间的节约。所以，马克思认为时间的节约"在共同生产的基础上仍然是首要的经济规律"，他还用一句话特别地加以强调："这甚至在更高得多的程度上成为规律"。①

由于工业和科学的发展，由于它们的结合，这个要求将会在越来越大的程度上得到满足。在共产主义中，科学本身将是无限的生产力，如果说资本主义的典型生产方式是机器大生产，那么共产主义的典型生产方式也是如此，但是是在自动化生产的更高质的层次上。当前的社会发展阶段一方面表明，自动化生产和科学的统一给社会主义和共产主义创造的是怎样一个无法预见的生产率前景；另一方面表明，生产力的这个发展阶段虽然在当今资本主义的条件下得到利用，但是这种利用却伴随有社会的和政治的火山喷发，也就是灾难，例如前所未有的产业后备军的增长，因此，资本主义生产关系对于社会生产力的这种革命发展趋势来说，早已经是太狭隘了。

在进一步研究时间问题以及它对新社会的意义时，马克思还研究了劳动时间和非劳动时间即闲暇时间的关系，他首先断定，劳动的特征将发生彻底的改变。

在资本主义下终生成为局部工人的那些人只接受过有限的必要培训并且人格原本就受到扭曲，他们是机器的附属物，经常从事相同的单个工序。在新的社会发展中，将从这些人身上逐渐地，虽不是立即地，但却是有计划并且有意识地产生全面发展的人格。这是一个和逐渐缩短劳动时间一样漫长的历史过程。马克思强调说，劳动是人类生活的一个永恒的自然条件，是一种必然性。自由王国"存在于真正物质生产领域的彼岸"。无论是从质还是量的角度来说，劳动时间的领域和闲暇时间的领域以及它们的相互关系都在共产主义中自行改变。马克思对这个问题的看法是，"事实上，自由王国只是在必要性和外在目的规定要做的劳

---

① 《马克思恩格斯全集》第 30 卷，北京：人民出版社 1995 年版，第 123 页。

动终止的地方才开始"①。在共产主义社会的发展中，劳动越来越少地由必需和外在目的来决定，它越来越成为生活的第一需要。劳动时间越来越短，闲暇时间越来越长，但是二者的界限是活动不定的。

马克思从共产主义的基本原则出发，从全面发展的人格出发，在《资本论》中最终对新社会中的教育作了基本的说明。在第 1 卷分析大工业时，马克思较为详细地研究了现有制度的变革趋势和新社会的教育因素。他指出了尚处于资本主义条件下的工厂制度的潜力，尤其是工厂制度在排除资本主义应用之后的潜力。在这个问题上，他非常重视生产劳动和教育相结合的观点；其中，他写道："从工厂制度中萌发出了**未来教育**的幼芽，未来教育对所有已满一定年龄的儿童来说，就是**生产劳动**同**智育**和**体育**相结合，它不仅是提高社会生产的一种方法，而且是造就全面发展的人的唯一方法。"② 马克思更加明确地描述了这个发展趋势，这种发展趋势在对立统一中既包含破坏因素也包含建设因素，这要看是针对旧的制度即资本主义制度而言，还是针对新的制度即社会主义制度而言："如果说，工厂法作为从资本那里争取来的最初的微小让步，只是把初等教育同工厂劳动结合起来，那么毫无疑问，工人阶级在不可避免地夺取政权之后，将使理论的和实践的工艺教育在工人学校中占据应有的位置。同样毫无疑问，生产的**资本主义**形式和与之相适应的工人的经济关系，是同这种变革酵母及其目的——**消灭旧分工**——直接矛盾的。"③

马克思关于家庭进入社会过程尤其是关于由人（男性和女性）组成的企业职工的构成问题，也有类似的看法。在资本主义中"造成毁灭和奴役的祸根"的东西，在共产主义中将发生彻底的变革，也就是"反过来变成人类发展的源泉"。④

---

① 《马克思恩格斯文集》第 7 卷，北京：人民出版社 2009 年版，第 928 页。
② 马克思：《资本论》（德文 1867 年第 1 版第 1 卷），北京：经济科学出版社 1987 年版，第 466 页。
③ 同上书，第 471 页。
④ 同上书，第 473 页。

所以，马克思不仅从总体上把共产主义描述为资本主义运动规律的发展趋势和发展方向，而且还对没有剥削的社会的突出特征作了基本阐述。社会主义的社会实践充分证明了马克思的这一科学预见，并在它的发展过程中创造性地运用了这一预见，并使之具体化，在社会生活的各个方面大大丰富和扩充了这一预见。

整个《资本论》是一部方法论的杰作。恩格斯早在1859年就已经写道："马克思对于政治经济学的批判就是以这个方法做基础的，这个方法的制定，在我们看来是一个其意义不亚于唯物主义基本观点的成果。"① 马克思在这里和在早期的著作中，通过批判研究黑格尔的辩证法，发展了他自己的方法并加以应用，这就是唯物辩证法。而马克思在《资本论》中成功地把唯物辩证法发展成为叙述资本主义生产关系的一整套方法，并运用这个方法，以完善的形式使这个社会形态的经济结构和唯物辩证法本身的结构显现出来。这项创造工程一方面表现为克服黑格尔辩证法的消极面保存积极面，另一方面表现为把辩证的方法和唯物主义结合起来，以便探寻资本主义的运动规律，马克思的这个伟大的思想贡献使列宁得出了重要论断："虽说马克思没有遗留下'**逻辑**'（大写字母的），但他遗留下《资本论》的**逻辑**，应当充分地利用这种逻辑来解决这一问题。在《资本论》中，唯物主义的逻辑、辩证法和认识论［不必要三个词］它们是同一个东西都应用于一门科学，这种唯物主义从黑格尔那里吸取了全部有价值的东西并发展了这些有价值的东西。"②

从恩格斯和列宁对马克思唯物辩证法的意义所做的评述中可以得出一个基本结论：马克思只有在唯物主义历史观的基础上并运用辩证的方法，才可能写出《资本论》，揭示资本主义的一般运动规律，确定资本主义社会的历史地位，并论证工人阶级的历史使命。但是，结果不仅实现了马克思进行研究的本来目的，即创立了一套关于资本主义社会形态

---

① 《马克思恩格斯文集》第2卷，北京：人民出版社2009年版，第603页。
② 《列宁全集》第55卷，北京：人民出版社1990年版，第290页。

的真正的和无可争辩的理论，而且还有所超越：唯物史观是普遍适用的，并在《资本论》中无论是就人类社会的过去还是未来而一言都得到了最终的证实。而且，唯物辩证法的方法表明，它也适用于研究和分析任何一个人类社会，马克思由此为全世界无产者留下了一笔宝贵的遗产：即用来开启科学探索进入新社会的道路、分析这种社会未来发展的可能性的钥匙。社会主义社会在世界上存在了60多年，就是这个趋势的深刻的证明。

马克思在《资本论》中运用的方法是以唯物辩证法的基本思想为出发点，也就是必须把世界以及它的各个部分作为各个过程的整体去理解。辩证法的研究对象是发展中的各个客体，它们彼此之间如此构成，以至于各个不同方面和因素的相互作用作为矛盾而决定着发展。这样的总体或整体就是必须用辩证的方法加以研究的那个对象。发现经济社会形态是这样一些整体或总体，这是极其重要的科学史的贡献。因此，正如列宁所论证的，对这样一个社会形态即资本主义的研究把唯物史观也提高到了一个经科学证明的理论高度。①

马克思在《资本论》中把资本主义生产关系中各个发展因素就其基本特征之间的联系进行了概念上的正确描述，这个概念描述的本身是完善的，呈现为一个概念总体，而马克思有理由把他的《资本论》称作"艺术的整体"②。

总体的思想是一切辩证哲学的共同点。马克思的方法与众不同之处在于它具有唯物主义的特征，这个唯物主义的特征时又证明了它的科学性。马克思在每一次强调黑格尔对辩证的制定所作出的贡献时，总是突出自己的方法和黑格尔的方法的对立之处。

和马克思的方法所具有的唯物主义特征直接相关的是逻辑和历史的统一，而唯心主义辩证论则没有可能阐明二者的统一。在唯物辩证法中，逻辑表现为被反映的、思想中的、集中于合乎规律的内容中的历

---

① 《列宁全集》第1卷，北京：人民出版社1984年版，第112页。
② 《马克思恩格斯文集》第10卷，北京：人民出版社2009年版，第231页。

史。所以说《资本论》并不是人为的构建物，它是对资本主义现实运动的逻辑表述。

这种经唯物主义证实的逻辑和历史的统一，以多种方式贯穿于整个《资本论》中：逻辑展开阐述的目的是要揭示资本主义的运动规律，而不是停留在意识所能感知的社会表象上。相反，社会形态的表象和本质之间是对立的。但是这些对立同时也相互为中介。也就是说，马克思的任务是要从逻辑上论证资本主义生产关系的统一和对立、现象和本质。马克思从客观现实出发，首先分析了他作为逻辑阐述的起点范畴的商品。在进一步的逻辑分析和综合中，在整个抽象过程中，马克思都没有失去和现实历史的联系，这些现实历史在许多地方论证了、支持了或解释了逻辑阐述。

在逻辑研究和叙述的最后，又出现了资本主义生产关系的现实，但是是从生产关系的联系中来理解的，是通过其本质来认清的，并且是通过其直至必然解体为止的发展特征而作为客观的有规律的东西加以论证的。

这就意味着，马克思的从抽象上升到具体的方法也是逻辑和历史建立在唯物主义基础上的统一的表现。从较少发展的抽象上升到更多发展的具体，之所以是正确的科学方法，是因为资本主义生产关系的总体本身就是从简单发展到复杂，是因为资本从低级发展到高级的。但是，由于这是发展的一个普遍的基本特征，所以从抽象上升到具体的方法也是一个普遍的方法，它并不局限于对生产关系的研究和论述。

唯物辩证法包含对发展原因的揭示和对发展过程的分析。马克思在《资本论》中指出，从简单到复杂的普遍的发展道路是以矛盾的发展为基础的，发展的源泉和动力是："一种历史生产形式的矛盾的发展，是这种形式瓦解和改造的唯一的历史道路。"①

马克思早就阐述并运用过唯物的矛盾辩证法。它在《资本论》中

---

① 马克思：《资本论》（德文 1867 年第 1 版第 1 卷），北京：经济科学出版社 1987 年版，第 471 页。

以完善的形式得到了模范的运用。这种矛盾辩证法同资产阶级古典经济学家的做法有着根本的区别，因为他们否认矛盾的客观必然存在。但是，这种矛盾辩证法也不同于反动的小资产阶级浪漫派对矛盾的态度，他们虽然反映了矛盾，但是不理解矛盾的必然发展，为了回避资本主义的矛盾，他们想使社会发展退回到小生产。最后，这种辩证法不同于黑格尔通过中介"解决"矛盾的方式，即把对立双方加以综合，这在黑格尔那里表现为调和。

马克思在《资本论》中反映了矛盾在客观社会发展中的运动、解决和消除。正如马克思所断言的，资本是"活生生的矛盾"[1]，因为用资本的特征不仅可以论证生产的特殊局限，也可以论证超越每一局限的相反趋势。[2]

就现象来说，对立双方、过程或趋势是独立存在的，其本质恰恰在于它们的相互作用，但是这些相互关系并不是彼此无关的，而是相互关联，彼此"斗争"，于是就只能发展。马克思正是这样阐述了交换过程发展的基础，他的出发点是，"商品的交换过程包含着矛盾的和互相排斥的关系。我们刚才考察的商品的发展，并没有扬弃这些矛盾，而是创造这些矛盾能在其中运动的。一般说来，这就是解决实际矛盾的方法。"[3] 这恰好表明了马克思在分析商品交换和价值形式的发展时对唯物辩证法的经典运用。

马克思运用矛盾辩证法具有一般方法论的特征，即他把辩证法这个统一体的基本规律作为分析和叙述的工具。各个要素的发展即矛盾双方的发展起初是量的发展。在某一点上，最终超越现有的形式，并产生出一个辩证否定旧质的新质。同样，新质也有矛盾，起初也是在量上发展，依此类推。整个过程是在一个基本矛盾发展的基础上进行，这个基本矛盾的依次确立和消除，贯穿于整个现象的发展中。在方法论上运用

---

[1] 《马克思恩格斯全集》第30卷，北京：人民出版社1995年版，第405页。
[2] 同上书，第395—396页。
[3] 马克思：《资本论》（德文1867年第1版第1卷），北京：经济科学出版社1987年版，第70页。

辩证法的基本规律包含着根据研究对象的特征去运用其他方法或原则。像质或量的分析这样一些辩证方法，可以用数学的方法以及其他方法得到补充。因此，像马克思在《资本论》中进一步发展和运用的唯物辩证法，就表现为一般哲学方法和各门科学方法对它的必要补充加在一起而形成的多种关系，当然，后者可能会因研究对象的不同而不同。但是，由于一切研究对象都具有一般的本质特征，所以唯物辩证法作为最一般的哲学方法，是一项科学研究的必要因素。马克思在《资本论》中阐述了唯物辩证法的一般特征。

综上所述可以看出，《资本论》第1卷第1版是一个长期的、费尽心力的和非常复杂的思想发展过程。马克思经济学理论即无产阶级政治经济学的研究和论述，从开始时的设想，经过不断提高认识的阶梯，达到了完善。马克思本人曾经说过，这部著作必须以一个整体呈现在读者面前，所以我们目前所分析到的是要概括性地和以大的轮廓来描绘这部著作形成的真实图景。马克思对社会科学的巨大贡献，一方面在于"通过批判使一门科学第一次达到能把它辩证地叙述出来的那种水平"①。另一方面就在于这个论述本身。这个论述是经典的；也就是说，是真实的、全面的、无可辩驳的和可以应用的，并且它本身具备发展的潜力和动力。马克思的理论不仅经受住时间和实践标准的检验，而且还和世界的社会发展同步前进。

（二）附录

《资本论》是卡尔·马克思的主要著作，马克思为它花费了40年的时间。1843年马克思在巴黎开始系统地研究政治经济学。其初步成果就是《哲学的贫困》、《雇佣劳动与资本》和《共产党宣言》等著作。1848年革命失败后，马克思流亡伦敦，重新开始了经济学研究，作了大量的读书笔记，并先后写成了1857—1858年经济学手稿和1861—1863年经济学手稿。在此基础上，开始了《资本论》的写作。1863年

---

① 《马克思恩格斯文集》第10卷，北京：人民出版社2009年版，第147页。

5月29日马克思写信给恩格斯说:"现在当我的工作能力有所恢复的时候,我想最后卸下这个包袱,把政治经济学誊清付印(并作最后润色)。"

在马克思完成他的著作《资本论。政治经济学批判》的誊清稿的过程中,1861—1863年经济学手稿是他的最重要的写作基础。他首先通读整个手稿,在页边作了勾划和批注,如"利润"、"再生产过程"、"积累",以此表明需要在相应篇章使用的段落。给个别句子和词加上着重号。在页边用号码标出一些举例说明的顺序。

要把第一册《资本的生产过程》誊清稿的产生情况明确地完整地描述出来,至今还是不可能的。因为保留下来的1863—1867年时期的全部手稿或残稿都没有作者注明的日期,付印用的手稿还未能发现。

1885年5月5日恩格斯在他为《资本论》第2卷德文第1版写的序言中作出这样的评价:1861—1863年手稿中的第1—220页(第I—V本)和第1159—1472页(第XIX—XXIII本),是"论述《资本论》第一卷中……所研究的各个题目"的"现有的最早文稿"。随后关于1861—1863年手稿恩格斯继续说道:"按照时间的顺序,接下去是第三册的手稿。这个手稿至少大部分写于1864年和1865年。马克思在基本上完成这个手稿之后,才着手整理1867年印行的第一册。"

1863年初,马克思为第一册《资本的生产过程》拟定了一个计划,打算在《导言:商品,货币》后面写作八章:1. 货币转化为资本;2. 绝对剩余价值;3. 相对剩余价值;4. 绝对剩余价值和相对剩余价值的结合;5. 剩余价值再转化为资本。原始积累。威克非尔德的殖民学说;6. 生产过程的结果;7. 剩余价值理论;8. 关于生产劳动和非生产劳动的理论。

马克思1863年8月15日写给恩格斯的信中说:"我的工作(整理手稿,准备付印),一方面进行得很好。我觉得这些东西在最后审订中,除了一些不可避免的 G—W 和 W—G 以外,已经变得相当通俗了。"马克思这里所指的最有可能是《货币转化为资本》章中的一些段落,这些段落在后来出版的书的第107—117页。马克思要为他的著作付印一部誊清稿，他坚持这样做的一段时间里写作的手稿，至今发现的只有个别的页，这些页的页码是 24、25、96—107、259 和 260，编码是连贯的，每一章中都有删去的地方（很可能是为了计划中的"最后润色"）。第 24 和 25 页的正文和脚注的内容有一部分逐字地又出现在德文第一版的第 135—139，292 和 293 页上。在遗留下来的第 96—107 页上马克思论述了直接生产过程的问题，后来在第一版中在第 187—204 页论述剩余价值率和工作日问题时，在第 281—290 页论述剩余价值率和剩余价值量问题时，都以不同的形式又谈及了这些问题。稍后一些时间，不迟于 1865 年底，马克思决定把上面说的第 96—107 页并入当时计划写的第六章《生产过程的结果》中。在遗留下来的第 259 和 260 页上所阐述的计件工资问题，经过修改又出现在第一版第 540—548 页上。但是所有这些片断都没有像马克思 1863 年年中所计划的那样成为 1867 年付印的誊清稿的组成部分，不论是正文还是脚注，马克思都再一次进行了加工。

从 1863 年秋开始，马克思由于处理母亲去世的事情到大陆去了一趟，由于建立和领导国际工人协会以及自己生病，在长达一年多的时间里，他不得不经常中断写书的工作。

写作付印的誊清稿的过程，突然变成了一个新的研究过程。马克思遗留下来的个别页第 379 和 380 页以及遗留下来的页码为 441—495 的手稿《第六章。直接生产过程的结果》就证明了这一点。在这些片断中脚注没有连贯的编码；缺少对材料"在为了付印而最后加工的时候"如何重新编排所加的提示（见手稿《第六章……》第 441 页），这说明马克思在写这部分手稿时自己已经明确，这期间他没有再为第一册的付印誊清稿进行工作。马克思继续紧张地撰写他的著作，特别是在 1861 年至 1863 年手稿中阐述得不够的那些部分。他附带研究了大量的经济的和技术的著作，其中有关于农业的著作、关于信贷和货币流通问题的著作、统计材料、议会文件、工业中使用童工的官方报告、关于英国无产阶级的生活条件的著作等等。

这个时期还必须找到出版商。1865 年 1 月 30 日威廉·施特龙写信通知马克思:"我对于和奥·迈[斯纳]的会晤少并不是不满意的……目前取得的成果是,他说出版你的著作他将感到很高兴……按入股的原则出版,他就不要求事先看稿子。"1865年2月9日签订了第一个合同,同日威廉·施特龙就把它寄给了马克思。1865年3月21日出版商奥托·迈斯纳从汉堡写信给马克思说,随信附上"作了所希望的修改的合同"。还说,"我完全省去看稿子的时间,只是请您尽可能做到,不要迟于在年内开始印刷,否则我们就不能在1866年前将书印出来。"预定《资本论》同时分两册出版,总篇幅约五十印张。

从第一册"誊清稿"转向对资本的进一步考察,是同大约从1864年年中至1865年底对《资本论》第三册和第二册的初步编辑加工工作结合在一起的。这个写作时期还有一些书信。如1865年5月9日马克思写给恩格斯的信说:"希望我的书(尽管多次间断)能在9月1日以前彻底完工。事情很顺利,虽然我还没有完全恢复健康。"1865年7月31日马克思写信给恩格斯说:"至于说到我的工作,我愿意把全部真情告诉你。再写三章就可以结束理论部分(前三册)。然后还得写第四册,即历史文献部分;对我来说这是最容易的一部分,因为所有的问题都在前三册中解决了,最后这一册大半是以历史的形式重述一遍。但是我不能下决心在一个完整的东西还没有摆在我面前时,就送出任何一部分。不论我的著作有什么缺点,它们却有一个长处,即它们是一个艺术的整体;但是要达到这一点,只有用我的方法,在它们没有完整地摆在我面前时,不拿去付印。"恩格斯的回信没有发现。1865年8月5日马克思写信给恩格斯,又谈到同一件事的实际情况:"你信中谈到'艺术作品'的那部分我感到很有趣。你还是没有懂我的意思。整个问题在于,是把一部分手稿誊写清楚寄给出版商,还是先把整个著作完成?由于许多原因,我宁愿选择后者。就工作本身而言,这样做一点也没有浪费时间,但是,出版工作当然是耽搁了一下;另一方面,如果开始付印,现在就不能有任何间断。此外,尽管注意到温度表的度数,工作进行得还是非常快,其他人就是丢开一切艺术上的考虑也未必能够如此。再加上规定我要以六十个印张为最大限度,因此我绝对有必要把整个东西放在面前，以便知道，要压缩和删节多少才能在给我指定的数量范围内均衡地和匀称地阐述各个部分。"

很明显，马克思还在对第三册手稿进行加工时——如第 271、415 和 454 页上的有关提示所表明的——就作出决定，第一册开头不仅有一个简短的导言，而且还有整个一章论述商品和货币。

1865 年 11 月，最迟是在 1866 年 1 月初，马克思重新开始准备付印的誊清稿。1865 年 11 月 20 日马克思要求恩格斯向他提供关于一个工人每周平均纺多少纱的材料，另外还说，"我在得到这些详细情况以前，就无法着手抄写第二章。"可见，马克思面前摆着他的最初计划中的第二章。事实上，我们在德文第一版第 186 页《绝对剩余价值的生产》一章中看到了补加的这方面的叙述。

1866 年 1 月 13 日马克思写给约·菲·贝克尔的信中说：他必须"誊写 1200 页手稿"；1866 年 1 月 15 日给路德维希·库格曼和给威廉·李卜克内西的信一也是满怀信心，表示希望他能够在 1866 年 3 月亲自去汉堡把第一卷手稿的誊清稿送往出版社。1866 年 2 月 10 日马克思写信告诉恩格斯，自 1 月 1 日肝痛消失后他的工作已有出色的进展。"真正理论部分我无法推进。脑力太差，对此不能胜任。因此我对《工作日》一节作了历史的扩展，这超出了我原来的计划。我现在'加进去的'是对你的书到 1865 年止的（简略的）补充……"马克思说的"加进去的"大概指德文第一版第 212 至 279 页一些片段；可见这些片段产生于 1866 年 1 月和 2 月初。第一版第 222 和 223 页提到 1866 年 1 月 5 日农业工人的群众大会，提到 1 月 13 日的《工人辩护士报》和 1 月 20 日的《雷诺新闻》，这些情况也证明了这一点。

1866 年 2 月 13 日马克思告诉恩格斯，他的主要著作理论部分，即第一、第二和第三册，于 1865 年 12 月底已经"完成"，但是手稿就其现在的形式来看，只有马克思本人才能编纂出版，他正好于 1866 年 1 月 1 日开始"誊写和润色"，在他又生病之前工作进展得"非常迅速"。在信中又向恩格斯重提他 2 月 10 日提出的请求，让给他寄一本约翰·瓦茨的书，"因为我现在已经写到关于机器的一章了"。这个时候，马克思至少已经写完了《货币转化为资本》和《绝对剩余价值的生产》,这两章在《相对剩余价值的生产》章之前,马克思在后面这一章中有四处提到了《机器和大工业》。

从 1866 年 3 月 11 日起,马克思在马尔吉特休养了一个月。

1866 年 7 月 7 日马克思在信中告诉恩格斯:"我现在在顺便研究孔德,因为对于这个家伙英国人和法国人都叫喊得很厉害。使他们受迷惑的是他的著作简直像百科全书,包罗万象。但是这和黑格尔比起来却非常可怜(虽然孔德作为专业的数学家和物理学家要比黑格尔强,就是说在细节上比他强,但是整个说来,黑格尔甚至在这方面也比他不知道伟大多少倍)。"在德文第一版第 314—315 页脚注 22a 中也包含有同样的思想。因此可以认为,这个脚注至迟写于 1866 年 6 月初。

1866 年 8 月 23 日马克思写给库格曼的信中说:"至于这部著作,我并不设想在 10 月以前能把第一卷(现在共分三卷)的稿子送到汉堡去。我一天只能做几小时的有效工作,否则身体就立刻感到不舒服……"

1866 年 10 月月 13 日他告诉库格曼:"我的情况(由于身体情况和日常生活中的事情,工作老是被打断)迫使我只好先出版第一卷,而不是像我起初设想的那样两卷一起出版。而且现在看来总共可能有三卷。

全部著述著作分为以下几个部分:

第一册。资本的生产过程。

第二册。资本的流通过程。

第三册。总过程的各种形式。

第四册。理论史。

第一卷包括头两册。

我想把第三册编作第二卷,第四册编作第三卷。

我认为在第一册中必须从头开始,也就是必须把我在敦克尔那里出版的书加以概括而编成专论商品和货币的一章。我所以认为需要这样做,不仅是为了叙述的完整,而且是因为即使很有头脑的人对这个题目也了解得不完全正确。显然,最早的叙述,特别是关于商品的分析,是不够清楚的。"

根据至今了解到的事实还不能肯定，马克思这时是否已经写好了新的第一章《商品和货币》，从上述信件来看很有可能写好了。因此，从内容来看马克思已经指明，商品是资本产生的前提。

1867年3月很可能马克思的誊清稿进行到第一版的第638页，就像那里的脚注100所表明的。在此以前，在第一版第385—484，486—492、565和636页上，马克思已经——至少在脚注——对1866年的事实和材料进行了加工。

看来——从材料出处注明的日期推论——属于这个创作时期遗留下来的还有如下一些没有编页码的分散的手稿页：脚注第75—77、关于西里西亚被弗里德里希二世占领以前德国东部圈地的描述（摘引古斯达夫·弗莱塔格的书《德国人民生活的新状况》）、论述农民和手工业者受剥削的正文、脚注第79以及《煤矿工人》篇。所有这些文稿只有弗莱塔格书的摘录被收入最后的稿本中。这种做法是从同第一版718页脚注220的内容对照得出的。在付印的最后文稿中，马克思或者使用新的叙述代替了其他材料，或者用几句话在正文中说明事实情况。这从第548及以下各页、599—630，691—701以及652—657页可以看出。

1867年3月底马克思的第一册誊清稿进展到一个段落，相当于后来第一版第657页。在第一版第676和第684页，马克思叙述了《童工调查委员会第6号报告》中的事实，这份报告最初发表于1867年3月底。在第一版第697和757页马克思援引了《工厂视察员报告。1866年10月31日》，这份报告最初于1867年在伦敦公布，他还引用了1867年3月在白金汉郡举行的罢工。在第一版第661、666和707页马克思提到詹姆斯·罗杰斯的《英国的农业史和价格史》，这本书是马克思1866年12月17日写信请求恩格斯给他弄到的。

至迟在1867年初马克思决定，第一卷只收入第一册，第二册先不出。这时他才完成了第一册付印稿的誊清和"润色"。出版商等待稿件已经很久了。当时马克思同意第一册单独出版，这一册可以包括达成协议的计划中的两卷的第一卷的篇幅，即大约25印张。但是它的篇幅实际上要大得多。在写完第六章《直接生产过程的结果》之后，很可能是在他写作第三册的手稿时，也就是大约在1865年上半年，马克思有一个149页稿本的初稿可用于第二册。但是，遗留下来的大量的第二册文稿表明，马克思认为这部手稿不适用于付印。由于决定第二册不再纳入第一卷，与此相联系，《直接生产过程的结果》章也决定从第一卷抽出。这一章约有1/3的内容叙述的是向第二册的过渡。当马克思决定不再把第二册放入第一卷时，他认为对原来的《第六章》作一个简短的概括就够了，这个简短的概括印在第一版第756页上。为使读者易于接受思想上的联系，易于理解从第一册向第二册的过渡，马克思可能打算把第一册的结果放在第二册开头（类似他在《资本论》第三册开头所作的那样）。

1867年4月2日马克思写给恩格斯的信中说："我下决心，只要不能够告诉你书已经完成，就不写信给你。现在已经写好了。"同时马克思估计，他的手稿"大概在25个印张以上"。

1867年4月10日至12日，马克思乘船赴汉堡，把他的手稿交出版商奥托·迈斯纳。1867年4月13日马克思写给恩格斯的信谈到了这件事："手稿便立即送往他的出版社，锁在保险柜里。几天之内就要开印并且会印得很快。……他现在想把书分成三卷出版。尤其是，他反对照我原来打算的那样缩减最后一本书（历史文献部分）的篇幅。"马克思在XXII页第一版序言中预告了整个著作分为三卷四册这种划分。1867年4月16日手稿被寄往莱比锡奥托·维干德的印刷所。4月16日至5月14日前后马克思到汉诺威，在库格曼家里作客。4月29日维干德开始排字；马克思在自己生日那天，即1867年5月5日，在汉诺威收到《资本论》的第一批校样进行校对。马克思在他的1867年日历上每次都记下正文或脚注的最后几个字，这样每个印张寄走之后在下几个印张来时好联结起来。

1867年5月7日马克思从汉诺威写信给恩格斯说："要在这里等到全书印完，是不可能的。第一，我担心，书印出来会比我原先估计的厚得多，第二，他们没有把原稿退给我，因此，许多引文，特别是有数字和希腊文的地方，我只好查对留在家里那份手稿……"6月22日马克思在给恩格斯的一封信中又写道，他在手稿中提到了霍夫曼的分子理论，他1865年在伦敦曾听过霍夫曼关于这方面的讲演。马克思又途经汉堡返回伦敦，1867年5月19日抵达伦敦。

1867年6月1日奥托·迈斯纳登出广告，预告《资本论》将于7月份出版。

马克思在汉诺威逗留期间，库格曼向他建议，写一篇附录，比较通俗地论述价值形式问题。这件事从马克思1857年7月13日给库格曼的信中可以看出。恩格斯——他也从马克思那里得到校样——1867年6月16日也向马克思提过类似的带有详细说明的建议。他说，马克思掌握许多关于价值形式的材料，"你一定能就这个问题写出很好的补充论述，从而用历史方法向庸人证明货币形成的必然性并表明货币形成的过程。你造成了一个很大的缺陷，没有多分一些小节和多加一些小标题，使这种抽象阐述的思路明显地表现出来。这一部分你应当用黑格尔的《全书》那样的方式来处理，分成简短的章节，用特有的标题来突出每一个辩证的转变，并且尽可能把所有的附带的说明和例证用特殊的字体印出来。这样，看起来就可能有点像教科书，但是对广大读者来说要容易理解得多。"

至迟在1867年6月27日，马克思写完了关于价值形式的附录。它印在第一版第764—784页。然后在同一天他就把"这一附录的结构——章节和标题等等"告诉了恩格斯。7月13日马克思写给路德维希·库格曼的信中说，他"两天前"已把附录寄到莱比锡去了。

1867年7月25日马克思最后在序言上签了字。

1867年8月1日和9日莱比锡《德国书报业行市报》刊登了奥托·迈斯纳的广告，其中声称："收到的预订八月份出版的著作《资本论》的有约束力的订单出乎预料的多……使我不得不对寄发每一份新书采取严格限制。"

1867年8月16日马克思告诉恩格斯，他刚刚校完最后一个印张（第49印张），而且序言也已校完于昨日寄回。

8月奥托·迈斯纳单独到莱比锡维干德处,让他印一份有大量序言摘录的内容广泛的四页宣传材料,以便寄往报纸编辑部。1867年8月24日马克思致恩格斯的信中也谈到了这个情况。序言的摘录发表在如下期刊和报纸上:9月4日柏林《未来报》,9月6日柏林《社会民主党人报》,9月7日伦敦《蜂房报》,9月13日《汉堡消息报》,9月14日《海尔曼。伦敦德文周报》,9月27日那不勒斯《自由和正义》,9月第9期和10月第10期日内瓦《先驱》,10月1日巴黎《法兰西信使报》,10月13日布鲁塞尔《自由报》,1868年1月4日和11日莱比锡《民主周报》,1868年2月14日晚版《汉堡交易所报》。

1867年9月14日,《资本论》第1卷出版的消息由官方发表在莱比锡每日(星期日除外)出版的《德国书报业行市报》上。《德国书报业出版消息栏》的广告是由莱比锡的"J.G.欣利希图书公司"提供给《行市报》广告部的。截至19点收到的广告要编入下下一期。为14日发表《资本论》第1卷出版的简讯,欣利希图书公司至迟必须在9月12日发出有关的报道。在此之前,莱比锡的奥托·维干德印刷所必须把书送到欣利希图书公司,为《行市报》提供的广告册也必须已经编完。因此人们可以认为,卡尔·马克思的《资本论》第1卷是在1867年9月11日出版的。

《资本论》第一版出版得"很简陋"(用行话说,就像用线串起来的毛装书),只用了黄色的纸封面,标价3塔勒10新格罗申($3\frac{1}{3}$塔勒)。封面上的书名字样和白色扉页上的字样不同。黄色封底上,奥托·迈斯纳刊登着他的出版社的出书广告。

《资本论》第1卷的手稿显然在印刷完毕后由维干德寄回汉堡奥托·迈斯纳出版社。手稿在那里存档——作为版权凭证。出版社拥有版权至少到1922年,这一点从那一年出版的全部三卷《资本论》的版本看得出来。后来,可能是1929年,《资本论》出版者的长孙奥托·海因利希·迈斯纳在柏林把手稿转交给德国社会民主党档案馆的一位代表。第二次世界大战期间,注有日期和收件人姓名的移交单据,在1943年汉堡出版社遭到轰炸时被毁。手稿后来又经历了什么样的道路,它是否存在，在什么地方，至今不得而知。

二　〔苏〕弗·阿凡纳西耶夫:《科学分析资本主义的枢纽》①

生产商品的劳动的二重性学说是马克思首先提出来的。他制定了具体劳动和抽象劳动这两个范畴，使之成为无产阶级科学政治经济学的极其重要的概念。

马克思揭示出包含在商品中的劳动的二重性，是政治经济学史上的突出事件，是马克思在政治经济学领域内完成的革命性变革的一个极为重要的组成部分。从商品生产者劳动的二重性中，马克思发现了理解资本主义生产方式的全部事实归根到底要以其为依据的那个因素。②

这个学说是马克思建立关于资本主义生产方式形成、发展和灭亡的严格科学理论的基础。马克思的劳动价值理论以及剩余价值规律——资本主义社会结构经济运动规律的学说，都是以这个学说为基础的。马克思在指出劳动二重性理论对于理解剩余价值的各种问题的特殊意义时，写道："实际上，这就是批判地理解问题的全部秘密。"③

发现劳动的二重性，使马克思解决了资本主义政治经济学的核心理论问题，即从资本主义经济的内在基础——价值规律的观点，对资本主义经济各种现象的全部总和作出真正科学说明的问题。这个问题是十八世纪后半叶到十九世纪初先进社会思想力求解决的问题。

（一）商品关系的基本构成规律

马克思赋予发现商品生产者的劳动的二重性如此重大的意义，以致

---

① 本节选自弗·阿凡纳西耶夫:《马克思的伟大发现——劳动二重性学说的方法论作用》第1章，原题为《商品生产者劳动的二重性是科学分析资本主义的枢纽》，李元亨译，济南：山东人民出版社1992年版，第5—31页。
② 《马克思恩格斯全集》第31卷，北京：人民出版社1972年版，第331页。
③ 《马克思恩格斯全集》第32卷，北京：人民出版社1974年版，第12页。

把它与发现剩余价值规律相提并论。① 同时，大家知道，剩余价值规律是资本主义的基本规律。马克思在《资本论》第一卷第一版序言中写道："本书的最终目的就是揭示现代社会的经济运动规律。"② 这个经济运动规律就是剩余价值规律，它决定着资本主义的产生、发展和灭亡。正是这个规律，决定了资产阶级剥削工人阶级的客观必然性，决定了资产阶级社会中劳动和资本的阶级对抗性质。列宁之所以把剩余价值理论看做是马克思经济理论的基石，③ 并不是偶然的。

在研究资本主义生产方式、阐明它的社会经济实质和资本主义经济规律的特点方面，剩余价值学说起着特殊的方法论作用。恩格斯在《资本论》第二卷序言中指出：借助于这个学说研究了这样一种事实，"这种事实必定要使全部经济学发生革命，并且把理解全部资本主义生产的钥匙交给那个知道怎样使用它的人。"④

在发现引起政治经济学革命性变革的剩余价值的系列里，马克思揭示了劳动的二重性。1867年8月24日，在刚刚完成《资本论》第一卷的出版准备工作之后，马克思在给恩格斯的信中写道："我的书最好的地方是：（1）在**第一章**就着重指出了劳动或是表现为使用价值或是表现为交换价值这种**劳动的二重性**（这是对事实的全部理解的基础）；（2）研究**剩余价值**时，**撇开了它的特殊**形式——利润、利息、地租等等。"⑤

我们认为，在工人阶级的革命理论中，劳动二重性学说所以具有如此巨大的作用，是因为马克思在这个学说中揭示了一条虽然是非常特殊的、然而是极为重要的经济规律，这就是商品关系的基本构成规律，这条规律在价值规律的范围内起作用，并且在作为商品生产发展的高级阶段的资本主义制度下得到了最充分的表现。

---

① 参见《马克思恩格斯全集》第31卷，北京：人民出版社1972年版，第331页。
② 《马克思恩格斯文集》第5卷，北京：人民出版社2009年版，第10页。
③ 参见《列宁全集》第23卷，北京：人民出版社1990年版，第46页。
④ 《马克思恩格斯文集》第6卷，北京：人民出版社2009年版，第21页。
⑤ 《马克思恩格斯文集》第10卷，北京：人民出版社2009年版，第268页。

马克思确定了商品生产者的劳动，就其实质来说是二重的：它一方面表现为具体劳动，表现为使用价值的源泉；另一方面则表现为抽象劳动，表现为商品价值的源泉。马克思写道："商品中包含的劳动的这种二重性，是首先由我批判地证明的。"①

同时，劳动是人们全部经济活动的基础，在政治经济学范畴中得到具体理论表现的一切经济现象和过程，都不过是人类劳动的不同表现（人类劳动的职能、结果和影响，内容和社会经济形式，等等）。

如果劳动是一切经济现象的基础，并且在商品生产条件下具有二重性，那么，一切经济现象也就都具有二重性。

体现在商品中的劳动的二重性和商品经济一切现象和过程的二重性之间的这种客观因果关系，就是商品关系的基本构成规律的内容，这个规律不仅决定着商品经济一切现象的二重性，而且决定着这种二重性的特点，决定着这种二重性与商品生产者的具体劳动和抽象劳动的联系。

商品关系的基本构成规律并不决定不同社会经济结构的商品生产现象的社会经济实质。这是这些社会形态基本经济规律的职能。商品关系的基本构成规律不是特有规律，而是存在商品生产的一切社会经济结构的一般规律。这一规律在资本主义制度下得到了最充分的发展。众所周知，资本主义的一切经济现象都采取了商品形式。马克思并不是偶然地揭示了这一规律，而正是运用资本主义的材料研究了这一规律。因此，研究这一规律及其在资本主义生产方式条件下的各种极为重要的表现就具有十分重大的意义。

体现在商品中的劳动的二重性，既预先决定了资本主义经济的每一种现象和每个过程的二重性，又预先决定了这种二重性的性质，它为从资本主义的各种经济现象中划分出它们的自然物质内容和社会经济形式之间的明显区别提供了可能性，因为前者直接与具体劳动及其创造的使用价值相联系，后者直接产生于抽象劳动及其创造的商品价值在资本主义生产关系体系中所起的作用。因此，资本主义经济的各种现象，一方

---

① 《马克思恩格斯文集》第5卷，北京：人民出版社2009年版，第54—55页。

面是具体劳动过程的不同表现，另一方面同时又是各个抽象劳动过程的表现，是构成资本主义生产方式的各种经济过程和经济现象总和的统一。

并且，在这里，所谓具体劳动过程被解释为直接与具体劳动发挥作用相联系的各种经济现象的总和。例如，可以列入这种现象的有：劳动过程是创造商品使用价值的过程，劳动的有用形式即具体劳动在其中起决定性作用；商品的使用价值是具体劳动发挥作用的结果；各种劳动过程都是创造使用价值的因素，因为使用价值是由具体劳动在运用中创造的；具体劳动实现生产资料旧价值转移到新创造的商品上的过程；与绝对剩余价值不同的相对剩余价值产生于下列情况，它是具体劳动效率在资本主义生产方式条件下提高的结果；劳动生产力是具体劳动效率的表现；劳动对资本的实际隶属；劳动过程的管理等。

直接由抽象劳动发挥作用产生的一切现象相应地被称为抽象劳动过程。而可以列为这些现象的有：商品的价值是抽象劳动发挥作用的结果；价值增殖过程是剩余抽象劳动创造剩余价值的过程；剩余价值是一种不以它的具体形式为转移的价值；与相对剩余价值不同的绝对剩余价值，是与它表现为雇佣工人的抽象劳动在一定时间内（例如在一个工作日内）增加的结果直接相联系的；劳动对资本形式上的隶属；对价值增殖过程的管理是资产阶级剥削工人阶级的过程等。

当然，所有这些情况只谈到了彼此紧密联系在一起的资本主义经济现象的一些方面，因为具体劳动过程不能脱离与它相适应的抽象劳动过程。当然，就像后者与前者处于有机联系之中一样。但是，在理论分析上，必须划清这两方面的界线，因为只有划清界线才有可能避免在解决资本主义政治经济学复杂问题时犯错误。

商品中包含的劳动的二重性和资本主义一切经济现象的二重构成的相互客观联系，在它的特殊资本主义形式上构成商品关系的基本构成规律的内容，可以概括地用下列形式来表示：

示意图 1[①]

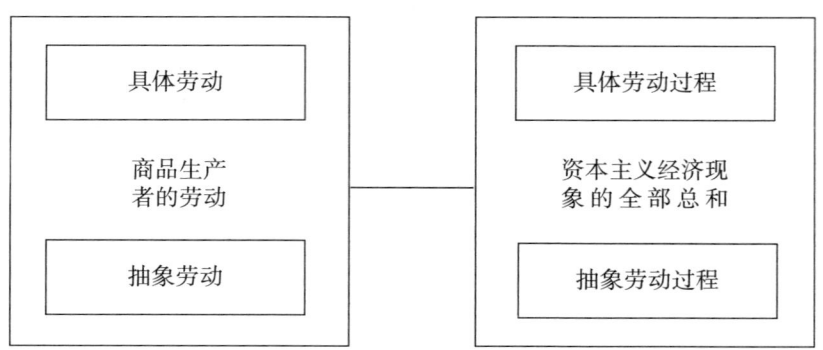

劳动二重性的观点（因为它可以揭示资本主义商品经济的任何一种经济现象的内在结构，从而也就可以揭示这些现象的全部总和的内在结构）为阐明某种经济现象在资本主义生产方式的经济关系体系中的地位提供了可能性，这一点具有重大的理论和实践意义。商品中包含的劳动的二重性决定着商品生产，进而决定着资本主义生产的基本分类性质，即资本主义生产所固有的全部经济现象的二重性，离开这种基本分类性质，既不可能正确地提出和解决任何一个科学理论问题，也不可能正确地提出和解决资本主义生产方式的任何一个实践问题。

长期以来，工人运动力求揭穿一个秘密。这就是 18 世纪末至 19 世纪初，工业革命过程中，即工场手工业向资本主义机器生产过渡过程中形成的工业无产阶级处于被剥削、被压迫地位的根本原因是什么。被压迫阶级最初把心中的怒火发泄到机器上，因为他们认为造成自身处境悲惨的原因是机器。于是濒临绝境的工人便捣毁了机器，期望以这种方式

---

① 这种示意图并不指望反映资本主义商品生产的经济现象和商品生产者劳动的二重性的全部因果联系。在本书中，这种示意图的主要目的是直观地显示出经济现象的系列。这些经济现象或者隶属于直接从具体劳动产生的过程，或者隶属于直接从抽象劳动产生的过程，或者隶属于直接从二者同时产生的过程。这些示意图，用图例说明商品中包含的劳动的二重性与资本主义商品经济一切现象的二重性的联系，就其必要性来说——和各种一般示意图一样——可以使十分复杂的各种经济过程和经济现象的相互联系在一定程度上简单化，在理论分析上注意到这一点是很重要的。

摆脱资本主义剥削。但是，卢德运动①显然注定要失败，因为他们不是反对造成工人阶级被压迫地位的真正基础，而是反对这些基础的物质表现形式。

由此可见，划清经济现象的社会形式和物质内容（包括作为资产阶级对工人阶级的剥削关系的资本）之间的区别，不仅对学术目标来说，而且对解决工人运动的实践任务来说，是多么重要。同时，确定了这种现象在该社会经济制度中的地位，便可以认识到，不废除整个资本主义生产关系制度，要消灭资本对劳动的剥削是不可能的。

对卢德分子来说，剥削的具体体现就是机器，但实际上剥削是极其多种多样的。例如，它可以表现为现代资本主义生产及其管理的组织规程，可以表现为科学在剥削社会条件下的不良作用，也可以表现为业已形成的国际资本主义劳动分工体系（其中也可以表现为帝国主义附属国生产的单一性质）和大量其他现象。这就是说，工人运动和民族解放运动应当明确分清必须消灭的剥削关系和使剥削关系具体化的那些自然物质形式（广义地说）之间的区别，归根到底，应当明确分清抽象劳动过程和具体劳动过程之间的区别。

那么，劳动二重性学说的特殊方法论作用是由什么决定的呢？为什么正如马克思所指出的，"理解政治经济学"、理解资本主义生产方式的全部事实，恰恰要依赖于这一学说呢？

某些范畴和学说表现出来的理论体系中的每一部分所起的某种方法论作用，取决于它们所反映的经济现象和客观经济规律在该生产方式的生产关系体系中占有怎样的地位和执行什么样的职能。这些范畴和学说反映的经济关系的内在联系越深刻，这种方法论作用就越大。例如，揭示资本主义生产方式的"经济运动规律"，即在马克思主义政治经济学理论体系中占有核心地位的剩余价值学说，在分析资本主义生产关系时起着基础的作用。毫无疑问，关于剩余价值某种具体形式的学说所起的

---

① 卢德运动——1811年英国第一次自发工人运动，当时卢德分子以破坏机器为主。19世纪初卢德运动特别激烈。——译者注

方法论作用尽管重要，但毕竟是较小的。

然而，忽视经济关系某种具体形式的学说，在这种情况下也就是忽视剩余价值各种具体形式的学说，这也是不正确的。因为从所考察的生产方式内在规律的观点看，它们恰恰应当由经济理论来说明。对经济过程外在形式提供这种说明的能力，是经济理论科学性的决定性标准之一。

大家知道，剩余价值的各种具体形式恰恰是资产阶级古典学派的障碍物，由于他们的阶级局限性使他们不能运用自己的主要论点——劳动价值论的观点，阐明这些具体形式。例如，他们不理解，如果一切商品包括"劳动"（按照他们的术语）都是按照价值支付的，那么，利润是如何产生的。他们也不明白，利润与预付资本的量成比例（正如他们正确地认识到，预付资本不创造价值，从而也不创造利润），而就业工人的劳动是价值的唯一源泉，从而是利润的唯一源泉，那为什么不与就业工人人数成比例呢？在这方面成为例外的李嘉图的级差地租理论也未能改变对资产阶级古典政治经济学的基本原理产生怀疑的一般情况。

关于经济过程的具体形式和表现的学说，似乎是理论体系的整个大厦，可以说起着支配概念分类的作用。它们与经济理论的出发点的明显矛盾（这一点很重要）成为理论分析深化的动因。至于深化过程的学说，则起着另外一种分类作用——它们专用于揭示经济关系制度的定性层次，阐明它们的实质，详细分析基本范畴和规律，即建立这个理论体系自身的基础。

劳动二重性学说反映着资本主义最简单、最一般，同时也是最原始的关系，它在不发达的混沌形式上保留着在它的基础上产生的资本主义生产方式的关系的一切丰富性、复杂性和矛盾性。因此，无论在历史上，还是在逻辑上，这个学说都是科学分析这种生产方式的出发点。

在着重指出劳动二重性观点的特殊方法论作用时，马克思把它描述为"理解政治经济学的枢纽"[①]。

---

① 《马克思恩格斯文集》第5卷，北京：人民出版社2009年版，第55页。

劳动二重性学说不仅是理论体系的极为重要的组成部分，而且是研究资本主义生产的具有决定性意义的方法之一。如果体现在商品中的劳动的二重性是资本主义一切现象和过程的二重性的基础，那么，只有注意到商品关系的基本构成规律，才能研究其中的每一种现象和它们的总和。

马克思指出，分析资本主义生产的各种现象，要注意到它们的二重性，不能仅仅把这些现象与没有任何进一步规定的劳动联系在一起。后面这种观点，虽然在资产阶级古典政治经济学的一定发展阶段上，也是科学的一大进步，但毕竟是对商品经济的经济现象分析的片面的因而也是不正确的解释。马克思写道："……在所有以前的经济学家那里，把商品归结为'**劳动**'……都是模棱两可的、不完全的。把商品归结为'**劳动**'是不够的，必须把商品归结为具有二重形式的**劳动**"，具体劳动形式和抽象劳动形式。① 只有这种观点才能使资本主义商品经济各种现象的结构得到充分说明，这对理解它们的社会经济实质是极端重要的。

劳动二重性学说允许同时也要求研究者揭示商品生产一切现象的二重性。在这里，它的作用可以分为三个方面。第一，这个学说是阐明所考察的资本主义经济现象和过程质的规定性和数量界限的必要条件。这就意味着，这个学说是建立科学政治经济学理论的必要先决条件。第二，这个学说为在理论上再现资本主义生产关系发生和发展的历史过程提供了可能性。第三，劳动二重性学说能够揭示商品生产各种现象之间的相互联系，把它们表现为生产关系的一定制度。

因此，劳动二重性观点可以执行三种重要的方法论职能：概念性的职能、形成过程的职能和分类职能。作为研究资本主义出发点的劳动二重性学说的这种特殊方法论作用，适应研究资本主义商品经济的政治经济学对象的特点及其任务，是辩证法在政治经济学中的具体化，也是历史唯物主义的一个基本原理即物质生产、生产劳动在社会历史过程中的

---

① 《马克思恩格斯全集》第49卷，北京：人民出版社1982年版，第51页。

决定作用的具体化。

(二) 劳动二重性是商品生产的历史现象。劳动二重性的某些当代特征

马克思是从表现为资产阶级社会"经济细胞"的商品的分析，开始他对资本主义的研究的，并且揭示了商品的二重性，商品是使用价值和价值的对立统一。马克思写道："后来表明，劳动就它表现为价值而论，也不再具有它作为使用价值的创造者所具有的那些特征。"① 恩格斯在他的一篇文章中把马克思对劳动二重性的分析看做"马克思最细致的分析之一"②。

商品生产者劳动的二重性，在自身的基础上具有劳动力即这种劳动的承担者的双重职能，它只有在商品生产条件下才具有这种特殊规定性。一方面，劳动力是社会生产力的一个最重要因素。在这方面，它的职能即劳动是作为有用的、合乎目的的活动，同时表现为人类对周围自然界的积极关系（具体劳动），而且在这里就把具体劳动参加者的关系包含在总体工人的范围内了，因为这个范围具有他们与自然界关系总和的性质。另一方面，劳动力同时又是社会生产关系所必需的主体。在这方面，劳动力的劳动是最重要的社会关系的承担者，是特殊的社会生产关系（抽象劳动）。

这就是说，商品生产者劳动的二重性本身含有商品生产方式即资本主义生产方式一切矛盾的基础、发端因素。因此，充满资本主义经济的商品使用价值和价值从而具体劳动和抽象劳动的对立，是这个生产方式的生产力和生产关系在自己基础上的对抗性矛盾的一个主要表现形式。

在社会发展的各个历史阶段上，劳动一方面表现为有目的的有用劳动形式，另一方面表现为人的体力和脑力的消耗，表现为"劳动一般"。但是，只有在商品生产条件下，这种二重性才具有特殊的历史形式，表现为具体劳动和抽象劳动。

---

① 《马克思恩格斯文集》第5卷，北京：人民出版社2009年版，第54页。
② 《马克思恩格斯文集》第23卷，北京：人民出版社1965年版，第273页。

有用劳动被称为这样的劳动，它发挥作用的结果是使用价值。这样的劳动是以"它的目的、操作方式、对象、手段和结果"① 为特征的。虽然这里使用"劳动"范畴，但实际上指的仅仅是劳动的一个方面，即它的有一定目的的有用形式，从质的方面说明劳动的特征。可以满足人们多种需要的使用价值的质的差别，是质上不同种类的有用劳动的产物。劳动作为使用价值的源泉，作为有用劳动，"是不以一切社会形式为转移的人类生存条件，是……永恒的自然必然性"②。

劳动的另一方面是人类劳动力即人的脑、肌肉、神经等等的支出，它被看做是不以这种劳动耗费的有用形式为转移的。这是生理学意义上的劳动耗费。它首先从劳动的量的方面说明劳动的特征。但是，既然它被看做是不以劳动的有目的的有用形式为转移的，那么，这种耗费就表现为"劳动一般"。在商品生产条件下，恰恰是劳动的这个方面采取抽象劳动的形式。③

商品生产者劳动的二重性，是他们的劳动的私人形式和社会内容之间的矛盾发展的结果。商品生产者的劳动直接表现为他们的私人劳动。所生产的使用价值的性质、使用价值的数量、单位使用价值的劳动耗费，这一切都表现为私人商品生产者个人的事情。但是实际上，这样的劳动是社会劳动分工链条中的一定环节，劳动的社会性质是由私人商品生产者的劳动应当以满足一定（数量和质量）的社会需要为目标，并随着社会需要的发展而发展决定的。在劳动的私人形式和它的隐蔽的社会内容之间的矛盾的条件下，劳动只有在劳动的社会内容取得外部表现形式的情况下才能发挥作用。马克思写道："因此，**私人劳动**应该直接表现为它的对立面，即**社会**劳动；这种转化了的劳动，作为私人劳动的直接对立面，是**抽象的一般劳动**，这种抽象的一般劳动因此也表现为某种一般等价物。"④

---

① 《马克思恩格斯文集》第 5 卷，北京：人民出版社 2009 年版，第 55 页。
② 同上书，第 56 页。
③ 同上书，第 90—91 页。
④ 《马克思恩格斯全集》第 26 卷（下），北京：人民出版社 1974 年版，第 146 页。

劳动的私人形式和隐蔽的社会内容之间的矛盾，通过这种方式显示为具体劳动和抽象劳动之间的矛盾。

随着商品生产的产生和发展，"生产者的私人劳动真正取得了二重的社会性质。"① 这一点在如下两个方面表现出来：一方面，作为有用劳动的某些形式，在日益增加的多种形式上表现为自然扩大了的社会劳动分工体系的环节的作用；另一方面，它们应当服从于生产者本身通过交换形式满足日益增加的多种多样的个人消费需要和生产消费需要。劳动的社会分工越发达，商品交换就越扩大，就越来越全面地抽去了劳动的具体形式。劳动也就越来越转化为抽象劳动，在谈到高度的劳动社会分工的商品生产的社会时，马克思写道："这里，劳动不仅在范畴上，而且在现实中都成了创造财富一般的手段，它不再是同具有某种特殊性的个人结合在一起的规定了。"② 在这种条件下，商品生产者的私人劳动实际上转化为意义等同的社会抽象劳动。因此，高度的劳动社会分工是具体劳动简化为抽象劳动的一个主要前提条件。马克思写道："……最一般的抽象总只是产生在最丰富的具体发展的场合……"③

可见，随着商品生产的出现，生产者的劳动取得了二重性质：一方面，它表现为社会有用的具体劳动；另一方面，它表现为抽象劳动，它显示出不同种劳动的社会等同性。

"完全不同的劳动所以能够相等，只是因为它们的实际差别已被抽去，它们已被化成它们作为人类劳动力的耗费、作为抽象的人类劳动所具有的共同性质。"④

同时，马克思着重指出，抽象劳动不是"单纯的逻辑"范畴，不是抽去劳动的具体有用性质的逻辑程序的产物。这个范畴反映了具体劳动简化为抽象劳动的实际过程，这一过程是在商品货币关系条件下发生的。马克思写道："这种简化表现为一种抽象，然而这是社会生产过程

---

① 《马克思恩格斯文集》第5卷，北京：人民出版社2009年版，第90页。
② 《马克思恩格斯全集》第30卷，北京：人民出版社1995年版，第46页。
③ 同上书，第45页。
④ 《马克思恩格斯文集》第5卷，北京：人民出版社2009年版，第91页。

中每天都在进行的抽象。"① 因此，这是一种实际的抽象，它表现为在商品交换过程中抽去劳动质的差别并揭示一切商品的共同实质即抽象一般人类劳动的实际过程。马克思指出，"商品交换关系的明显特点，正在于抽去商品的使用价值。"② "劳动产品只是在它们的交换中，才取得一种社会等同的价值对象性，这种对象性是与它们的感觉上各不相同的使用对象性相分离的。"③

这种抽象的现实性还表现为抽象劳动在数量上是商品生产者的平均的、标准的劳动。马克思写道："一般人类劳动这个抽象**存在**于平均劳动中，这是一定社会中每个平常人所能完成的劳动……"④ 抽象劳动的这个方面反映着现实中不断进行的个人劳动的个别数量和质量差别的抽象。

抽象劳动的现实性表现在商品界划分为体现使用价值（具体劳动）的普通商品和体现价值（抽象劳动）的货币上。一种普通商品执行一般等价物的职能，虽然是局部的、暂时的，但不可以证明这不是使用价值的完全抽象，在这样的条件下，还没有从执行一般等价物作用的商品身上抽去劳动的特征。货币产生的事实本身，货币的本质特征、货币的属性都是抽象劳动的形成过程、抽象劳动的本质和属性的反映。货币就是抽象劳动的物化。货币的现实性就是抽象劳动的现实性。

这些情况要求划清一般劳动（即不管劳动耗费的具体形式而用于产品生产上的体力劳动和脑力劳动的耗费）和抽象劳动的区别。劳动一般是社会存在和发展的永恒条件，而只有在一定条件下，即在商品生产条件下，它才转化为抽象劳动。

马克思在《资本论》第一卷中说明抽象劳动是生理学意义上的人类劳动力的支出时，他指的是商品生产条件，在商品生产条件下

---

① 《马克思恩格斯全集》第 31 卷，北京：人民出版社 1998 年版，第 423 页。
② 《马克思恩格斯文集》第 5 卷，北京：人民出版社 2009 年版，第 50 页。
③ 同上书，第 90 页。
④ 《马克思恩格斯全集》第 31 卷，北京：人民出版社 1998 年版，第 423 页。

劳动一般转化为抽象劳动。然而这是在劳动一般开始执行交换关系的尺度、交换关系调节器的作用时发生的。因此，抽象劳动是劳动一般的特殊历史形式。这种特殊历史形式是劳动一般在商品生产条件下取得的，这时用于商品生产的劳动耗费表现为经济关系天然尺度的作用。

商品生产者劳动的另一方面即具体劳动，这种表明劳动质的规定性的有目的的有用劳动形式是什么呢？

具体劳动和抽象劳动一样，也是商品生产所固有的特殊范畴吗？能不能说，商品生产者的劳动的一个方面（抽象劳动）是与产品的商品形式相联系的劳动的特殊社会形式，同时这种劳动的另外一个方面，虽然与前一个方面处于辩证统一之中并与它同时发展，却可以具有另外一种非商品形式呢？我们认为，应当区别具体劳动的两个方面：第一，由社会生产的商品形式产生的这种劳动的特殊历史形式；第二，具体劳动生产的使用价值的属性，以及由劳动的有目的的有用形式的性质所决定的具体劳动的内容。

具体劳动不只是为满足需要而生产有用产品。它生产商品的使用价值，只有在这种商品的价值能够实现，即转化为货币的情况下才能成为社会使用价值。众所周知，作为价值承担者的社会使用价值，就本身的社会性质来说是一种社会历史现象。体现在商品中的使用价值不是被商品生产者，而是为其他人所公认的使用价值。马克思写道："因此，使用价值——作为'商品'的使用价值——本身具有特殊的历史性质。"[①]然而，大家知道，使用价值的源泉正是具体劳动。作为特殊历史形式的具体劳动可以在这样一种使用价值的生产上被耗费，例如在货币的生产上被耗费，因为这种使用价值正是由生产的商品形式实现的。在非商品生产条件下，不存在劳动耗费的这种形式。

在其他情况下，劳动是在一种具体形式上被耗费的，这种形式是由商品形式强加的，归根到底是资本主义生产形式强加的，资本主义各国

[①] 《马克思恩格斯全集》第19卷，北京：人民出版社1963年版，第413页。

赝品泛滥的事实就是它的鲜明例证。追求最大限度的利润有时会造成商品质量的人为下降，使用价格或者贬低（如产品使用期限缩短），或者完全被破坏（如冒牌葡萄酒）。有目的的有用劳动形式，一方面要求社会使用价值具有某种确定的形式，另一方面在伪造商品的情况下转化为由该伪造品用途所决定的具体劳动的特殊形式，这种伪造品往往与这种使用价值没有任何共同点，可是资本主义形式却硬要生产这种伪造品。当代资本主义条件下扩大武器的生产并不是偶然的。武器具有一种特殊的使用价值。这种使用价值正好是由资本主义生产形式对社会生产过程的影响而产生的。在这种情况下，资本主义的商品生产形式不是专用于满足人民需要和以发展生产力为目标，而是专用于破坏生产力。

某种使用价值在技术上可以用不同的方法生产出来。其中"榨取血汗的科学制度"是资本主义生产形式对有用劳动发生影响的结果。它不仅极大地强化了劳动，而且使它具有阉割劳动内容的具体形式。劳动变成了单调重复的纯机械性操作。每一种操作很少与由所生产的使用价值的性质决定的劳动有共同之点。但是，难道工人的有用劳动形式被简化为毫无内容的、单调重复的操作是由使用价值的性质造成的吗？这是在资本主义生产形式的影响下有用劳动变形为商品生产者的具体劳动的一个典型例子，在资本主义生产形式下，劳动服从于保证最大限度利润的目的。

劳动对资本的实际隶属产生和发展的过程，也包括有用劳动到具体劳动的变形，这种变形是由资本主义商品生产的性质决定的，并且使工人变成了局部工具，机器的附属物。劳动对资本的实际隶属并不是偶然地与劳动生产力、具体劳动效率的提高联系在一起的。

因此，如果抽象劳动是劳动一般的社会形式（不论是体力劳动，还是脑力劳动的耗费形式），那么有用劳动就具有一定的社会历史形式，因为商品生产者劳动的有用性质本身要受到劳动借以进行的那种社会关系的影响，而且会使有用劳动转化为具体劳动。

大家知道，商品的使用价值只是作为社会生产关系的表现形式，或者作为影响社会生产关系的因素，才成为政治经济学的研究对象（作为价值表现形式的使用价值，作为创造价值的能力的劳动力的使用价值，劳动工具和劳动对象的使用价值，因为资本的技术构成取决于使用价值，技术构成又对价值构成发生影响）。在谈到政治经济学时，马克思写道："只有当使用价值本身是形式规定的时候，它才属于后者的研究范围。"① 然而被看做商品的物理、化学、美学及其他属性总和的使用价值是商品学的研究对象。准确地说，只是就其社会性质来说创造使用价值的劳动才是政治经济学的研究对象。有目的的有用劳动本身是应用科学、技术科学的对象。而政治经济学的对象仅仅是人类劳动的社会形式。

在当代条件下，由于科学技术革命、国家垄断资本主义的发展、社会分工急剧进步的影响，无论在具体劳动方面，还是在抽象劳动方面，都发生了许多重大变化。由于新的生产形式和工艺过程的发展、非机械性材料即核能、激光设备、宇宙火箭技术、电子计算机、计算控制装置等等在工艺过程中的运用，出现了大量新的、以前不曾有过的职业、具体劳动形式，而且许多旧职业正在消失。同时，劳动力的熟练程度也在大大提高，这也是发生变化的具体劳动的一个特征。在抽象劳动方面，最重要的变化首先是工人的脑力、心理和神经的耗费强度以及工人劳动的复杂程度都大大提高了。劳动复杂程度的提高终归是工人熟练程度的提高，它可以表现为训练不同等级劳动力的平均年数的增加。例如在美国，训练非熟练工人的平均年数仅仅在 26 年内就从 1948 年的 8 年增加到 1974 年的 11.4 年，即增加了 42.5%。而在这个时期内，训练半熟练工人的平均年数则从 9.1 年增加到 12 年，而训练熟练工人和能手则从 9.7 年增加到 12.3 年。②

尤其是这些资料证明，在当代条件下，美国非熟练工人比不到 25 年以前的行家和熟练工人具有高得多的教育水平。如果训练前者的平均年数 1974 年为 11.4 年，那么训练后者的平均年数 1948 年只有 9.7 年，

---

① 《马克思恩格斯全集》第 31 卷，北京：人民出版社 1998 年版，第 420 页。
② 〔美〕《总统人力报告》（英文版）1975 年，第 269 页。

即多训练1.7年或17%。同时,还应当注意到教育过程的内容的复杂化,而不仅仅是它的持续时间的增加。

生产过程的复杂性,由劳动复杂程度决定的生产过程的科学消耗量的提高,还表现为科学技术人员在劳动力构成中比重的增加。例如在美国,1930年自然科学家和工程师在总劳动力中的比重是0.6%,而到1972年便增加到2%,即增加了2.3倍(预测1985年将增加到2.2%)。在这一时期内,技术员在劳动力构成中的比例从0.04%增加到1.26%,即在上述42年内增加了31.5倍(预测1985年将增加到1.5%)。①

在当代资本主义条件下,劳动二重性发展的另一种趋势是,由于劳动的创造性内容被阉割、工人变成了机器的附属物、失业时间的延长及其他一些原因,造成了劳动力的非熟练化过程。例如,完全失业者竟达2110万人,或者说占劳动力的22.7%同时,26.6%的人在这一年内失业达两次或两次以上,而46.5%的人一年内再次失业达三次或更多。②相当大部分的美国失业者长时间没有工作。1975年,119.3万人有27周或更多的时间没有工作。1976年这个指标是133.6万人,而1977年则是105.5万人。③当然,半年的失业不能不造成劳动力的非熟练化和劳动力复杂程度的相应降低。这方面,平均失业待续时间的延长也会起作用。如果50年代美国的平均失业持续时间是10.31周,那么,60年代这个指标就延长到了11.74周,70年代(从1970年到1978年底)则延长到11.98周。④

但是,上述过程丝毫也没有改变当代资本主义条件下劳动二重性的社会经济实质,因为后者可以反映深刻的阶级对抗,这种对抗是这个历史过渡性社会所特有的。

---

① 参见:H. H. 伊凡诺夫:《科学技术革命和劳动力构成问题》,莫斯科1978年俄文版,第56页。
② 《每月劳工评论》(英文版),1976年第11期,第50页;〔美〕《总统经济报告》(英文版)1976年,第196页;1977年,第218页。
③ 〔美〕《总统经济报告》(英文版)1976年,第219页。
④ 同上。

(三) 马克思的先驱者著作中的劳动二重性问题

马克思在 1868 年 1 月 8 日给恩格斯的信中指出:"经济学家们毫无例外地都忽略了这样一个简单的事实:既然商品是二重物——使用价值和交换价值,那么,体现在商品中的劳动也必然具有二重性……"① 马克思指出,不理解劳动的二重性,分析资本主义商品生产现象的方法,使古典学派的理论家们在没有考虑到劳动的二重性,而以劳动本身为根据的同时,碰到了"不能解释的现象"②。用这些观点实际上不能真正科学地解决任何一个政治经济学问题。

然而,正是马克思的先驱者们第一次遇到了劳动二重性问题,他们提出了作为价值源泉的劳动的特征问题。但他们得出了错误的结论,认为某种具体的劳动形式(开采金银的劳动、农业劳动等等)是价值的源泉。但是,这种解释使他们无意中把作为价值源泉的劳动和作为使用价值源泉的劳动区别开了。马克思指出:在资产阶级政治经济学的早期发展阶段上,"价值实体被认为是一定的具体劳动,而不是抽象劳动及其尺度即劳动时间"③。

马克思揭示出劳动的二重性,结束了整整一个半世纪以来,从威廉·配第开始到大卫·李嘉图为止的资产阶级经济学古典学派对商品生产的研究,同时这也是马克思在政治经济学中完成革命性变革的一个极其重要的组成部分。马克思写道:"把商品归结于二重形式的劳动,即把使用价值归结于实在劳动或合乎目的的生产活动,把交换价值归结于劳动时间或相同的社会劳动,是古典政治经济学一个半世纪以上的研究得出的批判性的最后成果……"④

然而,资产阶级的局限性阻碍古典学派科学地解决这个问题。众所周知,古典学派没有进一步把商品的价值归结为耗费在商品生产上的劳

---

① 《马克思恩格斯文集》第 10 卷,北京:人民出版社 2009 年版,第 276 页。
② 同上。
③ 《马克思恩格斯全集》第 26 卷(上),北京:人民出版社 1972 年版,第 22 页。
④ 《马克思恩格斯全集》第 31 卷,北京:人民出版社 1998 年版,第 445 页。

动，而且没有把商品的价值归结为作为反映人类"自然本性"的劳动一般，没有归结为人类生命力（脑力和体力）的耗费，即没有归结为生理学意义上的劳动。古典学派在这个领域中的最高成就就是劳动作为价值源泉的结论和作为价值量尺度的劳动时间的结论。马克思写道："……政治经济学曾经分析了价值和价值量（虽然不充分），揭示了这些形式所掩盖的内容。但它甚至从来也没有提出过这样的问题：为什么这一内容采取这种形式呢？为什么劳动表现为价值，用劳动时间计算的劳动量表现为劳动产品的价值量呢？"①

作为劳动的特殊社会形式的、表明商品生产条件特征的价值，从资产阶级古典政治经济学观点看来是根本不清楚的。马克思在谈到古典学派时说："……恰恰是古典政治经济学的最优秀的代表人物，像亚·斯密和李嘉图，把价值形式看成一种完全无关紧要的东西或在商品本性之外存在的东西。"② 同时，这个问题还具有特殊的方法论意义，因为不弄清价值是一般人类劳动的特殊历史形式，各种更发达的资本主义形式（不仅商品、货币的形式，而且资本，作为商品的劳动力形式等等）就仍然是没有得到阐明的。这也使古典学派不能对资本主义生产关系的全部总和作出真正的科学分析。马克思写道："劳动产品的价值形式是资产阶级生产方式的最抽象的、但也是最一般的形式，这就使资产阶级生产方式成为一种特殊的社会生产类型，因而同时具有历史的特征。"③ 由于资产阶级古典政治经济学陷入了资本主义永恒性和非过渡性的教条，古典学派也就不能发现劳动的这种特殊历史形式即劳动产品的价值形式的社会本质了。这个事实可以说明许多问题。

如果像看待生产的永恒形式那样来看待资产阶级生产方式，那么，不论是理解所研究的那些经济过程的社会本质，还是理解说明这个生产方式的这些经济过程性质的特殊形式就必然被取消，而这些对于这个生产方式来说是很典型的。

---

① 《马克思恩格斯文集》第5卷，北京：人民出版社2009年版，第98页。
② 同上书，第98页，注32。
③ 同上。

资产阶级古典学派的代表人物对商品关系的分析带有明显的片面性。在数量方法的影响下，他们把自己的注意力集中在价值问题、劳动一般上，因而，尽管没有揭示作为劳动一般的特殊历史形式的抽象劳动，但毕竟研究了与抽象劳动有关的问题的这个方面。然而，作为具有特殊理论意义的具体劳动问题，古典学派都完全视而不见。马克思写道："至于价值本身，古典政治经济学在任何地方也没有明确地和十分有意识地把体现为价值的劳动同体现为产品使用价值的劳动区分开。当然，古典政治经济学事实上是这样区分的，因为它有时从量的方面，有时从质的方面来考察劳动。但是，它从来没有意识到，劳动的纯粹量的差别是以它们的质的统一或等同为前提的，因而是以它有化为抽象人类劳动为前提的。"①

　　但是，对待"劳动一般"范畴的态度决不是一下子产生的。提出生产商品价值的劳动特征问题的第一个经济学家，是17世纪后半叶的英国经济学家威廉·配第。对这个问题，他的观点是模棱两可的。一方面，在重商主义的影响下，他认为只有开采金银的劳动，也就是具体劳动的这种特殊形式，才是商品价值的源泉。另一方面，他也表述了这样一个思想，即商品的价值要由"等同的劳动"来度量，不同劳动形式在这里没有任何意义。在劳动一般范畴方面迈出的这重要一步，是与威廉·配第从劳动分工的观点把社会总和劳动看做某种统一体联系在一起的。但是，把商品生产解释为永恒现象，使配第不可能发现劳动一般和抽象劳动之间的区别。马克思在谈到配第时指出："……他的例子显然证明，认识了劳动是物质财富的源泉，并不排除不了解那种使劳动成为交换价值的源泉的特定社会形式。"②

　　劳动一般范畴的下一个发展阶段，是与重农学说，即18世纪后半叶的法国资产阶级古典政治经济学派联系在一起的。重农学派虽然把商品的价值与使用价值混为一谈了，也就是把抽象劳动的产物与具体劳动的产物混淆在一起了，但是，他们仍然在把劳动解释为价值的源泉方面做出了一些

---

① 《马克思恩格斯文集》第5卷，北京：人民出版社2009年版，第98页，注31。
② 《马克思恩格斯全集》第31卷，北京：人民出版社1998年版，第447页。

重要贡献。第一，在同重商主义斗争时，他们千方百计地使用金银，相应地使开采金银耗费的劳动声誉扫地。现在这种具体劳动形式已不再被看做价值的源泉；第二，重农学派在否定重商主义关于财富是在流通领域产生的论题时，把研究这个问题的中心转移到了生产领域。然而，由于一系列历史和社会原因，他们对这个问题的解释是有很大局限性的，他们把生产完全理解为农业生产，结果这就把他们引上了错误观点，这种错误观点在方法论上接近于威廉·配第所维护的错误观点。和配第一样，重农学派也认为财富（包括财富的价值形式）的源泉是具体劳动的特殊形式，但不是开采贵金属的具体劳动的特殊形式，而是从事农业生产的劳动。

亚·斯密对这个问题的理解要深刻得多。他认为，商品价值的源泉是任何一个物质生产部门的劳动，正如马克思所指出的，这"大大地前进了一步"。① 在把用于整个社会的劳动看做是部门劳动分工的一定体系时，亚·斯密非常接近劳动一般的范畴，与其说他抽象掉了具体劳动，不如说他抽象掉了具体劳动的部门特征。但是，在亚·斯密经济观点十分矛盾的体系中，毕竟没有完全排除掉后者。由于重农学派的影响，亚·斯密认为，劳动越是有效率，就与自然界的自然力联系得越密切。因此，在把任何一个物质生产部门的劳动看做是价值源泉时，亚·斯密仍然认为，农业劳动是比较有效率的劳动，采掘工业部门的劳动效率较低，加工工业部门的劳动效率更低。

亚·斯密整个理论体系的二重性秘密（众所周知，就全部理论范畴来说，在他那里至少有两种不同的解释）在于：亚·斯密虽然没有区分具体劳动和抽象劳动，但是，他或者从具体劳动的观点，或者从抽象劳动的观点，直观地考察了资本主义商品经济的经济现象，自然会得出各种不同的结果，并且，把它们混为一谈了（因为他不是自觉地区分劳动的这两个方面）。马克思列举了亚·斯密这类迷雾的许多例子。亚·斯密混淆社会年产品价值和年新创造价值，并由此从产品价值中抽去耗费在产品生产上的不变资本价值，是与马克思指出的"没有区分劳动本身

---

① 《马克思恩格斯全集》第30卷，北京：人民出版社1995年版，第45页。

的二重性……"① 联系在一起的。

在马克思以前的全部文献中，大卫·李嘉图提供了作为价值源泉的劳动的最明显特征，因为他完全摆脱了部门特征来考察这样的劳动。不仅如此，大卫·李嘉图还经常发现具体劳动过程和抽象劳动过程的区别。与亚·斯密相比，他较少地把商品价值和使用价值混为一谈。亚·斯密认为"价值"这个词具有两个不同的涵义。② 大卫·李嘉图得出了正确的结论：没有使用价值的商品也就丧失了价值。但这并不是说，好像商品的价值是由它的使用价值来计量的："……效用对于交换价值说来虽是绝对不可缺少的，但却不能成为交换价值的尺度。"③ 在批判萨伊断言除了人的劳动之外，"自然要素"即太阳、空气等等也是商品价值的源泉时，大卫·李嘉图指出："……这些自然要素尽管会大大增加商品的使用价值，但是从来不会使商品增加……交换价值。"④ 在这里，大卫·李嘉图实际上阐明了创造使用价值的因素和生产新价值的因素之间的区别。资产阶级科学政治经济学的最杰出代表人物大卫·李嘉图向庸俗经济学创始人萨伊提出了深刻的责难："萨伊先生始终忽视了使用价值和交换价值之间有根本的区别"⑤，因为混淆具体劳动的过程和现象与抽象劳动的过程和现象，恰恰是庸俗经济理论的根本标志。

然而，李嘉图在任何地方也没有自觉地区分开作为价值源泉的劳动和作为使用价值源泉的劳动。马克思指出："在李嘉图那里，到处都把表现在使用价值上的劳动同表现在交换价值上的劳动混淆起来。"⑥ 不仅如此，李嘉图把资本主义商品生产看做是社会劳动的永恒自然形式，他未能区分劳动一般和抽象劳动。

在马克思以前的时代，黑格尔在《法哲学》一书中最接近于划清

---

① 《马克思恩格斯文集》第6卷，北京：人民出版社2009年版，第418页。
② 参见：亚当·斯密：《国民财富的性质和原因的研究》（上），北京：商务印书馆1981年版，第25页。
③ 《李嘉图著作和通信集》第1卷，北京：商务印书馆1981年版，第7页。
④ 同上书，第243页。
⑤ 同上。
⑥ 《马克思恩格斯全集》第26卷（下），北京：人民出版社1974年版，第149页。

劳动一般和具体劳动范畴的界限。在谈到一个人的体力和智力的特殊技能暂时让渡给另一个人的可能性时,黑格尔写道:"如果我把我的由于劳动而具体化的全部时间和我的全部生产活动都让渡给别人,那么,我就把这种活动的实体、我的普遍的活动和现实性、我的人身,变成别人的财产了。"① 但是在这里,劳动的二重性并不是引起商品生产形式存在的历史现象,而是劳动的自然属性的表现。劳动一般("一般劳动")和具体劳动的范畴,在黑格尔那里多半是逻辑范畴,而不是经济范畴。可见,黑格尔在区分抽象劳动和具体劳动,揭示它们的社会经济实质方面没有迈出关键性的一步。这个问题被马克思出色地解决了,他在整个政治经济学体系的最重要一章中详细地研究了劳动二重性学说。

马克思把劳动的二重性解释为科学地研究资本主义的"枢纽",就像从这种解释的实质本身所看到的那样,这种解释是以生产在资本主义的经济现象和经济过程的整个体系中的决定作用为出发点的。然而,为商品拜物教所统治的西方经济学家却企图把自己对经济过程的理解妄加给马克思。在美国经济学家 R. 罗伯特斯和 M. 斯蒂文森合著的《马克思的交换、让渡和危机理论》一书中,强调指出:"交换在马克思对一般社会机体、特别是对资本主义社会的分析中的核心作用。"②

马克思的劳动二重性学说是理解一切资本主义经济问题的枢纽,不只是因为这个学说是作为科学分析资本主义的基础的劳动价值理论的一个组成部分。劳动价值理论还有许多其他组成部分。但是无论其中哪一个部分都不像劳动二重性学说那样起着如此突出的方法论作用。问题在于,正是这一学说提供了一把揭示资产阶级经济的"经济细胞"的内在本质(商品的本质)的钥匙。这一学说可以阐明商品的二重性、暴露商品的使用价值和价值在它们的历史发展过程中的矛盾,揭示商品价值的构成,揭示由于生产力和劳动强度的变化而发生的使用价值和价值的变动,揭示商品拜物教的秘密,揭示价值对使用价值的支配,等等。

---

① 《马克思恩格斯文集》第 5 卷,北京:人民出版社 2009 年版,第 196 页,注 40。
② 《经济文献杂志》(英文版),1976 年第 14 卷,第 1 期,第 73 页。

因而，劳动二重性学说对商品的内部对立和商品的各种发展规律给予了科学分析，就是说，它规定了揭示资本主义生产方式规律性的科学方法。

在资本主义生产关系的体系中，商品关系在历史上是资本主义生产关系的发端形式，同时又是一般形式。正因为如此，马克思认为劳动二重性学说是"理解政治经济学"的枢纽。因此，对资本主义生产方式的科学分析，必须以揭示具有商品性质的资本主义一切经济过程的二重性为前提。

正是劳动二重性学说的这一特征，使马克思能够在政治经济学史上第一次解决了这样一个极为复杂的课题，它最早是由把劳动价值料作为分析资本主义经济的基础的大卫·李嘉图提出的，但他远远没有解决这个问题，马克思第一次解决了这个课题，把资本主义经济现象迷人的外部表现的全部多样性，归结为它们的内在基础，即劳动决定价值，归结为资本主义的客观经济规律体系。

三　〔德〕罗尔夫·赫克尔:《关于价值形式的若干问题》[①]

I

在本文中我们要考察一下马克思分析价值形式的若干问题。首先，需要我们回答的问题是，为什么在《资本论》第一卷的第一版中存在着关于价值形式的两次论述（第一章正文中有论述，另外卷末又有一个《附录》）。要科学地解释这个问题，不能只是限于说明历史事实，而且还要涉及《资本论》方法论问题的积极研究成果的讨论。

大家知道，马克思特别注意价值形式的分析，并且把《资本论》中关于价值形式的阐述看做巨大的科学成果。他写道："古典政治经济

---

① 本文原题为《马克思〈资本论〉第一版中价值形式的若干问题》，原载民主德国《马丁·路德大学学报》1979 年第 8 期，马今译，《马列主义研究资料》1983 年第 4 辑，第 8—22 页。

学的根本缺点之一,就是它始终不能从商品的分析,而特别是商品价值的分析中,发现那种正是使价值成为交换价值的价值形式。恰恰是古典政治经济学的最优秀的代表人物,像亚·斯密和李嘉图,把价值形式看成一种完全无关紧要的东西或在商品本性之外存在的东西。"①

关于正式着手分析价值形式问题,马克思在1867年6月22日致恩格斯的信中写道:"在第一次的论述(由敦克尔出版的)中,只是当价值表现已经以发展的形式即作为货币表现出现时,我才对**价值表现**作应有的分析,从而避免了阐述中的困难。"② 因此,马克思认为,他直到《资本论》第一版以前,并没有分析价值形式。当然,无论是在《大纲》中还是在《政治经济学批判》中,都涉及了价值形式问题,不过马克思没有使用价值形式这个概念本身。在《大纲》中,我们可以找到下面这样的接近于分析价值形式的事实:"作为价值,每一种商品都可以等分;在它的自然存在中,它却不是这样。作为价值,商品无论经历多少形态变化和具有多少存在形式,都保持不变。"③ 这里,马克思在1857年就已表明,必须把一种商品的价值形式和自然形式分开,价值能够经历各种不同的存在形式而不发生改变。在《政治经济学批判》(1859年)中,马克思把价值形式问题概括为:"**这一个别商品**的交换价值,只有在一切其他商品的使用价值成为它的等价物的无限多个等式中,才充分表现出来。它只有在这些等式的总和中,或者说,只有在一种商品同每种别的商品交换的各种不同比例的总体中,才充分表现为一般等价物。"④ 可见,马克思在这一著作中研究了完成形态中的货币形式。在1861—1863年经济学手稿中,当马克思批判贝利的经济观点时,把这个问题的解决又向前推进了。

在《资本论》德文第一版中,我们可以看到对价值形式的第一次详细的分析。马克思在第一版序言中指出,恰恰这一部分是新的,而对

---

① 《马克思恩格斯文集》第5卷,北京:人民出版社2009年版,第98—99页,注32。
② 《马克思恩格斯文集》第10卷,北京:人民出版社2009年版,第264页。
③ 《马克思恩格斯全集》第30卷,北京:人民出版社1995年版,第90页。
④ 《马克思恩格斯全集》第31卷,北京:人民出版社1998年版,第431页。

价值实体和价值量的分析,已经把论述改进了,并且尽可能地做到了通俗易懂。① 因此,马克思事先指出,这一部分是不易理解的,当然,他是针对"那些想学到一些新东西、因而愿意自己思考的读者"② 说的。同时,关于价值形式的这一部分,也是在第一卷付印前恩格斯、库格曼和马克思之间交换意见所谈论的问题。恩格斯和库格曼都曾向马克思指出,这一部分论述不好理解,要求他加以改进,要多分一些小节和多加一些小标题,"可以把这里用辩证法获得的东西,从历史上稍微详细地加以证实",以便"用历史方法向庸人证明货币形成的必然性并表明货币形成的过程"。③ 马克思回答恩格斯说:"至于对**价值形式**的阐述,我是既接受了你的建议,又没有接受你的建议,因为我想在这方面也采取辩证的态度。这就是说:第一,我写了一篇附录,把这个问题尽可能简单地和尽可能教科书式地加以叙述,第二,根据你的建议,把每一个阐述上的段落都变成**章节**等等,**分别加上特有的小标题**。另外,我在序言中告诉那些'**不懂辩证法的**'读者,要他们跳过 x-y 页去读附录。"④

这样,就造成了一种特殊的情况:在第一版中既在第一章的正文中又在特殊的《附录》中两次论述了价值形式。这种双重的论述,也是库格曼建议的结果。库格曼曾劝告马克思说:"大多数读者需要有一个关于价值形式的更带讲义性的补充说明。"⑤

当然,这样的叙述形式要求马克思在 1872 年出第二版时重新加以改写。这时,马克思首先从附录中的叙述出发。他为了论述这一部分,进行了大量的工作,这可以由遗留下来的一些手稿得到证明。这些手稿表明,马克思在内容上和文字上都对第二版中的论述进行了加工。

最终的论述,就是今天我们从《马克思恩格斯全集》第 32 卷所看

---

① 《马克思恩格斯文集》第 5 卷,北京:人民出版社 2009 年版,第 7 页。
② 同上书,第 8 页。
③ 《马克思恩格斯文集》第 10 卷,北京:人民出版社 2009 年版,第 260 页。
④ 同上书,第 263 页。
⑤ 《马克思恩格斯文集》第 5 卷,北京:人民出版社 2009 年版,第 14 页。

到的那些内容。然而第一版中原来的两种论述仍然保持着自己的意义，研究第一版的这些论述，既可以加深我们对价值形式的正确理解，也可以加深我们对马克思的方法的理解。

II

一些时期以来，马克思列宁主义的哲学和政治经济学著作中，都进行着关于某些方法论问题的讨论，这些问题是同《资本论》第一卷第一篇相联系的。第一个问题就是第一篇的研究对象问题。占统治地位的意见是，马克思研究的是简单商品生产的历史发展过程。但是，最近时期以来，出现了一系列著作，这些著作不同意上述的看法，并且认为马克思把资本主义生产的商品的简单流通放在了剩余价值理论的分析之前。

第二个问题，是《资本论》中商品价值形式分析方面历史和逻辑的关系。叶尔玛柯娃提出了这个问题的很有意思的方面，她指出，当学生们从研读《资本论》转入学习教科书时，或者从学习教科书转入研读《资本论》时，会发现人们深入理解马克思的方法时存在着差别："……在分析简单价值形式时，《资本论》中和高等学校的教科书中所举的例子是有区别的。值得指出的是，在政治经济学教科书中，甚至举了这样的例子：'1把斧子＝20公斤谷物'（《政治经济学教科书。社会主义以前的生产方式》，N. A. 查格洛夫主编）；（从上下文的联系可以看出，这里指的不是普通的斧子，而是石斧，然而人们根本弄不清楚的是，这种交换究竟是在什么时候进行的。因为当'公斤'成为重量单位的时候，石斧早就进博物馆了），'……拥有石斧的人用石斧换一头羊'（《政治经济学。资本主义生产方式》，鲁缅采夫主编）……在这里，恰好说明所谈论的是什么斧子。"[①] 在德意志民主共和国的政治经济学教科书中（H. 李希特主编）则是这样写的："简单价值形式是在

---

① 叶尔马珂娃：《马克思〈资本论〉分析商品价值时的逻辑和历史》，《哲学》杂志1977年莫斯科版第2期，第38页。

历史上出现的，当时生产力发展程度比较低，交换，首先是原始社会中不同共同体之间的交换，还带有偶然性。"① 由于这个例子的关系，又产生了第三个问题，就是在通俗性的叙述中，能不能做出这样的历史的、和《资本论》中的叙述不同的解释。马克思对通俗地阐述他的理论究竟持什么态度？

在对提出的这些问题进行回答的时候，应当以列宁的著名论断为依据："马克思在《资本论》中首先分析资产阶级社会（商品社会）里最简单、最普通、最基本、最常见、最平凡、碰到过亿万次的**关系**：商品交换。这一分析从这个最简单的现象中（从资产阶级社会的这个"细胞"中）揭示出现代社会的**一切**矛盾（或**一切**矛盾的萌芽）。往后的叙述向我们表明这些矛盾和这个社会——在这个社会的各个部分的总和中、从这个社会的开始到终结——的发展（**既是**生长又是**运动**）。"②

《资本论》中的叙述从商品开始，通过交换过程作媒介，进到资本的生产过程。而且，商品是以它作为资本主义生产的产品为前提的。产品必须先变成商品，才能通过交换关系变成另一产品。由此也就必然得出"碰到过亿万次的关系：商品交换"。于是出现了以所有者的身份来同这些商品进行交换的人。普拉霍特娜亚由此认为，"当这些人在《资本论》中刚出现的时候，生产当事人的面貌还不确定。关于他们，只能说他们是商品所有者——抽象的买者和抽象的卖者。只有当他们表现为价值自行增殖的当事人时，他们的规定才表现出来。"③

因此，马克思开始时阐述的单个商品，是"庞大的商品堆积"的元素，从而被称为资本主义生产方式的元素形式。马克思得出结论，商品中体现着使用价值和交换价值。重要的是应该指出，马克思把交换价值作为商品中进一步研究的一个方面，而把使用价值作为专门学科即商品学的研究对象。使用价值形成交换价值的物质承担者。交换价值始终

---

① 《资本主义和社会主义政治经济学》1974年柏林版第71页。
② 《列宁全集》第55卷，北京：人民出版社1990年版，第307页。
③ 普拉霍特娜亚：《资本主义生产的当事人和他们的经济利益》，《莫斯科大学学报》（经济学）1975年莫斯科版第6期，第14页。

表示两个商品之间一定的量的关系。如我们抽掉物质外壳而考察单个商品，那么这就是价值。交换价值是价值的表现形式。后来（1880年）马克思在批判瓦格纳《政治经济学教科书》时写道："交换价值只是包含在商品中的**价值**的'表现形式'，独立的表达方式。"①

接着，马克思分析了物化在商品中的劳动的二重性。但他不是把这看做商品生产的过程，而是辩证地从商品的二重性得出劳动的二重性。劳动过程只是在《资本论》第3篇的开端才成为研究的对象。马克思在1861—1863年手稿中**一针见血地指出**："商品概念本身，即商品**价值**，不包含作为过程的劳动；作为过程的劳动实际上是价值的实体和尺度，而不是价值。"② 他在另一个地方写道："为了阐明资本的概念，必须从价值出发，并从已经在流通运动中发展起来的交换价值出发，而不是从劳动出发。"③ 从马克思的这些重要的论述可以知道，范畴的发展必然来源于它们相适应的形式，而不是来源于它们实体的基础。在我们看来，这点意味着发展不是由作为过程的劳动造成的，而是由在流通中展开的价值造成的。对此沃尔夫冈·杨曾断言："一般价值概念必须首先在简单流通的抽象领域里展开，以便在下一抽象阶段（即在货币转化为资本的条件下）证明，剩余价值的产生符合一般价值规律。"④

为了说明阐述资本生产过程的前提，马克思在1861—1863年手稿中特别强调指出："在研究资本时重要的是要牢牢地记住：作为我们出发点的唯一的前提，即唯一的材料，是商品流通和货币流通，是商品和货币，而个人只是作为商品所有者相对立。第二个前提……只是等价物相交换。"⑤ 因此，切森就毫无根据地认为，马克思在《资本论》第一

---

① 《马克思恩格斯全集》第19卷，北京：人民出版社1963年版，第412页。
② 《马克思恩格斯全集》第47卷，北京：人民出版社1979年版，第614页。
③ 同上书，第15—16页。
④ 沃尔夫冈·杨：《关于价值规律的变形问题》，《马丁·路德大学学报》1978年哈雷版第4期，第87—88页。
⑤ 《马克思恩格斯全集》第47卷，北京：人民出版社1979年版，第31页。

篇中研究的是简单商品生产。① 其他一些人也曾这样主张。

概括起来说，我们可以得出马克思价值分析的四个重要方面：

（一）通过社会必要的抽象劳动来研究价值**实体**及其定义。

（二）价值量取决于商品中包含的形成价值的实体的量。

（三）通过商品价值中以抽象的物化的形式存在的资本主义生产关系，来阐明**本质**。不仅在开始时，特别是在研究商品中体现的劳动的二重性时，采用这种分析，而且在揭示商品拜物教和分析剩余价值时也采用这种分析。

（四）在确定价值实体和价值量以后，马克思转而分析形式，即分析价值形式或交换价值。

Ⅲ

上面已经指出，在马列主义的著作中广泛流行的说法是，《资本论》中价值形式的叙述是商品和货币研究的历史例证。这种看法符合那些把第一篇中的简单商品生产看做资本主义商品生产的历史前驱的研究人员的主张。例如，切森 1964 年就曾写道，简单的或偶然的价值形式"符合于刚刚产生交换的历史发展阶段。大家都知道，商品交换远在原始社会解体时期就产生了"。② 看来，这也是对价值形式进行通俗化解释的最好形式。但这样的阐述要求对商品生产和商品交换的实际历史事实做出分析。但这样做是值得怀疑的，因为远在五千多年以前，巴比伦、亚述、埃及和腓尼基已经把金当做货币来使用了。在这些地方，当原始社会过渡到奴隶社会的时候，已经存在着使金表现为货币商品的条件。因此，在《资本论》中是找不到这样的分析的。现在让我们更详细地考察一下马克思对价值形式的分析吧。

首先提出这样一个问题：马克思所理解的**形式**是什么？在《资本论》刚一开始，就出现了商品形式、价值形式、货币形式这一类的概念。例如，

---

① 切森：《历史地研究发达的社会主义的生产关系体系》，《经济科学》1975 年莫斯科版第 6 期，第 18 页。

② 切森：《〈资本论〉中商品货币理论问题》1964 年莫斯科版第 123 页。

马克思把商品说成是"庞大的商品堆积"的元素形式。这里谈的是商品包括进商品堆中,是元素包括进整体联系中。在马克思看来,形式既应理解为研究对象的结构,又应理解为外在的东西,本质的表现。

马克思在第三节《价值形式或交换价值》中所要研究的是货币形式的起源。货币是商品的独立化的一般价值形式,它作为交换手段促使元素(商品)包括进整体联系中(商品生产的商品堆积中)。在开始分析价值形式时,马克思部分地向懂得辩证法的读者写道,第一个或简单的价值形式分析起来是困难的,因为它是简单的。在脚注中马克思提示说:"这种形式在某种程度上是细胞形式,或者像黑格尔所说的,是货币的自在。"① 由此可见,马克思在这一节中并不是研究各种**形式**,而是研究**价值形式**,也就是说,从商品的交换价值出发,阐述货币的本质。"货币不是物,而是价值的一定的形式,因而又以价值为前提。"②格鲁波夫斯基也得出结论说,"价值形式的分析是一个体系",并且表明"商品价值以怎样的方式表现在交换价值上,从而是交换价值的内容"。③

在《资本论》德文第一版的附录中,马克思谈到了价值形式和商品形式之间的关系:"自然形式上的劳动产品,就是**使用价值的形式**。因此,劳动产品要再具有**价值形式**,它就会具有商品形式,也就是说,**会表现为使用价值和交换价值的对立的统一**。可见,价值形式的发展是同商品形式的发展一致的。"④ 因此,如果说商品形式和价值形式之间没有内容上的区别,那么马克思在附录中从形式上把它们区分开来,例如,当他表明内部发展时,他就说"价值形式",而当谈到同货币形式的对立时,就谈"商品形式"。这样,商品和货币之间的自然区别以及它们价值上的联系就变得明显了。

---

① 马克思:《资本论》(德文1867年第1版)第1卷,北京:经济科学出版社1987年版,第11页。
② 《马克思恩格斯文集》第7卷,北京:人民出版社2009年版,第977页。
③ 格鲁波夫斯基:《〈资本论〉德文第一版中的价值形式》,《白俄罗斯大学学报》1977年明斯克版第3辑第2期,第59页。
④ 《马克思恩格斯全集》第49卷,北京:人民出版社1982年版,第164—165页。

在第一版中，在分析价值形式时是这样说的："首先，我们重新回到商品价值的第一个**表现形式**。"① 这也就是决定马克思从价值（交换价值的本质）过渡到交换价值（价值的表现形式）的场所。这种过渡的客观起源是商品中所体现的价值和使用价值的矛盾统一。特罗涅夫把发展描写如下："价值作为同具体劳动相对立的抽象劳动的扬弃，不仅是对立，而且是矛盾。它在自身中隐蔽地潜在也是使用价值，因此，作为使用价值的商品转化为价值，只能通过对另一使用价值的关系，即只能在交换价值中实现。"② 可见，马克思的这一步不单纯是"回到商品价值的第一个表现形式"，而是按照从抽象上升到具体的方法进到更高的抽象阶段。也就是说，把价值形式的分析辩证地包括进第一章，并且成为第一章研究对象的组成部分。

马克思所进行的是探讨"商品价值关系中包含的价值表现，怎样从最简单的最不显眼的样子一直发展到炫目的货币形式"③。马克思在第二版中首次提出的这个任务同第一版的下列说法有很大的不同："如果我们知道使用价值和交换价值是什么，我们就会发现，第一种形式是使任何劳动产品，例如麻布，表现为**商品**，即表现为**使用价值和交换价值的对立统一**的最简单、最不发展的方式，同时我们也就很容易看出……简单的商品形式，为获得它的成的形态……即为获得货币形式所必须经过的一系列形态变化。"④

简单的价值形式表现为一种商品同任何另一商品的最简单的关系，例如 X 量商品麻布 = Y 量商品上衣。在这上面，多种多样的资本主义商品货币关系还原为简单的买卖关系：W—G—W。这一循环分裂为 W—G 和 G—W 两个行为。每一个行为都表现两个商品的简单关系，例如麻布和金的关系。因此，这里涉及的是货币形式的最简单表现：X 量商品

---

① 马克思：《资本论》（德文 1867 年第 1 版）第 1 卷，北京：经济科学出版社 1987 年版，第 9 页。

② 特罗涅夫：《马克思关于价值、价值实体和价值形式的学说》，《莫斯科大学学报》1978 年莫斯科版（经济）第 5 期，第 71 页。

③ 《马克思恩格斯文集》第 7 卷，北京：人民出版社 2009 年版，第 62 页。

④ 《马克思恩格斯全集》第 49 卷，北京：人民出版社 1982 年版，第 176 页。

A = 2 镑。如果我们用任何另一商品来代替 2 镑，即代替金作为货币商品的货币形式，那么我们就得到同货币形式完全相符合的简单价值关系，即价值的最简单的表现：X 量商品 A = Y 量商品 B。可见，最后这个公式无非是，资本主义制度下实际存在的货币形式还原为它的元素的抽象的关系。马克思把这种演绎表现出来的思路在第一版的附录中归纳地描述如下："如果我们用'20 码麻布 = 2 镑'……来代替'20 码麻布 = 1 件上衣'……那么，一眼就可以看出，**货币形式无非就是商品的简单价值形式的进一步发展**，从而是**劳动产品的简单商品形式的进一步发展的形态**。因为货币形式不过是**发展了的商品形式**，所以它显然是从**简单商品形式**产生出来的。"①

马克思在简单的商品形式上，首先研究价值表现的两极，即相对价值形式和等价形式的统一和对立。其结果在于："与一个商品的简单相对价值形式相适应的，是一个商品的个别等价形式。或者说，被用来表现价值的那个商品，在这里只是作为个别等价物起作用。所以，在麻布的相对价值表现中，上衣只是对麻布这一种商品来说，具有等价形式或能直接交换的形式。"②

简单价值形式的等式必然意味着 X 量商品 A 可以表现在不同商品上。"因此，麻布的完全的相对价值表现，实际上不是一个个个别相对价值表现，而是它的简单相对价值表现的总和。"③ 这就是总和的或扩大的价值形式：X 量商品 A = Y 量商品 B = Z 量商品 C = 其他等等。这个等式倒转过来，就导致相反的第三种形式或一般价值形式。"相对价值形式现在具有一个完全变化了的形态。一切商品的价值的表现：第一，是简单的，也就是表现在唯一的其他商品体上；第二，是统一的，也就是表现在同一的其他商品体上。"④ 从这第三种形式只需要再走一步：如果我们用货币商品代替 X 量商品 A，我们就得到货币形式。这

---

① 《马克思恩格斯全集》第 49 卷，北京：人民出版社 1982 年版，第 165 页。
② 同上书，第 165—166 页。
③ 同上书，第 166 页。
④ 同上书，第 169—170 页。

样，马克思指出，简单商品形式就是货币形式的秘密。"决定性的重要之点是要发现价值形式、价值实体和价值量之间的内在必然联系，也就是从观念上说，要证明价值形式产生于价值概念。"①

把第一版中的两种论述加以对比，可以得出如下结论：

（1）在马克思推荐给"懂得辩证法的"读者读的第一章的那一部分正文里，价值形式是较强烈地从商品的内在矛盾中发展而来的。施克列多夫把这叫做"把总交换过程的客观矛盾反映在外部表现上"的发展。②

（2）虽然恩格斯曾劝马克思设置历史性的附录，但是马克思没有从商品生产史或货币史来举例子。他在附录中放弃了主要正文中大量存在的所有涉及黑格尔的说明，"讲义式地"叙述了价值形式。

（3）从特征方面来说，我们也可以像施克列多夫一样指出主要正文中没有论述"货币形式"，马克思只是说"第四种形式"，并且把一般价值形式叫做"相反的或倒转过来的第二种相对价值形式"。

《资本论》第二版中价值形式叙述的进一步发展表明，马克思根本改变了上述这种情况。列昂节夫认为，马克思"把第一版中收入第一章的材料同书后的附录有机地结合在一起了"③。这样的主张需要详加说明这样一个方面，就是把正文加以比较可以证明，马克思完全实现了恩格斯的劝告，并且采用了更带讲义性的叙述方式，以便帮助读者克服开头的困难。而且他没有首先强调过渡的辩证性和"黑格尔的表达方式"。在这方面可以再一次引证我们上面所说的那些手稿。这些手稿表明，马克思在设法表述这一节时，首先是从附录的论述出发的。

上述论述的区别表明，马克思在叙述价值形式时用从抽象上升到具体的方法作为基础。因此，托马斯断言："《资本论》的叙述是**逻辑的**，也就是说，不是从资本主义的历史起源开始，例如从原始积累开始。"④

---

① 马克思：《资本论》（德文 1867 年第 1 版）第 1 卷，北京：经济科学出版社 1987 年版，第 32 页。
② 施克列多夫：《〈资本论〉第一版中价值形式的研究》，《莫斯科大学学报》1976 年莫斯科版第 6 期（哲学），第 23 页。
③ 列昂节夫：《恩格斯和马克思主义的经济学说》，1970 年柏林版第 291 页。
④ 托马斯：《唯物辩证法的世界观和方法论问题》，1976 年柏林版第 155 页。

历史发展不是研究的对象，这已由马克思在《资本论》中提出的任务表明了。马克思说："我要在本书研究的，是资本主义生产方式以及和它相适应的生产关系和交换关系。"① 在这个意义上，当然，主要正文中对价值形式的论述更有说服力，因为矛盾是辩证运动的主要动力这一点更为明显。简单的或偶然的价值形式实现了黑格尔的要求，就是抽象必然拥有使自己进一步发展的动力。

还可以引用沃尔夫冈·杨批判科甘时提出的论据。这个论据就是，第一篇"抽象掉了全部资本主义生产关系"。② 这也适用于价值形式。如果让价值形式脱离开这全部关系，并且还硬说这涉及的是商品交换的历史的阐述，那就是不理解这一抽象阶段。

当然，价值形式的辩证论述方式并不能得出结论说，马克思没有分析资本的历史。这样的研究是关于资本主义生产方式形成和发展的认识过程的必要组成部分。因此，也应当懂得马克思关于区分研究方法和叙述方法的意见。在这个基础上，波克鲁坦写道："在《资本论》的逻辑模式上所表现出来的历史方式，代表资本主义生产方式本身历史的特征，也就是资本主义作为已经形成的经济结构的发展，这种发展再现出这种经济结构产生的条件和前提。"③

虽然马克思为"不懂辩证法的"读者写了《附录》，并且在《资本论》的以后各版中改变了论述，但这并没有改变他所采用的辩证方法。

IV

然而，价值形式的通俗论述又是怎样的呢？

关于《资本论》的第一批通俗论述著作的内容，马克思1870年7月29日致卡菲埃罗的信中写道："这两本书都有一个毛病：虽然它们想对《资本论》作一个简明通俗的概述，但同时却过于学究式地拘泥于

---

① 《马克思恩格斯文集》第5卷，北京：人民出版社2009年版，第8页。
② 沃尔夫冈·杨：《关于价值规律的变形问题》，《马丁·路德大学学报》1978年哈雷版第4期，第87—88页。
③ 波克鲁坦：《社会主义经济理论的历史和逻辑》，1978年莫斯科版第18页。

叙述上的科学**形式**。我觉得，由于这种毛病他们没有完全达到自己的主要目的，即对公众产生影响。"① 在另外的著作中，经济学获得了庸俗经济学的内容，例如，莫斯特的小册子就是如此。因此，马克思1875年对这一著作做了修改，并且在叙述中听从恩格斯的建议，用历史方式表明在辩证的道路上所取得的成果。

关于价值形式的那部分论述，——开始这样说的："价值形式是从交换中并同产品交换一起逐渐发展起来的。"产品交换的前提是生产完全用于满足自己的需要。因此，交换带有偶然性，例如"用兽皮换盐"。

从外表上看，这符合简单的或偶然的价值形式。但马克思没有使用这一概念。当一个部落向另一个部落提供一种产品，用来换取各种别的产品时，就发生交换的较高一级的形式。马克思把这种交换关系倒转过来，而不是通过反映较长的历史过程，就过渡到了下一个形式。这样就有了一般等价物，它充当所有其他商品的"共同的价值表现"。"换句话说，在产品交换的这一范围内，兽皮成为货币"，随着商品交换的发展，货币的作用落到贵金属身上。

可见，马克思把价值形式的历史形成看做不同质的交换形式的更替序列。价值和使用价值之间矛盾的发展在历史发展中是通过产品交换转化为商品交换来进行的。不同质的交换形式表现为它们传播范围的量的扩大。从这一角度出发，切普连科区分了交换形式的三个发展阶段："（1）交换很少发生和只在有剩余物的领域发生；（2）交换经常进行，但限于较小的范围；（3）交换全面展开并具有普遍的性质。"② 这就必定会支持施克列多夫所得出的结论："因为交换处于萌芽状态，产品刚刚开始才获得交换价值的属性，所以在这样客观基础上不可能找到马克思在分析简单价值形式时所指出的那一切要素。要想在原始社会就找到

---

① 《马克思恩格斯文集》第10卷，北京：人民出版社2009年版，第438页。
② 切普连科：《马克思修改过的约·莫斯特小册子〈资本和劳动〉中关于价值形式问题的论述》，《马列主义研究资料》1982年第6辑，第18页。

这里存在的丰富内容和形式,是不可能的。"① 正是由于这个原因,马克思在修改莫斯特的通俗小册子时,没有使用《资本论》中众所周知的术语去形容论述价值形式时的抽象阶段。由此可见,马克思并不把历史的叙述方式和逻辑的叙述方式看做是一回事。马克思对通俗解释的态度已经由分析价值形式的例子说明了。现在我们可以对论述资本主义的政治经济学教科书中价值形式的叙述得出相应的结论了。

四 〔德〕弗·彼特里:《马克思的价值理论的社会内容》②

(一) [社会生产关系]

马克思认为,经济理论的范畴应当表明社会的关系。这一点的前提是已经有了社会的概念。因此,马克思是怎样理解社会的呢?"人们在生产中不仅仅同自然界发生关系。他们如果不以一定方式结合起来共同活动和互相交换其活动,便不能进行生产。为了进行生产,人们便发生一定的联系和关系,只有在这些社会联系和社会关系的范围内,才会有他们对自然界的关系,才会有生产……生产关系总合起来就构成为所谓社会关系,构成为所谓社会……"③ 在这里,我们接触到了**社会生产关系**的基本概念。在讨论这个基本概念时,因为我们完全略去了把这个基本概念置于唯物主义历史观的中心地位的联系,即略去了生产关系一方面表现为受劳动生产力的发展所制约,另一方面使劳动生产力的发展表现为社会生活的最终起决定作用的原因的那些联系,我们的研究是有局限性的。在这里,我们只是讨论社会生产关系的概念包含什么,它同价

---

① 施克列多夫:《〈资本论〉第一版中价值形式的研究》,《莫斯科大学学报》1976年莫斯科版第6期(哲学),第26页。

② 本节选自是弗·彼特里(1889—1915)写的博士论文的第一章,收在联邦德国努青格和沃福斯泰特编《马克思主义理论和对它的考证》一书,本文带 [ ] 的标题均为原编者所加。卢晓萍译,《马列主义研究资料》1985年第3辑,第51—77页。

③ 《马克思恩格斯全集》第6卷,北京:人民出版社1961年版,第486页。

值概念有什么联系。

首先，社会生产关系从形式的关系来说，不是作为**客体**的人们之间的关系，而是作为自由规定目标的主体的人们之间的关系。因此，社会生产关系所表现的不是物之间或作为外部世界的客体的人们之间的实际因果关系，而是被看做主体的人们之间的一种观念上的联系，即彼此自由的活动范围的某种互相的限制和联系。社会生产关系从形式的关系来说，应当被看做权利关系的典型，而不是实际从属关系的典型。从把人看做主体出发，人和人的劳动贡献对于所有其他生产资料来说就是某种完全不同的东西；这进一步导致了马克思的论点，即从社会的分析来看，只有人的劳动才是价值的源泉，而从自然科学的、技术的角度来看，配第的论点是适用的：即"劳动是财富之父，土地是财富之母"。

马克思在物质上把"社会生产关系"理解为什么呢？在这里，重要的是弄清它同**纯技术的**生产过程，即劳动过程的区别。劳动过程包括以下要素：（1）有目的的活动，即劳动本身；（2）劳动对象；（3）劳动资料。原料、辅助材料、工具等生产的物的条件，总之生产资料在这里起着纯技术的作用。而从人们在劳动过程中的共同作用来考察，无论是简单协作，还是劳动分工，这完全属于技术范围。局部工人之间的关系，即表现为一个复杂的有分肢的总机体的各组成部分之间的关系，还不是社会生产关系。因此，我们把生产过程理解为社会的过程，并不是去考察个体作为共同起作用的局部工人为了生产一个整体即有使用价值的产品而互相发生的关系。这正是**斯密**对分工的理解方法，因而在斯密看来，社会内部的分工同工厂内部的分工自然是一回事，后者不过是前者的微观形式。我们只有考察同技术差别并存的**实际的、权利的结构**，即诸如生产资料、土地等生产的物的条件在社会的成员中间的分配，和由此产生的单个生产当事人的特殊的社会职能，才能真正从社会的意义上理解有分工的生产过程。所以，劳动、生产资料和土地，不是按照它们在**技术性**的劳动过程中所发挥的作用，而是按照它们的社会意义，才表现为作为唯一的占有物的雇佣劳动，资本和地产在一定的社会阶级之间的分配，才表现为生产的、一定的结构的基础。现在，我们在这里有了确定社会生产关系这一概念的基础：**即通过劳动过程的技术条件的实际的权利的分配而加入有分工的生产过程的人们之间的特殊的社会关系。**

如果我们静止地考察社会生产关系，那么，它仅仅包括涉及生产的物的条件的特定的财产分配。然而，马克思的考察方法的特点是，从社会再生产过程的流和运动中引申出经济范畴的特征。因此，一定的分配关系是与生产关系相适应的，这个分配关系就是生产关系的反面。"所谓的分配关系，是同生产过程的历史地规定的特殊社会形式，以及人们在他们的人类生活的再生产过程中相互所处的关系相适应的，并且是由这些形式和关系产生的。这些分配关系的历史性质就是生产关系的历史性质，分配关系不过表现生产关系的一个方面"①，因此，如果说分配关系包括在生产关系之中，那么，它甚至是生产关系的最重要的，并且表明特征的因素。人们在生产中互相联系的方式方法表现在他们分配产品的方式方法。**马克思**说："所以，曾通过生产的特定社会组成部分理解现代生产，并且主要是生产的经济学家的**李嘉图**，同样不去说明生产，而是说明**分配**这一现代经济学的真正主题。"

综上所述：马克思认为，政治经济学的范畴是社会生产关系在理论上的表现。但是，社会生产关系是作为主体的人与人之间的关系，即人们在有分工的生产过程中作为权利主体互相联系的方式方法，亦即人的自由活动的范围互相限制和互为条件的方式方法；生产内部这种观念上的关系包含分配关系，并在分配关系中得到了最确定的表现，这种分配关系只是"从另一种观点来看"的生产关系。

（二）［社会生产关系和权利关系］

对社会生产关系的分析似乎主要是对支配着经济生活的现存的权利关系的分析。要弄清社会组织的种类，弄清生产共同体的实质，似乎只要对特定时期调节经济生活的法律、习惯法和其他法进行分类就行了。

---

① 《马克思恩格斯文集》第 7 卷，北京：人民出版社 2009 年版，第 999—1000 页。

如果这是马克思的见解，那么，他同**什塔姆列尔**的观点就差不多了，按照这种观点，一切社会的考察都必须以外部调节的形式为条件。这样一来，社会的研究实际上无非是什塔姆列尔在他的社会经济现象的分类学中描述的对"经济现象"的分类以及数字统计。①

然而，马克思远不是没有实现什塔姆列尔的要求，或者不像**什塔姆列尔**所谴责马克思的，他仅仅停留在半道上，**马克思事实上大大超过了什塔姆列尔**。权利关系和生产关系不是一回事，社会的分析是要揭示纯粹形式的权利关系所掩盖的社会的关系联系的层次，这是马克思的最重要观点之一，他对资本主义的生产过程所作的全部社会分析都是以此为基础的。从这个意义上，马克思反对**蒲鲁东**说："蒲鲁东实际上所谈的是现存的**现代资产阶级财产**。这种财产是什么？——对这一问题，只能通过对'**政治经济学**'的批判性分析来回答，这种批判性分析对**财产关系**的总和，不是从它们的**法律**表现上即作为**意志关系**来把握，而是从它们的现实形态上即作为**生产关系**来把握。"②

但是，这并不是始终这样的。**马克思**为了进行对比，曾列举了历史上其他社会组织的例子：原始的共产主义公社，中世纪的人身依附关系，以及想象中的"使用公共的生产资料进行劳动并**自觉地**把自己的个人劳动作为社会的劳动力全部奉献出来的自由人联合体"。尽管所有这些社会组织彼此有各种差别，但它们不同于资产阶级的商品生产的社会的特点是，在这些社会组织中，人们在生产过程中相互间的联系，他们的活动范围的界限，他们在参与生产的结果方面即在**分配**中表现出来的支配和从属关系，都是**自觉调节**的。在这里，个人在生产中的社会地位在权利规定中得到了直接的表现。生产关系和权利关系完全是一回事——在商品生产的"资产阶级"社会中却不同。随着法国革命及共造成的影响，极严密地统治着封建的生产方式下的经济生活的所有那些复杂的权利构成都被废除了。**私有制**和作为私有制补充的**个人**自由成了

---

① 什塔姆列尔：《经济和法律》第252页及以下几页。
② 《马克思恩格斯文集》第3卷，北京：人民出版社2009年版，第18页。

新的资产阶级社会组织借以建立的基本法律制度。然而，这样一来，人们的共同的社会生活的每一种直接调节都取消了，极周密地规定的固定的权利秩序被代之以**间接的调节**，按照什塔姆列尔的绝妙说法，就是用"长长的绳索"调节；社会组织按照各自的利益和私人意志分裂为无数原子，这些原子不是按照事先确定的计划，而是通过私人的、为自身利益服务的交易合同和契约互相发生联系。自由和私有制的纯粹形式上的、其进一步的活动受到限制的权利原则，只有通过在其中反映各个人的个人利益的方法，才在具体内容上得以实现。对这种权利制度的无组织性的研究是一个空白，而马克思把理论政治经济学的这个特殊研究范围确立为一门社会科学，填补了这个空白。

私有制和个人自由的完全抽象的、不包括**实证的**制度的原则的权利原则，是通过实际发展的形式得到补充的。这种形式通过大量契约关系使私有制和个人自由具有了私人的、由他们互相利益所支配的个别意志。如果把以各种各样的法律的契约形式实现的这种私人的交换协定作为私有制和个人自由的一般权利标准的应用，那么，这个交换协定表现为法律上的意志关系，表现为**权利关系**；在这种研究方法中，**什塔姆列尔**要求每一种社会考察都是对作为一种受外部调节的现象的考察。可是，这种考察方法完全是形式上的，不能说明**超出权利这个词本身意义上**①的现象。确切些说，这是由于个人利益在非实证的、抽象的权利制度内的实际作用对人们之间的关系会发生实际的调节，这种关系虽然不是自觉的，然而是**实际存在**的，就像在中世纪一样，生产过程的公开的法律制度，包括了超出抽象的权利范畴的特定的社会关系。

在抽象的无组织的权利制度的广泛范围内发展起来的人们贴切地称之为"事实上的权利"② 就是马克思称谓的社会生产关系。**因此，权利**

---

① 参看史盘（《经济和社会》第153及以下几页）对什塔姆列尔的批判："……在一定能够明显表现权利和支配关系的实现的特点的广阔生动范围内总是有一些现象，从原则上讲，认识这些现象根本不可能是认识权利关系，因为认识权利关系同样就是认识权利关系的实现及其实现的特点"；不过史盘没有从中得出这样的结论，即认识原因仍然是认识这个事实的过程的唯一可能的方法。

② 卡尔纳：《法律制度的社会作用》第36页。

关系和社会生产关系在自由竞争的资产阶级社会中不是一回事，这些关系包括从不同角度来看的同一社会现象；从社会生产关系的角度来看，权利关系和社会生产关系理解为抽象标准的应用，理解为具体的权利关系，理解为特定的、由私人利益的作用确定的社会关系。

虽然这里只涉及马克思的全部思想的一个特殊部分，即研究的方法，实际上就是马克思研究"经济基础"时采用的方法，并且，我们有意识地撇开一切同唯物史观有关的问题，但是，由于要把权利关系和生产关系区别开来，我们自然要简单地说一下关于唯物史观的争论，也就是这样一个问题：在**马克思**那里，"经济基础"的结构中已经在多大程度上包含法律的因素，并且按照我们的理解是否会同"法律的上层建筑"的理论发生矛盾。哈马舍尔①认为生产关系的概念包含超出技术关系之外的法律的内容，生产关系"同时已经包括一定的财产关系"。与哈马舍尔这一无疑是很不明确的解释相反，存在着另一种看法，它正如**迪耳**②批判哈马舍尔的著作时所说的："如果**马克思**真正把生产关系同财产关系等同起来，那么，全部统一性，我是想说他的历史哲学的特性，就被丢弃了。同样，整个社会生活不应归诸于一个统一的原则，而是两个原则，即技术原则和法律原则，而后必然提出一个问题：财产和技术一样，也应该是最后起决定作用的因素——但这是怎样产生的呢？"我们对**马克思**的认识与这两种看法都有联系，因为，我们的认识采取了中间的态度；技术仍然是最后决定的因素，社会的和社会生产关系的发展同这个因素的发展相联系；就这一方面而言，这里说的是"不以人的意志为转移的必然的"生产关系。但是，生产关系本身作为**社会**生活的特定的形式严格区别于技术性的基础。生产关系作为社会范畴包括一定的权利关系，而就上述意义而言，又严格区别于就其狭义而言的权利关系，即作为进入社会意识的、调节经济生活的、被概括为法律体系的权利规范。这些权利规范被**马克思**理解为"法律的上层建筑"。"为了使

---

① 哈马舍尔：《马克思主义政治经济学体系》第 161—166 页。
② 《康拉德年鉴》第 XL 卷第 110—111 页。

这些物作为商品彼此发生关系，商品监护人必须作为有自己的意志体现在这些物中的人彼此发生关系，因此，一方只有符合另一方的意志，就是说每一方只有通过双方共同一致的意志行为，才能让渡自己的商品，占有别人的商品。可见，他们必须彼此承认对方是私有者。这种具有契约形式的（不管这种契约是不是用法律固定下来的）法的关系，是一种反映着经济关系的意志关系。这种法的关系或意志关系的内容是由这种经济关系本身决定的。"① 可见，权利关系和生产关系的差别是**马克思**关于法律的上层建筑理论的基础，尽管它们作为权利关系**在形式**上具有同一种性质，但是我们研究的是两种截然分开的复合现象。

（三）［作为社会生产关系的劳动关系］

我们看到，马克思想在政治经济学范畴内说明社会生产关系，这些社会生产关系按**形式**的结构来说，表现为作为**权利主体**的人之间的关系即社会关系，但是，这种关系在**物质**上是同作为调节社会的抽象的法律规范的实施的权利关系相区别的。因此，我们就掌握了使我们能详细考察**马克思**的价值概念结构的要素。因为价值概念就是这种总的方法论的基本思想的一种应用，当然是一种最重要的应用。

马克思的价值学说同古典经济学和从古典经济学继承下来的关于使用价值和交换价值的对立有着密切的联系。但是，对于古典经济学来说，这是需要作出不同解释的两种经验现象的差别，而对**马克思**来说，这成了**考察方法**的对立。在人们加在事物本身上的对立转变为考察方式、方法的对立中，**马克思**继承了德国唯心主义哲学的传统。因此，如果人们把马克思的价值学说仅仅看做是**李嘉图**价值理论的继续和完美的

---

① 《马克思恩格斯文集》第 5 卷，北京：人民出版社 2009 年版，第 103 页。参看《马克思恩格斯文集》第 5 卷，北京：人民出版社 2009 年版，第 379 页："这种经济交易作为当事人的意志行为，作为他们的共同意志的表示，作为可以由国家强加给立约双方的契约，表现在法律形式上，这些法律形式作为单纯的形式，是不能决定这个内容本身的。这些形式只是表示这个内容。"

实现（**马克思**本人确实给人造成这种印象），那么，他们就不能正确看待马克思的价值学说。如果**马克思**觉得自己就是**李嘉图**的继承者和实现者，那么，这是用马克思主义解释的**李嘉图**，马克思通过他自己特有的生活经历完成了李嘉图的概念和范畴。确切地说，**李嘉图**和**马克思**之间存在着德国唯心主义哲学。**李嘉图**的思想来源于自然科学，而**马克思**的价值学说，尽管它看起来是自然主义的，却反映了认识社会生活的方法上的明显变化。

总的来说，在认识价值理论的任务的方法上的这种变化中有一点是清楚的，即**马克思**的价值理论中包含着**从概念出发**的因素，人们必须理解这些因素，才能掌握马克思的价值理论的特点。人们可以把涉及价值概念的方法论结构的那些问题的实质，作为质的价值问题，同组成交换价值量的那些经验的问题的**量**的价值问题进行比较。虽然**马克思**指出了区别质的和量的价值问题本身的方法，但还不能说，马克思在《资本论》中就清楚地区别了这两种价值问题。在《资本论》第一卷第一章中，先验的结构与经验的论证有密切的联系，先验的结构正如它还将进一步表现的那样，关系到质的价值问题，经验的论证关系到量的价值问题。分别论述这两个问题，将有助于弄清这一章中的疑难之处，特别是有助于认识《资本论》第一卷与第三卷的关系。

首先，我们按照**马克思**的思想提出**质**的价值问题，也就是说，我们按照方法论的出发点，即某种程度上按照先验的价值理论提出问题：交换过程（不管用什么样的法律的契约形式进行，交换过程总是可以实现的）在以私有财产和个人自由为基础的劳动分工的社会内部不仅是个体经济的分散的偶然的补充；交换已经成了正常的社会的过程，交换是社会再生产过程的必要的因素。交换只有在分解成原子的社会中发生确定的媒介功能，而不是"课桌上进行的例如鹅毛管和邮票的偶然的交换"，[①] 才能是价值理论的对象，因为，只有在这种与生产的那些条件密切联系的交换中，客观的规律性才能实现。

---

① 希法亭：《新时代》第 23 期第 1 页。

首先，进入交换过程的产品，从其可感觉的、自然的方面看，表现为**使用价值**，表现为有用的物，这些物按照一定的、与本身的自然属性相符的量在交易中互相交换。因此，交换价值关系首先表现为量的关系，即各种使用价值可以相互交换的量的关系。如果人们在交换价值关系中看到的仅仅是这样一种**使用价值**的交换，那么，这个关系就被理解为享用产品的人和产品之间的可感觉的、自然的关系，而不是理解为**作为权利的主体的人之间**通过交换发生的**社会关系**。主观价值理论只看到彼此交换的产品的使用价值，局限于纯粹物的因果联系，只看到交换是孤立的**生理**主体得到满足情况的变换或增加；因而，它不是把交换关系理解为社会生产关系，而是理解为自然的**物的**联系。与此相反，马克思明确地说明了自己的观点："不论财富的社会形式如何，使用价值总是构成财富的内容，而这个内容最初同这种形式无关。我们从小麦的滋味中尝不出种植小麦的人是谁，是俄国的农奴，法国的小农，还是英国的资本家。使用价值虽然是社会需要的对象，因而处在社会联系之中，但是并不反映任何社会生产关系……同经济的形式规定像这样无关的使用价值，就是说，作为使用价值的使用价值，不属于政治经济学的研究范围。"① **马克思**仅仅否认使用价值是对交换进行经济分析的目的和目标，而决不是把使用价值完全排除在经济的因果研究之外。

因而，从马克思的观点来看，否认主观价值理论不是对既定事实的较正确的分析提出"**反驳**"和疑问，而是马克思自始就持一种完全不同的观点，要求一种原则上不同的研究方法：交换关系不能被理解为**生理**主体之间的**物**的关系，只能被理解为权利主体之间的社会关系。

但是，怎样把这个表现为物品互相的量的关系的交换关系理解为**社会生产关系**，理解为**人们**之间的关系呢？在这里，我们碰到了决定性的问题，在这个问题上显露出劳动作为价值尺度的原则中的先验的东西；产品作为使用价值，首先不过是具有甜、硬、软等等客观属性的自然的物，但是，作为人类劳动的产品而言，则是"可感觉的而又超感觉的

---

① 《马克思恩格斯全集》第 31 卷，北京：人民出版社 1998 年版，第 420 页。

物",这里超感觉的是指人作为有意志的主体与客观的可感觉的世界相对立。这是独特的提法,特殊的价值符号,是用德国唯心主义的哲学用语来表达作为有意志的主体的人同客体的自然相对立,在这里,马克思冲破了时常被自然主义掩盖的客体自然的形式,而赋予**李嘉图**的劳动价值论以完全新的、特有的生命。在作为劳动产品的使用价值中,体现了人的个性,谁占有了通过迂回的途径归结为财产的那种使用价值,就间接地支配了人类活动的产品,从而支配人本身①。

我们看到,在把马克思在政治经济学的范畴中提出的对社会生产关系的这种理解运用于研究交换价值时,直接推导出**劳动**作为价值的原则。如果研究经济关系的基本原则是弄清在社会的权利意识中通过私人利益的作用而发生的并正在实现的"事实上的权利关系",是弄清在物物交换中确定的具体的社会关系,那么,就不应该把眼光放在五光十色的商品体的物质外表上;商品作为使用价值只是一种自然物,不管怎样把它颠来倒去,人们从商品的使用价值上是弄不清它的社会意义的。**唯一**能使商品被当做社会关系的承担者和社会关系的表现的属性是商品作为**劳动产品**的属性。因为,我们不再是从消费的角度,而是从生产的角度,把作为劳动产品的商品视为物化了的人的活动,因而它在经历迂回的流通过程时的命运,实际上是被商品遮掩了的、在生产中降低为商品的人的命运。②

这就是**马克思**关于**经济关系拜物教**的基本理论的内容,经济关系的最简单和基本的形式就是商品拜物教,也就是简单的交换价值关系的拜物教。人在物质生产过程中相互发生的**社会联系**,隐蔽在具体的使用价

---

① 从下段引文可以看出,马克思把用于物质生产的劳动看做是对伦理个性的吸取:"在劳动强度和劳动生产力已定的情况下,劳动在一切有劳动能力的社会成员之间分配得越平均……社会工作日中用于物质生产的必要部分就越小,从而用于个人的自由活动,脑力活动和社会活动的时间部分就越大。从这一方面来说,工作日的缩短的绝对界限就是劳动的普遍化。在资本主义社会里,一个阶级享有自由时间,是由于群众的全部生活时间都转化为劳动时间。"(《马克思恩格斯文集》第5卷,北京:人民出版社2009年版,第605—606页。)

② 齐美尔:《货币哲学》第457页:"……只要静止地同时考察人的体力和脑力,人的智力和意志,那么它们都在劳动中获得一种总是把它们的指数排斥在外的统一性;只要劳动源流混合在一起,它们的本质的差异归结在产品的无差异性中,那么,劳动就是统一的源流。"

值在位置变换的过程中发生的**物的**联系的背后,并且只有分析内在的劳动联系,才能揭示这种社会联系。"人和人之间的社会关系可以说是颠倒地表现出来的,就是说,表现为物和物之间的社会关系。""一种社会生产关系采取了一种物的形式,以致人和人在他们的劳动中的关系倒表现为物与物彼此之间的和物与人的关系,这种现象只是由于在日常生活中看惯了,才认为是平凡的、不言自明的事情"。①

在较早期的社会阶段中的有意识的社会调节,或者说直接来自个人的依赖性,现在隐藏到物质产品的交换活动的背后,这个物质产品受竞争的机械动因操纵,完全脱离了与所有人的联系,似乎成了一种独特的、**具有这些产品的自然性质的**价值存在。把商品交易比作机械运动的这种对**竞争**和交换关系的**自然主义的考察方法**,只看到物的商品体的运动,而把处在抽象的社会平等中的人降低为被动的观众,② **马克思**在他关于商品的拜物教的理论中正是试图克服这种研究方法。他把我们从这种完成了的商品物的流通领域带到生产领域。在工厂和车间我们看到,人自己把他的人格降低为产品。一旦这种产品进入流通,就不再是自然的物,而是完完全全的人工产物,是活劳动力的凝结存在,尽管它没有生命和不会说话,在它的命运中却反映着作为它的直接生产者而立于其背后的人的命运。从这种**生产过程和流通过程**统一的观点来看,商品的交换过程就从一种等同的自然过程,即同社会结构无关的产品的纯物质的关系而变为劳动个性的一种社会关系了。

由于人们遵循一条自**康德**始,经 19 世纪初的德国国民经济学,**左登,费兰德,洛茨**,一直到奥地利学派的历史发展的路线,人们常常认为由于直接受了康德的影响,才克服了客观价值理论,特别是克服了劳动价值论。对此,**齐美尔**指出,从康德哲学的整个基调来看,它必定提供主观价值论的基础,因为价值就是物的形式,这种形式并不附着于物本身,而是把主体安置到物本身中去。这一事实致使舒尔采—格弗尼

---

① 《马克思恩格斯全集》第 31 卷,北京:人民出版社 1998 年版,第 426、427 页。
② 最近在熊彼特那里自始至终运用了这种机械的考察方法。

茨①在经济学理论的问题上也把严肃的**康德**或**马克思**说成是主观价值论或客观价值论的代表。但是，马克思关于经济范畴的拜物教理论和由经济范畴产生的劳动价值论复活的理论最终也是师承**康德**的，因为马克思的理论从它的前提来看包含**康德**的实际理性居首位的理论，通过这种实际理性，来自一切自然的人和人与人的关系被一种独一无二的、特殊的价值符号提出来；在这方面，康德的理论在向经济理论转变的过程中经过长期的历史过程，尤其是以**黑格尔**为媒介，从**马克思**提出的在物物交换的物的关系的背后揭示人的观念上的社会关系的要求显露出来。

（四）[抽象一般劳动的概念]

我们看到，马克思如何把从古典政治经济学继承的关于使用价值和交换价值的二重性，同德国唯心主义哲学阐述过的考察世界的发生论方法和批判的方法的对立相结合，而把这种二重性提高为考察经济生活过程的方法的无所不包的二重性，前者着眼于使用价值，它探究自然的物之间的联系，后者着眼于交换价值，它探究隐藏在这种物之间的联系背后的社会关系。在这里**劳动**表现为这种社会分析的手段，因为，劳动具有**双重关系**，既同作为有制造和创造能力的自然力的使用价值有关，又同作为人体的活动和消耗的社会规定有关。劳动，一方面作为**具体的、有用的劳动**，作为技术性的自然力，另一方面作为**抽象一般劳动**，从而作为社会从属关系的尺度，劳动的这种二重性是马克思着重阐明的。然而，正是在马克思阐述的关于作为价值实体的抽象一般劳动的理论的理解上产生了巨大的矛盾。这出自两个原因：除了没有把质的和量的价值问题区分外，还因为存在着简化的不同形式，**马克思**在简略地阐述这些形式时没有明确地把它们加以区分。因此，为了从抽象一般劳动这个概念的丰富的内容中提出一个至今仍被忽略的方面，我们有意片面地研究这个概念。我们把四个基本概念加以区别：

---

① 《社会政治文献》1910 年第 30 卷第 828、830 页。

（a）抽象一般劳动，

（b）等同劳动，

（c）与复杂劳动相对立的简单劳动，

（d）社会必要劳动。

（a）应当怎样理解与具体的有用劳动相对立的抽象一般呢？在说明这个难以理解的概念时，我们必须把马克思使用这个概念的**目的**作为我们的出发点，同时，既然我们在这里研究价值概念的目的只是**分析资本主义经济的社会结构**，所以也是有意进行片面的研究。对于马克思来说，劳动的**技术概念**即有用劳动是抽象一般劳动的对立面，它是由"这种生产活动是由它的目的、操作方式、对象、手段和结果决定的"①，劳动的社会分工是和各种不同的有用劳动相适应的。就劳动的技术作用作为使用价值的创造者而言，劳动代表与作为工具的资本相同的生产因素，同自然力一样，劳动本身就是人的机体的自然力。如果我们把劳动看做是社会生产关系的基础，看做是抽象一般劳动，我们就完全从另一个角度来考察劳动及其产品。我们是否研究一种内容贫乏的具体有用劳动概念的非实证的抽象方法呢？按照**马克思**在不同地方的论述，问题似乎是：抽象一般劳动看起来完全指的是一切具体劳动共有的人类劳动力的耗费的**生理上的实际现象**："如果把生产活动的特定性质撇开，从而把劳动的有用性质撇开，劳动就只剩下一点：它是人类劳动力的耗费。尽管缝和织是不同质的生产活动，但二者都是人的脑、肌肉、神经、手等等的生产耗费，从这个意义上说，二者都是人类劳动。这只是耗费人类劳动力的两种不同的形式。"② 不同观点的作者都从自然科学的实际现象的意义上理解抽象一般劳动的概念，他们中有人试图把各种不同的劳动归结为一个自然科学的共同的分母，把脑力劳动归结为体力劳动，或者把一切劳动归结为一种生理上的能量。另一方面，对抽象一般劳动这个概念的异议直接产生于人们在认识抽象一般劳动时得出的这些似乎

---

① 《马克思恩格斯文集》第 5 卷，北京：人民出版社 2009 年版，第 55 页。

② 同上。

是唯物主义的结论。如**格尔拉赫**的意见是典型的："把每一种企图（意识）都归结为肌肉和神经的运动……从一开始就是不可能的，这种观点必须加以摈弃……因为，人的劳动在任何时候都由意识决定的，既然仍存在意识，这种分析没有解决这个问题，所以决不能把意识归结为肌肉和神经的运动。"①

　　抽象一般劳动的概念超出了一切只涉及劳动的自然方面的理解，因为这个概念应当用于对经济进行社会的分析。在关于拜物教性质那一章里，**马克思**提出**商品**的价值性质的真正起源问题：商品的价值性质不是来源于使用价值，**也不是来源于价值规定的内容**，因为，"不论有用劳动怎样不同，它们都是人体的机能，而每一种这样的机能不管内容和形式如何不同，实质上都是人的脑、神经、肌肉、感官等等的耗费，这是一个**生理学上的真理**。"② 但是，就抽象一般劳动而言，这并不意味着劳动的纯生理上的现象。但是，劳动的特殊性质来源于劳动的**社会形式**；"最后，一旦人们以某种方式彼此为对方劳动，他们的劳动也就取得社会的形式"。劳动的社会形式又是表现在生产关系中的"事实上的权利关系"。劳动，只要它采取特定的**社会**形式，就不能被理解为具有人的种种生理机能的个体自然本质即人的活动，而只能被理解为作为**社会成员**从而作为**权利主体**的人的活动。劳动的共性不是自然科学上的只包含一般生理内容的类的概念，而是说明私人劳动本身表现为抽象一般劳动，从而表现为社会的劳动，表现为**权利主体输出的活动**：如果权利主体这个概念在它先验的共性上对人类的经验的个别规定来说是中立的，那么，从这个概念所派生出来的抽象一般劳动的概念③中又会产生一切具体有用劳动的个别差别。

　　（b）马克思除了认为商品生产中的劳动具有抽象一般劳动的特性外，还认为它们具有**等同性**这种形式。"首先，劳动的无差别的简单性

---

　　① 格尔拉赫：《关于经济活动条件》第48—49页。
　　② 马克思没有拒绝这一说法。
　　③ 斯托尔茨曼（《国民经济学中的目的》）在他和马克思的论战中否认马克思的抽象一般劳动概念中的这个"社会的"因素。

是不同个人的劳动的**相同性**，是他们的劳动彼此作为相同的劳动的相互关系，当然，这是通过事实上把一切劳动化为同种劳动。每一个个人的劳动，只要表现为交换价值，就有相同性这种社会性，而且也只有作为相同的劳动同所有其他个人的劳动发生关系，才表现为交换价值。"①撇开用语上的某些变化不谈，对于马克思来说，劳动的等同性并不等于不同的人类劳动的以等同的有机前提为基础的共同的、自然的性质，而是**观念上的、权利的等同性**，也就是说，劳动的等同性指的是体现在产品中的劳动通过商品生产的社会的交换方式，即通过等量劳动相交换而获得的具体的社会形式。劳动在物物交换中的**等同效用**是劳动的等同性。"但是，亚里士多德没有能从价值形式本身看出，在商品价值形式中，一切劳动都表现为等同的人类劳动，因而是同等意义的劳动，这是因为希腊社会是建立在奴隶劳动的基础上的，因而是以人们之间以及他们的劳动力之间的不平等为自然基础的。价值表现的秘密，即一切劳动由于而且只是由于都是一般人类劳动而具有的等同性和同等意义，只有在人类平等概念已经成为国民的牢固的成见的时候，才能揭示出来。"②

马克思把劳动规定为等同的和同等意义的活动，也是在这个研究范围内，即他不是从自然科学的技术方面研究劳动，而是研究劳动只有作为人类个体的活动耗费才能够成为社会关系的体现。劳动的抽象的共性是权利主体的共性，它与那些个别的规定无关，从而对体力劳动和脑力劳动的对立来说是**中立的**。

（c）现在，体力劳动和脑力劳动之间的这种对立经常被强行与**马克思**提出的**包含**在抽象一般劳动**之中**的另一种对立，即简单劳动和**复杂**劳动之间的对立相提并论。我们在这里不可能讨论那些围绕着这些非常难解的问题和马克思极少涉及的问题的争论。我们只是谈一下同我们对

---

① 《马克思恩格斯全集》第31卷，北京：人民出版社1998年版，第424页。
② 《马克思恩格斯文集》第5卷，北京：人民出版社2009年版，第75页。另外，恩格斯在《反杜林论》中论述道德的平等观念的历史发展时说："最后，所有的人的劳动——因为它们都是人的劳动并且只就这一点而言——的平等和同等效用，不自觉地但最强烈地表现在现代资产阶级经济学的价值规律中，根据这一规律，商品的价值是由其中所包含的社会必要劳动来计量的。"（《马克思恩格斯全集》第20卷，北京：人民出版社1971年版，第115页。）

价值理论的理解有关的问题。简单劳动和复杂劳动之间的对立的意义是清楚的,简单劳动"是每个没有任何专长的普通人的有机体平均具有的简单劳动力的耗费"①。按照**马克思**的观点,简单劳动在量上占国民劳动的绝大部分,所以简单劳动和复杂劳动之间的对立不会有太大的意义。复杂劳动是"较繁重"的劳动,这种劳动包含较高的教育费;不仅直接劳动者个人,同时整个从事教育的阶层都体现在这种劳动中。因此,为了从抽象一般劳动中得出一个社会从属关系的尺度,我们必须把复杂劳动和简单劳动的同一时间的不同社会分量归结于同等劳动力这一共同的分母,就像简单劳动中表现的那个共同的分母一样。因此,不管复杂劳动和简单劳动在质上会有什么样的差别,**对于这里正在研究的目的来说**,这种量的差别在"社会分量"中是相对确定的,复杂劳动应该被看做是自乘的简单劳动。但是,也只应在复杂劳动作为这种简化的社会的量的表现的范围内研究复杂劳功,也就是说,这里只研究这种对于每一个平均人来说实际上只要付出代价都可以学会的复杂劳动。天才的有独创性的劳动却完全在复杂劳动范围之外,即在这里所研究的现象之外,这种劳动已经不能加入再生产过程的流。因此,计算多那太罗雕塑时的锤数,不仅是一项不可能的事情,而且是完全不必要的事情。

  可见,复杂劳动简化为简单劳动在方法论上有意义的只是**马克思**所说的它对竞争的作用。"各种劳动化为当做它们的计量单位的简单劳动的不同比例,是在生产者背后由社会过程决定的,因而在他们看来,似乎是由习惯确定的。"因为,那些不同的比例不过是在这里应该提供交换比例的客观标准的价值规律的不同的应用,所以,按照**马克思**的观点,价值规律绝不仅仅在资本主义竞争的复杂的情况下,而且在这种简单的情况下,也不是存在于生产者的意识之中,而是单个生产者没有意识到的竞争的结果;可是,因为竞争的推动力可以从个别竞争者的动机中寻找。由此就得出:按价值进行交换的规律没有被**马克思**看做是**有效的原因**,而被他看做是必然受条件限制的**结果**,从这里可以为我们理解

---

① 《马克思恩格斯文集》第 5 卷,北京:人民出版社 2009 年版,第 58 页。

马克思的价值概念的方法论结构寻找间接的证明。我们将在讨论量的价值问题时再进一步讨论这个在这里只是顺便提及的问题。

(d)"某种商品所包含的劳动量是生产该商品的社会必要量,因而劳动时间是必要的劳动时间,这是一种只和价值量有关的规定。"[①] 我们在这里提到这个问题,只是为了把它作为量的价值问题同最初两个关系到"价值实体"的性质完全不同的问题明确区分开来。因此,以后我们才对这个问题进行研究。

(五)[马克思价值理论的一般特点]

我们看到,价值学说中的出发点是作为价值研究的原则的劳动,并且在这个方面,某种不同于自然技术的劳动概念的**社会学**劳动概念是决定性的。马克思把作为这样一种抽象一般劳动的产品的消费品称作"**价值**",从研究价值的角度来看,他认为,这个产品就是"一定量的凝固的劳动时间"。由此得出如下关于**马克思**价值概念的性质的确定的结论:

1. 在价值理论中价值和交换价值多半**不是**一回事,不管在进一步研究一定的复合现象时所理解的"价值"同产品的**交换比例**有直接的关系是其原因、尺度或其他,但马克思所理解的产品的"价值"并没有涉及具体的交换比例,即产品的交换价值。我们在上面提到的对质和量的价值问题的区别,同《资本论》中对"价值"和"交换价值"的区别是一致的。如果说,马克思把完全被看做抽象一般劳动的产品的产品说成是"价值",那么在"价值"的这个概念中只包括某种程度上说是先验的条件,这些条件在还没有叙述量的关系——"价值"在某一具体的社会组织中按照这个关系互相交换[②]——的情况下,就能为对交换价值问题的"社会的"讨论指明方向。

[①] 《马克思恩格斯全集》第 26 卷(下),北京:人民出版社 1974 年版,第 145 页。

[②] 鲍特凯维茨(《社会政治》文献第 25 卷)特别注意"绝对价值"和作为交换比率指数的价值之间的矛盾。他引用了马克思把这种绝对价值专门描述成"实际价值"(《马克思恩格斯全集》第 26 卷[中],北京:人民出版社 1973 年版,第 155 页)和"内在价值"(《马克思恩格斯全集》第 25 卷,北京:人民出版社 1974 年版,第 188 页)的提法,同样,马克思还谈到了与"市场价值"(同上书,第 199 页)相对而言的商品的个别价值。

这看起来似乎是背理的，并且是同习惯的术语相矛盾的，但必须指出，**马克思**常常赋予"价值"概念以复杂的内容，把它同"商品"概念相提并论，已经考虑以竞争为媒介的劳动产品的一定的交换比例。只要了解价值概念的这种双重意义，我们就不会对马克思价值理论的雅努斯之头①感到惊奇。但是，按照我们想在这里从马克思的理论抽象出来并孤立地加以论述的思路，"价值"只能按上面说明的意义去理解，只有这样，才能对《资本论》第一卷和第三卷有一个统一的认识。因为，在第三卷中出现了价值概念的这一层最初与具体的交换比例完全无关的意义。与生产价格的矛盾并不是研究价值的任务，恰恰相反，而是要使价值的研究更充分地表现它的全部力量，以此分析生产价格的社会内容。

2. 因此，只能从某种非常有限的意义上讨论作为价值的"实体"的抽象一般劳动。在接受了不包括交换价值范畴在内的价值实体的概念之后，马克思不再把价值绝对地看做某种"独立存在的东西"②，某种客观的物的属性，因为，正如前面的论述中所表明的那样，马克思就是努力要从价值概念中获得一个社会学范畴，一种分析社会关系的方法。"商品作为价值是社会的量，因而，和它们作为'物'的'属性'是绝对不同的。商品作为价值只是代表人们在其生产活动中的关系。"③ 从这个意义上看，只有当劳动表现为使劳动个人之间的观念上的联系转变为产品世界的物的联系的工具时，劳动才是价值实体。劳动是社会从属关系的尺度，按照这里论述的思想，劳动不是价格高低的实质原因，而是价格表现的社会内容的指示器。

3. 马克思想把他对资本主义价格现象的社会学分析限定在某个特定的方面，他想要分析掩藏在竞争制度的表面形式之下的**人类劳动的组织形式**。人们之间通过各种各样的方式建立起种种社会的联系，**马克思**只考察通过劳动分工的事实建立起来的那种联系，从而

---

① 雅努斯是罗马神话中肇始神和两面门神。——编者注
② 《马克思恩格斯全集》第 26 卷（下），北京：人民出版社 1974 年版，第 140 页。
③ 同上书，第 139 页。

在种种社会表现的范围内划出一个可以从狭义上即本意上称为**社会经济**领域的方面。因为，分析劳动的社会组织是经济科学的对象，所以，对于马克思来说，**劳动**和**分工**成了所有经济学范畴建立在其上的最高的概念。由于**马克思**不是把交换行为和产品，而是把人们在经济再生产过程中发生的社会的劳动联系当做出发点，因此，他一开始就把一切非劳动产品排除在外。

因而，在整个产品世界的范围内出现了一个复合物，即"人类劳动力的结晶"——"总价值"，它实际上可以成为各种社会联系的媒介和承担者。按照这种看法，理论的任务在于，确定"总价值"的分配，即确定各个社会阶级——它们通过这种分配表明自己的特征——参加分配的条件和应分得份额的大小。因此，**马克思**把一切收入都看做处于特定条件下的支配人类劳动的形式。如果根据各个人在动力机制中存在的主观条件来**说明**各部分的收入，例如：从目前的和将来的产品的价值之间的差额或作为工资的节余来说明资本利润，那么，理论的任务并没有得到解决。要理解作为社会现象的资本利润，我们必须把它作为按照它的数量和种类确定的在"总价值"中所占的特殊部分，作为支配人类劳动的形式，从而作为社会关系来理解。

因此，从纯粹是"物化社会劳动"的"**总价值**"中分出一部分作为**工资**流向工人阶级，这一部分的量的界限根据维持和再生产这个阶级的劳动力的要求而具有伸缩性。其余部分表现为工人阶级的剩余劳动，即表现为**剩余价值**，这部分以极不相同的比例作为利润、利息、企业主收入，在一些社会阶级之间进行分配。租金有多少，它就有多少种独立的形式。"在资本主义社会中，这个剩余价值或剩余产品……是作为一份份的股息，按照社会资本中每个资本所占的份额的比例，在资本家之间进行分配的。在这个形态上，剩余价值表现为资本应得的平均利润。这个平均利润又分为企业主收入和利息，并在这两个范畴下分归各种不同的资本家所有。但资本对于剩余价值……这种占有和分配，受到土地所有权方面的限制。正像职能资本家从工人身上吸取剩余劳动，从而在利润的形式上吸取剩余价值……一样，土地所有者也要在地租的形式上……再从资本家那里吸取这个剩余价值……的一部分。"① 马克思把所有这些收入形式理解为量上确定了的"价值"组成部分，是为了在各种各样的收入的外部表现形式之中，在各种各样的**说明**收入形式的产生及其相应的大小的原因之中，确定这些收入形式作为社会关系的质的同一性，并把隐藏在收入的价格形式之下的**社会内容理解**为社会劳动的特定的组织形式。在这里，使总分配通过价格形成得以实现的竞争因果机制完全不在马克思的研究范围之内。马克思要说明在竞争中的各种力量进行较量的结果的**社会意义**，"竞争的实际运动在我们的计划范围之外，我们只需要把资本主义生产方式的内部组织，在它的可说是理想的平均形式中叙述出来"②。

现在，我们又回到一开始提到的问题上来，即马克思对庸俗经济学的论述方法的批判，庸俗经济学只考察本身在"表面"显露来的"竞争的外部现象"，看不到物与物的内部联系；正如在这个批判中用另一种说法指出的那样，庸俗经济学把社会关系物化了，把在涉及社会生产关系的地方看做自然的物的联系。经过以上论述，我们可以了解，从现象到实在的关系，从表面到内部联系的关系，实际上涉及两种不同的研究方法，一种是说明因果关系的，一种是以对社会关系的感觉和理性为基础的。马克思通过制定剩余价值理论来揭示的，即他所称作的"资本主义生产的内部联系"，实际上并不是去认识使资本主义竞争的外部轮子运转的深刻的因果的动力，而是在事后从**社会内容**上来**分析资本主义竞争的完成的结果**。

对于以纯粹**从原因上说明**物物交换关系为目的的研究来说，一切收入都是价格表现，这些价格表现的特殊性归结于被当做收入的源泉来考察的那些生产条件的物质性质，归结于这些生产条件在劳动过程中所起的作用。从这个观点看，地租似乎是土地提供的价格，利润表明生产出来的生产资料的价格形成，工资是第三个技术性生产因素即劳动的价

---

① 《马克思恩格斯文集》第 7 卷，北京：人民出版社 2009 年版，第 929 页。
② 同上书，第 941 页。

格。从以说明流通和交换的现象为目的的角度来看，这几种收入作为价格表现只是从物质上，也就是从收入在技术生产过程的作用来看本身有区别的物上进行考察的。这是使用价值领域。但是，这样的观点虽然对于纯粹从理论上认识价格现象是合理的，对于**社会地**理解价格表现却毫无作用。马克思对这个"三位一体的公式"的讽刺完全是为了反对这种企图，即把对说明收入源泉的**技术的物质性质**有作用的价格分析当做理解社会的社会结构的方法；把**技术的**作用和作为自然力的王国，作为"一切劳动对象的现代的武库"的土地、生产出来的生产资料和作为生产过程中的有目的的生产活动的劳动各自所得的份额，直接同作为利润、工资和地租流向各自的社会代表的那些部分混为一谈；从而把资本主义生产过程中生产要素受历史制约的社会性质，看成是它们自然的、可以说是永恒的、作为生产过程的要素天生就有的**物质性质**。① 与此相反，马克思提出了自己的观点，收入的技术条件对于社会地理解价格的表现完全无关紧要，因为，这里只研究隐藏在收入中的社会的、人与人之间特有的关系。

因此，我们看到，**马克思**始终坚持这个观点：每年能够拿来分配的一切财物，必须完全归功于人类劳动，只有人类劳动才创造实体，后者在各种收入中在不同的社会阶级之间进行分配。在这里**不存在**实际的伦理上的平等要求，**不存在**获得"全部劳动收益的权利"的要求，而存在纯粹为认识目的服务的概念形成，其明显的政治含意只是指出了一切文化科学所借以承担的实际基础。② 如果我们想用一个现代的、众所周知的话来说，那么，我们可以说，在**马克思**那里价值概念本身不包含实证的评价，而只是在他那里表述了价值关系的**理论**原理，因为，马克思要完成的任务是，在被限制得很狭窄的经济科学范围内去理解历史上的一种经济形式即资本主义制度的社会内容。

---

① 《马克思恩格斯文集》第 7 卷，北京：人民出版社 2009 年版，第 935 页。
② 所有赋予马克思的劳动价值论以伦理的性质的马克思的解释者们，如什塔姆列尔和玛丽安娜·维贝尔，都忽视了这一点。

(六) [马克思和李嘉图的关系]

在认识作为社会从属关系的尺度的劳动的基础上,建立了**马克思**的**劳动价值论**,因而,这个劳动价值论从它内在的意义上看,是一种**社会分配理论**。这样一来,**马克思**与**李嘉图**发生了决定性的矛盾。**李嘉图**的劳动价值论实际上就是**价格理论**,并且他的分配概念完全是利己主义性质的。**马克思**与**李嘉图**之间的关系由于马克思本人的解释——按照这一解释,他自认是**李嘉图**理论的继承者和完成者——而经常被误解。除了在表面上有类似之外,由于他们全然不同的哲学态度而根本不同。①

最初,**李嘉图**的出发点似乎也是**社会的**。他把脱离生产并且独立于生产的分配学说说成是理论的主要问题,从而使自己从那些包含在**斯密**的地租学说中的重农主义成分中解放出来;但是,分配学说本身促使李嘉图对那些独立的阶级进行对比,这些阶级的利益不仅相互对立,而且还像地主和收租人同普遍福利的利益发生对立。但是,这个分配概念在李嘉图那里具有利己主义的内容,它涉及的是**实物的总收益**的分配,即每个阶级在**具有使用价值**的总产品中应得的份额,而不像马克思所说的,是由完全归结于人类劳动的"价值"产品的分配所确定的人与阶级之间的社会联系。所有重农主义的拜物教都把技术生产过程中实物的超额收益直接同收入混为一谈。与此相反,**李嘉图**认为分配问题是价格问题,用这种观点看问题表明李嘉图的一大进步。这种观点同样适用于他的显然是以土地的各种不同的自然肥力为基础的地租理论。因为,**李嘉图**认为,地租是通过竞争产生的价格形态——它为较好土地的经营者提供高于他们的生产费用的产品价格的余额——的结果。因此,**李嘉图**在这个问题上同马克思一致地与重农主义的观点相对立,他认为"地租是实行土地"② 经营时那种社会关系的结果,地租来自社会,而不是来自土壤,李嘉图从这个意义上说:"地租不是新的创造,而不过是转移

---

① 关于马克思和李嘉图的价值学说的差别,主要可参看迪耳的《李嘉图》第 2 卷第 94 页及以下几页。

② 《马克思恩格斯全集》第 4 卷,北京:人民出版社 1958 年版,第 190 页。

的财产。"①

与重农主义的观点相反，**李嘉图**把分配问题看做价格问题，并因此为说明所有收入部分而探究竞争的社会过程，就这一点而言，他和**马克思**是一致的，所以，马克思也能够接受**李嘉图**的级差地租论。但不可由于这个一致而忽视了这两个思想家之间的重大区别。当**李嘉图**把分配看做受社会制约的事实时，却没有把它看做社会生产关系。因为，**李嘉图**远远没有做到从产品价值完全归结为劳动的意义上得出绝对的劳动价值论。所以，他既没有得出抽象一般劳动的概念，也没有制定出剩余价值理论。

李嘉图的分配学说所涉及的是：确定在竞争的支配下，各个社会阶级即"统一使用劳动、土地、机器和资本"而从**实物的总收益**中应得的相对份额，以及涉及随着普遍的社会进步，这个份额变化的规律。这个份额通过价格，也就是通过表现在货币中的产品的交换价值来调节，但不是任何价格变化都将意味着在生产收益中所占的相对份额的增加或减少。譬如，完全撇开货币价值本身中的变化不谈，工资的提高可能会由于生活资料价格的提高而抵消，

或者，利润和地租可能会由于产品价格下降而代表总产品中的一个较大的份额，尽管它们的货币表现保持不变。因此，如果说李嘉图是按照和**马克思**相同的方式，在价格的外部表现的背后，即在竞争的现象背后探寻"真正的"联系，如果说他"试图深入研究资产阶级社会的内部生理学"②——马克思把这算作李嘉图的特殊功绩——那么，**马克思**和**李嘉图**之间的根本区别就在于：李嘉图不考虑阶级之间的相互关系，认为在这种隐蔽的内部联系下不过是实物总收益在各个阶级之间的分配；**马克思**对此认识较**深刻**，他认为，在价格运动的背后实现的分配，不是完成的储存的使用产品在孤立的居民阶级中间的分配，而是完全归结于人类劳动的总价值产品的分配，从而使进行生产的人们之间的社会关系。

---

① 李嘉图：《政治经济学和赋税原理》，北京：华夏出版社2005年版，第190页。
② 《马克思恩格斯全集》第26卷（中），北京：人民出版社1973年版，第182页。

因为李嘉图把劳动作为价值的原因用于研究他所提出的课题，所以他那里不会产生剩余价值理论。李嘉图在不少地方明确地反对把交换价值完全归结为劳动，但马克思也只是李嘉图的某些说明对他的观点作了进一步的解释。这里不需要用前面的那些地方来反对后一种解释，因为李嘉图研究方法的精神实质是对国民经济现象进行研究。谁要想在**李嘉图**那里说明剩余价值理论，他就是抹杀了**李嘉图**和**马克思**之间的基本的方法论上的区别，从而就失去了对两位思想家对社会生活问题的根本不同的态度。试图通过自然科学的范畴理解经济生活的李嘉图认为，劳动——他完全根据斯密的思想，把劳动看做痛苦和劳累——是除决定产品交换价值量的其他一些原因之外的一个**原因**。他写信告诉**麦克库洛赫：**"我有时想，如果我现在有可能把我著作中关于价值的一章重写一遍，我将指出，产品的相对价值不是由一种，而是由**两种原因**决定的。即由生产该产品所必需的劳动的相对量决定，并且由直至产品投入使用才结束的时期内所使用的资本应得的利润的量决定。"在这里，劳动似乎同其他因素在一起成为一定的交换价值量的原因，而不是作为交换价值的实体。**李嘉图**没有把产品完全归结于劳动，因此，他也不可能根据剩余价值理论的思想，把作为利润流向企业主的那部分产品归结于特定的社会阶级的劳动。经常作为剩余价值理论的证明提出的**李嘉图**所论述的工资和利润的变动之间的关系，也是与剩余价值理论相矛盾的，因为，**李嘉图**的工资的普遍提高会引起利润的下降是建立在李嘉图的分配概念的基础上的，在他的分配概念中，在价格的变动中实现的真正的分配是实物的总收益的分配。如果国民经济的力量努力使工资或地租占总收益中的较大部分，那么，资本家不得不满足于较小的部分。因为，他们的境况的相对恶化程度对于所有资本家都是**一样的**，以至于他们不能彼此互相推让这种劣境。

按照**李嘉图**的理论，消耗在产品上的劳动表现为形成价格的最重要的原因，从而是流向各个人的产品量的最重要原因。正如我们所看到的那样，**马克思**在**李嘉图**的这个理论中建立了完全不同的思路。为了使这个思路显得更明晰，我们直到现在为止片面地把这个思路加以突出。按照这个思路，马克思从理论上分析国民经济的现象时，没有涉及独立的个人或阶级应得的消费品的相对量，而从社会的社会结构的角度，使这些消费品在某种程度上具有社会的分母，这个社会的分母是纯粹人的劳动，是上述意义上的人体的消耗，产品的分配是在劳动个体的具体的社会组织中进行的。因此，在**马克思**这里，作为价格高低的原因的劳动——在**李嘉图**那里劳动是价格高低的原因——正在转变为作为社会从属关系的尺度的劳动，**李嘉图**那里的劳动的**技术性**概念，成为抽象一般劳动的**社会学**概念。但是，在**马克思**那里，作为价值原则的劳动的概念和意义上的这种转变，不是与**李嘉图**彻底相背离的，而是在保持**李嘉图**的价值理论的本质的动因的条件下完成的。由于这个原因，就产生了那种两重性和不平衡性，致使对马克思价值理论的解释产生了极大困难，其实，这种两重性是同马克思观察世界的两重性相一致的。

五 〔法〕阿尔都塞：《〈资本论〉的对象》①

（一）引言

我们这部对《资本论》的集体研究著作既是协商分工的结果，又是自发分工的产物。在这部著作的分工中，我的责任是谈谈马克思同他的著作的关系。我想在这个题目下谈谈下述问题：马克思想说明什么？他是否向我们说明了他的著作的性质？他用哪些概念来说明他的独创因而他与古典经济学家的区别？他用什么概念体系来说明产生古典经济学的发现和他自己的发现的条件？我想以此向马克思本人请教，看看他从哪里又是怎样从理论上思考他的著作同产生他的著作的理论历史条件之间的关系的。这里我要向他直接提出一个作为马克思主义的哲学对象本身的基本的认识论问题，也就是说，我要尽可能准确地确定马克思在写作《资本论》期间所达到的明确的哲学意识的程度。确定这一点实际

---

① 本节选自阿尔都塞、巴里巴尔：《读〈资本论〉》，李其庆、冯文光译，北京：中央编译出版社2008年版，第61—70页。

上就是在马克思通过他的科学论证本身所开辟的新的哲学领域中把他已经阐明的东西同尚未阐明的东西加以比较。在确定马克思已经完成的东西时，我想尽可能说明他本人也希望我们所做的事情，也就是确定这一领域，规定这一领域的范围，并使之同哲学的发现联系起来。总之就是要尽可能准确地确定马克思主义哲学研究面前的开放的理论领域。

这就是我的计划。乍一看，这个计划很简单，很容易完成。的确，马克思在《资本论》的正文和注释中给我们留下了许多对他的著作本身的评价，同他的先驱者（重农学派、斯密、李嘉图等）的批判性比较以及十分精确的方法论说明，这些方法论说明把他的**分析方法**同数学、物理学、生物学科学的方法以及黑格尔所确立的辩证法作了比较。另一方面，我们还有1857年《政治经济学批判导言》——这个导言极其深刻地阐明了最初在《哲学的贫困》（1847年）第二部分中所作出的理论说明和方法论说明，因此我们理所当然地认为所有这些著作实际上都包含着我们思考的对象。只要把已经制定的这些材料加以系统化，我刚才谈到的认识论的计划就可以得到实现。因此，我们自然会想到，马克思在谈到他的著作及其发现时，是在用恰当的哲学用语对他的创新以及他的对象的特点进行思考。这种恰当的哲学思考是在规定《资本论》的**科学对象**的过程中进行的，并在这一过程中用明确的术语表明了《资本论》的科学对象的特点。

然而，无论是我们在马克思主义解释史中所掌握的关于阅读《资本论》的笔记，还是我们自己在阅读《资本论》所获得的经验都使我们看到马克思著作本身固有的实际困难。我在本文中把这些困难归结为以下两个方面：

（1）和某些表面现象相反并且出乎我们的意料之外，马克思在《资本论》中的方法论思考并没有为我们提供完整的概念，甚至没有为我们提供**马克思主义哲学对象**的明确概念。但是，马克思的这些思考毕竟给我们提供了认识、鉴别、界定和最终思考马克思主义哲学对象的材料，不过往往要经过长期的研究才终于能够揭开某些术语的谜。因此，我们的问题要求我们不能简单地从字面上阅读，哪怕是仔细地阅读。我们应该进行真正的批判性阅读，也就是说，在阅读马克思的著作时应该应用我们在《资本论》中所寻求的这一马克思主义哲学的原则本身。这种批判性阅读似乎是一种循环,因为我们好像是从马克思主义哲学的应用中去寻求马克思主义哲学。因此,确切地说,我们是从马克思明确告诉我们的哲学原则(这些原则也可以从他的断裂时期和成熟时期的著作中得出)的**理论研究**中,从应用于《资本论》的这些原则的**理论研究**中,寻求这些原则的发展、丰富和完善的。这种表面的循环不会使我们感到奇怪,一切认识的"产生"在其过程中都包含着这种循环。

(2)然而这一哲学的研究遇到了另一个实际困难。现在这个困难所涉及的不再是马克思主义**哲学**的对象在《资本论》中的存在和特点,而是《资本论》**科学**对象本身的存在和特点。我在这里仅仅强调征候问题,因为对《资本论》的大部分解释和批判都是围绕着这一问题进行的。为此我们要问,既然《资本论》已经向我们提出了对象的理论,严格地说这个对象的性质又是什么呢?是经济还是历史?具体地说,如果《资本论》的对象是经济,那么这个对象在概念上同古典经济学的对象严格地讲有什么区别呢?如果《资本论》的对象是历史,那么这个历史是什么?经济在历史中又占有什么地位?等等。在这里我要再次指出,仅仅从字面上阅读,即使是很仔细地阅读马克思的著作也不能使我们解决问题,甚至会使我们**忽略这个问题**,使我们认为不必要提出这个对于理解马克思具有重要意义的问题,使我们不能确切地意识到马克思的发现所引起的理论革命及其结果的意义。马克思在《资本论》中也许已经以极其明确的方式告诉我们应该怎样鉴别和揭示《资本论》对象的概念。我认为马克思本人非常明确地说明了这一点。马克思虽然明确地表述了《资本论》对象的概念,但是他并没有用同样明确的语言说明他的对象的特点的概念,也就是说,同古典经济学对象的特殊区别的概念。毫无疑问,马克思明确意识到这一区别的存在,他对古典经济学的全部批判证明了这一点。但是马克思对这一特点即这一特殊区别的论述有时像我们看到的那样是令人困惑不解的。这些论述可以使我们认识这一特点,但是要经过长期研究并且要揭开他的某些表述的谜。但是如果我们不进行批判性的阅读和认识论的阅读,而这种阅读能够告诉我们马克思在**什么地方**同他的先驱者分道扬镳，并决定这种断裂的意义，那么我们怎么能够确定《资本论》对象的独特之处呢？但是如果我们不借助于用来说明马克思同他的前史的关系的发生认识史理论，因而，如果我们不借助于**马克思主义的哲学**原则，那么我们怎么能够达到这一结果呢？这是一个问题。除此之外，我们还看到第二个问题。马克思在用严格的概念思考他的对象同古典经济学的对象的区别时，似乎遇到了困难，而这一困难不正是他的发现的**性质**，也就是说，他的巨大的**独创**吗？这一困难不正是在于他的发现在理论上**远远超过了**当时所掌握的哲学概念吗？在这种情况下，马克思的科学发现不是必然会要求提出由他的**新的对象**的困惑不解的性质所决定的**新的**哲学问题吗？基于这个理由，哲学将要求深入阅读《资本论》，以便回答《资本论》本身向哲学提出的使人感到意外的问题。这些问题虽然没有写明，但对哲学本身的前途具有决定意义。

　　因此，这就是我们这一研究的双重对象，而这种研究只有通过不断的、双重的互为前提才有可能：在《资本论》中鉴别和认识马克思主义的哲学对象要以鉴别和认识《资本论》本身的对象的特点为前提，而后一种鉴别和认识又要依赖于马克思主义哲学并要求它不断发展。不借助马克思主义哲学就不能真正阅读《资本论》，而我们同时也应该在《资本论》中读出马克思主义哲学。如果这种双重的阅读，也就是不断从科学的阅读回复到哲学的阅读，再从哲学的阅读回复到科学的阅读是必要的和有成效的，那么我们就有可能在这种阅读中认识到马克思的科学发现所包含的这一哲学革命的本质：一次开创了全新的哲学思维方式的革命。

　　以往对《资本论》的简单的、直接的阅读所引起的困难和错误也**从反面**使我们确信这种双重的阅读是必不可少的。这些困难和错误都同对《资本论》的对象的特点不同程度的曲解有关。我们必须注意这一重要事实：直至最近一个时期，《资本论》还只是被"专家们"即经济学家和历史学家们阅读。他们中间有一些人，从自身实践的直接意义出发，往往认为《资本论》是一部经济学著作。另一些人也从他们自身实践的直接意义出发，认为《资本论》就某些部分来说是一部历史著作。成千上万的正在战斗的工人研究过这部著作，经济学家和历史学家阅读过它，但很少有哲学家①，即能够对《资本论》提出关于它的对象的特殊性质这个先决性问题的"专家"阅读它。除了少数引人注目的例外情况，所有的经济学家和历史学家都不能对《资本论》提出这类问题。至少不能在严格的形式上提出这类问题，因而不能最终从概念上鉴别马克思的对象同其他对象的区别。这些其他对象无论是在马克思之前还是在马克思同时代提出的，从表面上看都有相似之处或者说有密切联系。这种区分工作只有哲学家或那些具有足够的哲学修养的专家才能完成，因为这件工作是同哲学的对象本身相联系的。

但是，有哪些能够对《资本论》提出它的对象问题以及区分马克思的对象同政治经济学（无论是古典的政治经济学还是现代政治经济学）的对象的特点问题的哲学家阅读了《资本论》并对《资本论》提出这个问题呢？如果我们了解到《资本论》八十年来遭到资产阶级经济学家和历史学家从意识形态方面和政治方面彻底的围剿，那么我们就可以想见《资本论》在大学哲学界的命运了！在很长时期内，只有**马克思主义哲学**家才认为对《资本论》值得进行哲学的研究。只是在近二三十年来，某些非马克思主义哲学家才越过了这一禁区。但是，无论是马克思主义哲学家还是非马克思主义哲学家都只能对《资本论》提出由他们的哲学所产生的问题。而这种哲学，即使不是固执地拒绝，一般来说也不能懂得对《资本论》的对象进行真正的认识论的研究。在

---

① 基于一些极其深刻的原因，实际上往往是那些不是职业哲学家的**政治**活动家和**政治领袖**懂得从哲学家的角度阅读和理解《资本论》。列宁就是最出色的榜样。他对《资本论》的**哲学**的理解使得他的经济和政治的分析的深刻性、严格性和尖锐性达到无与伦比的程度。在列宁的形象中，他耐心、细微、深入研究马克思伟大理论著作的一面往往被他伟大政治领袖的一面掩盖住了。他在社会活动早期（1905 年革命前几年）写出许多深刻的研究《资本论》理论的难题的文章不是偶然的。对《资本论》十年的研究和思考使他获得了这一无与伦比的**理论修养**，而这一理论修养又使他具有了俄国和国际工人运动领袖的超人的政治智慧。正因为如此，列宁的经济和政治著作（不仅是他的著作而且还有他的历史的事业）都具有这样的理论和哲学的价值：我们可以从中研究**行动中**的、"实践"状态的**马克思主义哲学**，即成为政治、政治行动、政治分析和政治决策的马克思主义哲学。列宁使他的无与伦比的**理论修养和哲学修养变成了政治**。

马克思主义者中间，除了最杰出的列宁以外，还有拉布里奥拉，普列汉诺夫，"奥地利马克思主义者"，葛兰西以及近代的俄国的罗森塔尔和伊林科夫，意大利的德拉沃尔佩学派（德拉沃尔佩、科雷蒂、波德拉奈拉、罗西等）以及社会主义国家的许多研究者。"奥地利马克思主义者"不过是一些新康德派，他们给我们提供的只是他们的意识形态的概图。普列汉诺夫，特别是拉布里奥拉的重要著作值得专门研究。此外完全是另一方面的葛兰西关于马克思主义哲学的长篇论著也是如此。我们以后再谈这一点。我们认为罗森塔尔的著作（《〈资本论〉中的辩证法问题》）部分地已经离开了我们讨论的问题，因为他只是解释了马克思直接用来说明他的对象和理论活动的语言，而没有想到马克思的语言本身可能已经提出了问题。我们这样说并非是在诋毁他的著作。至于说到伊林科夫、德拉沃尔佩、科雷蒂、波德拉奈拉等人的著作，这是阅读了《资本论》并直接对《资本论》提出重要问题的哲学家的著作。这些著作博学、严谨而深刻，意识到了把马克思主义哲学同对《资本论》的理解结合起来的基本关系。但是我们将会看到，这些著作往往向我们提出一个值得讨论的马克思主义哲学概念的问题。总之，在当代马克思主义理论家的研究中，到处都提出同样的要求：只有更严格、更充分地说明马克思主义哲学才能深刻理解《资本论》的理论结果。换句话说，或者用经典的术语来说，历史唯物主义的理论前景在今天还有待于辩证唯物主义的深化，而辩证唯物主义的深化本身又取决于对《资本论》的严格的批判性研究。历史向我们提出这个巨大的任务。我们愿意以我们微薄的力量参加这项工作。

现在我想说明这样一个论点。这个论点不仅仅像人们会认为的那样，是一个认识论的、仅仅使那些提出区分马克思和古典经济学问题的哲学家感兴趣的论点。这个论点也是使经济学家和历史学家——当然，通过结果也会使政治活动家——总之使所有《资本论》的读者感兴趣的论点。这个论点提出了《资本论》的对象问题，因而直接涉及《资本论》中所包含的经济分析和历史分析的基础。这个论点势必能够解决某些阅读的困难，而马克思的论敌历来都是在这些阅读困难上向马克思提出武断的责难的。因此,《资本论》的对象问题不仅仅是一个哲学问题。如果从科学阅读角度所作的阐述有充分根据,那么对《资本论》对象的特点的说明就会提供深刻理解《资本论》的经济内容和历史内容的手段。

这里,我要结束我的前言并得出这样的结论:这篇论著本来要研究**马克思和他的著作的关系**,现在我用第二个计划代替了原来的计划,也就是说谈到了**《资本论》对象本身**,这样做是完全必要的。为了深刻理解马克思说明他同他的著作的关系的论述,就有必要透过这些论述的文字,深入到存在于所有这些论述、存在于所有包含这种关系的概念的本质方面,深入到**《资本论》对象的特点**的本质方面。这个本质方面既是可以看见的,又是隐蔽的,既是出现的,又是不出现的。它的不出现是由它的出现的性质本身决定的,是由马克思的革命的发现的令人困惑不解的独创性决定的。在某些场合下,这些理由最初可能是看不见的,这归根结底也许是由于这些理由就像一切全新的独创那样是令人目眩的。

(二) 马克思和他的发现

我现在进行直接阅读,并且让马克思来讲话。

马克思在 1867 年 8 月 24 日致恩格斯的信中写道:

> 我的书最好的地方是:(1) 在**第一章**就着重指出了按不同情况表现为使用价值或交换价值的劳动的二重性(这是对事实的**全部**理解的基础);(2) 研究**剩余价值**时,**撇开了它的特殊**形态——利润、利息、地租等等。这一点将特别在第二卷中表现出来。古典经济学总是把特殊形态和一般形态混淆起来,所以在这种经济学中对特殊形态的研究是乱七八糟的。[①]

马克思在 1883 年逝世前写的《评瓦格纳的〈政治经济学教科书〉》中谈到瓦格纳时写道:

[①] 《马克思恩格斯全集》第 31 卷,北京:人民出版社 1972 年版,第 331 页。

……这个 vir obscures［瓦格纳］忽略了，就在分析商品的时候，我并不限于考察商品所表现的二重形式，而是立即进一步论证了商品的这种二重存在体现着生产商品的**劳动**的二重性：**有用劳动**，即创造使用价值的劳动的具体形式，和抽象**劳动，作为劳动力消耗的劳动**，不管它用何种"有用的"方式消耗（这足以后说明生产过程的基础）；论证了在**商品的价值形式**的发展、归根到底是货币形式即货币的发展中，一种商品的**价值**通过另一种商品的**使用价值**，即另一种商品的自然形式表现出来；论证了**剩余价值**本身是从**劳动力**特有的"特殊的"**使用价值**中产生的，如此等等，所以在我看来，使用价值起着一种与在以往的政治经济学中完全不同的重要作用，但是——这是必须指出的——使用价值始终只是在这样一种场合才予以注意，即这种研究是从分析一定的经济结构得出的，而不是从空谈"使用价值"和"价值"这些概念和词得出的。①

我之所以引用这两段话，是因为马克思在这两段话中明确地叙述了支配他的分析的基本概念。因此，马克思在这两段话中指出了他与他的先驱者的区别。他向我们说明了他的对象的特点。但是，更确切地说，他不是以他的对象的概念，而是以分析这个对象的概念来说明他的对象的特点。

马克思明确宣布他的发现远不止包含在这两段文字中。在阅读《资本论》的过程中，我们同样可以看到具有重大意义的发现。例如：古典经济学完全不能理解的货币的起源，斯密和李嘉图没有看到的资本的有机构成（C+v），资本主义积累的一般规律，和利润率趋向下降的规律，地租理论等等。我在这里不一一列举这些发现。这些发现总是可以使我们理解古典经济学家们或者保持沉默或者加以回避的那些经济事实和实践。他们之所以这样做，是因为这些经济事实和实践是与他们的前提不相容的。这些具体的发现实际上不过是马克思在他的著作中作为他的主要发现加以论证的那些新的基本概念的直接的或间接的结果。下面

---

① 《马克思恩格斯全集》第19卷，北京：人民出版社1963年版，第414页。

我们来考察这些具体的发现。

把利润、地租和利息这些不同的形式还原成剩余价值，这本身就是剩余价值之外的发现。因此，基本的发现可以归纳如下：

（1）价值和使用价值这组概念；从这组概念推论到另一组概念，即抽象劳动和具体劳动这组概念，而这种推论是经济学家所不能论证的；同古典经济学家相反，马克思特别重视使用价值和与之相应的具体劳动；根据使用价值和具体劳动起决定作用的战略要点，马克思区分了不变资本和可变资本，两个部类的生产（第一部类，即生产资料的生产；第二部类，即消费资料的生产）。

（2）剩余价值

我把导致马克思的基本发现的概念概括如下：**价值**和**使用价值**的概念，**抽象劳动**和**具体劳动**的概念，**剩余价值**的概念。

这是马克思告诉我们的。我们在表面上没有任何理由不相信他的话。在阅读《资本论》的过程中，我们确实可以证明，他的经济分析最终是建立在这些基本概念之上的。如果我们仔细阅读，就能够做到这一点。但是这种证明不是自发产生的，它要求作出艰巨的努力，尤其是为了完成这种证明并清楚地看到这种证明所产生的东西，——因为这种证明一开始就必然包含着在马克思宣布的发现中现实地存在着、但却以奇怪的未出现的形式现实地存在着的某种东西。

为了说明这种情况，为了从反面显示出这种未出现的东西，我们只要指出这样一点：马克思明确认为是他的发现以及他的全部经济分析的基础的那些概念，例如价值和剩余价值的概念，显然就是受到现代经济学家激烈批判的概念。弄清楚非马克思主义经济学家用哪些术语攻击这些概念是很有意义的。他们责备马克思，说马克思用这些概念来说明经济现实，但这些概念在实质上却是非经济的、"哲学的"和"形而上学"的概念。例如，十分明智的经济学家施密特，他在《资本论》第二卷出版后不久就作出贡献，从中归纳出利润率趋向下降的规律，而这一规律只是在《资本论》第三卷才得到论述。但是，他却指责马克思的价值规律是"理论的虚构"，他认为这种虚构或许是必要的，但毕竟是个虚构。我并不是随意地引用这些批评意见。我引用这些意见是因为它们涉及马克思经济分析的基础，涉及价值和剩余价值的概念。现代经济学家指责这些概念是表现非经济现实的"无针对性的"概念，因为这些概念是不可计量的，没有数量的规定。这种指责暴露了他们从自己的对象及其相应的概念中得出的观点，这一点是确信无疑的。虽然我们在这种指责中看到了他们反对马克思已经达到了狂热的程度，但是我们并没有在这种指责中看到马克思的对象本身，因为他们把马克思的对象看做是"形而上学的"。我要指出这是一种**误解**。经济学家们在这里错误地理解了马克思的分析。正是错误地理解马克思的对象本身，才造成了这种错误的阅读。由于这种错误的阅读，经济学家们在马克思的著作中读出了自己的对象，而不是与他们自己的对象完全不同的对象。经济学家所指责的马克思理论上的缺陷和弱点恰恰是马克思的力量所在。同时，也正是这一点构成了马克思同他的批评者以及某些最亲近的拥护者的根本区别。

为了说明这种误解达到了何等荒唐的程度，我想引用恩格斯给施密特的信（1895年3月12日）。我们在这封信中可以听到施密特的反对意见的回音。恩格斯是这样回答施密特的：

> 我在这里发现了同一种陷入枝节问题的偏向，我把它归咎于1848年以来在德国大学中流行的哲学研究的折中主义方法，这种方法丢掉了事物的总的概貌，过于经常地陷入一种几乎是无休止、无结果的对枝节问题的思辨中。在古典作家中，您以前主要研究的恰好就是康德，而康德由于他那个时代的德国哲学研究的状况，由于同学究气十足的沃尔弗式的莱布尼茨主义的对立，也就或多或少地被迫在形式上对这种沃尔弗式的思辨作一些表面的让步。我就是这样来解释您陷入枝节问题的偏向的，这种偏向也表现在您的来信中谈到价值规律的那些题外话里；在这些地方，我认为您没有经常注意总的联系，所以您把价值规律贬为一种虚构，一种必要的**虚构**，差不多就像康德把上帝的存在贬为实践理性的一种假定一样。

> 您对价值规律的责难,从现实的观点来看,涉及一切概念。思维和存在的同一性(用黑格尔的话来说)完全符合于您举的圆和多边形的例子。换句话说,这两者,即一个事物的概念和它的现实,就像两条渐近线一样,一齐向前延伸,彼此不断接近,但是永远不会相交。两者的这种差别正好是这样一种差别,由于这种差别,概念并不无条件地直接就是现实,而现实也不直接就是它自己的概念。由于概念有概念的基本特性,就是说,它不是直接地、明显地符合于使它得以抽象出来的现实,因此,毕竟不能把它和虚构相提并论,除非您因为现实同一切思维成果的符合仅仅是非常间接的,而且也只是渐近线似地接近,就说这些思维成果都是虚构。①

这个令人吃惊的回答(其论证是平庸的)在某种意义上是对这种误解的善意的评论,而马克思的敌人对这种误解却作出恶意的解释。恩格斯用近似理论(这种理论以抽象的近似性质来说明概念作为概念与它的对象的不一致性)回避了施密特的"有针对性的"反对意见。这个回答并没有击中要害:实际上价值规律的概念在马克思的著作中是和他的对象完全一致的,因为这个概念是一个具有多种表现形式的概念,因而是一个具有各种不一致形式的一致的概念,而绝不是一个像原罪那样会影响由人的抽象所产生的一切概念的不一致的概念。因此,恩格斯根据经验主义的认识理论把恰恰表现出马克思的一致性概念的理论力量的东西当做由概念产生的缺陷。只有借助这种意识形态的认识理论才能得出这一看法,这里所说的意识形态不仅指它的内容(经验主义),而且也指它的应用,因为这种意识形态的认识理论是为了对这一明显的理论误解作出回答而制定的。不仅《资本论》的理论受到了这种认识理论的影响(例如恩格斯在《资本论》第三卷增补中的论点:马克思的价值规律,"从开始出现使产品转化为商品的那种交换时起,直到公元15世纪止这个时期内",② 在经济上是普遍适用的。这是一个造成混乱的

---

① 《马克思恩格斯文集》第10卷,北京:人民出版社2009年版,第692—693页。
② 《马克思恩格斯文集》第7卷,北京:人民出版社2009年版,第1019页。

例子），甚至马克思主义的哲学理论也受到了影响，而且受到了很大影响。这就是认识的经验主义意识形态的影响。这种经验主义的意识形态既是施密特的反对意见的潜在的理论标准，也是恩格斯的反驳意见的潜在的理论标准。我之所以要谈到恩格斯的回答，就是为了说明，目前人们的误解不仅暴露了政治的或意识形态的恶意，而且也反映了理论盲目性的后果。如果不向马克思提出他的对象问题，就会陷入这种盲目性。

附录 Ⅱ　MEGA² 已出卷次所涉及的《资本论》文献

一　《资本论》初稿

1. **第 1 卷第 1 册**（马克思 1857 年至 1858 年经济学手稿。1976 年出版）
2. **第 1 卷第 2 册**（马克思 1857 年至 1858 年经济学手稿。1981 年出版）
3. **第 2 卷**（马克思 1858 年至 1861 年经济学手稿和恩格斯的评论。1980 年出版）
4. **第 3 卷第 1 册**（马克思 1861 年至 1863 年政治经济学批判手稿第 1 部分。1976 年出版）
5. **第 3 卷第 2 册**（马克思 1861 年至 1863 年政治经济学批判手稿第 2 部分。1977 年出版）
6. **第 3 卷第 3 册**（马克思 1861 年至 1863 年政治经济学批判手稿第 3 部分。1978 年出版）
7. **第 3 卷第 4 册**（马克思 1861 年至 1863 年政治经济学批判手稿第 4 部分。1979 年出版）
8. **第 3 卷第 5 册**（马克思 1861 年至 1863 年政治经济学批判手稿第 5 部分。1980 年出版）
9. **第 3 卷第 6 册**（马克思 1861 年至 1863 年政治经济学批判手稿第 6 部分。1982 年出版）
10. **第 4 卷第 1 册**（马克思 1863 年至 1867 年经济学手稿第 1 部分。1988 年出版）

11. **第 4 卷第 2 册**（马克思 1863 年至 1867 年经济学手稿第 2 部分。1992 年出版）

12. **第 4 卷第 3 册**（马克思 1863 年至 1867 年经济学手稿第 3 部分。2012 年出版）

二 《资本论》第一卷

1. **第 5 卷**（马克思《资本论》第 1 卷，1867 年汉堡，第 1 版。1983 年出版）

2. **第 6 卷**（马克思《资本论》第 1 卷，1872 年汉堡，第 2 版。1987 年出版）

3. **第 7 卷**（马克思《资本论》第 1 卷，1872 年至 1875 年巴黎，法文版。1989 年出版）

4. **第 8 卷**（马克思《资本论》第 1 卷，1883 年汉堡，第 3 版。1989 年出版）

5. **第 9 卷**（马克思《资本论》第 1 卷，1887 年伦敦，英文版。1990 年出版）

6. **第 10 卷**（马克思《资本论》第 1 卷，1890 年汉堡，第 4 版。1991 年出版）

三 《资本论》第二卷

1. **第 11 卷**（马克思《资本论》第 2 卷手稿，共 2 册。2008 年出版。）

2. **第 12 卷**（恩格斯 1883 年至 1884 年为《资本论》第 2 卷手稿的整理工作。2005 年出版）

3. **第 13 卷**（马克思《资本论》第 2 卷，恩格斯整理出版，1885 年汉堡。2008 出版）

四 《资本论》第三卷

1. **第 14 卷**（马克思和恩格斯 1867 年至 1894 年《**资本论**》第 3 卷手稿和整理手稿。2003 年出版）

2. **第 15 卷**（马克思《**资本论**》第 3 卷。恩格斯整理出版，1894 年汉堡。2004 年出版。）

以上为 MEGA^2 第二部分

五 《资本论》书信

1. **第 1 卷**（马克思和恩格斯 1846 年以前的书信。1975 年出版。）

2. **第 2 卷**（马克思和恩格斯 1846 年 5 月至 1848 年 12 月的书信。1979 年出版。）

3. **第 3 卷**（马克思和恩格斯 1849 年 1 月至 1850 年 12 月的书信。1981 年出版。）

4. **第 4 卷**（马克思和恩格斯 1851 年 1 月至 12 月的书信。1984 年出版。）

5. **第 5 卷**（马克思和恩格斯 1852 年 1 月至 8 月的书信。1987 年出版。）

6. **第 6 卷**（马克思和恩格斯 1852 年 9 月至 1853 年 8 月的书信。1987 年出版。）

7. **第 7 卷**（马克思和恩格斯 1853 年 9 月至 1856 年 3 月的书信。1989 年出版。）

8. **第 8 卷**（马克思和恩格斯 1856 年 4 月至 1857 年 12 月的书信。1990 年出版。）

9. **第 9 卷**（马克思和恩格斯 1858 年 1 月至 1859 年 8 月的书信。2000 年出版。）

10. **第 10 卷**（马克思和恩格斯 1859 年 9 月至 1860 年 5 月的书信。

2000 年出版。)

11. 第 11 卷（马克思和恩格斯 1860 年至 1861 年的书信。2005 年出版。）

12. 第 13 卷（马克思和恩格斯 1864 年至 1865 年的书信。2002 年出版。）

正文包括：马克思和恩格斯致他人书信，马克思和恩格斯分别致他人书信，马克思与恩格斯之间的相互通信。他人致马克思书信，他人致恩格斯书信，他人致马克思和恩格斯书信。

以上为 $MEGA^2$ 第三部分

六　《资本论》笔记

1. 第 2 卷（马克思和恩格斯 1843 至 1845 年 1 月的摘要和笔记。1981 年出版。）

2. 第 3 卷（马克思 1844 年夏至 1847 年初的摘要和笔记。1998 年出版。）

3. 第 4 卷（马克思和恩格斯 1845 年 7 月至 8 月的摘要和笔记。1988 年出版。）

4. 第 5 卷（马克思和恩格斯 1845 年 8 月至 1850 年 12 月的摘要和笔记。2010 年出版。）

5. 第 6 卷（马克思 1846 年 9 月至 1847 年 12 月的摘要和笔记。1983 年出版。）

6. 第 7 卷（马克思 1849 年 9 月至 1851 年 2 月的摘要和笔记。1983 年出版。）

7. 第 8 卷（马克思 1851 年 3 至 6 月的摘要和笔记。1986 年出版。）

8. 第 9 卷（马克思 1851 年 7 月至 9 月的摘要和笔记。1991 年出版。）

以上为 $MEGA^2$ 第四部分

附录Ⅲ 《资本论》中文版三卷出处

1. 《资本论》第一卷（德文第一版），经济科学出版社 1987 年版。
2. 《资本论》第一卷（法文版），中国社会科学出版社 1983 年版。
3. 《资本论》第一卷（德文第四版，《马克思恩格斯全集》中文第一版第 23 卷、中文第二版第 44 卷、《马克思恩格斯文集》第 5 卷，人民出版社）
4. 《资本论》第二卷（《马克思恩格斯全集》中文第一版第 24 卷、中文第二版第 45 卷、《马克思恩格斯文集》第 6 卷，人民出版社）
5. 《资本论》第三卷（《马克思恩格斯全集》中文第一版第 25 卷、中文第二版第 46 卷、《马克思恩格斯文集》第 7 卷，人民出版社）

附录 IV 延伸阅读书目

一 《资本论》中文重要研究著作

1. 李昂吉叶夫：《论马克思〈资本论〉》，北京：三联书店 1949 年版。
2. 列·列昂节夫：《论马克思的〈政治经济学批判〉》，北京：三联书店 1962 年版。
3. 彼·费多谢耶夫：《卡尔·马克思》，北京：三联书店 1980 年版。
4. 戴维·麦克莱伦：《卡尔·马克思传》，北京：中国人民大学出版社 2005 年版。
5. 汤姆·洛克曼：《马克思主义之后的马克思》，北京：东方出版社 2008 年版。
6. 奥居斯特·科尔纽：《马克思在巴黎》，北京：书目文献出版社 1985 年版。
7. 阿尔都塞：《读〈资本论〉》，北京：中央编译出版社 2001 年版。
8. 弗朗西斯·惠恩：《马克思〈资本论〉传》，北京：中央编译出版社 2009 年版。
9. 宫川彰：《解读〈资本论〉》，北京：中央编译出版社 2011 年版。
10. 考茨基：《〈资本论〉解说》，北京：九州出版社 2012 年版。
11. 维戈茨基：《卡尔·马克思的一个伟大发现的历史·论〈资本论〉的创作》，中国人民大学出版社 1979 年版。

12. 维戈茨基：《〈资本论〉创作史》，福州：福建人民出版社 1983 年版。

13. 伊林柯夫：《马克思〈资本论〉中抽象和具体的辩证法》，济南：山东人民出版社 1993 年版。

14. 缪勒：《通往〈资本论〉的道路·1857—1863 年马克思的资本概念的发展》，济南：山东人民出版社 1992 年版。

15. 见田石介：《〈资本论〉的方法》，北京：中国文史出版社 2005 年版。

16. 不破哲三：《〈资本论〉与现代》，济南：山东人民出版社 1992 年版。

17. 冈本博之等：《〈资本论〉与当代 日本学者研究〈资本论〉文集》，北京：求实出版社 1984 年版。

18. 德国统一社会党中央马列主义研究院编：《论〈资本论〉第二稿》，济南：山东人民出版社 1993 年版。

19. 苏共中央马克思列宁主义研究院编：《围绕马克思〈资本论〉所进行的思想斗争史概论 1867—1967》，济南：山东人民出版社 1983 年版。

20. 苏联科学院哲学研究所编：《〈资本论〉哲学与现时代》，长春：吉林人民出版社 1983 年版。

21. 章士嵘：《〈资本论〉的逻辑》，长沙：湖南人民出版社 1983 年版。

22. 雍桂良：《〈资本论〉的写作与传播》，北京：求实出版社 1982 年版。

23. 张钟朴、冯文光：《法文版〈资本论〉介绍》，北京：中国社会科学出版社 1984 年版。

24. 冯文光、张钟朴：《法文版〈资本论〉的独立科学价值》，哈尔滨：黑龙江人民出版社 1985 年版。

25. 胡培兆、孙连成：《〈资本论〉研究之研究》，成都：四川人民出版社 1985 年版。

26. 刘景泉：《马克思〈资本论〉与黑格尔〈逻辑学〉》，沈阳：辽宁人民出版社 1986 年版。

27. 王惟中：《〈资本论〉专题研究》，上海：上海人民出版社 1983 年版。

28. 马健行、郭继严：《〈资本论〉创作史》，济南：山东人民出版社 1983 年版。

29. 许涤新：《论社会主义的生产、流通与分配 读〈资本论〉笔记》，北京：人民出版社 1984 年版。

30. 胡培兆、林圃：《〈资本论〉在中国的传播》，济南：山东人民出版社 1985 年版。

31. 武文军：《〈资本论〉创作史话》，兰州：甘肃人民出版社 1985 年版。

32. 洪远朋：《〈资本论〉难题探索》，济南：山东人民出版社 1985 年版。

33. 徐杰、陈乃圣：《马克思与〈资本论〉》，济南：山东人民出版社 1985 年版。

34. 马平：《〈资本论〉辩证法》，北京：求实出版社 1989 年版。

35. 刘炳忠：《〈资本论〉方法论研究》，济南：中国人民大学出版社 1991 年版。

36. 蒋绍进：《〈资本论〉的结构》，济南：山东人民出版社 1992 年版。

37. 弓孟谦：《攀登者的探索〈资本论〉的理论、方法和实践》，北京：北京大学出版社 1992 年版。

38. 李建平：《〈资本论〉第一卷辩证法探索》，北京：社会科学文献出版社 2006 年版。

39. 何干强：《〈资本论〉的基本思想与理论逻辑》，北京：中国经济出版社 2001 年版。

40. 陈俊明：《〈资本论〉经济行为理论的具体化》，北京：中央编译出版社 2010 年版。

41. 张小金：《〈资本论〉与科学研究方法》，北京：社会科学文献出版社 2005 年版。

42. 钟盛熙：《〈资本论〉与当代》，北京：学习出版社 2005 年版。

43. 胡贤鑫：《〈资本论〉伦理思想研究》，武汉：湖北人民出版社 2006 年版。

44. 胡贤鑫：《〈资本论〉经济伦理思想发微》，武汉：湖北人民出版社 2010 年版。

45. 陈英、张俊山：《重读〈资本论〉》，太原：山西人民出版社 2006 年版。

46. 蒋海益：《〈资本论〉的骨架和叙事过程》，上海：上海三联书店 2007 年版。

47. 刘琳：《〈资本论〉的经济伦理思想研究》，合肥：安徽大学出版社 2008 年版。

48. 白暴力、白瑞雪：《马克思经济理论——〈资本论〉读书笔记体系·难点·比较·发展》，北京：经济科学出版社 2009 年版。

49. 刘朝：《〈资本论〉与当代若干经济理论热点问题》，北京：中国社会科学出版社 2009 年版。

50. 孙承叔：《真正的马克思——〈资本论〉三大手稿的当代意义》，北京：中国人民大学出版社 2009 年版。

51. 陆国良：《从剥削论到调节论——〈资本论〉的当代价值研究》，北京：中共中央党校出版社 2010 年版。

52. 陈其人：《〈资本论〉中的政治学原理》，上海：上海人民出版社 2011 年版。

53. 牛变秀、王峰明：《价值存在和运动的辩证法——马克思〈资本论〉及其手稿的核心命题研究》，北京：社会科学文献出版社 2011 年版。

54. 吕宝海：《图示——表解〈资本论〉》，北京：中国财政经济出版社 2011 年版。

55. 刘涤源：《马克思〈资本论〉中的科学抽象法研究》，武汉：武汉大学出版社 1988 年版。

56. 孙承叔、王东：《对〈资本论〉历史观的沉思——现代历史哲学构想》，上海：学林出版社 1988 年版。

57. 张熏华：《〈资本论〉中的再生产理论》，上海：复旦大学出版社 1981 年版。

58. 刘永佶：《〈资本论〉逻辑论纲》，石家庄：河北大学出版社 1999 年版。

59. 张熏华：《〈资本论〉脉络》，上海：复旦大学出版社 1999 年版。

60. 罗郁聪：《恩格斯与〈资本论〉》，厦门：厦门大学出版社 1987 年版。

61. 王惟中、洪大璘：《〈资本论〉专题研究及其应用》，上海：上海社会科学院 1990 年版。

62. 田光、陆立君：《〈资本论〉创作史简编》，杭州：浙江人民出版社 1992 年版。

63. 俞忠英：《〈资本论〉的整体方法探讨》，上海：复旦大学出版社 1993 年版。

64. 陈征、严正：《评介国外部分学者对〈资本论〉的研究》，福州：福建人民出版社 1986 年版。

65. 陈征：《对〈资本论〉若干理论问题争论的看法》，福州：福建人民出版社 1983 年版。

66. 鲁从明：《〈资本论〉的思想精华和伟大生命力》，北京：中共中央党校出版社 1998 年版。

67. 陈俊明：《〈资本论〉劳动价值论的具体化》，北京：中国青年出版社 2000 年版。

68. 王福成：《〈资本论〉与社会主义商品流通》，北京：中国金融出版社 2001 年版。

69. 刘炳瑛：《〈资本论〉体系与实践意义研究》，北京：中国经济出版社 2001 年版。

70. 高新军：《揭开历史发展之谜〈资本论〉历史唯物主义思想研究》，北京：中央编译出版社 2002 年版。

71. 梅建军：《〈资本论〉新解与研究》，北京：经济科学出版社

2012 年版。

72. 郭万中编：《〈资本论〉新解》，哈尔滨：黑龙江人民出版社 2007 年版。

73. 李善明编：《〈资本论〉第二稿研究》，济南：山东人民出版社 1992 年版。

74. 周成启编：《〈资本论〉问题解析》，重庆：西南师范大学出版社 1986 年版。

75. 陈征、严正编：《〈资本论〉创作史研究》，福州：福建人民出版社 1983 年版。

76. 陈征、严正编：《〈资本论〉第一卷研究》，福州：福建人民出版社 1982 年版。

77. 陈征编：《〈资本论〉第三卷研究》，福州：福建人民出版社 1983 年版。

78. 邓国春编：《〈资本论〉与当代中国经济》，武汉：湖北教育出版社 1988 年版。

79. 金志广编：《〈资本论〉中的历史唯物主义若干问题研究》，北京：燕山出版社 1988 年版。

80. 陈征编：《〈资本论〉与当代中国经济》，北京：社会科学文献出版社 2008 年版。

81. 邬名扬编：《〈资本论〉与当代》，北京：华文出版社 2001 年版。

82. 汤在新编：《〈资本论〉续篇探索——关于马克思计划写的六册经济学著作》，北京：中国金融出版社 1995 年版。

83. 吴易风主编：《马克思主义经济学与西方经济学比较研究》，北京：中国人民大学出版社 2009 年版。

84. 洪银兴编：《〈资本论〉的现代解析》，北京：经济科学出版社 2011 年版。

85. 洪银兴编：《〈资本论〉与马克思主义经济学中国化》，北京：经济科学出版社 2009 年版。

86. 张一兵主编：《资本主义理解史》，江苏人民出版社 2009 年版。

87. 孙开铺编：《〈资本论〉与社会主义市场经济研究》，北京：经济科学出版社 1999 年版。

88. 胡代光编：《评当代西方学者对马克思〈资本论〉的研究》，北京：中国经济出版社 1990 年版。

89. 冯景源编：《新视野〈资本论〉哲学新探》，北京：中国人民大学出版社 1990 年版。

90. 杨国昌编：《〈资本论〉研究资料汇编》，石家庄：河北人民出版社 1981 年版。

91. 李天德编：《〈资本论〉研究》，成都：四川大学出版社 2004 年版。

92. 魏埙编：《〈资本论〉的理解与启示》，天津：南开大学出版社 1984—1994 年版。

93. 刘诗白编：《中国〈资本论〉年刊》，成都：西南财经大学出版社 2004—2011 年版。

二 《资本论》外文重要研究著作

1. Hans-Georg Backhaus, *Dialektik der Wertform：Untersuchungen zur Marxschen Ökonomiekritik*, Freiburg i. Br., 1997.

2. Hans-Georg Bensch, *Das automatische Subjekt bei Marx*, Lüneburg, 1998.

3. Michael Berger, *Karl Marx：Das Kapital* "Eine Einführung. München, 2003.

4. Joachim Bischoff, *Ausbeutung, Selbstverrätselung, Regulation：der 3. Band des "Kapital"*, Hamburg, 1993.

5. Werner Bonefeld, (hrsg.) *Kapital & Kritik：nach der "neuen" Marx-Lektüre*, Hamburg, 2011.

6. Frank Borschel, *Exkurs zur Marxschen Werttheorie：das Kapital-eine Einführung in die Arbeitswertlehre von Karl Marx*, Berlin, 1998.

7. Ingo Elbe, *Gesellschaftliche Praxis und ihre wissenschaftliche Darstellung: Beiträge zur Kapital-Diskussion*, Berlin/Hamburg, 2008.

8. Nils Fröhlich, *Die Aktualität der Arbeitswerttheorie. Theoretische und empirische Aspekte.* Marburg, 2009.

9. Jochen Grob, *Karl Marx und, Das Kapital. Kurze Einführung zu Entstehung, Struktur und Intalt von, Das Kapital*, Hamburg, 2009.

10. W. Fritz Haug, Vorlesungen zur Einführung ins, Kapital, Hamburg, 2005.

11. David Harvey, *Marx' "Kapital" lesen: ein Begleiter für Fortgeschrittene und Einsteiger*, Hamburg, 2011.

12. Michael Henrich, *Wie das Marxsche Kapital lesen? Hinweise zur Lektüre und Kommentar zum Anfang von, das Kapital*, Stuttgart, 2008.

13. Michael Henrich, *Die Wissenschaft vom Wert. Die Marxsche Kritik der politischen Ökonomie zwischen wissenschaftlicher Revolution und klassischer Tradition.* Überarb. Und erw. Neuauflage, Münster, 1999.

14. Jan Hoff (hrsg.), *Das Kapital neu lesen-Beitraege zur radikalen Philosophie*, Münster, 2006.

15. Christian Iber, *Grundzüge der Marx' schen Kapitalismustheorie.* Berlin, 2005.

16. Christoph Lieber, *Die marxsche Theorie über den Wert der Ware Arbeitskraft und ihre aktuelle Bedeutung*, Berlin, 2006.

17. Eva Müller, *Marxsche Reproduktionstheorie. Kritik der volkswirtschaftlichen Gesamtrechnung*, Hamburg, 2005.

18. Hans-Peter Müller, *Karl Marx über Maschinerie, Kapital und industrielle Revolution: Exzerpte und Manuskriptentwürfe* 1851–1861, Opladen, 1992

19. Rakowitz N., *Einfache Warenproduktion. Ideal und Ideologie*, Freiburg, 2002.

20. Helmut Reichelt, *Zur logischen Struktur des Kapitalbegriffs bei Karl Marx*, Freiburg, 2001

21. Viktor A. Vazjulin, *Die Logik des , Kapitals, von Karl Marx*. Nordestedt, 2006.

22. Fransics Wheen, *Über Karl Marx. Das Kapital*, München, 2008.

23. Dieter Wolf, *Der dialektische Widerspruch im Kapital: ein Beitrag zur Marxschen Werttheorie*, Hamburg, 2002.

24. A. D. Lindsay, *Karl Marx's Capital: An Introductory Essay*, London: Oxford University Press, 1925.

25. Roman Rosdolsky, *The Making of Marx's "Capital"*, Translated By Pete Burgess, London, Pluto Press, 1971.

26. E. J. Hobsbawm, *The Age of Capital*, 1848–1875, New York: Charles Scribner's Sons, 1975.

27. Fox John and Johnston William, *Understanding Capital: A Guide to Volume* I. Toronto: Progress, 1978.

28. A. Hindess Cutler, B. Hirst P. and A. Hussain *Marx's Capital and Capitalism Today*, 2 Vols, Routledge & Kegan Paul, 1977/1978.

29. Harry Cleaver, *Reading Capital Politically*, University of Texas Press, 1979.

30. Walker Pat(Ed.), *Between Labor and Capital*, Boston: South End Press, 1979.

31. Derek Sayer, *Marx's Method: Ideology, Science and Critique in Capital*, Humanities Press, 1979.

32. Fine Ben and Lawrence Harris, *Rereading "Capital"*, The Macmillan Press Ltd. 1979.

33. Geojffrey Pilling, *Marx's Capital: Philosophy and Political Economy*, Boston: Routledge & Kegan Paul, 1980.

34. Harvey David, *The Limits to Capital*, Chicago: University of Chicago Press. 1982.

35. Brewer Anthony, *A Guide to Marx's Capital*, Cambridge University Press, 1984.

36. Bramann Jorn K., *Capital as Power: A Concise Summary of the Marxist Analysis of Capitalism*, Adler, Rochester, N. Y., 1984.

37. Wolff Robert Paul, *Understanding Marx: A Reconstruction and Critique of Capital*, Princeton: Princeton University Press, 1984.

38. K. Foley Duncan, *Understanding Capital: Marx's Economic Theory*, Cambridge, Ma and London: Harvard University Press, 1986.

39. Smith Tony, *The Logic of Marx's Capital: Replies to Hegelian Criticisms*, Albany: State University of New York Press, 1990.

40. Chattopadhyay Paresh, *The Marxian Concept of Capital and The Soviet Experience: Essay in Critique of Political Economy*, Prager, London, 1994.

41. Mészáros István, *Beyond Capital: Towards a Theory of Transition*, Merlin Press, 1995.

42. Thomas Tomohiko Sekine, *An Outline of the Dialectic of Capital* (2vols), Houndmills, Basingstoke, Hampshire: Macmillan Press; New York: St. Martin's Press, 1997.

43. John Arthur Christopher, Reuten G. A. (Ed.), *The Circulation of Capital: Essays on Volume Two of Marx's 'Capital'*, Macmillan Press, 1998.

44. Campbell Martha and Geert Reuten (Ed.), *On The Culmination of Capital: Essays On Volume III of Marx's "Capital"*, Palgrave Macmillan, 2001.

45. J. Arthur Christopher, *The New Dialectic and Marx's Capital*, Leiden: Brill, 2002.

46. Mark E. Meaney, *Capital as Organic Unity. The Role of Hegel's Science of Logic in Marx's Grundrisse*, Kluwer, 2002.

47. Read Jason, *The Micro-Politics of Capital: Marx and the Prehistory of the Present.* Albany State University of New York Press, 2003.

48. Michael A. Lebowitz, *Beyond Capital: Marx's Political Economy of the Working Class*, Palgrave MacMillan, 2003.

49. Riccardo Bellofiore and Taylor (Ed.), *Nicola, The Constitution of Capital: Essays on Volume I of Marx's Capital*, Palgrave MacMillan, 2004.

50. Ben Fine and Saad-Filho, *Alfredo Marx's "Capital"*, Pluto Press, 2004.

51. Fred Moseley (Ed.), *Marx's Theory of Money Modern Appraisals*, Palgrave Macmillan, New York 2005.

52. Jacques Bidet and Fernbach David, *Exploring Marx's Capital: Philosophical, Economic and Political Dimensions*, Brill, 2007.

53. E. V. Ilyenkov *The Dialectics of the Abstract and the Concrete in Marx's Capital*, Aakar Books, 2008.

54. David Harvey, *A Companian to Marx's Capital*, London & New York: Verso, 2010.

55. Beverley Best, *Marx and the Dynamic of the Capital Formation, An Aesthetics of Political Economy*, Palgrave Macmillan, 2010.

图书在版编目（CIP）数据

马克思《资本论》研究读本 / 聂锦芳，彭宏伟
著. —北京：中央编译出版社，2013.6
（马克思主义经典著作研究读本 / 杨金海，李惠斌主编）

ISBN 978-7-5117-1789-4

Ⅰ.①马… Ⅱ.①聂… ②彭… Ⅲ.①《资本论》-
马克思著作研究 Ⅳ.①A811.23

中国版本图书馆 CIP 数据核字（2013）第 228647 号

马克思《资本论》研究读本

出 版 人：刘明清
出版统筹：薛晓源
责任编辑：郑　锦
责任印制：刘　慧
出版发行：中央编译出版社
地　　址：北京西城区车公庄大街乙 5 号鸿儒大厦 B 座（100044）
电　　话：（010）52612345（总编室）　　（010）52612335（编辑室）
　　　　　（010）52612316（发行部）　　（010）52612317（网络销售）
　　　　　（010）52612346（馆配部）　　（010）55626985（读者服务部）
传　　真：（010）66515838
经　　销：全国新华书店
印　　刷：北京文昌阁彩色印刷有限责任公司
开　　本：710 毫米×1000 毫米　1/16
字　　数：387 千字
印　　张：27
版　　次：2013 年 6 月第 1 版
印　　次：2018 年 6 月第 2 次印刷
定　　价：88.00 元

网　　址：www.cctphome.com　　邮　　箱：cctp@cctphome.com
新浪微博：@中央编译出版社　　微　　信：中央编译出版社（ID：cctphome）
淘宝店铺：中央编译出版社直销店（http://shop108367160.taobao.com）　（010）52612349

本社常年法律顾问： 北京市吴栾赵阎律师事务所律师　闫军　梁勤
凡有印装质量问题，本社负责调换。电话：（010）55626985